JOHN C. PAPPAS

Herkunft und Zukunft des Menschen

Ein kritischer Überblick
über die dem Darwinismus
und Christentum zugrunde liegenden
naturwissenschaftlichen
und geistlichen Prinzipien

A. E. Wilder-Smith

F.R.I.C.,
Dr. phil., Dr. rer. nat., Dr. es. Sc.,
ordentlicher Professor am Medical Center
der Universität von Illinois,
Chicago, USA

Hänssler-Verlag
Neuhausen-Stuttgart

ISBN 37751 0070–9

TELOS-Taschenbuch Nr. 106
5. Auflage 1980

Umschlagentwurf: Daniel Dolmetsch
Deutsche Übersetzung: Monika Grote
Herstellung: St.-Johannis-Druckerei C. Schweickhardt
7630 Lahr-Dinglingen
Printed in Germany 17639/1980

Inhaltsverzeichnis

Dank

An dieser Stelle möchte ich nicht versäumen, verschiedenen Freunden für Rat und Hilfe bei der Ausarbeitung des Manuskriptes meinen verbindlichen Dank auszusprechen:

Herrn Pfarrer i. R. Wilhelm Gottwaldt, theologischer Lehrer an der Missionsschule Bad Liebenzell, Schwarzwald, der das Manuskript durchlas und korrigierte;

Herrn Professor Dr. Henry M. Morris, Professor and Head, Dept. of Civil Engineering, Virginia Polytechnic Institute, Blacksburg, Virginia, dessen Buch „The Genesis Flood" (mit Professor Dr. John C. Whitcomb), The Presbyterian and Reformed Publishing Co., Philadelphia Penna, USA, mir manche Anregung gab, und der mir bei der Beschaffung verschiedener Photos behilflich war;

Dr. Clifford L. Burdick M. Sc., Tucson, Arizona, USA, der mir die Genehmigung erteilte, verschiedene seiner eigenen Bilder in diesem Buch zu veröffentlichen;

Herrn Professor Dr. P. V. Glob, Universität von Aarhus, Dänemark, dem „Prähistoriske Museum" in Aarhus, Dänemark, und dem „Nationale Museum" Kopenhagen, für die Genehmigung, Photographien des Borremose-Menschen, des Tollund-Menschen und des Grauballe-Menschen zu veröffentlichen;

Dr. John C. Whitcomb, Jr., mit dem der Autor während seines Aufenthalts an der Winona Lake School of Theology einige Aspekte der Evolutionstheorie diskutierte. Ihm verdanke ich eine Durcharbeitung des englischen Manuskriptes und wertvolle Anregungen;

Dr. John J. Davis, Professor der Archäologie, Grace Theological Seminar, Winona Lake, Indiana, der das gesamte Manuskript durcharbeitete und wertvolle Anregungen gab;

Dr. K. Kantzer, Dekan des Trinity Theological Seminary, Deerfield, Illinois, der das gesamte Manuskript äußerst sorgfältig durcharbeitete und dem Autor mit vielen konstruktiven Vorschlägen und viel Klugheit zur Seite stand;

Dr. Stanley E. Taylor, Direktor der Films for Christ Association in Peoria, der viele Farbaufnahmen zum Studium und zur Ver-

Prolog

Es besteht immer noch Hoffnung, wenn wir uns einem ungelösten Problem ohne Vorurteil stellen; dagegen gibt es keine Hoffnung mehr, wenn wir so tun, als ob es dieses Problem gar nicht gäbe.

C. S. Lewis in *„Letters to Malcolm."*

In seinem eigenen Fachgebiet weiß jedermann, daß diejenigen alle Entdeckungen vollbringen und alle Fehler korrigieren, welche das „Meinungsklima" ignorieren.

C. S. Lewis in *„The Problem of Pain."*

Wenn das Universum ein Universum von Gedanken ist, dann muß auch seine Erschaffung ein gedanklicher Akt gewesen sein.

Das All ähnelt mehr einem großen Gedanken als einer großen Maschine. Der Geist erscheint nicht länger als Zufallseindringling in das Reich der Materie. Wir beginnen zu vermuten, daß wir ihn eher als den Schöpfer und Erhalter der materiellen Welt begrüßen sollten. Wir entdecken, daß das Universum Anzeichen für eine planende oder lenkende Kraft zeigt, die etwas mit unserem eigenen Geist gemeinsam hat, mit der Neigung, auf eine Art zu denken, die wir in Ermangelung eines besseren Wortes als mathematisch bezeichnen. Wir sind gar nicht die Fremdlinge oder Eindringlinge im Universum, für die wir uns zunächst hielten.

Sir James Jeans in *„The Mysterious Universe."*

öffentlichung zur Verfügung stellte, auch die in diesem Buch veröffentlichten Farbbilder.

Zuletzt danke ich meiner lieben Frau für ihre wertvolle Mitarbeit und für die vielen guten Vorschläge sprachlicher und naturwissenschaftlicher Art bei der Ausarbeitung des Manuskripts. Meine Frau ist auch für das Fremdwörterverzeichnis und für die Bibliographie verantwortlich.

A. E. Wilder-Smith

Einleitung

Im August des Jahres 1957 ereignete sich innerhalb der naturwissenschaftlichen Welt ein Ereignis von höchster Wichtigkeit. Unter der Schirmherrschaft der International Union of Biochemistry und in Zusammenarbeit mit der Akademie der Wissenschaften der UdSSR fand in Moskau ein Symposium über den „Ursprung des Lebens auf der Erde" statt.

Die Eröffnungsansprache hielt Professor A. J. Oparin, dessen Buch „The Origin of Life"[1] inzwischen ein Weltklassiker auf diesem Gebiet geworden ist. Die Sitzungsberichte über diese bedeutsame Folge naturwissenschaftlicher Erörterungen wurden 1959 auf Englisch, Französisch und Deutsch[2] publiziert. Zum ersten Mal war eine so illustre Gesellschaft internationaler Wissenschaftler mit der speziellen Absicht versammelt, die wichtige Frage nach der Herkunft des irdischen Lebens gründlich zu erörtern.

Auf dem Symposium waren Wissenschaftler aus siebzehn Ländern vertreten, zumeist hervorragende Forscher auf den verschiedenen, mit den Problemen der Biogenese verknüpften Gebieten. Es ist recht aufschlußreich, die verschiedenartigen modernen Stellungsnahmen zu dieser alten Frage zu untersuchen, die den menschlichen Geist seit Anbeginn seiner Geschichte bewegt hat. Die Sitzungsberichte des Moskauer Symposiums liefern eine hervorragende Möglichkeit, die mannigfaltigen modernen Bemühungen um die Lösung eines uralten Problems zu überblicken.

In seiner Eröffnungsansprache führte Professor A. J. Oparin aus, daß die Naturwissenschaftler am Ende des neunzehnten Jahrhunderts bewiesen hätten, die spontane Entstehung von Leben aus unbelebter Materie sei heutzutage unter irgendwelchen bekannten Laboratoriumsbedingungen nicht möglich. Daraus folgerte er logisch: „Dies (Ergebnis) entzog jenen Wissenschaftlern den Boden unter den Füßen, die in einer spontanen Lebensentstehung einen wissenschaftlich glaubwürdigen Weg sahen, auf dem sich das Leben (auf der Erde) gebildet haben könnte."[3] Dr. Oparin fuhr fort: „Sie besaßen also keinerlei experimentelle Möglichkeiten, dieses Problem zu lösen. Das führte zu einer sehr pessimistischen Schlußfolgerung, nämlich zu der Überzeugung, daß das Problem des Lebensursprungs ‚geächtet' und unlösbar sei, daß seine Erforschung jedes ernsthaften Wissenschaftlers unwürdig sei und lediglich Zeitverschwendung darstelle." Nach dieser historischen Darstellung des Problems stimmte der von Dr. Oparin verfolgte Gedankengang eng mit dem überein, welchen die Mehrzahl der modernen, auf diesem Gebiet forschenden Naturwissenschaftler vertritt. Trotz Dr. Oparins Ausführungen zu den bekannten naturwissenschaftlichen Fakten, welche die Vorstellung einer spontanen Lebensentstehung heute verbieten, nehmen fast alle Naturwissenschaftler an, daß diese sich in der Vergangenheit ereignet habe. Dr. Oparin selbst postulierte, daß die spontane Entwicklung des Lebens stufenweise nach dem folgenden allgemeinen chemischen Schema sich abgespielt habe: Zunächst entstanden unter dem Einfluß verschiedener Strahlungen einfache organische Verbindungen wie Kohlenwasserstoffe und deren enge Abkömmlinge spontan auf der unbelebten Erde. Das heißt, es fand eine spontane chemische Evolution bis herauf zu einfachen organischen Verbindungen statt.

Natürlich gab es einige Hinweise, daß sich so etwas ereignen kann. Professor S. L. Miller[4] vom College of Physicians and Surgeons an der Columbia Universität berichtet über erfolgreiche Experimente auf diesem Gebiet, bei denen Aminosäuren und andere einfache Substanzen entstanden, wenn elektrische Funken oder dunkle Entladungen in einer Atmosphäre stattfanden, welche aus den Gasen zusammengesetzt war, die vermutlich auch die primitive Erdatmosphäre aufgebaut haben. F. Cedrangelo[5] weist jedoch darauf hin, daß in das ungeschützte Millersche System eindringende Bakterien möglicherweise die Quelle der bei diesem Experiment entstandenen Aminosäuren waren, und glaubt deshalb, daß eine Wiederholung der Millerschen Experimente notwendig ist. Wie dem auch sei, es bestehen nur geringe theoretische Schwierigkeiten bei der Annahme einer spontanen Entstehung von Aminosäuren. Sie beginnen erst bei den späteren Abschnitten einer vermuteten spontanen Synthese des Lebens.

R. M. Kliss und C. N. Matthews[6] berichten über die Entstehung von Peptiden direkt aus Ammoniak und Methan ohne die Gegenwart von Wasser und ohne die intermediäre Bildung von Aminosäuren. Matthews und R. E. Moser[7] forschten weiter auf diesem Gebiet und erzielten Peptide direkt aus Blausäure und wasserfreiem Ammoniak. Durch Anheben der Wasserstoffkonzentration in ihren Reaktionsgemischen gelangten sie zu Adenin, einem wichtigen Baustein der DNS.

Man übersieht häufig, daß Darwin besonders in seinen späteren Lebensjahren selbst dazu neigte, eine Entstehung des Lebens spontan aus unbelebten einfachen chemischen Verbindungen für möglich zu halten, und sie nicht als ein direktes Ergebnis der Tätigkeit eines Schöpfers ansah. Besonders in seinen früheren Werken verwies Darwin oft ehrfürchtig auf einen Schöpfer, der für die Bildung einer begrenzten Anzahl ursprünglicher Lebensformen verantwortlich gewesen sei, die sich dann aufgrund der natürlichen Auslese zu der gesamten Mannigfaltigkeit des heute bekannten Lebens verzweigten, eine Vorstellung, welche er in seinem berühmten Buch „The Origin of Species“ [8] niederlegte. Diese Meinung wird heute noch von einigen christlichen Colleges in Nordamerika vertreten. Aber Darwin ließ — zumindest im Jahre 1871 die Möglichkeit offen, daß der grundlegende Mechanismus der Biogenese in einer spontanen Entstehung zu finden sei. Er schrieb nämlich in diesem Jahr:

> „Wir könnten uns vorstellen, daß sich in irgendeinem kleinen, warmen Teich, in Gegenwart aller möglichen Arten von Ammoniak, Phosphorsalzen und Licht, Hitze und Elektrizität etc., eine Proteinverbindung chemisch herausbildete, welche noch weitere komplexe Veränderungen vollziehen konnte. Heutzutage würde eine solche Substanz augenblicklich vernichtet oder absorbiert werden; das wäre vor der Entstehung lebender Geschöpfe jedoch nicht der Fall gewesen.“ [9]

Auf Darwins persönliche Entwicklung, fort vom orthodoxen Christentum, wird später Bezug genommen.

Dr. Oparin glaubt, daß sich auch die zweite Stufe auf dem allgemeinen Evolutionsweg empor zum Leben abiogenetisch ereignet habe. Lithosphäre, Atmosphäre und Hydrosphäre hält man für den Schauplatz des Geschehens, und die allgemeinen Gesetze der Chemie und Physik, wie wir sie heute kennen, sollen für diese zweite Stufe der Entwicklung verantwortlich gewesen sein. Auch hier schließt man äußere Einflüsse zur Kontrolle der Synthesen der zweiten Stufe aus. Man glaubt an die Wirkung des Zufalls über lange Zeitspannen. Oparin postuliert, daß diese zweite Stufe zu sehr komplizierten Molekülen führt, wie z. B. proteinähnlichen Substanzen mit hohem Molekulargewicht, Nucleinsäuren und anderen, für das heutige Protoplasma typischen Verbindungen.

Was die zweite Stufe der Oparinschen Auffassung betrifft, so glaubt F. Cedrangelo[10] mit vielen anderen Naturwissenschaftlern, daß die geforderte spontane Bildung dieser größeren Moleküle ernsthaft bezweifelt werden könne. Die gewöhnlichen Gesetze der Wahrscheinlichkeitsrechnung würden die Entstehung auch nur eines einzigen komplexen Proteins so selten machen, daß man nach seiner Entstehung gewaltige Zeitintervalle einschalten müßte, bevor sich ein zweites derartiges Molekül spontan bilden könnte. Und sogar dann könnte das zweite Molekül Tausende von Kilometern vom ersten Molekül entfernt entstehen und deshalb nicht in der Lage sein, mit dem ersten Molekül „zusammenzuarbeiten", um ein zur Entstehung eines lebenden Organismus notwendiges Lebensaggregat zu bilden.

Um diese ernsthafte Schwierigkeit bei der zweiten, von Dr. Oparin vorgeschlagenen Stufe zu beseitigen, meint Dr. Cedrangelo, daß die postulierten einfachen Moleküle der ersten Stufe die Fähigkeit zur Autoduplikation besitzen könnten: „Diese Moleküle würden sozusagen in enger Verbindung mit ihresgleichen und anderen organischen Substanzen in flüssigen Ansammlungen und in mikroskopischen Tropfen im Inneren eines speziellen Systems existiert haben, welches Oparin unter Verwendung der Bungenberg de Jongschen Terminologie ‚Coazervat' nannte."[11]

Es ist jedoch sicherlich angebracht, an dieser Stelle festzuhalten, daß wir keinerlei Hinweise besitzen, aus denen sich herleiten ließe, daß die postulierten einfachen Moleküle sich autoduplizieren konnten. Etwas Derartiges vorzuschlagen, heißt ein Problem anzuschneiden, das ebenso schwierig wie das des Lebens selbst ist. Dr. Cedrangelos Hypothese liegt zudem außerhalb des Bereiches experimenteller Beweise. Zur Durchführung eines solchen Duplikationsprozesses würde man nämlich Energie benötigen, welche Sonnenwärme oder Sonnenlicht ohne die Vermittlung eines komplexen Stoffwechselmotors nicht liefern könnten. Ein komplexer Zusammenschluß der Materie würde zur Autoduplikation unerläßlich sein. Dr. Cedrangelo jedoch geht davon aus, daß einfache Moleküle diesen Prozeß durchführten. Wenn Viren sich vermehren, benutzen sie zur Unterstützung den Stoffwechsel ihrer komplexen Wirtszellen. Diese fehlten jedoch unter den Bedingungen, welche auf der Erde vor der Biogenese herrschten.

Nach Dr. Oparins weithin anerkanntem Schema war die dritte Stufe beim spontanen Evolutionsprozeß empor zum Leben erreicht, als die in der zweiten Stufe gebildeten komplexen Moleküle unter dem Einfluß des äußeren Mediums verändert und verwandelt wurden und dann der Selektion unterlagen. So wurde also die Entstehung der primitivsten ursprünglichen Organismen durch nichts anderes als durch Zufall, Zeit, eine geeignete Umgebung und einfache chemische Verbindungen beeinflußt.[12] Oparin räumt ein, daß wir bis zum heutigen Tage nur die erste Stufe seines Schemas experimentell verwirklichen konnten. Zu dem Problem, wie das Außenmedium die Reaktionsprodukte der zweiten Stufe veränderte oder welche präzise Bedeutung das von Dr. Oparin verwendete Wort „Selektion" besitzt, erfährt man jedoch keine näheren Einzelheiten.

Das Oparinsche Konzept von der Entstehung des Lebens, wie es oben dargestellt wurde, ist wahrscheinlich dasjenige, welches heute in naturwissenschaftlichen Kreisen die weiteste Verbreitung besitzt. Bei der Durchsicht der Sitzungsberichte des Symposiums kann sich der Leser jedoch davon überzeugen, daß einige der anwesenden Naturwissenschaftler diese etwas zu problemlose Vorstellung von der Biogenese nicht akzeptieren konnten. Dr. W. Pirie[13] von der Rothamstead Experimental Station in Harpenden, England, weist die gesamte Vorstellung einer spontanen Biogenese auf Grund der gut fundierten Tatsache zurück, daß sich nach dem, was wir naturwissenschaftlich beobachten, komplexe Moleküle wie z. B. Proteine auch in mehreren Stufen nicht spontan herausbilden. In Übereinstimmung mit praktisch allen Naturwissenschaftlern — zumindest denen, die an dem Symposium teilnahmen — lehnt Dr. Pirie jedoch die Idee ab, das irdische Leben als Ergebnis einer übersinnlichen oder übernatürlichen Einwirkung anzusehen. Er weist jedoch darauf hin, daß kein Geringerer als Dr. T. B. S. Haldane sich zu der Auffassung genötigt sah, daß die Gesetze der Chemie und Physik im Präkambrium sich von den heutigen Gesetzen unterschieden, denn die gewöhnlichen chemischen und physikalischen Regeln, wie wir sie heute kennen, lassen eine Spontanentstehung komplexer Proteine — auch eine solche stufenweise Entstehung — nicht zu. Deshalb — so folgert Haldane, der an eine spontane Entstehung des Lebens glaubt, — müssen die Gesetze der Chemie zum Zeitpunkt dieser Entstehung anders beschaffen gewesen sein.[14]

Dr. Kurt Felix vom Institut für Vegetative Physiologie der Universität Frankfurt am Main, Deutschland, schreibt:

> „Nur eins ist sicher; es kommt in unseren Zeitläufen niemals vor, daß Eiweiß aus einem Haufen loser Aminosäuren, der für sich und isoliert von anderem lebenden Material daliegt, gebildet wird."[15]

Dr. Felix verweist auf seine Veröffentlichung zu diesem Thema.[16] Wir sind deshalb nicht weiter überrascht, daß auch Dr. Pirie nicht an eine spontane Entstehung der Proteine aus unbelebter Materie glaubt. Die statistischen Schwierigkeiten sind zu groß, als daß sie durch Wunschdenken und kühne Behauptungen fortgewischt werden könnten. Deshalb meint Dr. Pirie, daß das Leben nicht mit spontan gebildeten Proteinen entstand, sondern mit viel einfacheren Verbindungen. Obwohl das Leben in seiner heutigen Form vollständig auf Proteinen aufgebaut ist, bedeutet das nicht, daß dies immer der Fall war. Die Tatsache, daß alle heute bekannten Lebensformen Proteine enthalten, wird nach Dr. Pirie

> „nicht mehr Bedeutung (hinsichtlich der Frage, ob primitives Leben vom Protein abhing) für eine Diskussion über den Ursprung des Lebens haben als der jetzt fast überall verbreitete Gebrauch von Papier für den Ursprung der Schrift oder der Gebrauch von Streichhölzern für die ursprüngliche Feuerbereitung. Die erste Metallbratpfanne bestand vermutlich aus Gold, weil jenes Metall zur Verfügung stand und nutzbar war, obwohl es später zur Neige ging. Dieser Punkt verdient Beachtung, weil sehr viele Leute sich so ausgedrückt haben, als ob die Frage nach der Herkunft des Lebens die gleiche sei wie die nach der spontanen Synthese von Proteinen, und einige, welche sich die bei der letzteren Frage auftauchenden Schwierigkeiten (in thermodynamischer Hinsicht) klargemacht haben, folgerten, daß Gott oder eine ähnliche Kraft im Spiel sein müsse."[17]

Trotz Dr. Piries Ausführungen glauben wahrscheinlich die meisten Wissenschaftler, unter ihnen der „Papst" auf diesem Gebiet, Dr. Oparin, in der Tat, daß der Ursprung des Lebens mit dem Ursprung der Proteine verknüpft ist. Falls man die spontane Bildung von Proteinen nicht erklären kann, würde ein großer Prozentsatz der Naturwissenschaftler der Meinung sein, daß auch die Herkunft des Lebens nicht erklärbar sei.

Angesichts dieser Sackgasse postuliert Dr. Pirie, daß das Leben in einem sehr einfachen, spontan gebildeten organischen Medium auf einer nicht aus Proteinen beruhenden Grundlage entstanden sei. Bestimmte Metallionen[18], Thioharnstoff oder andere einfache Substanzen sollen als nicht-proteinhaltige Oxydasen gewirkt haben. Man weiß, daß die seltenen Erdmetalle als Esterasen fungieren können. Man bringe alle diese einfachen katalytischen

Systeme zusammen auf Schlick oder Ton, und schon hat man die Grundlage eines einfachen funktionsfähigen Organismus! Dr. Pirie bemerkt, daß ein derartiger einfacher Organismus (Eobiont) mit dieser Art von Stoffwechselmotor „ein bißchen schwerfällig sein könnte, aber er würde vorstellbar sein".

Bei seinen Ausführungen über „The Problem of Stages in Biopoiesis"[19] zitiert Dr. J. D. Bernal die Vermutung Lippmanns,[20] daß Karbamylphosphat ($OC. NH_2 PO_3$) als erste Art von lebendem Molekül oder zumindest als erster Schritt in der biochemischen Evolution fungiert haben könnte.

Sobald offenbar wurde, daß unüberwindliche Probleme theoretischer Art sich der Annahme in den Weg stellten, daß Proteine oder ähnliche komplexe Moleküle vor der Biopoese entstanden, sahen sich die Naturwissenschaftler zu dieser Art weithergeholter Spekulation über die Herkunft des Lebens gezwungen. Mit Sicherheit könnte keine der heute bekannten Lebensformen auf Karbamylphosphat beruhen. Wir müssen uns klarmachen, daß wir den Ursprung des heutigen Lebens erklären und uns nicht mit irgendwelchen anderen, einfacheren Lebensformen beschäftigen wollen, die auf so einfachen Molekülen wie Karbamylphosphat beruhen, dessen Existenz als Lebenseinheit zudem höchst hypothetisch ist.

Dr. Erwin Chargaff von der Columbia Universität kommentiert diese und andere Theorien über die Lebensentstehung in treffender Weise:

> „In unserer Zeit ist die Mythologie wahrscheinlich zum allerersten Male bis zur molekularen Ebene vorgedrungen. So las ich z. B. neulich in einem Aufsatz eines sehr renommierten Biologen: Während des Frühstadiums der molekularen Stufe der Evolution entstanden nur einfache Moleküle . . . Später wurden dann komplexere Moleküle, wie z. B. Aminosäuren und vielleicht einfache Peptide gebildet.
>
> Man glaubt, daß in den späteren Abschnitten dieser Periode ein Molekül mit zwei völlig neuen Eigenschaften erschien, nämlich der Fähigkeit, die Herstellung von Kopien seiner selbst aus einer Ansammlung einfacher Bausteine systematisch zu lenken, und der Fähigkeit, neue chemische Konfigurationen ohne Verlust der Reproduktionsfähigkeit zu erreichen.
>
> Diese Fähigkeiten, Autoduplikation und Mutation, sind ty-

pisch für alle lebenden Systeme. Man kann deshalb sagen, daß sie eine objektive Grundlage für eine Definition des Lebenszustandes abgeben . . . So ist also das, was komisch mit tiefgründigen und schönen Legenden begann, zu einem sogenannten ‚Makromolekül' geworden. Wenn die Poesie gelitten hat, so hat sich die Präzision nicht verbessert. Wir können uns nämlich fragen, ob ein Modell, das lediglich einen einzigen Zellbestandteil dazu veranlaßt, sich kontinuierlich selbst neu zu bilden, uns viel über das Leben und seinen Ursprung erzählen kann. Wir können uns auch fragen, ob die Forderung nach einer Hierarchie der Zellbestandteile, in der die Nucleinsäuren zu einer Patriarchenrolle bei der Schaffung der lebenden Materie erhoben werden, gerechtfertigt ist. Ich glaube, daß es nicht genügend Beweise dafür gibt, um diese spezielle Klasse von Verbindungen so auszusondern."[21]

An späterer Stelle seines Aufsatzes führt Dr. Chargaff aus:

„Es ist sehr unwahrscheinlich, daß wir von einer Untersuchung der einzelnen Teile eines heutigen Autos viel von der Herkunft des Automobils lernen könnten. Auch könnte eine solche Untersuchung nicht bei der Entscheidung darüber helfen, ob nicht einmal ein Automobil aus Glas existierte . . . Meiner Meinung nach wäre es ehrenhafter, zu bekennen, daß wir in der Tat wenig über diese Dinge wissen, und zu sagen, daß der Weg in die Zukunft nicht unnütz mit dürftigen und oft jeder Grundlage entbehrenden Hypothesen verbaut werden sollte. . . Ist die Zelle wirklich nichts anderes als ein System genialer Prägepressen, die ihren Weg vom Leben zum Tode auf Matritzen schreiben? Ist Leben wirklich nur eine komplizierte Kette von Schablonen und Katalysatoren und Produkten? Meine Antwort auf diese und ähnliche Fragen würde Nein lauten. Ich glaube nämlich, daß unsere Naturwissenschaft zu mechanisch geworden ist, daß wir in Metaphern reden, um unsere Ignoranz zu verbergen, und daß es in der Biochemie Kategorien gibt, für die uns sogar eine geeignete Benennung fehlt, ganz abgesehen von einer Vorstellung über ihre Konturen und Dimensionen."[22]

Wir sind jetzt an einem Punkt angekommen, wo führende Wissenschaftler die Tatsache anerkennen, daß man die Biopoese nicht mit der Annahme erklären kann, der Zufall habe im Laufe einer ungeheuer langen Zeitspanne spontan komplexe Proteine und ähnliche Moleküle hervorgebracht. J. D. Bernal hat jedoch einen Ausweg aus diesen Schwierigkeiten vorgeschlagen.

Er meint, in Übereinstimmung mit Oparin, daß die Proteine und andere komplexe Moleküle *stufenweise* spontan entstanden. Er kann sich nicht zu der Überzeugung durchringen, daß ein Tropfen einer Lösung von unorganisierten Aminosäuren plötzlich und spontan ein vollkommenes Protein ergeben könnte. So lautete die Hauptthese des Bernalschen Vortrages vor dem Moskauer Symposium folgendermaßen: „Die Wahrscheinlichkeit, eine hochkomplexe Struktur aus ihren Elementen zu bilden, wird vermehrt oder die Anzahl der möglichen Wege dazu wird verringert, wenn die fragliche Struktur in eine begrenzte Serie von aufeinanderfolgend inklusiven Substrukturen zerlegt werden kann.“ [23]

Was Dr. Bernal hier sagt, bedeutet, daß es unwahrscheinlich ist, daß ein Molekül spontan und plötzlich an Komplexität zunimmt, ähnlich wie ein Mensch, der mit einem Schlag eine Leiter vom Boden bis zur Spitze herauffällt! Ein Molekül könnte jedoch „die Leiter herauffallen“ (an Komplexität ansteigen), und zwar dadurch, daß es „sprossenweise“ herauffällt. Dieser Standpunkt wird an späterer Stelle dieses Buches geprüft und aus energetischen Erwägungen für nicht überzeugend befunden. Die Energie nämlich, die zur Anhebung vom Grunde bis zur Spitze der Leiter erforderlich ist, ist immer die gleiche, ohne Rücksicht darauf, ob das Molekül „mit einem Schlag“ oder „stufenweise“, sprossenweise angehoben wird. Deshalb lösen weder Dr. Bernal noch Dr. Oparin durch ihr Stufenpostulat das eigentliche Problem.

Wenn man die Biopoese nicht ansieht als Ergebnis einer — wenn auch stufenweisen — spontanen Synthese komplexer Moleküle oder als Ergebnis dessen, daß einfache Moleküle die Eigenschaften lebender Wesen (Autoduplikation) annehmen, welche Alternativen gibt es dann noch für eine Erklärung des Lebensursprungs auf naturwissenschaftlicher Grundlage? Wir behaupten, daß die Annahme einer Schöpfung die einzig vernünftige Alternative darstellt, aber sie mißfällt den meisten Wissenschaftlern, die sie für steril ansehen. Ich persönlich halte es nicht für wahrscheinlich, daß eine echte Idee lange fruchtlos bleiben wird. Als neues Werk zum gesamten Problem der Biogenese vergleiche man Dr. J. D. Bernals umfassende Darstellung. [24]

Aber warum sollte die Vorstellung von einer Schöpfung den meisten Naturwissenschaftlern so mißfallen? In erster Linie deshalb, weil sich viele Phänomene, die man in früheren Zeiten für übernatürlich ansah, seitdem auf einer vollkommen natürlichen Grundlage erklären ließen. Dies sollte uns jedoch nicht dazu verleiten, zu weit zu extrapolieren und anzunehmen, daß sich deshalb *jedes* Phänomen auf rein materieller Grundlage erklären ließe. Aber genau das ist geschehen. In der Biologie ist das Pendel zu weit in Richtung auf den Materialismus ausgeschlagen. Dann ist es auch für einen Wissenschaftler ganz unannehmbar, mit etwas völlig Unberechenbarem rechnen zu müssen, z. B. mit einem Gott, der alles tun kann und den wir nicht „untersuchen" können. In der Naturwissenschaft möchten wir alles auf der Grundlage der bekannten Naturgesetzlichkeit erklären. Wie die Dinge jedoch liegen, haben die modernen Naturwissenschaftler zahllose Wege erkundet bei ihren Bemühungen, auf rein materieller Grundlage und in den uns bekannten Dimensionen von Raum und Zeit den Ursprung des Lebens und des Menschen zu erklären. Wir sind wiederholt darauf gestoßen, daß man diese Erklärungen nicht erreichen kann, ohne gegen bestimmte wohlbekannte Grundgesetze der Materie zu verstoßen, besonders gegen jene der Thermodynamik, die in diesem Buch untersucht werden. Wenn wir die Dinge nicht auf der Grundlage der Gesetzlichkeit unserer dreidimensionalen Welt (vier Dimensionen zuzüglich der Zeit) erklären können, warum sollten wir zögern, eine weitere Dimension (die des Supranatürlichen) einzuführen, wenn sich herausstellt, daß sie unvermeidlich ist? Wir sollten lieber etwas Derartiges tun, als gegen die Gesetze der Physik und Chemie zu verstoßen, die wir kennen.

Wenn wir einen Plan sehen, ist es da nicht natürlich, einen Planer zu postulieren? Ich weiß, daß die Darwinisten gerade diese logische Folgerung durch ihre Behauptung leugnen, daß natürliche Auslese und zufällige Abänderungen in der lebenden Natur einen Plan vortäuschen, ohne daß es in Wirklichkeit einen Plan gibt. Darwin selbst verwies regelmäßig auf Beispiele von Anpassung, um zu zeigen, daß sie ohne zielstrebigen Plan allein auf der natürlichen Auslese beruhten.[25] In der Reihe der Anpassungen im Tier- und Pflanzenreich sehen die Darwinisten deshalb kein planvolles Programm oder die Erfüllung eines prädeterminierten Zieles, wie sie von einem Urgrund oder Schöpfer aller Dinge herrühren würden.

Wir untersuchen diese Schlußfolgerung später, wenn wir uns mit der darwinistischen Evolution von Geist und Denken beschäftigen.

Wenn die natürliche Auslese das Argument der Planung in der lebenden Natur auch außer Kraft setzen könnte, so kann sie dies in der unbelebten Natur, wie beim Aufbau der Materie, nicht bewirken, denn hier, in der unbelebten Natur, können natürliche Auslese und Variation keine Rolle spielen. Da das Universum zum allergrößten Teil aus unbelebter und nicht aus belebter Materie besteht, haben die Darwinisten mit ihrer Theorie das Planungsproblem kaum gelöst, denn der Plan des Unbelebten wird von den darwinistischen Selektionstheorien nicht berührt. So besitzt das Argument der Planung seine volle Wirksamkeit im Bereiche der toten Materie.

Wenn wir jedoch den Planer nicht in unseren drei Dimensionen (oder vier, wenn man die Zeit mitzählt) finden können, dann muß man annehmen, daß der Planer sich außerhalb unserer vier Dimensionen befindet. Zugegeben: Diese Annahme liegt keinem Naturwissenschaftler. Eine solche Methode hat sich so oft als falsch erwiesen, wenn es um die Erklärung einfacherer Erscheinungen ging. Deswegen müssen wir in der Tat sehr vorsichtig sein und unsere vier Dimensionen äußerst sorgfältig durchsuchen, bevor wir zu etwas außerhalb Gelegenem unsere Zuflucht nehmen, um uns eine Erklärung über die Herkunft des Lebens zu verschaffen. Aber während wir innerhalb der uns bekannten Dimensionen tatkräftig mit unserer Suche fortfahren, sollten wir unsere Augen nicht vor anderen, außerhalb unseres raumzeitlichen Systems gelegenen Möglichkeiten verschließen. *Derjenige ist ein ehrlicher Sucher, der darauf vorbereitet ist, überall zu suchen — und zu finden. Der voreingenommene Sucher entscheidet vorher, wo er suchen will und wo nicht.*

Wie können wir diese letzte Möglichkeit jedoch ernsthaft in Erwägung ziehen? Wie kann ein Naturwissenschaftler — oder überhaupt ein nachdenklicher Mensch — nach irgend etwas suchen, das außerhalb von Raum und Zeit liegt? Sein Geist kann sich nicht mit solchen Möglichkeiten beschäftigen. Wie kann er also solche Dinge vernünftigerweise untersuchen? Das folgende etwas breiter ausgeführte Beispiel mag uns helfen: Wenn ein Wissenschaftler eine Synthese plant, dann bereitet er seine Arbeitspläne, seine Formeln, Reagenzien, Reagenzgläser, Retorten, Destillationsapparaturen und Reaktionsbedingungen vorher sehr gewissenhaft vor. Er geht an die Arbeit mit einem sehr sorgfältig geplanten Schema in seinem Geist, welches entweder allein in seinem Kopf existiert oder auch teilweise oder vollständig auf Papier fixiert sein kann. Er weiß genau, was sein erstrebtes Endprodukt ist und wie groß die Ausbeute voraussichtlich sein wird. Um jedoch sein Reaktionsschema auszuführen, betritt unser planender Wissenschaftler niemals tatsächlich das Reaktionssystem selbst. Er hat alles im Kopf. Er bleibt außerhalb seiner Retorten, Bechergläser und Reagenzgläser. Ohne sie irgendwann zu betreten, kontrolliert er nichtsdestoweniger wirksam all das, was während der zum gewünschten Endprodukt führenden Reaktionen geschieht.

Wenn ich jetzt aber in der Lage wäre, in den Dimensionen des Reaktionssystems zu verweilen und ein Teil dieser Dimensionen zu werden (indem ich zugleich mein Wissen um die äußere Welt verlöre, so daß ich auf molekularer Ebene und in molekularen Dimensionen den Zusammenschluß der Moleküle zum Endprodukt beobachten könnte), dann würde ich dort nichts anderes geschehen sehen als einfache, wohlbekannte chemische Kombinationen und Reaktionen, die alle nach den Gesetzen des Zufalls, der Chemie und Physik, Massenwirkung und Affinitäten, Löslichkeit usw. ablaufen. Diese im Inneren des Reaktionssystems und völlig innerhalb molekularer Dimensionen wirkenden Gesetze würden zur Erreichung des Endproduktes vollständig als Erklärung ausreichen. Innerhalb der Dimensionen des Reaktionssystems nämlich, in dem ich mich befinde und dessen Teil ich bin, würde ich nichts anderes als nur die rein chemische und physikalische Seite des zum Endprodukt führenden Reaktionssystems sehen. Ich würde — innerhalb meines Reaktionssystems — völlig recht haben, wenn ich die gesamte synthetische Reaktion im Sinne dessen, was ich auf der molekularen Ebene sah und erfuhr, erklärte. Auf dieser Ebene würde ich es niemals notwendig finden, die Existenz von Notizbüchern, Gedanken, technischen und theoretischen Fertigkeiten von seiten des planenden Wissenschaftlers zur Erreichung seines Zieles anzunehmen. Ich wäre niemals in der Lage, das Wesen des umfassenden großen Synthesekonzepts auch nur zu ahnen. Alles das würde für mich absolut unsichtbar sein, und zwar aus dem einfachen Grunde, weil es sich außerhalb der Dimensionen des Reaktionssystems befindet, dessen Teil ich bin. Planung, Arbeitsdiagramme, Affinitäten usw. (möglicherweise zumeist auf dem Papier) wären für mich unverständlich, da ich ja tatsächlich auf der molekularen Ebene des Reaktionssystems lebe. Mein Verständnis (oder Unverständnis) wird jedoch an der Realität der Syntheseplanung nichts ändern.

Die einzige Möglichkeit, wie der auf molekularer Ebene operierende Wissenschaftler eine Ahnung von der Planung bekommen könnte, die hinter seinem Reaktionssystem steht, würde sein, das *Endprodukt zu untersuchen.* Als Bewohner von Reaktionssystemen im allgemeinen fände er heraus, daß unabhängige Reaktionssysteme seiner Erfahrung nach nur Chaos und nicht Endprodukte hervorbringen würden, die Anzeichen von Planung tragen. Als Bewohner von Reaktionslösungen wird ihm seine Erfahrung in zahllosen Beispielen zeigen, daß mit verstreichender Zeit immer mehr das Gleichgewicht und ein Anstieg der Entropie angestrebt wird. Er wird nun mit einem hochorganisierten Molekül (welches im Vergleich mit anderen Reaktionsprodukten und der Zeit eine Entropie-Erniedrigung zeigt) konfrontiert, das eine Ausnahme gegenüber dem darstellt, was er als Ergebnis der zufallsbedingten Wechselwirkung der Moleküle erwarten würde, die Affinität zueinander zeigen. Wenn nun der Wissenschaftler tatsächlich eine Ausnahme gegenüber dem findet, was er — gemessen an seiner Erfahrung mit zufallsbeherrschten Reaktionssystemen und den Endprodukten — erwarten würde, so wird er keine Erklärung für ein geordnetes Endprodukt finden können, wenn er nur innerhalb des Bereiches seines Reaktionsmediums sucht.

Nichtsdestoweniger ist es höchst wahrscheinlich, daß er versuchen wird, sich das vor ihm befindliche geplante Endprodukt zu erklären, geradeso wie er sich jede andere Reaktion erklärt, die in seinem System abläuft; d. h. er wird versucht sein, alles dem Wechselspiel des reinen Zufalls und chemischer Affinitäten zuzuschreiben. Und wir können den so denkenden Wissenschaftler gut verstehen. Alles, was außerhalb seines Reaktionssystems liegt, befindet sich außerhalb seines Horizonts. So erklärt er alles auf der Basis der Gesetze, die in seinem Erfahrungsbereich liegen, selbst wenn er sich über die Anzeichen von Planung beunruhigt fühlt, die in Systemen auftauchen, welche sonst vom Zufall regiert werden.

All das läuft auf folgendes hinaus: Wenn Gott das Universum, das Leben und die Menschen wirklich schuf und erhält, indem er sich chemischer und physikalischer Reaktionen bedient, wie wir sie in unserem System kennen (und so verhält es sich sicherlich), dann werden wir nichtsdestoweniger völlig außerstande sein, irgend etwas von seiner Planung, seinen „Arbeitsdiagrammen“ oder Verfahrensweisen zu sehen. Wir werden seinen Plan oder sein gedankliches Konzept in der Schöpfung niemals „sehen“ oder „beweisen“ können, denn das liegt so sehr außerhalb unserer Fähigkeiten, die wir an Raum und Zeit gebunden sind, wie es außerhalb der Fähigkeiten des Naturwissenschaftlers lag, den umfassenden Syntheseplan zu erkennen, während er auf ein Leben in der molekularen Ebene der Retorten beschränkt war. Es gibt nur einen Weg, wie wir eine Vorstellung von dem bekommen können, was sich wirklich in den „Reaktions-Kolben" abspielt, die das geordnete Endprodukt liefern (solange wir auf unsere materielle Welt beschränkt sind). Wir müssen nicht einfach das Reaktionssystem, dessen Teil wir sind, sondern das „Endprodukt" sorgfältig prüfen, welches Anzeichen von Planung erkennen läßt, die nicht allein aus unserem Reaktionssystem stammen. Unser willkürliches Reaktionssystem kann aus sich heraus keinen Plan hervorbringen — es ist ein Zufallssystem. Die Gesetze der Thermodynamik haben uns schon lange gezeigt, daß dies der Fall ist. Die Hinweise jedoch, daß Zufallsgesetze etwas Planvolles (eine Entropie-Erniedrigung, wenn wir so wollen) bringen, zeigen uns *indirekt*, daß eine exogene Quelle unser dreidimensionales System durch Denken und Planen und durch Methoden kontrolliert, auf deren Verständnis wir ebenso gut hoffen können, wie der Beobachter — der sich in dem von uns besprochenen Reaktionssystem befand und dessen Teil geworden war — auf das Verständnis des großen Konzepts hoffen konnte, welches der die Synthese durchführende Wissenschaftler besaß. Trotz des Spottes, mit dem man das „Argument der Planung" überhäuft hat, ist es niemals zureichend widerlegt worden. Dies Argument allein kann das spontane Auftauchen von Ordnung aus dem Chaos heraus erklären, geradeso, wie offensichtlich spontane Ordnung durch den Wissenschaftler unter unseren sonst vom Zufall regierten Molekülen während der Synthese auftrat. Die von ihm benutzten Techniken waren vom Inneren des Reaktionssystems aus vollkommen unsichtbar. Er bediente sich offensichtlich nur der chemischen Affinitäten, die zu jedem System gehören und evident dafür waren.

In dieser Weise, so glaube ich, kontrollieren Gottes Gedanken unsere dreidimensionale Welt von einem Bereich außerhalb der drei Dimensionen. Daraus folgt, daß der genaue Mechanismus, dessen sich seine „Hand" bedient, für Geschöpfe von drei Dimensionen unsichtbar ist. Nur eine Prüfung des „Endproduktes" (der Mensch oder irgendeines von Gottes Geschöpfen und Werken) wird uns eine indirekte und schwache Vorstellung von dem überragenden, großen Konzept vermitteln. Unsere eigene Konstruktion teilt uns indirekt und induktiv etwas über sein gedankliches Konzept bei der Formung und Gestaltung der Materie von einem Bereich außerhalb der Materie mit. Dies schließt natürlich nicht offenkundige Wunder wie die ägyptischen Plagen z. B. aus. Hier sprechen wir aber nicht von Ausnahmen, sondern von Regeln.

In den folgenden Ausführungen habe ich einige der Möglichkeiten geprüft, die uns zur Erklärung der Herkunft des Menschen offenstehen. Ich habe mich bemüht, einen Blick in das hinter unserer Schöpfung stehende gedankliche Konzept — was Gott mit unserer Schöpfung beabsichtigte — zu werfen. Deswegen beziehe ich mich sowohl auf die Naturwissenschaften als auch auf die Bibel, wenn ich versuche, zu einer ausgewogenen Sicht von Schöpfung und Sinn des Lebens zu gelangen.

Alles, worum ich den Leser bitte, ist eine gerechte, sorgfältige, geduldige und unvoreingenommene Lektüre des gesamten Textes, begleitet von der inneren Bereitschaft, sich den Fakten zu beugen.

1. A. J. Oparin, *The Origin of Life* (New York, 1938).
2. *The Origin of Life on the Earth,* International Union of Biochemistry Series, Bd. I, F. Clark und R. L. M. Synge (Hrg.). Herausgegeben für die Academy of Science of the U. S. S. R. von A. J. Oparin, A. G. Pasynskü, A. E. Braunstein, T. E. Pavlovskya (New York, 1959).
3. Oparin, Eröffnungsansprache, *The Origin of Life,* S. 1.
4. S. 2. Miller „Formation of Organic Compounds on the Primitive Earth *„The Origin of Life on the Earth, S. 123.*
5. S. F. Cedrangelo *„The Problem of the Origin of Proteins".* *The Origin of Life on the Earth,* S. 281.
6. R. M. Kliss und C. N. Matthews, *Proceedings of the National* Academy of Science (1962) XL, III, 1300.
7. C. N. Matthews und R. E. Moser, *Nature* (London, 1967) CCVX, 1230.
8. Charles Darwin, *The Origin of Species,* hrg. von Charles W. Eliot (New York, 1909).
9. Francis Darwin, *The Life and Letters of Charles Darwin* (New York, 1898), Bd. II, S. 202, Anmerk., zitiert von Garrett Hardin in *Scientific Monthly* (1950), LXX, 178.
   Vgl. ebenfalls Sidney W. Fox, „A Chemical Theory of Spontaneous Generation", *The Origin of Life on the Earth,* S. 281.
10. Cedrangelo, *loc. cit.*
11. *Ibid,* S. 284, vgl. *Oparin, The Origin of Life* und A. G. Bungenberg de Jong, *Colloid Science,* rezensiert von H. R. Kruyt (New York, 1949), Bd. II.
12. Oparin, op cit. *The Origin of Life on the Earth,* S. 2.
13. N. W. Pirie, „Chemical Diversity and The Origins of Life", *The Origin of Life on the Earth,* S. 76.

14. *Ibid*, S. 78.
15. Kurt Felix, „Die Kontinuität des Eiweißes". *The Origin of Life on the Earth.*, S. 248.
16. Felix, *Angewandte Chemie* (1948), LX, 231.
17. Pirie, *op. cit.*, S. 78.
18. *Ibid*, S. 79.
19. J. D. Bernal, „The Problem of Stages in Biopoiesis", *The Origin of Life on the Earth*, S. 44.
20. M. E. Jones, L. Spector and F. Lippmann, *Journal of the American Chemical Society* (1955), LXXII, 819.
21. Erwin Chargaff, „Nucleic Acids as Carriers of Biological Information", „*The Origin of Life on the Earth*", S. 298—299.
22. *Ibid.*
23. Bernal, „The Scale of Structural Unity in Biopoiesis", S. 388
24. Bernal, *The Origin of Life* (London, 1967), S. 345.
25. Gavin de Beer, Charles Darwin (Garden City, 1964), S. 103.
26. *Ibid*, S. 106.

I
Der Mensch — ein Tier höchster Intelligenz?

Seit alters her beschäftigt den Menschen die Frage seiner Herkunft. Heutzutage stehen sich zwei Meinungen dabei gegenüber: einmal die allgemeine Auffassung, die in allen Universitäten, Hochschulen und Schulen des Westens sowie auch des Ostens ohne ernsten Widerspruch gelehrt wird, der Mensch habe sich aus den niederen Lebewesen zu seinem jetzigen Stand nach den Vorstellungen von Darwin und seinen Schülern emporentwickelt. Der Mensch sei also letzten Endes nichts anderes als ein Tier höchster Intelligenz. Zum anderen aber der Bericht der Bibel, der den Menschen als fertige Schöpfung hinstellt. Auf die verschiedenen Vorstellungen gewisser heidnischer Religionen über die Schöpfung kann ich hier nicht eingehen.

Wollen wir uns über das eine gleich am Anfang ganz klar sein, nämlich daß der Darwinismus und der Neodarwinismus in den Händen der Atheisten die Hauptwaffen gegen christliche Lehre und christlichen Glauben überall in der modernen Welt gewesen sind. Die Kommunisten benutzten offiziell die „Tatsachen" der Evolution, um allen Glauben theistischer oder christlicher Art unmöglich, ja lächerlich zu machen. Atheismus und Darwinismus sind im Osten offizielle Staatslehre, und der Darwinismus bietet dafür die wissenschaftliche Basis. Der bekannte englische Naturwissenschaftler Professor Sir Julian Huxley behauptet: „After Darwin it was no longer necessary to deduce the existence of divine purpose for the facts of biological adaptation."[1] — „Nach Darwin war es nicht mehr nötig, die Existenz eines göttlichen Vorhabens zu belegen, um die Tatsachen biologischer Adaptation zu erklären." In der angelsächsischen Welt und auch im Osten hinter dem eisernen Vorhang ist diese Meinung am weitesten verbreitet. Auf dem europäischen Kontinent besteht daneben ein anderer Gesichtspunkt, indem man im Darwinismus eher eine *Methodik Gottes* sieht, um seine Schöpfung zur Vollendung zu bringen, d. h. die Art, wie er seine heutige Schöpfung zustande gebracht hat, ohne Gott selbst damit *unnötig* machen zu wollen.

Im folgenden wollen wir untersuchen, a) ob der moderne Darwinismus den Gottesgedanken überflüssig macht und deshalb wirklich als Waffe in der Hand der Atheisten dienen kann, und b) ob Gott durch die Evolution in der Pflanzen- und Tierwelt die heutige Schöpfung zustande brachte, d. h. ob man Gott in der Tat in der Evolution am Werke sieht.

Beide Meinungen geben eine Evolution als Tatsache zu. Allerdings werden wir im Laufe unserer Ausführungen noch prinzipiell prüfen müssen, ob diese in beiden Auffassungen enthaltene Annahme einer langsamen Evolution von Tieren und Pflanzen nach oben naturwissenschaftlich zu begründen ist.

a) Was lehrt die Deszendenztheorie?

α) Alle Tiere und Pflanzen, die wir in der heutigen Naturwelt kennen, entstammen einer primitiven Urzelle. Das Leben, vom primitivsten Anfang an, ist so kontinuierlich, und alle Lebensformen sind deshalb genetisch und verwandt und voneinander abgeleitet.

β) Aber wenn alle Lebensformen von einer Form (Urzelle) abgeleitet sind, haben sich diese Formen offenbar im Laufe der Zeit verändert. Die Verschiedenartigkeit hat sich aus einer „genormten" Primitivität herausentwickelt. Die Entwicklungslehre versucht, eine Erklärung der Methodik dieses Entwicklungsverfahrens darzustellen.

Die postulierte Methodik ist die, daß Modifikationen durch Zufall entstanden sind. Man nennt diese Veränderungen Mutationen, die dann genetisch, d. h. in der Nachkommenschaft der Zelle, erhalten bleiben. Die zufälligen Mutationen, die der Zelle oder dem Organismus im Kampf ums Dasein einen Vorteil verleihen, bleiben also erhalten — die Besitzer der Mutationen haben einen Vorsprung vor den Nichtbesitzern und können sich deshalb zahlreicher fortpflanzen als die anderen. Es gibt kleine und große Veränderungen, die durch ionisierende Strahlen oder auch durch chemische Substanzen hervorgerufen werden. Einige entstehen ohne besonders feststellbare Ursache bei der Zellteilung. Die Distribution dieser Veränderungen wird dem Gesetz des Zufalls zugeschrieben. Mutationen (Megamutationen) erklären die sprunghaften Erscheinungen von neuen Spezies, die man in den geologischen Schichten festgestellt zu haben meint.

γ) Zwischen allen Organismen besteht ein Kampf ums Dasein.

Friedliches Zusammenleben (Symbiose) kommt weniger vor als Kampf. Aber nur auf Grund dieses Kampfzustandes ist eine Entwicklung nach oben im Darwinschen Sinne möglich. Ohne Kämpfe gäbe es keine Vorteile im Kampf für die neu hervorgerufenen Mutationen den älteren Organismen gegenüber, und darum gäbe es auch keine fortschreitende Entwicklung ohne Kampf. Evolution ohne den Grundsatz des Kampfes ums Dasein kann man nicht erklären, denn sie ist von Vorteilen gerade in diesem Kampf abhängig. Wenn Symbiose vorkommt, bietet auch sie Vorteile im Kampf.

δ) Weil Evolution so langsam vor sich geht, nimmt sie ungeheuer große Zeitspannen in Anspruch — Millionen von Jahren. An Hand dieser vier Hauptpostulate zeigt sich, wie eine primitive Zelle — auch nach der Methode des Darwinismus und vorausgesetzt, daß überhaupt Leben vorhanden ist — sich langsam in der Rangordnung der lebenden Organismen von „unten" nach „oben" emporentwickelt, und zwar ganz „automatisch", d. h. ohne daß irgendein Gott nötig wäre, der alles ordnet oder leitet. Deshalb lehrt man heute, daß vom wissenschaftlichen Standpunkt aus der Gottesgedanke vertrieben worden ist. Seine leitende Hand ist heute ein überflüssiges Postulat.

Die meisten Darwinisten tun noch einen weiteren Schritt. Sie behaupten, weil das primitive Leben und die primitive Zelle so sehr einfach gewesen sein müssen, sei sie auch durch reinen Zufall entstanden. In einem Urmeer, in dem anorganische Salze, Ammoniak, Kohlensäure usw. in den richtigen Proportionen vorhanden waren, entstanden zufällig Aminosäuren, die sich dann zu Polypeptiden kondensierten. Aus den Polypeptiden entstanden Eiweiße. Oder die Nukleinsäuren usw. produzierten Eiweiße. Schließlich stand die primitive lebende Zelle da (Urzeugung), und zwar ohne jeglichen Schöpfungsakt Gottes. Der einzige Schöpfer, der am Werk war, heißt Zufall, der über große Zeitspannen verfügt, um sein Werk zu vervollkommnen.

Man hat die Prinzipien der Evolution natürlich auch auf die Entwicklung von Gebieten angewandt, die nicht das Leben betreffen. Wenn die Vorstellung vom Kampf ums Dasein für die nichtlebende Welt auch nicht zutrifft, so hat man doch zur Erklärung des Ursprungs der Materie, der Galaxien, der Energie usw., einen Evolutionsprozeß angenommen, ohne an die Möglichkeit eines Geistes zu denken, der die verschiedenen beobachteten Synthesevorgänge leitet. Das Evolutionskonzept hat von

Gebieten des menschlichen Denkens wie der Biogenese, der Volkswirtschaftslehre, der Entstehung der Materie, etc. Besitz ergriffen und soll den gesamten Synthesemechanismus lenken.

b) Was lehrt die Bibel?

Was lehrt uns nun die Bibel, die sich ausgibt, Offenbarung Gottes zu sein, auch in bezug auf die Entstehung der Naturwelt und des Weltalls, also in bezug auf das gleiche Thema, das die Entwicklungslehre behandelt? Skizzenhaft müssen wir den biblischen Bericht schildern, denn manches wird der Bibel in die Schuhe geschoben (besonders auf diesem Gebiet), was sie gar nicht lehrt.

Am Anfang schuf Gott Himmel und Erde. Die Erde war wüst und leer. Nach dieser ersten Handlung werden sieben spezifische Tage genannt, während derer Gott das, was wir heute kennen, erschaffen oder geformt hat. Alle Tiere und Pflanzen werden ihrer Art gemäß erschaffen, und ihrer Art gemäß besamen sie sich und tragen Frucht. Das heißt also, daß der Bibel nach die lebendigen Organismen relativ konstant in ihren Spezies bleiben und daß die verschiedenartigen lebendigen Wesen genetisch nicht kontinuierlich sind — im Gegensatz zu der Deszendenzlehre. Andererseits aber ist nach dem biblischen Bericht keine absolute Konstantheit der Spezies postuliert. Es wird z. B. berichtet, daß die verschiedenen menschlichen Rassen, die schwarze, die weiße, die semitische usw., sämtlich von einem Paar stammen, nämlich von Noah und seinem Weib.

Nach dem biblischen Bericht sind also kleine Veränderungen beschrieben; es wird aber nicht behauptet, daß alle Tiere und Pflanzen von einer primitiven Urzelle abstammen. Wenn man es in die Bibel nicht bewußt hineinliest, würde man wohl nie auf die Idee kommen, daß die Schöpfung des dritten Tages (Pflanzen) und die des fünften und sechsten Tages (Tiere und Menschen) eine langsame Evolution von einer Lebensform in eine andere durch Millionen von Jahren darstelle. „Die Erde bringe hervor lebendige Tiere, ein jegliches nach seiner Art“ [2] und: „Jehova formte den Menschen, Staub der Erde, und hauchte ihm den Hauch des Lebens in seine Nase ein“ [3] und: „Jehova ließ einen tiefen Schlaf auf den Menschen fallen, und er entschlief. Und er nahm eine von seinen Rippen und verschloß ihre Stelle mit Fleisch; und Jehova baute aus der Rippe ... ein Weib, und er brachte sie zu dem Menschen." [4] Alle diese Stellen klingen kaum wie die Darwinschen Beschreibungen eines Millionen von Jahren hindurch währenden Vorgangs, in dem ein Tier sich allmählich aus anderen primitiveren Formen herausentwickelt habe, und zwar nicht unter der persönlich formenden Hand Gottes, sondern unter der Macht des Gesetzes des Zufalls und des Kampfes ums Dasein. Wenn das erste Buch Mose in Wirklichkeit die Prozesse der Entwicklungslehre durch Millionen von Jahren hindurch tatsächlich beschriebe, warum ist diese „wahre" Bedeutung und Auslegung der Bibel nicht klarer beschrieben worden?

Populäre Versuche zur Harmonisierung des Darwinismus mit 1. Mose 1—3

a) Professor Dr. Frhr. von Huenes Theorien

Weil also der Zusammenhang zwischen 1. Mose 1—3 und dem Darwinismus vielen Bibelchristen nicht klar war, brauchte es viel Arbeit seitens ernster Bibelchristen, um die mutmaßlichen Zusammenhänge herauszufinden. Auf dem europäischen Kontinent ist einer der eifrigsten und auch anerkanntesten Geologen, der auf diesem Gebiet arbeitete, — und zugleich einer der feinsten Christen — Professor Dr. Freiherr von Huene gewesen. [5] Freiherr von Huene lehrt, daß die Menschen sich durch viele unspezialisierte Tierstadien langsam emporentwickelt haben. Er meint, daß es eine präadamitische hochentwickelte menschliche Rasse gegeben habe, und zwar Jahrtausende vor Adam. Dann habe Gott Adam herausgenommen aus dieser präadamitischen Rasse, wahrscheinlich als Kind, ihm seinen Odem in die Nase eingehaucht und ihn dann ins Paradies hineinversetzt. Die prä- und paraadamitischen Rassen gediehen um ihn herum, nur schützte ihn der Garten vor den verderblichen Einflüssen der Überkultur dieser Rassen.

Man meint ferner, daß, wenn Gott Tiere als Basis des Leibes Adams benutzte und einem Tier den Odem des Lebens einhauchte, um Adam zu erschaffen, er gewissermaßen „Erde" genommen habe, um Adams Leib zu bauen. Denn die Tiere wurden auch aus „Erde" geformt. Also nach dieser Darlegung nahm Gott die „mittelbare Erde" eines Tierleibes als die „Erde" der Synthese von Adams Leib.

Der biblische Bericht gestattet aber diese Denkart nicht, denn er erklärt: „Im Schweiße deines Angesichts sollst du dein Brot essen, bis daß du wieder zu Erde werdest, davon du genommen bist. Denn du bist Erde und sollst zu Erde werden.“ [6]

Wenn also die „Erde“, aus der Adam gemacht wurde, ein Tierleib war, muß Adam, wenn er stirbt, wiederum zum Tier werden. Denn die „Erde“, aus der er gemacht wurde, war doch ein Tier; folglich, wenn er wieder zur „Erde“ wird, muß das bedeuten, daß er in Wirklichkeit wiederum Tier wird. Wenn das Wort „Erde“ zweimal in einem Satz benutzt wird, darf man ihm nicht willkürlich zweierlei Bedeutungen unterschieben.

Um diesen Standpunkt zu erhärten, zitieren wir: „Nicht ist alles Fleisch einerlei Fleisch, sondern ein anderes Fleisch ist der Menschen, ein anderes des Viehs, ein anderes der Fische, ein anderes der Vögel ...“ [7] Also des Menschen Fleisch (= „Erde“) ist dem des Tieres nicht „gleich“, was aber der Fall sein müßte, wenn Gott ein Tier in einen Menschen umwandelte, indem er dem Tier seinen Odem einfach einhauchte. Dann wäre Tier- und Menschenfleisch gleich, oder letzteres wäre eine Art Affenfleisch, aus dem Gott Adam schuf; das liegt außerhalb der Aussage der Bibel.

Wollen wir die Folgen dieser Hypothese von Professor von Huene noch ein wenig überlegen! Demnach wäre also Adam nicht der erste Mensch gewesen; denn Freiherr von Huene meint, daß Kain sein Weib von diesen prä- oder paraadamitischen Rassen genommen habe. Folglich wäre Adams Rasse mit den anderen präadamitischen Rassen gegenseitig voll fruchtbar gewesen, was nur möglich ist, wenn sie zur gleichen Spezies gehören. Also war Adam entschieden nicht der erste Mensch gewesen. Zu behaupten, daß Adam durch das Einhauchen des Odems des Lebens anders wurde, löst keine Probleme; *biologisch* gesehen bildeten sie alle demnach *eine* Rasse. Freiherr von Huene meint auch, daß die Möglichkeit, Städte zu bauen, wie ja Kain eine Stadt baute [8], nur dadurch zu erklären sei, daß prä- und paraadamitische Rassen vorhanden waren, mit denen Kain und seine Söhne sich verheiraten konnten. Aber auch hier wird von Huenes Annahme unmöglich, da es doch ausdrücklich heißt, daß Eva die *Mutter alles* Lebendigen ist.[6] Wenn Freiherr von Huenes Annahme richtig wäre, stammen die Menschen nur teilweise von Eva und Adam ab, weil prä- und paraadamitische Rassen an der Erzeugung der heutigen Menschheit mitbeteiligt gewesen sind — im Gegensatz zu der biblischen Behauptung, wonach Eva allein allen Menschen das Leben schenkte.

Freiherr von Huene versucht, den ganzen Werdegang der Menschen auf der Basis einer langen Evolution nach Darwinschen Vorstellungen zu erklären, und will zur gleichen Zeit die Bibel als Gottes inspiriertes Wort anerkennen, was sehr zu schätzen ist.

Es ist jedoch — trotz der heroischen Anstrengungen aufrichtiger, theistisch eingestellter Anhänger der Evolutionstheorie — sicherlich sehr schwierig, den biblischen Schöpfungsbericht streng im Sinne der Evolutionstheorie zu interpretieren. Reicht nicht der Bericht von Evas operativer, wunderbarer Herkunft von der Seite Adams als Beweis aus, daß die Bibel an dieser Stelle keinen natürlichen, evolutionären Zufallsprozeß beschreibt, der über Millionen von Jahren hinweg von der natürlichen Auslese abgeändert wurde? Während Adam fest schlief, wurde Eva direkt aus Adams Seite entnommen; das ist auch mit viel Phantasie nicht die Beschreibung eines Evolutionsprozesses. Warum versah Gott den Adam nicht mit einem passenden paraadamitischen Weib, wenn er mit „natürlichen" Mitteln und Reproduktionsvorgängen die menschliche Rasse aus ihnen hervorgehen lassen wollte? Wir wissen heute von der Arbeit mit Gewebekulturen, daß, abgesehen von einer Neuschöpfung, eine brauchbare Art zur Wiederherstellung eines Organismus mit einer identischen rassischen und genetischen Eigenschaft darin bestehen würde, einen vegetativen Teil von ihm mit Gewebekulturmethoden zu kultivieren, gerade so, wie es die Bibel bei dem Ursprung Evas beschreibt.

Der biblische Bericht von der Herkunft Evas aus der Seite Adams kann neben seiner rein physisch operativen Bedeutung noch eine symbolische tragen. Psychologisch gesehen besitzt jeder Mann in seiner Persönlichkeit einen unterentwickelten femininen Anteil, der sein dominantes maskulines Wesen kompensiert. So mag der Ursprung Evas aus der Seite Adams eine symbolische Trennung der beiden kombinierten Geschlechter darstellen, welche Adam ursprünglich besaß. Wie wir wissen, lehrte Christus, daß es in der Auferstehung wiederum keine Trennung der Geschlechter geben wird, daß die auferstandenen Menschen wie die Engel sein werden, weder männlich noch weiblich.[9] Dies bedeutet, daß der End- oder Ewigkeitszustand des Menschen, bei dem das männliche und weibliche Geschlecht in einem Wesen vereinigt sein werden, den Anfangszustand des Menschen widerspiegeln mag, in dem das eine Wesen, Adam, die gesamte Nachkommenschaft von Männern und Frauen repräsentierte. Dies wiederum würde zu der Aussage der Heiligen Schrift passen, daß der Zustand der Ewigkeit gemeinsame Faktoren mit dem Paradies oder Garten Gottes am Anfang der Schöpfung besitzt. Das Ende reflektiert den Anfang auf ähnliche Weise wie das Einsteinsche Konzept des gekrümmten Raumes — wenn wir geradeaus in den Raum blicken, stellt sich heraus, daß wir auf die Hinterseite unseres Kopfes schauen, weil die Krümmung des Raumes dazu führt, daß alles zu sich selbst zurückkommt.

Der Bericht vom Auftauchen Evas auf dem Schauplatz schließt, wenn wir die Bibel ernst nehmen, mit Sicherheit jede Möglichkeit eines „natürlichen", sich über Millionen von Jahren erstreckenden Evolutionsprozesses als vollständige Erklärung der menschlichen Herkunft aus. Der biblische Bericht beschreibt einen ganz wundersamen und nicht stufenhaften (uniformitarianistischen) Ursprung, zumindest der Frau. Er stellt einen vollständigen Bruch mit den normalen Reproduktionsmethoden im gesamten höheren Tierreich dar. Auch mit viel Phantasie kann man keine evolutionären Prozesse zu seiner Erklärung zu Rate ziehen.

Die Möglichkeit, recht früh in der Geschichte der Menschheit Städte zu bauen, kann man erklären, ohne sich auf die Postulate prä- und paraadamitischer Rassen zu berufen. In jener Frühzeit lebte der Mensch beträchtlich länger als heute, und die Bibel berichtet von 900 Jahren als keinem ungewöhnlichen Alter. Erzählungen nicht-biblischen Ursprungs kennen noch viel höhere Lebensalter; nach ihnen sollen einige Könige Tausende von Jahren regiert haben. Fast erscheint es, als ob sie anstelle von Jahren die Tage oder auch Wochen oder Monate gezählt hätten, um zu ihren Angaben über das Lebensalter zu gelangen. Während der 900, in der Bibel erwähnten Lebensjahre wird die Geburt von Söhnen und Töchtern berichtet.[10] Wir nehmen an, daß die 900 Jahre der Bibel Jahre von der heutigen Länge darstellen, denn der gleiche biblische Bericht reduziert die Jahre zunächst von 900 auf 120 und danach auf 70. Diese 70 Jahre waren damals offensichtlich die gleichen wie heute. Deshalb nehmen wir an, daß zumindest die richtigen Proportionen auch für das erwähnte höhere Lebensalter erhalten sind.

Wenn die Schwangerschaftsdauer damals die gleiche wie heute war — es gibt gegenwärtig keine Gründe, daran zu zweifeln —, dann konnten Familien des frühen Menschen einen gewaltigen

Umfang gehabt haben. Kain hätte keine Schwierigkeiten gehabt, eine seiner Schwestern zu heiraten, da Abraham viel später seine Halbschwester Sarah heiratete. Die Folgen solcher Inzucht lassen sich nicht mit denen vergleichen, die heute aus solchen Vereinigungen entstehen, da direkt nach der Schöpfung der Verfall des genetischen Materials noch nicht so fortschrittlich war wie heute.

Heutzutage praktizieren Laboratorien die Bruder-Schwester-Paarung überall auf der Welt in größerem Umfang, um Versuchstiere zu erhalten. Solange weder Bruder noch Schwester unerwünschte rezessive Gene in sich tragen, können keine schädlichen Folgen entstehen, und kräftige Rassen sind das Ergebnis dieses Verfahrens. Bestimmte ägyptische Königshäuser betrieben offensichtlich ebenfalls die gleiche Technik und brachten sehr fruchtbare Nachkommen für ihre Dynastie hervor. Heute würde das Verfahren angesichts der Möglichkeit schädlicher rezessiver Gene beim Menschen — gelinde ausgedrückt — sehr risikoreich sein.

Zur Zeit eines Kain jedoch hätte die Verbindung mit einer seiner vielen Schwestern vom genetischen Standpunkt aus überhaupt keine Schwierigkeiten mit sich gebracht, weil es bei beiden Partnern keine oder nur sehr geringe genetische Verfallserscheinungen zu befürchten gab.

b) „Die sieben Tage sind sieben Zeitaltern gleich“

Man versucht, einige der Schwierigkeiten zu überwinden, indem man die sieben Tage der Schöpfung in sieben Zeitalter verwandelt.[11] Aber wenn man diesen Ausweg sucht, entstehen noch größere Schwierigkeiten. Die Pflanzen entstanden nach dem biblischen Bericht am dritten Tag; die Sonne wurde aber erst am vierten Tage erschaffen. Wenn nun der dritte und vierte Tag Zeitalter gewesen sind, dann wäre das dritte Zeitalter ohne Sonne gewesen. Wenn die Pflanzen des dritten „Tages“ für die Kohlenschichten, die wir heute kennen, verantwortlich sind, kann diese Lösung des Problems unmöglich zutreffend sein, denn diese Kohlenschichten sind in einer tropischen Sonnenglut entstanden. Kein kosmisches Licht, etwa das Licht des ersten „Tages“, könnte ein so üppiges Wachstum herbeigeführt haben.

Man muß noch eine andere Seite dieser Frage bedenken. Wenn man mit sieben Zeitaltern rechnet, wird die ganze biblische Lehre des Sabbats verwaschen. Gott ruhte am siebenten Tage, deshalb sollen wir es auch tun. Ruhte er wohl ein ganzes Zeitalter? Die ganze Bedeutung der Sabbatlehre hängt mit der irdischen Arbeitseinteilung in sechs Arbeitstage und einen Tag der Ruhe in jeder Woche zusammen. Es wird von Gottes Wort nicht gefordert, daß der Mensch beispielsweise etwa sechs Jahre arbeiten und dann ein Jahr ruhen soll.

Noch eine Schwierigkeit entsteht, wenn man die Sieben-Zeitalter-Theorien annimmt. Es heißt doch, daß durch Adams Sünde der Tod in die heutige Welt eingetreten sei. Wenn das wirklich der Fall gewesen ist, wie kommt es, daß die Pflanzen und Tiere der sogenannten dritten, vierten und fünften Zeitalter, lange Zeitalter vor Adam, bereits dem Tod unterworfen waren? Die geologischen Schichten vor Adam sind durch den Tod der betreffenden Organismen entstanden. Nun, wenn der Tod schlechthin erst durch Adam in die Welt eingetreten ist, wie konnte irgend etwas vor Adam überhaupt sterben?[12] Die betreffenden geologischen Schichten sind doch nach heutigen Theorien viel älter als Adam selber. Nach der Bibel dürften sie aber nicht sterben, bis Adams Sünde den Tod in die Welt einführte. „Aber der Tod herrschte von Adam ..."[13] „Darum, gleichwie durch einen Menschen die Sünde in die Welt gekommen und durch die Sünde der Tod ..."[14] Man kann sich über die Bedeutung des Wortes „Tod" streiten, ob damit gemeint wird, daß der Mensch durch die Sünde den *geistlichen* Tod in die Welt einführte, indem man durch die Sünde Gott gegenüber „tot" wurde. Auf der anderen Seite lehrt die Bibel, daß, wenn man an Jesus Christus glaubt, man nimmermehr sterben wird, mithin der Tod durch die Auferstehung der Toten neutralisiert wird. So gehen denn geistlicher Tod und körperlicher Tod Hand in Hand; die Sünde führte also den geistlichen Tod des Menschen wie auch sein körperliches Sterben herbei.

Daraus muß gefolgert werden, daß es in der heutigen Schöpfung vor Adams Sünde kein physikalisches Sterben[15] gegeben haben kann, was die Schwierigkeiten wissenschaftlicher Art mit sich bringt, die wir bereits erwähnten.

c) Die sogenannte „Gap"-Theorie (Restitutionstheorie)

Die „Gap"-Theorie stellt eine dritte Möglichkeit dar, die Bibel und die Wissenschaft zu harmonisieren, und berücksichtigt folgende Überlegungen:

Es heißt doch, daß Gott am Anfang Himmel und Erde schuf und daß die Erde wüst und leer war oder wurde, je nach der Übersetzung. Gott ist Licht, und in ihm ist keine Finsternis. Deshalb konnte diese wüste Schöpfung, so überlegt man, nicht direkt aus seiner Hand stammen. Wir wissen, daß alles, was direkt aus Gottes Hand kommt, gut, vollkommen und licht ist. Wüst-, Finster- und Leersein ist immer nach der Bibel ein degenerierter Zustand, der von einem vollkommeneren Zustand abstammt, etwa wie eine Wüste durch die Degenerierung fruchtbaren Bodens entsteht. Wie die Erde und das Leben darauf infolge des Sündenfalls Adams in einen degenerierten Zustand des Fluches hineinkam, so wahrscheinlich auch die Urschöpfung von 1. Mose 1, 1. 2. Gott schuf Himmel und Erde und setzte den Luzifer (Lichtträger) als Fürst der neuen Schöpfung ein. Er war ein vollkommener Engel mit freiem Willen, bis er seinen Willen mißbrauchte und Gott gleich sein wollte. Das war der „Ursündenfall", durch den die „Urschöpfung" in einen Zustand des Wüst-, Finster- und Leerseins kam.[16] Der Teufel, Luzifer, wurde nicht als ein Dämon von Gott erschaffen, sondern als Engel mit freiem Willen, der dann diesen mißbrauchte und so sich selbst zum Teufel machte.[17] [18]

Als Folge dieses „Ursündenfalls" wurde die Schöpfung zerstört und verfinstert, genau wie die Schöpfung zur Zeit Adams durch Adams Sünde mitgerissen wurde. So entstanden also Sünde und Tod vor Adams Schöpfung, so entstand der Tod in den geologischen Schichten, in der Pflanzen- und Tierwelt. Die sieben Tage von 1. Mose 1 und 2 stellen also bei dieser Auslegung des Wortes sieben Tage der Wiederherstellung der verfinsterten Urschöpfung dar — in den sieben Tagen wurde also die heutige Welt, das heutige Leben und Adams Rasse neu geformt, sie nahmen einen neuen Anfang mit Adams Entstehung.

Man kann gegen diese Interpretation einwenden, daß keine Pause zwischen 1. Mose 1, Vers 1 und 2 ersichtlich ist, wie es diese Auslegung erforderlich macht. Darauf könnte aber erwidert werden, daß diese Eigenart in der Bibel oft vorkommt. Geschehnisse, die zeitlich weit auseinanderliegen, wie z. B. das erste und das zweite Kommen Jesu, werden in der Bibel öfter zusammen beschrieben, ohne darauf aufmerksam zu machen, daß große Zeiträume dazwischenliegen. Die prophetische Schau in die Vergangenheit oder in die Zukunft ist eben überzeitlich.

So gesehen, kann die Erde und das Leben auf der Erde nach

biblischem Bericht Millionen von Jahren alt sein. Es kann Leben die Fülle (aber ohne den modernen Menschen) Millionen von Jahren vor Adam gegeben haben. Alles ist dann durch eine oder auch mehrere große Katastrophen vernichtet worden, und das heutige Leben auf der modernen Welt kann eine geologisch relativ junge Erscheinung sein, die durch eine Wiederherstellung in sieben Tagen neu zustande kam. Dies würde — geologisch gesehen — mit der plötzlichen Erscheinung des modernen Menschen übereinstimmen.

Diese Gedanken stellen eigentlich eine Entwicklung der Theorien von Cuvier dar, der eine Serie von Katastrophen postulierte, um die sukzessiven geologischen Schichten zu erklären. Die Ideen waren vor hundert bis hundertfünfzig Jahren in Europa sehr populär, so populär, daß einige Wissenschaftler meinen, daß sie die Akzeptierung des Darwinismus um Jahre verzögerten. Alcide d'Orbigny (1802—1857) entwickelte Cuviers Theorien und lehrte, daß nach jeder Katastrophe eine gänzlich neue Erschaffung von Leben stattfand. Es war Dr. Thomas Chalmers in England, der die Lücke zwischen Genesis 1, Vers 1 und 2, postulierte, um die Reihenfolge von präadamitischen Katastrophen biblisch zu plazieren. Viele der großen englischen Geologen des vorigen Jahrhunderts nahmen Cuviers Theorie an, weil sie nach ihrer Meinung die beste Erklärung der geologischen Strata darbot.

An dieser Stelle mag der Hinweis genügen, daß wir ein starkes Argument gegen die Gültigkeit der „Gap"-Theorie in 2. Mose 20, 11 finden, wo es kategorisch heißt: „Denn in 6 Tagen hat der Herr Himmel und Erde gemacht und das Meer, und alles, was darinnen ist." Wenn Gott, wie die „Gap"-Theorie behauptet, den Himmel und die Erde und alles, was darin ist, in langen Evolutionsvorgängen vor den sechs Tagen von Genesis 1 schuf, dann würde 2. Mose 20, 11 höchst irreführend sein, wenn man diese Stelle für bare Münze nimmt. Das Wort „asah" (machte), das für die sechs Tage verwendet wird, mag zeigen, daß die Erde nicht aus einem verwüsteten Zustand des Gerichts „neu geformt" wurde, sondern daß es sich um eine *creatio ex nihilo* handelt. Manche Theologen glauben, daß asah ein Synonym zu bara ist, wenn es im Schöpfungszusammenhang gebraucht wird. Weitere interessante und bedeutsame Gedanken zu diesem Thema finden sich in Dr. Whitcombs Veröffentlichung.

d) Uniformitarianismus

Es war Charles Lyell (1797—1875), der in seinem bekannten Lehrbuch „Principles of Geology" die Idee der aufeinanderfolgenden Serien von Katastrophen endgültig ablehnte und sie durch *„Uniformitarianismus"* ersetzte, wonach alles sich langsam und regelmäßig durch sehr lange Zeitperioden ohne Katastrophen irgendwelcher Art entwickelt habe. Lyell nahm die Theorien von William Smith (1769—1839) an, der glaubte, daß alle geologischen Schichten überall in der gleichen zeitlichen Reihenfolge vorkämen und daß jede Schicht durch die darin enthaltenen Fossilien (Leitfossilien, Index Fossils) gekennzeichnet sei. Aber Lyell ging einen Schritt weiter als sein Lehrmeister, indem er behauptete, daß *alle* geologischen Prozesse *langsam und ohne* Katastrophen vor sich gegangen seien. Die Philosophie von Lyell ist heute in allen anerkannten Universitäten der östlichen wie auch der westlichen Welt angenommen worden. Nach den heutigen Theorien sind also die Naturgesetze auf der Erde und im Universum stets die gleichen gewesen wie heute. Durch die *Gegenwart* wird somit die Vergangenheit (und die Zukunft) erklärt. Die geologischen Schichten, die Versteinerungen usw. entstehen demnach heute genauso wie vor Millionen von Jahren und werden immer so weitergehen. Deshalb nennt man diese heutige Auffassung „Uniformitarianismus", d. h. alles war immer so und wird immer so sein. Katastrophen und Eingriffe Gottes haben demnach mit der Bildung des heutigen Systems, das wir kennen, nichts zu tun.

Es läßt eigentlich an das Wort des Apostels Petrus denken: „In den letzten Tagen werden Spötter mit Spötterei kommen, die nach ihren eigenen Lüsten wandeln und sagen: ‚Wo ist die Verheißung seiner Zukunft? Denn seitdem die Väter entschlafen sind, *bleibt alles so von Anfang der Schöpfung an.*'"[19] Also in der letzten Zeit werden Menschen spöttisch fragen, warum der Herr Jesus nicht wiedergekommen ist nach seiner Verheißung. Alles ist *uniform*, alles ist genauso geblieben wie am Anfang, ein katastrophales Eingreifen Gottes geschah nie. Weithin herrscht heute der Geist des Uniformitarianismus, was nach der Bibel einen Vorboten und Vorgeschmack der Endzeit darstellt. Daß der Christ prinzipiell kein Uniformitarianer sein kann, daß er nie behaupten würde, daß alles immer so gewesen ist und immer so sein wird, geht aus dem Wort des Apostels Petrus klar hervor:

„So auch werden der Himmel, der jetzt ist, und die Erde durch das Wasser aufbewahrt, daß sie zum Feuer behalten werden auf den Tag des Gerichts und der Verdammnis der gottlosen Menschen. Eines aber sei euch nicht verborgen, Ihr Lieben, daß ein Tag vor dem Herrn ist wie tausend Jahre und tausend Jahre wie ein Tag. Der Herr verzögert nicht die Verheißung, wie es etliche für eine Verzögerung achten, sondern er hat Geduld mit uns und will nicht, daß jemand verloren werde, sondern daß sich jedermann zur Buße kehre. Es wird aber des Herrn Tag kommen wie ein Dieb in der Nacht, dann werden die Himmel vergehen mit großem Krachen, die Elemente werden vor Hitze schmelzen, und die Erde und die Werke, die darauf sind, werden verbrennen."[20]

Diese biblische Erwartung ist doch alles andere als Uniformitarianismus.

Prinzipiell also darf der Bibelchrist kein Uniformitarianer sein, der alles Eingreifen Gottes, alle Katastrophen ablehnt. Er erwartet ja selber das für die Welt katastrophale Eingreifen Gottes, das Wiederkommen Jesu, für sich selber aber die große Erlösung. Der Bibelchrist behauptet nie, daß es immer so sein wird wie bei den Vätern, daß mithin die Gegenwart der Schlüssel zur Zukunft und Vergangenheit sei.

In einem geringen Ausmaß mag dies zutreffen, aber sicherlich nicht als Prinzip. Schon die Vorstellung eines Schöpfungsaktes selbst liegt völlig außerhalb einer kontinuierlichen uniformitarianistischen Erklärung der Welt und des Lebens. Schon der Akt der Erschaffung von Materie oder Leben beweist ein mächtiges Eingreifen Gottes in Raum und Zeit, das man auf der Grundlage des gegenwärtigen uniformitarianistischen Zustandes der Materie niemals völlig erklären kann. Das gleiche gilt für die Jungfrauengeburt und auch Christi Auferstehung; beide sind schwerlich uniformitarianistisch.

e) Der progressive Schöpfungsglaube ("Progressive Creationism")

Eine Anzahl von prominenten Bibelchristen möchte heute weder als Anhänger der theistischen Evolutionstheorie bezeichnet werden noch zu denen gehören, die glauben, daß Gott alles buchstäblich in sieben Tagen schuf. Der progressive Schöpfungsglaube (oder „Schwellenevolutionisten“ [Threshold Evolutionists], wie Dr. Bernard Ramm diese Denkweise nennt) meint, daß Gott zuerst die materielle Welt schuf und dann schrittweise die verschiedenen Lebensformen ins Leben rief, indem er bei den niedrigsten Formen begann, dann in fortschreitenden, auf jeder Stufe jedoch getrennten Schöpfungsakten die höheren Formen hervorbrachte und den schrittweisen kreativen Prozeß mit dem Menschen abschloß. Nach der Meinung dieser Christen soll sich Gottes Schöpfungswerk also über lange Zeiträume erstreckt haben, innerhalb dieser jedoch auf kurze Zeitperioden beschränkt gewesen sein.

Über solche Glaubensansichten, die zu seiner Zeit populär waren, häufte Darwin in seinem “On the Origin of Species“ Spott und Sarkasmus, weil es in seinen Augen unlogisch war, seine zufallsorientierten Theorien mit der Planung der orthodoxen Christen zu verbinden.

Man kann zu diesen Ansichten des progressiven Schöpfungsglaubens wenig sagen, weil es — vom naturwissenschaftlichen Standpunkt aus — keine greifbaren Hinweise gibt, mit denen man arbeiten könnte. Auch reicht die Skala der Ansichten mit fließenden Übergängen vom offenen „Sieben-Tage-Schöpfungsglauben“ bis hin zu überzeugt theistisch-evolutionären Erklärungen. Die Sprache der Anhänger eines progressiven Schöpfungsglaubens ist oft mehrdeutig, daß man nicht sicher ist, ob man mit jemand redet, der an einen Schöpfer glaubt, oder mit einem theistischen Evolutionisten. Wenn es sich bei der zur Debatte stehenden Frage jedoch um die „Evolution des Pferdes“ handelt, geht man gewöhnlich mit der Überzeugung fort, daß der progressive „Schöpfungsglaube“ im Grunde ein „theistischer Evolutionismus“ ist.

Da die Skala der Ansichten des progressiven „Schöpfungsglaubens“ für den gegenwärtigen Kontext zu breit gefächert ist, sei der Leser auf einige der Standardwerke verwiesen, welche von Anhängern dieser Position veröffentlicht wurden.[21]

1. J. Huxley, *Rationalist Annual,* 1948, S. 87. Siehe auch Davies, *The Present State of Teleology* (London, 1947), LXXIX, 70.
2. 1. Mose 1, 24.
3. 1. Mose 2, 7.
4. 1. Mose 2, 21—22.

5. Huene, Freiherr von, *Weg und Werk Gottes in der Natur* (Siegen/Leipzig, o. D.) und *Schöpfung und Naturwissenschaft* (Stuttgart).
6. 1. Mose 3, 19—20.
7. 1. Korinther 15, 39.
8. 1. Mose 4, 17.
9. Vgl. Matthäus 22, 30.
10. Vgl. Anhang I.
11. Siehe Anhang I und E. Sauer, Der König der Erde.
12. Vgl. Anhang I.
13. Römer 5, 14.
14. Römer 5, 12.
15. Vgl. Anhang I.
16. Jesaja 45, 18.
17. Jesaja 14, 12.
18. A. E. Wilder-Smith, *Ist das ein Gott der Liebe?*
19. 2. Petrus 3, 4—5.
20. 2. Petrus 3, 7—10.
21. Benard L. Ramm, *The Christian View of Science and Scripture* (Grand Rapids, 1954), Floyd E. Hamilton, *The Basis of Evolutionary Faith* (London 1931). Wayne Frair und P. William Davis, *The Case for Creation* (Chicago, 1967); H. Enoch, *Evolution or Creation* (Madras, 1966); Paul A. Zimmermann, John W. Klotz, Wilbert H. Rusch und Raymond F. Surburg, *Darwin, Evolution and Creation* (St. Louis, 1959), James D. Buswell, „The Origin of Man and the Biocultural Gap" *Journal of the American Scientific Affiliation* (Juni 1961), XIII, S. 47; Russell L. Mixter, *Evolution and Christian Thought Today* (Grand Rapids, 1959).

II
Sind die Hauptpostulate des Darwinismus von der Naturwissenschaft her tragbar?

In diesem Abschnitt wollen wir der Reihe nach einige Hauptpostulate der Deszendenzlehre auf ihren naturwissenschaftlichen Inhalt und auf ihre wissenschaftliche Basis prüfen.

1. Die Ähnlichkeiten zwischen Menschen, Tieren und allen lebenden Zellen

Es ist klar, daß Ähnlichkeiten zwischen allen lebenden Zellen, zwischen Menschen und Tieren und zwischen den verschiedenen Pflanzen bestehen. Die Ähnlichkeiten zwischen Menschenaffen und Menschen sind einmal da; sie sind Tatsachen, die man nicht leugnen soll und nicht leugnen will, wenn man ehrlich ist. Die Entwicklungslehre erklärt nun diese Ähnlichkeiten auf der Basis der genetischen *Verwandtschaft* aller Lebewesen: Weil Menschen direkt oder indirekt vom Menschenaffen abstammen — miteinander verwandt sind —, sehen sie sich ähnlich. Alle Lebewesen sind sich also ähnlich, weil sie miteinander verwandt sind, voneinander abstammen. Je näher sie miteinander verwandt sind, desto größer ist die Ähnlichkeit.

Jetzt müssen wir daher die Frage stellen, ob Ähnlichkeit genetische Verwandschaft voraussetzt.

a) In der ganzen Welt kommt das Phänomen des Doppelgängers vor. Oft sind sich Doppelgänger so täuschend ähnlich, daß man sie kaum auseinanderhalten kann. Es wäre aber ein Trugschluß anzunehmen, daß die Doppelgänger, je mehr sie sich ähneln, desto näher verwandt miteinander sein müssen. Ähnlichkeit *kann* Verwandtschaft bedeuten, ist aber in keinem Fall ein zwingender Beweis für Verwandtschaft. Oft sind Familienglieder sich weniger ähnlich als Doppelgänger, die gar nicht verwandt sind.

b) Es ist bekannt, daß das Krakenauge sehr viel Ähnlichkeit mit dem menschlichen Auge aufweist. Doch hat, nach der Deszendenzlehre, die Ontogenie des Krakenauges und des menschlichen Auges mit deren Phylogenie sehr wenig gemeinsam; sie sind genetisch nicht miteinander verwandt, sehen sich aber sehr ähnlich. Ähnlichkeit ist kein zwingender Beweis des Verwandtseins.

c) Es ist bekannt, daß es unter den Beuteltieren in Australien eine wolfähnliche Art (Thylacinus) gibt, die nicht zu den Säugetieren gehört. Doch sehen diese „Wölfe" dem Säugetierwolf ähnlich. Zur Gattung der Beuteltiere gehören auch „Mäuse" und „Bären", die den echten Mäusen und den echten Bären unter den Säugetieren ähneln. Aber diese Ähnlichkeit wird in wissenschaftlichen Kreisen nie als Beweis ihres nahen Verwandtseins gedeutet. Man sagt, daß diese Ähnlichkeit das Resultat von Konvergenz in der Entwicklung sei. Weil die Habitate solche Tiere verlangten, entstanden sie durch Evolution von selbst, ganz gleich wie die Urbewohner des Gebiets beschaffen waren. Australien brauchte einen Wolf, darum entstand ein „Wolf" aus den vorhandenen Beuteltieren. Weil letztere nun Beuteltiere waren und keine Säugetiere, mußten diese „Wölfe" eben aus Beuteltieren entstehen. Meines Erachtens ist in dieser Beziehung die darwinistische Denkweise weniger als wissenschaftlich. Sie erklärt nichts.

Könnte man die beobachteten Ähnlichkeiten zwischen Tieren, Menschen und Pflanzen nicht besser dadurch erklären, daß sie auf einem gemeinsamen Plan oder Planer beruhen? Oft ist es möglich, den Schöpfer eines noch nicht identifizierten Meisterwerkes dadurch zu ermitteln, daß man nach irgendeiner gemeinsamen Charakteristik, einem gemeinsamen Anhaltspunkt Ausschau hält, welche von einem bestimmten Meister bei bekannten Werken verwandt wurden. Ließe sich die Ähnlichkeit zwischen Menschenaffen und Menschen nicht dadurch erklären, daß sie von einem Meister geplant wurden? Der gleiche schöpferische Gedanke, der hinter den Lebewesen steht, läßt sich an der gleichen Biochemie, der gleichen Physiologie, der gleichen optischen Struktur oder der gleichen Immunochemie erraten.

Dr. Russel L. Mixter, Professor für Zoologie am Wheaton College, Illinois, widmet in seiner von der American Scientific Affiliation veröffentlichten Monographie ein Kapitel dem Thema: „Die Bedeutung von Ähnlichkeiten zwischen verschiedenen Arten." Dr. Mixter schreibt:

> „Die weißen Augen von *Drosophila simulans* stammen nicht von den weißen Augen von *Drosophila melanogaster* ab.

Die weiße Augenfarbe ist eine homologe Erscheinung... Sie beruht auf entsprechenden Abänderungen in entsprechenden Teilen der Erbmasse..." [1]

..."Die Homologie, auch wenn sie vollkommen real ist, beinhaltet nicht länger die Abstammung von einem gemeinsamen Vorfahren, welcher das gemeinsame Merkmal trägt."[2] Man folgert also, daß manche Ähnlichkeiten zwischen den Arten nicht das Ergebnis ihrer Verwandtschaft sein mögen... Es ist deshalb nicht sicher, daß "man Ähnlichkeit vernünftigerweise auf eine einzige Ursache, nämlich die Vererbung von einem gemeinsamen Vorfahren, zurückführen kann..." Ein gemeinsamer (physiologischer) Plan kann auf die Abstammung von einem Vertebratenvorfahren *oder* auf einen Schöpfer zurückgeführt werden, der den gleichen fundamentalen Prozeß für alle Vertebraten verwendet, ihn jedoch für spezielle Zwecke beliebig variiert..." [3]

2. Ist eine Emporentwicklung durch Zufall theoretisch möglich oder wahrscheinlich? Die Entropiefrage

Jetzt müssen wir auf einige grundlegende wissenschaftliche Probleme eingehen, die selten berührt werden und die doch von großer prinzipieller Bedeutung sind.

Die heutige Naturwissenschaft baut sich auf drei thermodynamischen Hauptsätzen auf, die unser Wissen bedingen. An dieser Stelle kann ich nur die zwei ersten Hauptsätze berühren. Der erste Hauptsatz lehrt, daß Energie (= Stoff) heute weder erschaffen noch vernichtet wird. Lassen wir den Hauptsatz so stehen, obwohl wir die Theorien von Professor Dr. Sir Fred Hoyles kennen, der mit der kontinuierlichen Erschaffung von Stoff (= Energie) spekuliert und der von einem pulsierenden Kosmos ohne Anfang und Ende spricht![4] Wir beschränken uns hier auf die uns im Labor bekannte praktische, experimentelle Naturwissenschaft und möchten möglichst wenig philosophieren.

Der zweite Hauptsatz legt fest, daß, obwohl die Gesamtenergie im Kosmos konstant bleibt, die Menge derjenigen Energie, die uns für nützliche Arbeit zur Verfügung steht, immer und fortwährend geringer wird.

Wir wollen diesen zweiten Hauptsatz etwas klarer formulieren, indem wir Wasser mit Energie vergleichen. Wenn Wasser oben auf dem Berg ist, kann man es zur Erzeugung von elektrischem Strom mittels Turbinen benutzen. Wenn aber das Wasser einmal unten im Tal angekommen ist, kann man seine kinetische Energie nicht mehr benutzen, um Strom zu erzeugen. Die Menge an Wasser bleibt sich gleich, aber die ausnutzbare Energie des Wassers nimmt ab. So bleibt die Gesamtenergie des Kosmos gleich, die ausnutzbare Energie nimmt aber ab — die Energie kommt sozusagen im Tal an, wo man sie nicht mehr benutzen kann.

Weder Stoff noch Energie werden heute erschaffen, aber Stoff kann in Energie umgewandelt werden, wie bei der Atombombe, jedoch bleibt die Menge des Stoffs und der Energie konstant, während die uns zur Verfügung stehende Energie immer mehr abnimmt. Die Naturwissenschaft drückt diese Tatsache aus, indem sie behauptet, daß *die Entropie* (ein Maß der nicht mehr zur Verfügung stehenden Energie) *ständig zunimmt.*

Man kann diese Tatsache wiederum anders ausdrücken, indem man sagt, daß alles in der Natur sich in der Richtung der größeren Probabilität oder Wahrscheinlichkeit bewegt. Es ist doch unwahrscheinlich, daß Wasser bergauf läuft oder gar auf dem Berg stehenbleibt; Wasser neigt ja immer dazu, bergab zu laufen. Es ist wahrscheinlicher, Wasser unten im Tal zu finden als oben auf dem Berg. Sich selbst überlassen, fließt Wasser immer bergab. So verhält es sich auch mit der Energie. Sie neigt stets dazu, in eine Lage immer größerer Wahrscheinlichkeit, größerer Entropie zu kommen.

Zusammengefaßt also, neigt alles zu einer Entwicklung im Sinne und in der Richtung größerer Wahrscheinlichkeit. Dies trifft auch bei aller Ordnung oder allem Geordnetsein zu. Es ist unwahrscheinlich, daß Ordnung bestehenbleibt, genausowenig wie Wasser die Neigung besitzt, oben auf dem Berg zu bleiben. Ordnung, sich selbst überlassen, löst sich in Chaos auf, wie Wasser bergab läuft. Wenn eine Stadt nicht ständig gefegt, repariert, geordnet wird, verfällt sie rapid in einen chaotischen Zustand. Lassen Sie Ihr Auto unter einem Baum einige Jahre stehen, wenn Sie erkennen wollen, daß Ordnung, sich selbst überlassen, sich in Chaos auflöst!

Da es überaus wichtig ist, dieses Prinzip gründlich zu verstehen, auch wenn wir keine Physiker sind, wage ich zur Erläuterung noch ein Beispiel anzuführen.

Nehmen wir an, ich besteige ein Flugzeug und fliege in zweitausend Meter Höhe über meine Wohnung in Einigen/Thun in der Schweiz. Ich habe bei mir im Flugzeug hunderttausend unbedruckte weiße Karten, in Bündeln geordnet, die ich dann in einem einzigen Stoß direkt über meiner Wohnung vom Flugzeug herunterwerfe. Die Karten flattern langsam hinunter und zerstreuen sich, beim normalen Lauf der Dinge, überall im Kanton Bern. Einige kommen in Interlaken an, einige fallen in den Thuner See usw. Was würden Sie aber dazu sagen, wenn ich behaupten würde, daß alle diese Karten auf meinem Dach gelandet wären, und zwar alle in der Form meiner Initialen A E W S? Indem die Karten durch die Lüfte hinunterflattern, hätten sie sich auf wunderbare Art und Weise selbst so geordnet. Unmöglich, ganz und gar ausgeschlossen! Die Karten waren im Flugzeug geordnet, sie waren alle in Bündeln. Als sie sich selbst überlassen und den Lüften preisgegeben wurden, desorganisierten sie sich und verteilten sich kunterbunt über den ganzen Kanton Bern. So verlangt es auch der zweite thermodynamische Hauptsatz: Chaos nimmt zu. Kosmos (Ordnung) löst sich in Chaos (Unordnung) auf, das ist der natürliche Gang der Dinge.

Was nun die Deszendenzlehre, im Grunde genommen, lehrt, ist, daß die Kohlenstoffatome, Wasserstoffatome, Stickstoffatome usw., indem sie durch die Millionen von Jahren, seit Bestehen der Welt, herunterflattern, sich langsam von selbst geordnet haben, und zwar, um eine viel geordnetere Struktur zu bilden als die Karten, die meine Initialen A E W S von selbst bildeten. Der Ordnungsgrad in einer lebendigen Zelle ist viel, viel höher als die Ordnung meiner Initialen A E W S! Doch soll sich die Zelle von selber geordnet und gebildet haben. Ein solcher Vorgang wäre *viel* unwahrscheinlicher als die Bildung der Buchstaben A E W S durch meine Karten.

Gerade dies behauptet mein ehemaliger Zoologieprofessor an der Universität Oxford (jetzt London) Sir Gavin de Beer: Die natürliche Auslese ist „ein Mechanismus zur Verwirklichung einer hochgradigen Unwahrscheinlichkeit". [5]

Es ist natürlich schon möglich, daß einige Karten zufällig so landen würden, daß sie einen I-Punkt oder Bruchstücke eines A oder E bilden. Es würde aber eine derart hochgradige Unwahrscheinlichkeit darstellen, die vollkommenen Initialen A E W S zu erhalten, daß wir nicht ernsthaft damit rechnen dürfen.

Auf ähnliche, zufällige Weise können Moleküle miteinander reagieren, um einfache Aminosäuren und sogar bis zu einem gewissen Ausmaß einfache Polypeptide zu bilden, und zwar auf vollkommen zufälliger Grundlage. Sie verhalten sich wie die Karten, die sich zufällig zu einem I-Punkt zusammenfügen. Aber geradeso, wie die Wahrscheinlichkeit, die ganze A-E-W-S-Struktur zu bilden, so gering ist, daß man sie außer acht lassen kann, sind die Chancen einer zufälligen Entstehung von vollständigen Nukleinsäuremolekülen praktisch gleich Null. Für die Zufallsentstehung stabiler Aminosäuren gibt es also gute Chancen, für die Polypeptidenbildung weniger gute, während die Wahrscheinlichkeit für die willkürliche Bildung eines Proteinmoleküls, das komplex genug ist, um als Enzym zu dienen und Leben zu ermöglichen, nach unserer gegenwärtigen Wissenschaft in der mathematischen Thermodynamik verschwindend gering ist.

In seinem Buch Time's Arrow and Evolution[6] versucht Dr. Harold F. Blum, ein Anhänger der Deszendenzlehre, die Rolle des Zufalls bei der Lebensentstehung mathematisch zu behandeln. Es würde nicht leichtfallen, einen Naturwissenschaftler zu finden, der eine so objektive, mathematisch und biologisch korrekte Darstellung der Evolutionstheorien- und fakten sowie der Biogenese liefert. Mit Recht hat sein Buch also hohe Anerkennung von Seiten der Vertreter der Abstammungslehre gefunden, wenngleich es eine rege Diskussion über die Auswirkungen des zweiten Hauptsatzes der Thermodynamik in Evolution und Biogenese entfacht hat. Man kann wohl behaupten, daß Dr. Blums Argumente für eine nach darwinistischen Prinzipien ablaufende Evolution zu den besten gehören, die man finden kann, und wir zitieren einige bedeutsame Abschnitte, um ihn selbst zu Wort kommen zu lassen. Übrigens wird man bemerken, daß die von uns bisher vorgebrachten Argumente von Dr. Blum tatsächlich bestätigt werden.

Viele Wissenschaftler stimmen darin überein, daß das Leben die Proteine als Grunderfordernis braucht, um darauf zu „reiten".[7] Die unbelebte Materie muß sich also *vor* Erscheinen des Lebens zu einer Art von Protein oder einer ähnlichen Substanz organisiert haben, die in der Lage war, Stoffwechselprozesse zu katalysieren, d. h. die unbelebte Materie muß vor der Entstehung des Lebens eine chemische Evolution durchlaufen haben. Damit Leben existieren kann, braucht es einen „Stoffwechselmotor", der aus seiner Umgebung freie Energie aufnehmen kann, welche zur Fortführung des Lebensprozesses nötig ist, nachdem das Leben einmal entstanden ist. Dies bedeutet, daß noch vor Auftauchen des Lebens in der unbelebten Materie mittels einer chemischen

Evolution irgendwelche Proteine entstanden sein müssen, um die Lebensvorgänge nach der Entstehung des Lebens fortführen und unterstützen zu können. So lautet also die grundsätzliche Frage bei einer Diskussion über die Biogenese immer: „Woher kommen die Proteine (oder andere Moleküle, welche die Stoffwechselfunktion der Proteine wahrnehmen konnten), bevor es Leben gab, das die Proteine synthetisierte?“ Viele Wissenschaftler vermuten, daß sich die Proteinsynthese in zufälliger Weise primär anhand der zufällig gebildeten Aminosäuren vollzog. Sie sehen auf der Grundlage der darwinistischen Evolution die absolute Notwendigkeit einer in der toten Materie sich vollziehenden Evolution, die bis zur Proteinsynthese führt, welche stattfand, bevor das Leben entstehen konnte.

Dr. Blum diskutierte genau dieses Problem (der chemischen Evolution toter Moleküle zu Proteinen oder ähnlichen Verbindungen als Voraussetzung für Entstehung des Lebens):

> Nun wollen wir die Möglichkeit prüfen, daß sich in einem nichtlebenden System spontan Proteinmoleküle bilden. Wir können zur Konstruktion des Falles annehmen, daß sich bereits eine Mischung gebildet hat, die eine große Menge verschiedener Aminosäuren enthält. Wie wir bereits gesehen haben, liegt der Wechsel freier Energie für die Herstellung einer peptidischen Bindung derartig, daß im Gleichgewichtszustand und in Anwesenheit geeigneter Katalysatoren ungefähr ein Prozent der Aminosäuren zu Dipeptiden zusammengeschlossen würden. Die Chancen zur Bildung von Tripeptiden würden ungefähr ein Hundertstel von jenen zur Bildung von Dipeptiden betragen, und die Wahrscheinlichkeit, ein Polypeptid von nur 10 Aminosäuren als Einheit entstehen zu lassen, würde bei 10^{-20} liegen. *Die spontane Entstehung eines Polypeptids von der Größe des kleinsten bekannten Proteins erscheint jenseits aller Wahrscheinlichkeit.* Diese Überschlagsrechnung allein stellt einen ernsthaften Einwand gegen die Vorstellung dar, daß die gesamten Lebenssubstrate und -systeme von einem einzigen Proteinmolekül abstammen, das auf Grund eines „Zufalls“-Akts entstand. — Das Rätsel scheint folgendes zu sein: Wenn kein Leben existierte, wie entstanden dann Verbindungen, die heute für lebende Systeme absolut unerläßlich sind, jedoch nur von jenen Systemen selbst gebildet werden können?

... Für Lebenssysteme, wie wir sie heute kennen, ist eine Reihe von wichtigen Eigenschaften absolut unerläßlich, deren Herkunft aus „Zufalls“-Systemen man sich nur schwer vorstellen kann, ganz abgesehen von einer gleichzeitigen Entstehung dieser Merkmale.

... Die Tatsache bleibt bestehen, daß sich keine nennenswerten Mengen von Polypeptiden bilden würden, wenn es nicht einen Faktor gibt, der das Gleichgewicht stark zu ihren Gunsten verändert.

... Wenn Proteine reproduziert werden sollten, wie es tatsächlich geschehen sein muß, wenn sich lebende Systeme (aus nicht lebenden Systemen) entwickeln sollten, dann müßte freie Energie zugeführt werden. Die Quelle dieser freien Energie stellt ein fundamentales Problem dar, dem wir schließlich ins Auge sehen müssen.

... Die Lichtquanten der Sonne reichen jedoch nicht zur Lieferung der Energie aus, die notwendig ist, um diese endergonische Reaktion (Photosynthese) zu ermöglichen, und die Schwierigkeiten bei der Summierung von Quanten bei einfachen photochemischen Reaktionen wurden schon erörtert.“[8]

In der Einleitung erwähnten wir bereits Ansichten wie jene von N. W. Pirie, der die Hypothese, das Leben sei anhand von zufällig gebildeten komplexen Proteinmolekülen spontan entstanden, mit der Begründung ablehnt, daß eine solche spontane Synthese aus mathematisch-statistischen Gründen unvorstellbar sei.[9] Dr. Pirie meint deshalb, daß schon bei viel einfacheren Molekülen Leben entstand. Diese Theorie bringt mehr Schwierigkeiten mit sich als sie löst.

Das Grundproblem, mit dem sich Dr. Blum abmüht, besteht darin, einen Protein-Stoffwechselmotor zur Unterstützung des Lebens zu bauen, bevor es Leben gab, welches dies hätte übernehmen können. *Dieser Motor muß unter der vom Darwinismus geforderten Beschränkung gebaut werden, nämlich der, daß er von der chemischen Evolution in einem unbelebten Medium aufgrund des Zufalls zustande kam.* Um Wasser auf einen Berg hinaufzupumpen oder Ordnung in Chaos und Willkür zu schaffen, bedarf es eines Motors zur Zuführung der Energie. Um Abfallpapier in einem Park aufzuheben, einen Pullover zu stricken oder meine willkürlich über dem Thuner See verstreuten Karten einzusammeln, bedarf es der Energie. Arbeit muß geleistet werden. Die lebende Zelle oder der lebende Organismus besitzt ein Mittel zur Zufuhr dieser Arbeitsenergie, indem sie sie durch Oxydations- und andere Prozesse — Oxydation von Fetten, Zuckern, Proteinen etc. — aus der Umgebung gewinnen. Dr. Blum aber fragt: Wie wurde der Motor zur Aufnahme der Energie aus der Umgebung konstruiert, bevor Lebensprozesse entstanden waren, um ihn zu bauen? Wenn ein Motor (Enzyme, Stoffwechselsystem) einmal existiert, dann kann er mit Leichtigkeit die freie Energie liefern, welche zum Bau immer weiterer Motoren, d. h. zur Reproduktion, notwendig ist.

Das Grundproblem lautet: Wie erklären wir den Bau des ersten komplexen, enzymatischen Stoffwechselmotors aus Proteinen, der die für die Reproduktion und andere Bedürfnisse der Zelle erforderliche Energie liefert? Dr. Blum hat gezeigt, daß es unvorstellbar sei, auch nur den Bau eines einfachen Proteins mit dem Zufall erklären zu wollen. Eine vor Ankunft des Lebens stattfindende chemische Evolution konnte jedoch nur auf Zufall beruhen. Dr. Blum bringt genau dies zum Ausdruck, wenn er hofft, daß wir Wege und Vorgänge finden werden, die erklären, wie die Natur das sonst unlösbare mathematische Problem überwand, ohne extramaterielle Hilfe anzufordern.[10]

Derjenige, welcher von einem Schöpfer ausgeht, glaubt, daß Gott unbelebte Moleküle zu lebenden Organismen zusammenfügte und so die Motoren lieferte, die danach in der Lage waren, unmittelbar Energie aus ihrer Umgebung zu gewinnen, um weitere Motoren zur Reproduktion zu bauen. Diese Ansicht ist in wissenschaftlicher Hinsicht vollkommen vertretbar und vermeidet das hoffnungslose Dilemma des materialistischen Darwinismus, der die Planung und Entstehung des ersten, notwendigerweise hochkomplizierten Stoffwechselmotors mit Zufallsprozessen zu erklären versucht. Wenn der Motor einmal entworfen, gebaut und in Betrieb gesetzt ist, laufen die Lebensprozesse vollkommen zufriedenstellend nach den bekannten Gesetzen der Thermodynamik ab. Der Zellmetabolismus selbst befindet sich in völliger Übereinstimmung mit dem zweiten Gesetz der Wärmelehre. Sein Ursprung jedoch und die ursprüngliche Biogenese aus unbelebter Materie stellen uns vor große Probleme, wenn wir naturwissenschaftliche Materialisten sind. Und Dr. Blum, einer der brillantesten Vertreter der Evolutionstheorie, gibt das auch in seinem berühmten Rätsel zu:

„Wenn kein Leben existierte, wie entstanden dann Verbindungen, die heute für lebende Systeme absolut unerläßlich sind, jedoch nur von jenen Systemen selbst gebildet werden können?"[11]

Nachdem ich in der Zeitschrift *Christianity Today*[12] vor kurzem dieses Problem in einem Beitrag diskutiert hatte, brachten zwei christliche Studenten vom Massachusetts Institute of Technology Einwände dagegen vor. Sie meinten, *daß bei einer unwahrscheinlichen Situation oder Reaktion eine genügende Verlängerung der Reaktionszeit ein unwahrscheinliches Ereignis* fast zwangsläufig wahrscheinlich machen würde. Trifft das zu?

Ähnlich schreibt Sir James Jeans zu diesem Thema:

„... Ich glaube, es war Huxley, der behauptete, daß sechs Affen, die man an Schreibmaschinen setzte, damit sie verständnislos Millionen und Abermillionen von Jahren darauf herumhämmerten, mit der Zeit zwangsläufig alle die Bücher, die es im Britischen Museum gibt, schreiben müßten. Wenn wir die letzte Seite prüfen würden, die ein spezieller Affe getippt hätte, und dann sähen, daß er bei seinem blinden Daraufhämmern zufällig ein Shakespearsches Sonett geschrieben hätte, dann würden wir dieses Ereignis mit Recht als einen bemerkenswerten Zufall ansehen. Wenn wir jedoch die Millionen von Seiten durchblättern, die die Affen in unzähligen Millionen Jahren beschrieben hätten, dann könnten wir sicher sein, daß wir irgendwo unter ihnen ein Sonett von Shakespeare, das Produkt des blinden Zufalls, finden würden. Auf die gleiche Weise müssen Millionen und Abermillionen von Sternen, die plan- und ziellos Millionen und Abermillionen von Jahren durch den Raum wandern, irgendwann im Laufe der Zeit aufgrund eines Zufalls eine gewisse begrenzte Anzahl von planetarischen Systemen hervorbringen. Deren Anzahl muß jedoch im Vergleich zu der Gesamtzahl der Sterne am Himmel sehr klein sein."[13]

Diese Ausführungen befinden sich natürlich ganz in Übereinstimmung mit der mathematischen Berechnung der Wahrscheinlichkeit, welche fordert, daß das Unwahrscheinliche zum Wahrscheinlichen wird, wenn man nur die Zeit genügend verlängert. Wenn P_1 die Wahrscheinlichkeit für das Gelingen eines Ereignisses in der Zeiteinheit und dies unabhängig von der Zeit (d. h., konstant) ist, dann können wir die Wahrscheinlichkeit des Gelingens in einem Zeitintervall T als die Wahrscheinlichkeit des

Gelingens in T unabhängigen Versuchen ansehen. Die Wahrscheinlichkeit des Gelingens in diesem Intervall ist dann: Wenn P_1 nicht gleich Null ist, steigt P_T monoton in T an, und da T ohne Begrenzung ansteigt, nähert sich P_T dem Wert 1 — geradeso, wie die M. I. T.-Studenten behaupten.

Obwohl man den obigen Gedankengang oft anführt, muß man fragen, ob er sich im Falle der Biogenese anwenden läßt. Dr. Blum[14] glaubt das nicht, und viele Mathematiker stimmen ihm darin zu. Die biogenetische Synthese nämlich, so führt er aus, und die sie leitenden Wahrscheinlichkeitsgesetze stellen das Ergebnis vieler *reversibler Reaktionen* dar, die sich — soweit wir das beurteilen können — alle *im Gleichgewicht* miteinander befinden, da sie aus Reaktionen bestehen, welche biogenetisch durch Katalyse gelenkt werden. Die Affen, welche Millionen von Jahren auf Schreibmaschinen herumhämmern, produzieren „Kompositionen", die „stabile Endprodukte" darstellen, im Gegensatz zu den unstabilen biologischen Endprodukten, die sich im Gleichgewicht mit ihren Vorgängern befinden. Das von den Affen produzierte Shakespeare-Sonett bleibt nach seiner einmal erfolgten Abfassung fest auf dem Papier bestehen und zerfällt nicht wieder, indem es über die Schreibmaschinentastatur in die einzelnen, von Affengehirnen erdachten Worte und Buchstaben zurückkehrt. Einmal geschrieben, bleibt es als solches bestehen und wird weder zu einem anderen Sonett abgeändert noch in die Bestandteile des Alphabets aufgelöst. Dies bedeutet, daß es sich mit seinen „Vorgängern" *nicht im Gleichgewicht* befindet und auch keine „Nachfolger" hat.

Auf der anderen Seite bleibt das neue biologische Produkt, das bei der Biogenese eine Rolle gespielt haben soll, nicht als solches erhalten, denn es befindet sich sowohl mit seinen „Vorgängern" als auch „Nachfolgern" im *Gleichgewicht*. Gerade diese Tatsache des *Gleichgewichts* verändert die gesamte mathematische Situation hinsichtlich der Probabilität und setzt den Vergleich der Wahrscheinlichkeit der Biogenese, die sich in genügend langen Zeitspannen ereignet, mit der Wahrscheinlichkeit der Shakespeare-Sonette, die von genügend lange auf Schreibmaschinen hämmernden Affen produziert wurde, außer Kraft. Dr. Blum führt folgendes aus: Wenn man für eine unwahrscheinliche biologische Gleichgewichtsreaktion den Zeitfaktor stark verlängert, dann wird dies die Probabilität des Entstehens eines unwahrscheinlichen Endproduktes (z. B. einer lebenden Substanz) *nicht* vergrößern, sondern — bei Gleichgewichtsreaktionen wie jenen, von denen das Leben abhängt, — nur die Wahrscheinlichkeit vergrößern, daß sich ein *Gleichgewicht* einstellen wird. Dies ist lediglich eine andere Ausdrucksweise für folgenden Sachverhalt: *Bei einer Folge von Gleichgewichtsreaktionen, wie z. B. solchen, auf denen Biogenese und Leben beruhen, wird die Verlängerung des Zeitfaktors nicht das Entstehen eines unwahrscheinlichen Endprodukts (Leben), sondern das Entstehen eines echten Reaktionsgleichgewichts begünstigen.* Und dieses Reaktionsgleichgewicht wird gewiß nicht am Ende der Reaktionskette liegen, wo man fast mit Sicherheit den höchsten Grad der *Unwahrscheinlichkeit* finden wird.

Um den Sachverhalt noch einmal kurz zusammenzufassen: Die Shakespeare-Sonette, welche von Millionen von Jahren lang auf Schreibmaschinen herumhämmernden Affen produziert wurde, stellen irreversible Endprodukte dar, welche sich weder in ihre einzelnen Buchstaben auflösen noch sich zu komplizierteren und besseren Sonetten weiterentwickeln. Die katalytisch bedingte Kette von Reaktionen, die zur Biogenese führt und Leben ermöglicht, ist nicht fixiert und produziert auch keine fixierten Endprodukte. Jede einzelne Stufe befindet sich mit der nächstfolgenden oder zurückliegenden Stufe im Gleichgewicht. *Dieser Sachverhalt veranlaßt Blum zu der Behauptung, daß verlängerte Zeitspannen in biologischen Systemen nur die Wahrscheinlichkeit verstärken, daß sich ein Gleichgewicht herausbildet, und nicht die Wahrscheinlichkeit vergrößert, daß unwahrscheinliche Reaktionsprodukte entstehen.*

Die folgenden Überlegungen mögen dieses verdeutlichen:

Wenn man Molekülen eine genügend lange Zeit zur Verfügung stellt, kann man dann, mathematisch gesehen, sagen, daß die Wahrscheinlichkeit der Entstehung von komplexen Molekülen wie Proteinen und Nukleinsäuren mit der Zeit wächst, bis — nach Verlauf von gewaltigen Zeitspannen — wir gezwungen sind, die zufällige, spontane Bildung von sonst unwahrscheinlichen Molekülen zu *erwarten*? Das ist keineswegs eine rein akademische Frage, denn die Evolutionshypothesen lehren durchweg, daß gewaltige Zeitperioden bei der Bildung des Lebens aus totem Stoff eine entscheidende Notwendigkeit darstellen. Die Hypothese muß Zeit einräumen, damit die hochgradigen Unwahrscheinlichkeiten der chemischen Evolution zu Wahrscheinlichkeiten und sogar zu etwas Erwartetem werden, d. h. man muß Zeit einsetzen für die spontane Synthese von Proteinen etc., Synthesen, die innerhalb eines kurzen Zeitraumes unmöglich wären. *Die langen Zeitperioden, welche die Evolutionisten fordern, stellen die conditio sine qua non für die Glaubwürdigkeit der gesamten Evolutionstheorie der Biogenese ohne extramaterielle Einflüsse dar.* Ein flüchtiger Blick in jedes beliebige Lehrbuch der Evolution wird dies bestätigen.

Stimmt jedoch diese fast universal vertretene Meinung — daß lange Zeitperioden *allein* die spontane und sonst unwahrscheinliche Synthese höchstkomplexer Moleküle aus einfacher organisierter unbelebter Materie im Zuge der chemischen Evolution wahrscheinlich machen? Erweist sich das Prinzip, das hinter der Idee steht, die Verlängerung der Zeit mache das Unwahrscheinliche wahrscheinlich, bei *reversiblen* Reaktionen als naturwissenschaftlich gültig? Die Klärung dieser Frage ist von eminenter Wichtigkeit, denn diese Vorstellung bildet gerade die Basis für die meisten Evolutionstheorien, von denen ich gehört oder die ich mit Vertretern der Deszendenztheorie diskutiert habe. Sie muß einer grundlegenden Prüfung unterzogen werden, wenn unser Denken von Anfang an auf festem Fundament stehen soll.

Um diese Vorstellung auf einfache Weise zu testen, müssen wir zu unserem Beispiel zurückkehren, in welchem wir über dem Thuner See einen Packen Karten aus dem Flugzeug abwarfen. Wenn wir ohne komplizierte Mathematik unsere Vorstellung auf ihre grundlegende Glaubwürdigkeit hin untersuchen wollen, müssen wir etwas im Prinzip recht Einfaches unternehmen. Wir versehen jede unserer hunderttausend Karten mit einem gewaltigen, spinnwebenleichten Fallschirm, bevor wir sie aus dem Flugzeug werfen. Mit Hilfe der Fallschirme geben wir also jeder Karte einen viel längeren Zeitraum, um durch die Alpenbrise zur Erde zu flattern. Jede Karte braucht anstelle von 20 Minuten 20 Jahre, um auf dem See niederzugehen. *Vergrößern wir nun durch die enorm verlängerte Zeitspanne der Kartenlandung die Möglichkeit, daß die Karten in Form meiner Initialen A-E-W-S oder irgendeiner anderen geordneten Form landen?*

Sicherlich, wenn wir den Karten sehr viel mehr Zeit zur Verfügung stellen, um durch Zufallswirkung in die richtige Anordnung zu fallen, vergrößern wir durch die Verlängerung der Zeit auch die Möglichkeit dieser Ordnung. Falls wir die Zeit genügend verlängern, könnte die Möglichkeit zu irgendeinem unendlich entfernt liegenden Zeitpunkt theoretisch zu einer Wahrscheinlichkeit werden. *Zu gleicher Zeit jedoch — und das wird immer wieder vergessen — vergrößern wir aufgrund wohlbekannter physikalischer Gesetze durch die Verlängerung der Zeit des Herabsinkens auch die Chancen für zusätzlich entstehende Unordnung.* Demzufolge werden die Karten, anstelle daß sie sich bei diesem neuen Experiment ganz über den Thuner See verteilen, über ein Gebiet von der Größe Europas verstreut — eben durch die Verlängerung der Abstiegszeit! Was wir also auf der einen Hand gewonnen hatten — Gewinn an Ordnungsmöglichkeit durch Verlängerung der Zeit —, das verlieren wir auf der anderen Hand unverhältnismäßig mehr — Zuwachs an Unordnung durch Verlängerung der Zeit, in der diese Unordnung entstehen kann. Dies muß auch für die Ordnung der Moleküle bei reversiblen Reaktionen gelten. *Je länger die Moleküle Zufallskräften ausgesetzt sind, desto weiter wird ihre Zufallsverteilung werden und desto geringer die Chancen zur Bildung eines spezifischen Proteins oder Nukleinsäuremoleküls aus unbelebten, willkürlich angeordneten Molekülen.* Die Verlängerung der Reaktionszeit kann die Synthesechancen erhöhen. Gemäß den Gesetzen, die wir gerade kennengelernt haben, wird bei reversiblen Reaktionen eine Verlängerung der Reaktionszeit auch die Möglichkeit des Abbaus von bereits synthetisierten Molekülen vermehren, d. h. falls ihre Entropie niedriger ist als jene des Ausgangsmaterials. Man vergißt so leicht, daß bei reversiblen Reaktionen die Möglichkeit der Zersetzung genauso mit der Zeit wächst wie die Wahrscheinlichkeit der Synthese-Prozesse. So versuchen unsere Freunde vom Massachusetts Institute of Technology, wenn auch unwissentlich, einen Trugschluß in unser logisches System einzuführen.

Unser mit Fallschirmen versehenes Kartensystem macht deutlich, wie wichtig es ist, sich stets an den Effekt zu erinnern, den die ansteigende Zeit, welche eine Erreichung des Gleichgewichts erlaubt, bei solchen Reaktionssystemen zeigt. So können unsere Fallschirmkarten nicht wirklich mit nicht-reversiblen Probabilitätssystemen (von schreibmaschineschreibenden Affen produzierte Shakespeare-Sonette) verglichen werden. Der Fallschirm dient lediglich dazu, die zur Erreichung des *Gleichgewichts* (oder Endprodukt) einzusetzende Zeitdauer zu verlängern. Unsere Karten stellen in Wirklichkeit ein reversibles System dar, denn sie können zeitweise von Winden in größere Höhe emporgetragen oder gerade zur Zeit der Landung oder sogar noch danach fortgeweht werden. Deshalb gilt die gewöhnliche Formel für den Wahrscheinlichkeitsanstieg mit der Zeit (vgl. oben) nicht für die biologischen und chemischen Systeme, welche wir hier betrachten. In derartigen Systemen bringt eine verlängerte Reaktionszeit die erhöhte Wahrscheinlichkeit mit sich, daß sich das *Gleichgewicht* einstellt, d. h. durch Verlängerung der Zeit nimmt die Wahrscheinlichkeit ab, daß sich ein Hämoglobinmolekül z. B. aus einfachen organischen Verbindungen spontan bildet — ein zufälliges Gleichgewicht wird angestrebt.

Die Unwahrscheinlichkeit der spontanen Entstehung von Proteinen, Nukleinsäuren usw. aus einfachen nicht lebenden Molekülen ohne die Einschaltung vorher bestehenden Lebens oder dessen Stoffwechselenergie macht die Annahme eines spontanen Erscheinens des Lebens theoretisch höchst unwahrscheinlich. Mit dem Leben verhält es sich nämlich wie mit einem Baby. Bevor es ankommt, muß eine Wiege bereitstehen. Die Wiege ist in unserem Falle natürlich das System von Proteinen und Enzymen, welches das Leben braucht, um seiner Umgebung für seine Stoffwechsel- und Synthesebedürfnisse Energie zu entziehen. Diese Wiege muß bei seiner Ankunft sofort gebrauchsbereit sein, wenn es weiter leben soll. Nach seiner Ankunft kann das Baby mit Hilfe seiner „Wiege“ Energie gewinnen, um größere und bessere Wiegen zur Gewinnung von mehr Energie zu bauen. Wie jedoch entstand die erste Wiege, bevor das Baby erschien? Woher entsprang die freie Energie zu ihrer Herstellung? Keine Theorie, welche die Biogenese aus unbelebter Materie vor Erscheinen des Lebens geschehen läßt, ist vollständig oder auch nur ernsthafter Betrachtung wert, wenn sie nicht diese ganz reale und ungemein präzise Frage gelöst hat. „Wiegen“, welche zur Energiegewinnung aus der Umgebung dienen können (und deshalb komplexer Natur sind, wie es bei Motoren dieser Art zu sein pflegt), entstehen einfach nicht auf „spontane“ Weise, indem man Suppen aufkocht oder eine verdünnte Aminosäurelösung zufälliger Weise mit Strahlenenergie bestrahlt. Genauso gut könnte man dann erwarten, daß Automobilmotoren entstehen, wenn man Schrotteisen zusammenschlägt. Und in dem Falle, daß man von den Theorien hinter dieser Art von Spekulation keinen Glauben schenkt, haben Wissenschaftler in Vergangenheit und Gegenwart versucht, solche Synthesen aufgrund von Zufallsmethoden tatsächlich durchzuführen, sie sind jedoch alle an der Aufgabe gescheitert, zu einem funktionstüchtigen „Motor“ oder einer „Wiege“ zu gelangen.

Dr. Blum selbst machte die Entdeckung, daß eine Verlängerung der Zeitspannen zur Vergrößerung der Möglichkeit, mit unbelebter Materie eine unwahrscheinliche Synthese zu vollbringen und sie dadurch wahrscheinlich zu machen (d. h. eine unwahrscheinliche Synthese wahrscheinlich werden zu lassen, nur indem man die zur Verfügung stehende Reaktionszeit verlängert), theoretisch gesehen, einen Haken hat, denn er sagt:

> „Ich glaube, wenn ich dieses Kapitel (über den Ursprung des Lebens) neu abfaßte, dann würde ich den Akzent etwas verändern. *Ich würde die Bedeutung des großen Zeitraumes, der das Geschehen eines höchst unwahrscheinlichen Ereignisses wahrscheinlich machen soll, noch mehr herunterspielen. Man kann die Ansicht vertreten, daß, je mehr Zeit vergeht, desto größer auch die Annäherung an das Gleichgewicht als wahrscheinlichen Zustand wird, und es scheint, daß dies in unserem Denken vorrangig sein sollte gegenüber der Vorstellung, daß die Zeit die Möglichkeit für das Geschehen des höchst Unwahrscheinlichen liefert.*"[15]

Dr. Blum möchte hier folgendes sagen: Eine Verlängerung des Zeitfaktors vermehrt die Chancen, die Dinge in ihrem Gleichgewicht anzutreffen, d. h. bei Unordnung oder einem Zustand, in dem man Wasser beim Wasserspiegel oder Moleküle in einem zufälligen Gleichgewichtszustand vorfindet und nicht Wasser auf dem Berggipfel oder Moleküle in einem so komplexen, unwahrscheinlichen Zustand, daß sie Leben ermöglichen können. Mit anderen Worten: Dr. Blum führt aus, daß gewaltige Zeitspannen zu einer wahrscheinlichen Gleichgewichtswillkür und nicht zu unwahrscheinlichen Synthesen führen, an welche die Darwinisten ungestraft ein Jahrhundert lang geglaubt haben. Um die Dinge grob zusammenzufassen: Bei Annäherung an unendliche Zeit wird es zu unendlicher Willkür, d. h. vollständigem Mangel an Ordnung, gekommen sein. Und so leugnet Dr. Blum eigentlich das Grundkonzept seines eigenen Buches.

All das führt uns zu der Schlußfolgerung, daß — aus theoretischen Gründen — eine chemische Evolution, die empor bis zu einem Zustand führt, der Leben ermöglichen kann, höchst unwahrscheinlich ist. Weshalb fürchten wir uns aus theoretischen Gründen so sehr davor, eine extramaterielle Kraft (vielleicht Gott) zu postulieren, die die Materie zum Leben zusammenfügte, da wir Leben ohne diese Annahme nun einmal nicht erklären können?

3. Freie Energie bringt keine grundlegenden Veränderungen

Wir wollen noch einmal auf unseren Vergleich mit den Karten zurückkommen, die vom Flugzeug abgeworfen wurden. Ich erkläre nun, daß meine Karten auf meinem Dach und in Form meiner Initialen gelandet sind, und zwar 24 Stunden, nachdem ich sie aus dem Flugzeug geworfen hatte. Ist das thermodynamisch möglich? Natürlich! Ich habe Hunderte von Pfadfindern organisiert, die mit Booten und Jeeps rund um den Thuner See verteilt waren. Diese Jungen hoben jede Karte auf, sobald sie die Erde oder das Wasser erreichte, eilten zu meinem Haus und legten jede Karte auf meinem Dach an ihren Platz. So entstand das riesengroße A-E-W-S auf meinem Dach. Wirft das die Thermodynamik über den Haufen? Nicht im geringsten! Diese Pfadfinder nämlich lieferten die *Energie und verrichteten die „metabolische" Arbeit, welche notwendig ist, um Willkür durch Ordnung zu ersetzen.* Sie verringerten die Entropie der Karten, sie ordneten sie mit ihrer Arbeit, indem sie ihre enzymatischen Motoren zur Lieferung ordnender Energie verwandten. Um diese Arbeit zu vollbringen, bezogen sie Energie aus ihrer Umgebung (Brot, Butter, Proteine usw.) zur Überwindung von Willkür und Chaos. Ebenso, wie es nötig ist, Energie einzusetzen, wenn man Wasser von Meeresspiegelhöhe einen Hang heraufpumpen will, muß man Energie verwenden, um Moleküle in einen höheren Ordnungszustand „heraufzupumpen". Wenn der Mensch oder das Leben oder irgend etwas anderes Arbeit leistet, d. h. Energie zum Ordnen von Chaos liefert, dann wird keine Thermodynamik über den Haufen geworfen, wenn Ordnung lokal auf Kosten des Chaos' erhöht wird. Darüber wollen wir jedoch später reden.

Man hat viele Versuche unternommen, dieses fundamentale Problem zu lösen, wie die unbelebte Materie Energie erhielt, um die komplexen, als Lebensgrundlage dienenden Moleküle aufzubauen. Genauso, wie unsere Pfadfinder die zur Zusammenstellung der herabgefallenen Karten auf meinem Hausdach erforderliche Energie lieferten, müssen die Moleküle mit Energie versorgt werden, bevor sich ihre Entropie in ansteigender Komplexität verringert. Dieses Problem, woher die Energie komme, welche bei der Archebiopoese erforderlich war, um diesen Ordnungsprozeß auf molekularer Grundlage durchzuführen, ist von sehr fundamentaler Art. Von seiner Lösung hängt die Glaubwürdigkeit jeder diesbezüglichen Theorie ab.

Die Anhänger der Evolutionstheorie behaupten oft leichthin, daß die für derartige Syntheseprozesse erforderliche Energie von der Sonne stammte. Die tote Materie wird in Sonnenenergie gebadet. Weshalb sollte man ihre Verwendung nicht auch für die Archebiopoese fordern? Lebende Materie benutzt gerade diese Quelle der Sonnenenergie zur Durchführung der Synthese. Warum sollte die unbelebte Materie nicht das gleiche tun, indem sie dieselbe Quelle benutzt?

Diese Lösung geht von falschen Voraussetzungen aus. Die ganze Stärke der Blumschen Ausführungen zu diesem Thema beruht auf dem Nachdruck, mit dem er auf die Tatsache hinweist, daß die Sonnenenergie der unbelebten Materie für Synthese derart, wie wir sie besprochen haben, *nicht* zur Verfügung stand, auch wenn sie die Materie intensiv bestrahlte. Ein komplexer Stoffwechselmotor (Protein?) stellt den notwendigen Vermittler dar, um Sonnenenergie verwendbar zu machen. Chlorophyll (Chloroplasten) fungiert wie ein solcher Motor, aber es ist viel zu komplex, als daß es aufgrund zufälliger Prozesse aus der unbelebten Materie heraus entstanden sein könnte.

Die Anhänger der Meinung, daß der toten Materie derartige Energiequellen zur Verfügung standen, mögen sich daran erinnern, daß unsere Karten, als sie auf den Thuner See hinabflatterten, sozusagen in der kinetischen Energie fallender Karten gebadet waren. Wenn diese kinetische Energie sie auch von allen Seiten umgab, stand sie ihnen aber doch nicht zur Verfügung, um A-E-W-S aufzubauen. Ohne die Vermittlung irgendeines Motors (Propeller und Steuerruder) konnten sie die kinetische Energie, in der sie badeten, nicht zur Synthese von A-E-W-S verwenden. Auf genau die gleiche Weise mag die Sonnenenergie die tote Materie umgeben; ohne die Vermittlung eines wie auch immer beschaffenen Synthesemotors steht sie ihm jedoch für Synthesezwecke nicht zur Verfügung. Wie aber entstand dieser Motor, bevor es Leben gab, um ihn aufzubauen?

Man könnte vielleicht dagegen einwenden, daß Ordnung doch spontan im Chaos entstehen könne, wenn z. B. ungeordnete Moleküle in einer Lösung auskristallisieren. Aber eigentlich war die Ordnung, die wir in den entstandenen Kristallen beobachten, schon zuvor in den Molekülen enthalten, wenn auch in unsichtbarer Form. Etwas von dieser Art verborgener Ordnung finden wir in den Chromosomen und Genen, welche (im Zusammenwirken mit der Umwelt) unsere Veranlagung bestimmen. Sämtliche Informationen für das Funktionieren des körpereigenen Syntheseapparates sind bei der Befruchtung in chemischer Form in den Genen vorhanden, bevor es noch irgendeinen Körper gibt. Diese höchstkomprimierten und dem bloßen Auge unsichtbaren Geninformationen entfalten sich zu sichtbaren Dimensionen, wenn sie den adulten Körper erzeugen. Im Körper wird dadurch die Entropie auf Kosten der aus Stoffwechselprozessen stammenden Energie reduziert (zumeist beruhen diese Prozesse auf der Oxydation von Zuckern, Fetten, Proteinen usw.). Der gesamte Prozeß wird jedoch von der kodierten Ordnung des Gen- und Chromosomenbestandes der Zelle gesteuert. Dies geschieht so, daß lokal Arbeit verrichtet und lokal Entropie verringert, lokale Ordnung erhöht und lokale Unordnung herabgesetzt wird.

Eine zusätzliche Möglichkeit

Ein Kollege vom Massachusetts Institute of Technology hat mich darauf aufmerksam gemacht, daß ich bei der Anwendung des Kartenbeispiels eine dritte Möglichkeit berücksichtigen müßte, und zwar wie folgt: Wenn man den Abwurf der Karten aus dem Flugzeug millionenfach wiederholen würde, dann käme man der Darwinschen Vorstellung der Wirkungsweise von Zufall bei der Synthese von Eiweißen näher. Dann, unter diesen Bedingungen, würden die Chancen der Bildung meiner Initialen A-E-W-S mit der Zeit, bei jedem Abwurf, nach der Probabilitätsformel steigen. Stimmt das?

Die Antwort ist negativ. Denn genau so wenig wie die Darwinisten es erwarten, daß ein fertiges Eiweiß plötzlich mit einemmal aus einem Gemisch von Aminosäuren entsteht, so verhält es sich mit den abgeworfenen Karten. Anläßlich eines Wurfes würde niemand es erwarten, daß der Zufall ein fertiges A-E-W-S-Gebilde liefern würde — auch nicht wenn man Billionen von Abwürfen tätigen würde. Die führenden Männer des Darwinschen Postulates betonen immer wieder, daß sie es nicht erwarten, daß mit einemmal aus einem Aminosäurengemisch plötzlich ein Hämoglobinmolekül entsteht. Ebenso wenig dürfen wir es also unseren Karten zumuten, daß sie plötzlich während eines Wurfes ein fertiges A-E-W-S-Gebilde liefern.

Aber so hat es auch mein Kollege nicht gemeint. Er meinte, daß, wenn man Millionen von Würfen tätigen würde, es langsam, stufenweise, zu einem A-E-W-S-Gebilde auf meinem Dach kommen würde. Zuerst würde ein „A" entstehen, dann ein wenig von einem „S" usw. Ist diese Art von Zufallssynthese möglich? Nein, denn kaum hat sich „A" gebildet, da kommt ein Windstoß und zerstört das, was der Zufall synthetisiert hat, und zwar ehe ein „E" oder gar ein „W" dazukommen konnte. Es handelt sich wiederum um das alte Problem des Gleichgewichtes bei der Synthese und beim Abbau. Wenn die Abbaureaktion genau so schnell oder gar schneller als die synthetische Reaktion (Gleichgewicht) vor sich geht, dann werden lange Zeitperioden zur Synthese durch Zufall in einem Gleichgewichtssystem gar nichts ausrichten — genau so wie Dr. Blum behauptet. Also, in solchen Systemen, wo reversible Reaktionen stattfinden, nützen lange Zeitperioden beim Aufbau gar nichts.

4. Die Bibel und der 2. thermodynamische Hauptsatz

Der zweite thermodynamische Hauptsatz scheint den ganzen Zustand der Welt, wie wir sie heute kennen, trefflich zusammenzufassen. Aber auch Röm. 8, 22 lehrt uns, daß die ganze Schöpfung der Nichtigkeit oder Verwesung unterworfen ist. Alles geht bergab sozusagen, genau wie wir es beschrieben haben. Als aber Gott die Welt aus Nichts erschuf, war dies nicht der Fall, sondern alles ging mit dem Schöpfungsakt plötzlich *bergauf*, so daß während der Schöpfung die heutigen Gesetze der Verwesung im „Rückwärtsgang marschierten". Energie und Stoff *entstanden*, Ordnung *entstand*. Und gerade hierin besteht ein fundamentaler Trugschluß der Naturwissenschaft heute. Man versucht, die Prozesse der Schöpfung mit den Maßstäben der Verwesung, „Entschöpfung", zu messen.

Mein Sohn, der acht Jahre alt ist, stellte mir einmal folgende Frage: „Jetzt bin ich 1,20 m groß. Voriges Jahr war ich 1,10 m groß. Vor drei Jahren war ich 0,95 m groß. Wie groß war ich also vor zehn Jahren?" Ganz richtig extrapolierte er die ersten drei Jahre zurück, und seine Überlegung war wissenschaftlich gesehen durchaus sauber. Aber die Rechnung fängt an, falsch zu werden, wenn er zu weit zurückdenkt, weil am Anfang völlig andere Gesetze und Maßstäbe herrschten, die er anhand seiner augenblicklichen Erkenntnisse gar nicht bewältigen kann. Er weiß nichts von einer Geburt, von einem einmaligen katastrophalen Geschehen, das im späteren Leben sich nie wiederholt, von der Befruchtung einer einzelnen Zelle am Anfang usw.

Deshalb versuchte er anhand der Gesetze, die jetzt gültig sind und die er kennt, den Anfang zu erforschen, was eben gar nicht geht; denn am Anfang walteten ganz andere Gesetze: Befruchtung, Geburt usw., mit denen er nicht vertraut war und die er deshalb nicht einkalkulieren konnte. Genauso extrapolieren wir in die Geschichte zurück, und zwar anhand der Gesetze der Verwesung, des Verfalls, des Zunehmens der Entropie, um uns ein Bild des Anfangs, des Abnehmens der Entropie zu machen, was *prinzipiell* wissenschaftlich unsauber ist. Man darf *gerade das* nicht tun, denn am Anfang war *Schöpfung, Entstehung von Ordnung,* Abnehmen von Entropie, was wir uns prinzipiell gar nicht vorstellen können, genausowenig wie ein ununterrichtetes Kind sich die Gesetze der Geburt und der Zeugung vorstellen kann anhand der Gesetze des normalen späteren Wachstums.

Darf ich versuchen, dies noch klarer herauszustellen? Stellen Sie Ihr Auto wiederum unter einen Baum, und lassen Sie es während einiger Jahre dort stehen. Von Zeit zu Zeit kommen Sie, um die verschiedenen Zerfallserscheinungen, die Verrostung usw. zu messen und zu untersuchen. Mit der Zeit können Sie eine schöne Zerfallskurve Ihres Autos aufstellen. Mit der Zeit könnte man manches bezüglich der Zerfallserscheinungen eines feinen Autos sogar voraussagen. Aber durch diese Art Studium *des Zerfalls* Ihres Autos würden Sie keinen Aufschluß über die *Fabrikationsmethoden* des Autofabrikanten in seiner Fabrik gewinnen. Einiges könnte man zur Not lernen — etwa wie die zerfallenen Kissen von innen genäht wurden usw. Aber die Innenausrüstungen, die Maschinen, die Organisation einer modernen Autofabrik würde man anhand eines solchen „Zerfallsstudiums" nur schwach ahnen — vielleicht nur, daß die Fabrikation fast unvorstellbar fein organisiert und durchdacht war.

Wir studieren den heutigen Kosmos anhand der „Zerfallsgesetze", der Gesetze der thermodynamischen Hauptsätze des „zerfallenden Autos", die wir kennen. Wir wollen uns aber darüber im klaren sein, daß wir anhand dieser „Zerfallsgesetze" bis zur Schöpfung und zu den Schöpfungsmethoden in der „Kosmosfabrik" nicht zurückextrapolieren dürfen. Das Studium des Ablaufens des Kosmos gibt uns nicht viel Aufschluß über die Gesetze, die zur Zeit des „Aufziehens" der Schöpfung walteten. Wir können schon anhand dieses Studiums des Ablaufens ahnen, wie kompliziert alles beim Aufziehen war. Manche „Nähte" können wir sozusagen von der Innenseite sehen. Wenn das Auto sehr schön und kompliziert gebaut war, ahnen wir, wieviel Geisteskraft hinter der Konstruktion steckt. Und je schöner gebaut, je komplizierter und zielbewußter konstruiert es ist, desto mehr Geist war dahinter. Unser Kosmos läßt auf ungeheure Geisteskraft, Organisation und Vollmacht schließen. Deshalb sagt der Apostel Paulus[16], daß, wer die Schöpfung ansieht und Gott, den Schöpfer, nicht anbetet und ehrt, ein schuldiger Narr ist. Die Beobachtung des Kosmos im Licht der einfachen gesunden Vernunft führt uns unweigerlich zu Ehrfurcht und Anbetung Gottes, auch wenn wir durch dieses Studium nur ein wenig Aufschluß über seine „Fabrikationsmethoden" erhalten.

In der Tat schreibt Sir James Jeans:

> „Die Natur scheint mit den Regeln der reinen Mathematik sehr vertraut zu sein, Regeln, die unsere Mathematiker aus ihrem inneren Bewußtsein heraus, und ohne in nennenswertem Ausmaß auf ihre Kenntnis der äußeren Welt zurückzugreifen, formuliert haben . . . In ähnlicher Weise legt die naturwissenschaftliche Erforschung der Funktionsweise des Weltalls eine Schlußfolgerung nahe, welche man — zwar sehr grob und recht inadäquat, weil wir keine andere Sprache zur Verfügung haben, als die von unseren irdischen Plänen und Erfahrungen abgeleitete — mit der Feststellung zusammenfassen kann, daß *das Universum von einem reinen Mathematiker ersonnen zu sein scheint.*
>
> *. . . Man kann das Universum am besten, wenn auch noch sehr unvollkommen und unzulänglich, als etwas charakterisieren, das aus reinem Denken besteht, das Denken eines, den wir in Ermangelung eines umfassenderen Wortes als einen mathematischen Denker beschreiben müssen.*
>
> Zu einer Zeit, die nicht unendlich weit zurückliegt, muß es etwas gegeben haben, das wir als ‚Schöpfung' beschreiben können. *Wenn das All ein All des Denkens ist, dann muß auch seine Erschaffung ein Denkakt gewesen sein. In der Tat zwingt uns die Endlichkeit von Raum und Zeit fast dazu, von uns selbst aus die Schöpfung als einen Akt des Denkens zu beschreiben.* Die Festsetzung der Konstanten, wie z. B. des Durchmessers des Universums und der Anzahl der Elektronen, die es enthielt, beinhaltet Denken, dessen Reichtum an der ungeheuren Zahl dieser Mengen gemessen wird. . .
>
> *Die modernen naturwissenschaftlichen Theorien zwingen uns zu der Vorstellung eines Schöpfers, der außerhalb von*

Raum und Zeit arbeitet, ebenso wie der Künstler sich außerhalb seiner Leinwand befindet. Non in tempore, sed cum tempore, finxit Deus mundum.“ [17]

Die natürliche Fortsetzung des Gedankenganges von Sir James ist folgende: „Wenn die materielle Welt das Resultat von Denken darstellt, warum sollte dann der weitere Aufbau der durch Denken geschaffenen Materie zum Leben nicht auch dem Denken des Schöpfers — anstelle dem Zufall und der natürlichen Auslese — zugeschrieben werden? Die mathematische Physik ist zu dem Schluß gekommen, daß das Universum die untilgbaren Spuren des Schöpferdenkens trägt, eines Denkens, *welches außerhalb von Raum und Zeit existiert und deshalb in exaktem Wortsinn übernatürlich ist.“*

Warum sollten dann Oparin und Shapley neben anderen [18] behaupten, daß jede Zuflucht zum Supranaturalismus ein demütigender Rückzug ist? Warum sollte Zuflucht zum Supranaturalismus einen erniedrigenden Rückzug bedeuten, wenn ein so großer Naturwissenschaftler wie Sir James Jeans das Universum als das reine Denken eines mathematischen Denkers außerhalb von Raum und Zeit ansah? Sir James glaubte nicht, daß dieses reine Denken in irgendeinem materiellen oder natürlichen Wesen zu finden sei, so daß wir uns nun fragen können, warum eine Vorstellung wie die von Sir James als „demütigender Rückzug“ betrachtet werden kann, denn, streng genommen, dachte Dr. Jeans zumindest übernatürlich. Man kann nur vermuten, daß Dr. Shapley sich selbst gedemütigt fühlt, wenn er mit etwas rechnen muß, das über der Materie steht, nämlich mit Gott, und zwar aus rein persönlichen Gründen.

An diesem Punkt ist die Frage berechtigt, an welche Art und Weise der Erschaffung von Universum und Leben der Naturwissenschaftler, der von einer Schöpfung ausgeht, denn nun wirklich glaubt, wenn er die Evolutionstheorie ablehnt. Was hat er an Besserem anzubieten? Zunächst ist es offensichtlich, daß eine Schaffung der Materie *ex nihilo* beim gegenwärtigen Wissensstande für unsere endlichen Denkmechanismen unfaßbar sein muß. Eine solche Schaffung der Materie *ex nihilo* muß unendlich sein. Das erscheint einem endlichen Geist unverständlich. Welcher objektive Naturwissenschaftler wird sich so augenscheinlich täuschen, daß er meint, er verstünde das Unendliche?

Die schöpferische Synthese aus unbelebter Materie ist jedoch eine ganz andere Sache — wenn das Leben aus geordneter Materie besteht, und zwar nur aus dieser, ohne eine „geistige" Komponente. Wir können uns nämlich vorstellen, daß sich Atome und Moleküle zu einer Form der Materie zusammengefunden haben, die Leben ermöglichen konnte. Die Synthese von DNS und genetischem Code hat man bereits gedanklich geplant. Wie stellt sich denn dann ein nachdenklicher Mensch, der an die Schöpfung glaubt, die Synthese des Lebens aus unbelebter Materie vor, wenn er die darwinistischen Postulate zurückweist? Was besitzt er als Naturwissenschaftler, mit dem er die Evolutionstheorie ersetzen könnte? Eine solche Frage wird ihm völlig zu Recht gestellt, denn bis in die jüngste Zeit hinein haben Vertreter der Schöpfungslehre nur immer sanft wiederholt, daß die Schöpfung die Evolution eben ersetze. Das kann auf Obskurantismus und darauf hinauslaufen, daß die Anhänger eines Schöpfungsglaubens dem wahren Sachverhalt ausweichen.

Die persönliche Auffassung des Verfassers vom Ursprung des Lebens aus unbelebter Materie kann durch das folgende, recht einfache Beispiel vielleicht am besten verdeutlicht werden.

Vor einigen Jahren führte Dr. F. Sanger, Cambridge, eine brillante Analyse der Insulinstruktur[19] durch, die als Grundlage für die Insulinsynthese diente. Wenn wir in der Lage gewesen wären, den Vorgang dieser Synthese und die Anordnung der chemischen Gruppen *innerhalb des Reaktionsmediums* (i. e. innerhalb der Dimensionen des Reaktionsmediums) und innerhalb der verwandten Lösungen zu beobachten, dann hätten wir gesehen, wie die einzelnen Radikale und Gruppen sich auf Grund der bekannten Affinitäten dieser Gruppen räumlich und zeitlich in ihre Position begaben. In den Reaktionsmedien selbst würde von Dr. Sangers umfassendem, großem Konzept der Insulinstruktur wenig zu sehen gewesen sein. Was man hätte beobachten können, wären vollkommen wohlbekannte chemische Zusammenschlüsse auf Grund vertrauter Affinitätsgesetze, Massenwirkungsgesetze, etc. gewesen. Von einem Blickwinkel innerhalb des Reaktionssystems und der Reaktionslösungen würde alles innerhalb dreier Dimensionen und der Zeit streng nach den bekannten Gesetzen der Materie und Chemie erfolgt sein, — Statistik, Massenwirkung, Löslichkeiten, Affinitäten etc. Und doch benutzte der Chemiker in seinem gedanklichen Konzept der Gesamtsynthese eben diese natürlichen Gesetze, um sein eigenes Ziel, nämlich den Aufbau des Insulins, zu erreichen.

Um es noch einmal zu betonen: Im Inneren des chemischen Systems, das Dr. Sanger verwandte, war sein äußeres, umfassendes Gedankenkonzept nicht sichtbar. Man konnte nur die bekannten chemischen Gesetze beobachten, nicht aber den äußeren gedanklichen Plan, der die Gesamtsynthese leitet. Dieser liegt in einer völlig verschiedenen Dimension, die dem Reaktionssystem fremd und deshalb in ihm unsichtbar ist. Erst das Endprodukt bewies die Größe der Gedanken des Chemikers bei der Verwendung von vollkommen gewöhnlichen, natürlichen, chemischen Affinitäten zur Erreichung seines Zieles.

Es ist meine Überzeugung, daß wir innerhalb der Dimensionen unseres „Reaktionssystems", d. h. unseres „Reagenzglases", unseres Universums, das unser Leben regiert, nur die gewöhnlichen Gesetze beobachten können, die dieses Universum in den drei Dimensionen des Raumes regieren, die in der Zeit (als vierte Dimension) fortbestehen. Wir — die wir auf die drei Dimensionen unseres Systems beschränkt sind — sind *außerstande*, das große Konzept des Lebens und Materie schaffenden reinen Denkens zu beobachten, das diese Prozesse von außerhalb unseres Systems lenkt. *Man kann dieses große Konzept nur erahnen, wenn man das Endprodukt der Synthese (Leben) betrachtet.* Weder Leben noch Insulin wären jemals allein durch gewöhnliche, chemische, nicht von äußerem Denken gesteuerte Reaktionen aufgebaut worden, auch wenn die Beobachtung der reagierenden Moleküle nur gewöhnliche chemische Kräfte am Werke zeigte. Das lenkende exogene Gedankenkonzept außerhalb jedes materiellen Systems muß also innerhalb dieses Systems unsichtbar sein. Obwohl der Schöpfer am Werk sein kann, und hier auf der Erde Moleküle zum Leben zusammenfügt, können wir prinzipiell nur die gewöhnlichen chemischen Kräfte darin sehen. Nur das vollendete Syntheseprodukt (in unserem Falle Insulin) läßt uns erkennen, daß er den Gestaltungsprozeß von außen her lenkt. Die Prozesse selbst zeigen uns jedoch ausschließlich materielle Kräfte am Werk. *Dies bedeutet in der Tat, daß eine fünfdimensionale Kraft z. B., die in einem dreidimensionalen System tätig ist, in diesem dreidimensionalen System als nur aus drei Dimensionen bestehend erscheinen wird.* Wenn also Gott, der multidimensionaler Art ist, in unserer dreidimensionalen Welt (vierdimensional, einschließlich der Zeit) eine zum Leben führende Synthese vollzieht, dann wird sein Werk nur als eine dreidimensionale Tätigkeit innerhalb der normalen Gesetze eines dreidimensionalen Systems *sichtbar* sein. *Daraus folgt, daß wir „natürliche" Kräfte aktiv sehen, wenn er ein übernatürlich er-*

sonnenes Werk vollbringt. Dies gewährt keinem denkenden Naturwissenschaftler ein Mandat, die mögliche Existenz weiterer Dimensionen zu leugnen. Auch wenn diese übernatürlichen Kräfte ganz „natürlich" sind, wäre es falsch, sie völlig auf der Basis von „Zufall" und unendlich langen Zeitspannen innerhalb eines nur dreidimensionalen Systems zu erklären, wie es die Darwinisten und die meisten modernen Naturwissenschaftler versuchen. Es ist immer noch der in einer multidimensionalen Sphäre wirkende Schöpfer, welcher die Synthese innerhalb der drei Dimensionen durch das große Konzept leitet, auch wenn wir nur einen einzigen Teil dieses Planes sehen, nämlich jenen Teil, der mit unseren drei Dimensionen zusammenfällt. Außer in mathematischen Formeln können wir uns Synthesen in multidimensionalen Phasen natürlich nicht vorstellen.

All das läuft auf folgendes hinaus: Wir können die Natur und ihre Vorgänge mühelos beobachten, aber wir sind mit unseren natürlichen Sinnen außerstande, den hinter ihr stehenden Logos zu erkennen. In Hebräer 11, 1 ist das dahingehend zusammengefaßt: „Es ist aber der Glaube eine gewisse Zuversicht des, das man hofft, und *ein Nichtzweifeln an dem, das man nicht sieht.*" Wir besitzen keine natürlichen Möglichkeiten, den hinter der Natur stehenden Logos zu erkennen, weil dieser außerhalb unseres natürlichen Horizontes liegt. Wir können nur vom Plan her argumentieren, geradeso, wie die Tatsache des synthetisch aufgebauten Insulins auf Dr. Sangers sonst unsichtbare Aktivitäten bei der Erstellung der Insulinstruktur hinweist.

5. Etwas mehr über den zweiten thermodynamischen Hauptsatz

Als Carnot, Clausius und Kelvin die thermodynamischen Hauptsätze vor etwa hundert Jahren an ihren Dampfmaschinen studierten, war Darwins Buch „Origin of Species" kaum geschrieben. Die thermodynamischen Prinzipien von Kelvin und anderen sind heute jedem Studenten der Physik bekannt; damals aber war das gar nicht der Fall, die Ideen waren neu, Darwin konnte diese Gesetze nicht kennen. Ferner ahnten Kelvin und seine Freunde kaum, daß ihre Versuche mit der Dampfmaschine Prinzipien an den Tag legen würden, die von allgemeiner, ja von kosmischer Gültigkeit sind. Denn heute hat man diese alten Arbeiten an der Dampfmaschine so erweitert, daß man zu der Erkenntnis gekommen ist, daß sie allgemeine Gültigkeit besitzen.

Die gleichen Prinzipien bestimmen auch das Funktionieren und auch das Entstehen des Lebens selbst, was damals nicht so klar war.

In jenen Tagen faßte man diese Probleme viel empirischer an, als es heute der Fall ist, und gelangte trotzdem zu einer richtigen Antwort — ohne die Theorie.

Pasteur ist ein Beispiel dafür. Noch keiner hatte in jenen Tagen erkannt, warum es theoretisch unwahrscheinlich ist, daß Fliegen auf Grund spontaner Zeugung *de novo* in Düngerhaufen entstehen. Zu seiner Zeit glaubte man tatsächlich, daß Fliegen so entstehen. Heute können die Naturwissenschaftler leicht den Grund für die Unwahrscheinlichkeit einer solchen Urzeugung angeben, und zwar aus Gründen, die wir schon diskutiert haben. Aber auch ohne diesen theoretischen Hintergrund gab uns Pasteur anhand empirischer Experimente die richtige Antwort: daß es keine Urzeugung gibt. Diese Antwort befand sich in völliger Übereinstimmung mit der Theorie, die in viel späterer Zeit entwickelt wurde. Von seiten der Vertreter der Urzeugungstheorie erntete Pasteur viele Schmähungen, wie es auch heute bei denen der Fall ist, die an eine Schöpfungskraft glauben und deshalb behaupten, daß eine spontane Zeugung auf Grund des Zufalls gestern wie heute eine gleichermaßen unwahrscheinliche Erklärung der Biogenese darstellt.

Früher meinte man, daß die normalen „Laborgesetze" der Chemie und der Physik für das Funktionieren der lebendigen Gesetze keine Gültigkeit besäßen. Heute weiß man, daß die gleichen Gesetze, die die Chemie einer Substanz in der Retorte bestimmen, auch in der lebenden Zelle gültig sind. Es ist nicht mehr nötig, um die Chemie einer Zelle zu verstehen, eine „vitale Kraft", die außerhalb der „normalen Chemie" steht, zu postulieren. Die Darwinisten bestehen mit Recht darauf, daß wir diese Vorstellung einer vitalen Kraft aufgeben, was wir auch bezüglich Biochemie und Enzymfunktion längst getan haben. Warum tut aber der Darwinist nicht den nächsten wissenschaftlichen Schritt?

Die normalen Gesetze der Thermodynamik, Physik und Biochemie erklären das Funktionieren der heutigen Welt recht gut. Wie wir bereits ausgeführt haben, müssen die chemischen und physikalischen Eigenschaften der Elemente von Anfang an unverändert geblieben sein, falls das Leben seit seinem Beginn kontinuierlich existiert. Wenn das der Fall ist, warum beugt sich der Darwinist in seinen Theorien über Ursprung und Entwicklung des Lebens auf diesem Planeten nicht diesen bekannten Gesetzen der Thermodynamik? Wenn diese Gesetze die darwinistische Sicht der Biogenese und der Evolution, die auf dem Zufall basiert, unhaltbar werden läßt, warum rückt er dann nicht von seinen Theorien ab und gibt zu, daß er die ganze Zeit falsche Ansichten vertreten hat? An dieser Stelle nämlich verliert der Darwinist sein eigenes Spiel. Er verlangte, daß derjenige, welcher einen Schöpfungsglauben besitzt, z. B. seine Vorstellungen von der Lebenschemie aufgibt, weil sie nicht länger wahr und notwendig seien. Und dieser hat seinen Forderungen längst entsprochen und sich so seinem wachsenden Wissensstand angepaßt. Wenn jedoch derjenige, welcher von einer Schöpfung der Welt ausgeht, von dem Darwinisten verlangt, seine Vorstellung vom Zufall als Schöpfer aufzugeben (eine Vorstellung, welche der zweite Hauptsatz der Wärmelehre nicht zuläßt), dann weigert er sich. Wir wissen, und jeder Naturwissenschaftler wird es bestätigen, daß die Entropie in geschlossenen Systemen wächst und daß die Zeit in einem reversiblen System ein Gleichgewicht herbeiführt und nicht den endlosen Aufbauprozeß, auf dem der Darwinist besteht.

Es ist auch nicht sinnvoll zu behaupten, daß dieser Planet hinsichtlich des Lebens kein geschlossenes System darstellt, weil das Sonnenlicht ihn von außen her erreicht und deshalb die Entropie auf Kosten von Sonnenlicht und kosmischer Strahlung reduziert werden konnte. Wie Dr. Blum nämlich gezeigt hat, reicht aus theoretischen Gründen die Einwirkung von Quanten des Sonnenlichts auf die tote Materie (ohne daß Chlorophyll — ein Produkt des Lebens — vorhanden ist) nicht aus, um eine Synthese mit Hilfe des Sonnenlichts zu erklären. Die Lichtquanten können nicht summiert werden. Warum unterwirft sich der Darwinist nicht der theoretisch fundierten Tatsache, daß, wenn dieser Planet ein geschlossenes System in bezug auf das Leben darstellt, dieses nicht spontan aus seinen unbelebten Molekülen entsteht — mit oder ohne Sonnenlicht?

Um dieses Prinzip noch deutlicher zu schildern, gehen wir einige Augenblicke zu einem anderen Vergleich über. Eine Sardinenbüchse stellt sehr schön das geschlossene System dar, das wir benötigen; sie ist sogar hermetisch verschlossen. Solange sie so verschlossen bleibt, zersetzen sich die darin enthaltenen Moleküle langsam nach den Prinzipien des zweiten thermodynamischen Hauptsatzes — der Fisch verliert langsam an Geschmack.

Entropie nimmt zu, die Moleküle zersetzen sich langsam. Öffnet man nun das System, um es von der Außenwelt her mit z. B. Penicillium notatum zu beimpfen, dann geschieht etwas. Wenn die Temperatur- und Feuchtigkeitsbedingungen günstig sind, werden die Sardinenmoleküle in Penicillium-notatum-Moleküle umgebaut, und eine ganz neue Kultur von lebenden Zellen aus toten Molekülen entsteht. Entropie nimmt ab, neue Ordnung entsteht.

Der zweite thermodynamische Hauptsatz gilt also für geschlossene Systeme. Wir wollen jetzt unsere Sardinenbüchse vergrössern, und zwar bis sie so groß ist wie die Schweiz. Sie ist noch steril und voller Ölsardinen. Welche thermodynamischen Hauptsätze werden hier ihre Gültigkeit haben? Natürlich die gleichen wie für die normale Büchse, *denn die Größe des geschlossenen Systems spielt keine Rolle.* Auch bei dieser Größe nimmt Entropie langsam zu — bis man sie öffnet und von außen, sagen wir von Deutschland her, das nicht steril ist, beimpft.

Jetzt wollen wir einen letzten Schritt tun. Wir vergrößern unsere Sardinenbüchse, bis sie so groß wird wie die ganze Erde. Sie erfüllt also die ganze Erde und ist noch voller prächtiger steriler Ölsardinen. In ihr nimmt Entropie langsam zu, der Organisationsgrad muß sich nach dem zweiten thermodynamischen Hauptsatz senken, solange dieses große System geschlossen bleibt. Aber wie könnte man jetzt das System öffnen? Die ganze Welt ist ja steril (ohne Leben), die Büchse füllt die ganze Welt, sie ist gewissermaßen die ganze Erde. Wie könnte man sie öffnen und beimpfen? Nur eine „Impfung" von einer anderen Welt könnte uns hier helfen, etwa Penicillium notatum (var. martis!), dann erst könnte die Entropie sich örtlich senken, dann erst könnte Neues entstehen und der Organisationsgrad zunehmen.

Bei der Verwendung dieses Beispiels müssen wir uns klarmachen, daß die Durchdringung unserer „Sardinenbüchse" (der ganzen sterilen Planeten) mit Sonnenlicht und kosmischer Strahlung sie nicht auf die gleiche Weise „öffnet", wie man die Sardinenbüchse zur Beimpfung mit *Penicillium notatum* „öffnet". Wie Dr. Blum nämlich ausführt, kann die Energie des Sonnenlichts ohne die Zwischenschaltung eines „Motors" nicht direkt zur Molekülsynthese benutzt werden. Wegen der Schwierigkeit der Quantensummierung kann das Sonnenlicht nicht so auf die nicht lebenden Moleküle einwirken, daß zum Leben hin Synthesen zustandekommen. Die Energie des Benzins kann ohne die Vermittlung eines kunstgerecht gebauten Verbrennungsmotors oder einer Dampfmaschine nicht zweckmäßig verwendet und nutzbar gemacht werden. Ebenso können die Sonnenlichtquanten ohne einen kunstgerecht konstruierten Synthesemotor für die Reduzierung von Kohlendioxyd zu Zucker und Stärke, der der unbelebten Natur fehlt, nicht genutzt werden. Um es noch einmal zu betonen: Das Problem eines komplexen Motors zur Nutzbarmachung der Sonnenenergie muß gelöst werden. Solche komplexen Motoren entstehen aber nicht zufällig in der unbelebten Natur. Dies ist das Grundproblem, dem die Darwinisten ausweichen oder das sie von vornherein als erwiesen ansehen.

Wir haben also eine sterile Sardinendose von der Größe unseres Planeten zur Hand, bereit, mit Leben erfüllt zu werden. Vielleicht befand sich unser Planet gerade in diesem Zustand, bevor Leben entstand. Pater Teilhard de Chardin, mit dessen Ansichten wir uns beschäftigen werden, glaubt dies jedenfalls. Grundsätzlich gibt es zwei Wege, auf denen unserer Vorstellung nach unter diesen Bedingungen Leben entstanden sein könnte.

1. Man könnte Leben von außen eingeimpft haben, wie wir es mit der *Penicillium-notatum*-Kultur und der Sardinenbüchse getan haben. Wir könnten das sterile Medium mit Männern (und Frauen) oder Tomaten beimpfen. Dies würde eine Einschleppung des Lebens von außerhalb, einem anderen Planeten z. B., entsprechen. Dies entspricht der Vorstellung von Panspermie. Dieser Vorgang jedoch gewährt uns keinen grundlegenden Einblick in den Prozeß der Lebensentstehung. Er verlagert das Problem lediglich rückwärts auf einen anderen Planeten, so daß diese Frage dann lauten würde: Wie entstand das Leben außerhalb dieses Planeten?

2. Zumindest theoretisch könnten wir heute (oder vielleicht in zwanzig bis dreißig Jahren, um bescheiden zu sein) ein Team von biochemischen Experten zusammenstellen, das sich mit synthetischer Biochemie befaßt und die Proteine und Nucleinsäuren der toten Sardinen als Rohmaterial verwendet. Ihre Synthesetechniken würden diese Materialien bearbeiten, sie abbauen und dann wieder resynthetisieren, bis sie z. B. zum genetischen Material von *Penicillium notatum*, Tomaten oder sogar menschlichen Körpern anlangten. Für unseren Standpunkt ist weniger wichtig, wo sie anlangen; viel wesentlicher ist das Prinzip, daß theoretisch eine neue Lebensform entstehen kann. Das Mittel zu seiner Durchführung ist einfach und ungeheuer wichtig, denn es umfaßt

eine „biochemische Intelligenz"-Technik, welche wir für den Augenblick nicht definieren wollen, die aber die tote Materie „kombiniert", und zwar mit dem Resultat, daß eine neue Form des Lebens hervorgebracht wird.

Was würde dadurch oder durch eine ähnliche Großtat der Biochemie bewiesen sein? Einfach dies: Etwas, das wir menschliche Intelligenz nennen, ist im Verein mit ausgeklügelten biochemischen Techniken in der Lage, mit der toten Materie zu „reagieren", um sie so neu zu ordnen und sie zu einem Zustand emporzuführen, in dem sie als Grundlage der Lebensprozesse dienen kann. Man könnte die einzelnen „Sardinenmoleküle" unendlich lange in einem Reagenzglas schütteln (d. h. ohne eine intelligenzmäßig ausgeklügelte Technik verfahren), falls man beweisen wollte, daß Ordnung nicht spontan aus Chaos entsteht, und aus theoretischen Gründen können wir sicher sein, daß dies auch nicht geschehen wird. Man „öffne" die Materie jedoch gegenüber einer geeigneten „biochemischen Intelligenz" (wie auch immer man diese definieren will), und wir kennen die Antwort unmittelbar: Entropiereduktion, höhere Ordnung, die aus dem Chaos entsteht, energiereiche Moleküle, vielleicht sogar Leben aus dem Unbelebten.

Die Christen behaupten nun genau dies: Intelligenz (sie nennen sie Gott) „reagierte" nach Gesetzen, die man jetzt zu verstehen beginnt, mit der toten Materie (den Molekülen). Als Resultat entstand Leben aus dem Unbelebten. Das „System" wurde der Intelligenz geöffnet. Dies verstieß nicht gegen thermodynamische Gesetze. Hier ist das System „offen" (gegenüber „äußeren" Einflüssen), wohingegen die darwinistische Annahme, daß sich in einem „äußeren" Einflüssen gegenüber geschlossenen System spontan Ordnung entwickle, gegen die bekannten Naturgesetze verstößt. Welche Seite verhält sich hier obskurantisch?

Die Einwendungen, welche ein Kollege vom Massachusetts Institute of Technology gegen diese Vorstellungen erhob, wurden schon angeführt. Vielleicht aber würde es, um absolute Klarheit zu schaffen, nützlich sein, sie noch einmal zu zitieren. Er schreibt:

> „Zunächst einmal ist ein System, welches gegenüber Leben von außerhalb und gegenüber auf Intelligenz beruhenden Verfahrensweisen abgeschlossen ist, nicht auch notwendigerweise in thermodynamischer Hinsicht geschlossen. Ein Spezialfall dafür ist eine unbelebte Erde, welche ständig Energie von der Sonne empfängt. Zweitens kann die Entropie

(Unordnung, Einfachheit) sogar in einem faktisch geschlossenen System in einem Bereich oder bei einer Komponente tatsächlich verringert werden, vorausgesetzt, daß die Gesamtentropie des Systems ansteigt. Ein Beispiel dafür mag die laboratoriumsmäßige Synthese hochkomplexer Moleküle aus gegenüberliegenden, nicht so komplexen Molekülen (bei gewöhnlichen Temperaturen) sein. Was dies für die zur Diskussion stehende Frage bedeutet, ist folgendes: Die Zusammenfügung von Molekülen, welche so komplex sind, daß sie sich reproduzieren können, ist in der Tat sehr unwahrscheinlich und würde daher *sehr lange Zeit* brauchen. *Wenn dieser lange Zeitraum und eine zum Überleben der Arten geeignete Umgebung einmal gewährleistet sind, dann wird das Ereignis beinahe wahrscheinlich.*"

Unser Kollege sagt im wesentlichen zweierlei:

1. Selbst wenn ein System geschlossen ist, dann kann — lokal in irgendeiner Ecke desselben — so lange eine Synthese stattfinden, wie die Allgemeinentropie des gesamten Systems als solchem ansteigt. Trifft dies zu?

2. Man muß über lange Zeit verfügen, um die Wahrscheinlichkeit einer unwahrscheinlichen Reaktion zu erhöhen. Mit diesem zweiten Trugschluß haben wir uns schon auseinandergesetzt, als wir unsere Karten an Fallschirmen über dem Thuner See abwarfen.

Wir müssen uns also nur mit dem ersten Problem beschäftigen, welches das einer lokalen Entropieverringerung in irgendeiner Ecke eines sonst geschlossenen Systems ist. Ich habe keinen experimentellen Beweis dafür gesehen, der organische Moleküle erlauben würde, die groß genug wären, um Leben tragen zu können. Die eigentliche Widerlegung dieses Arguments stammt jedoch aus dem Sachverhalt, den ich oben betont und an anderer Stelle angeführt habe. Selbst für diese „Eckenhypothese" fordert man nämlich die Einführung langer Zeiträume, um sogar sie wahrscheinlich zu machen. Wenn man also annimmt, daß sich in irgendwelchen Ecken eines sonst geschlossenen Systems spontan Leben gebildet hat, dann neutralisieren die selbst für diese Lokalentstehungstheorie geforderten langen Zeiträume dies Argument aus den schon ausgeführten Gründen, daß lange Zeiträume die Entstehung von Gleichgewicht und nicht von Unwahrscheinlichkeiten, selbst in irgendwelchen seltsamen Ecken, fördern. *Es scheint wirklich an der Zeit zu sein, daß dieses alte Ablenkungsmanöver aus den Lehrbüchern verschwindet.*

Die Darwinisten bemühen sich, einigen der oben aufgezeigten Schwierigkeiten durch das Postulat auszuweichen, daß bei der ursprünglichen Biogenese in der Natur Bedingungen herrschten, die wir bisher noch nicht in unseren Laboratorien nachahmen konnten. Wenn man nun im Labor — so sagen sie — die Bedingungen von gestern wiederholen könnte, dann würde erneut ganz „spontan" Leben entstehen. Dr. Harlow Shapley[20] von der Harvard Universität machte z. B. Ausführungen, die genau darauf hinauslaufen. Ist das aber möglich?

Die zur Zeit der Schöpfung (oder Biogenese) herrschenden Bedingungen müssen natürlich ungeheuer verschieden von den heutigen gewesen sein, und zwar aus dem einfachen Grunde, weil die Welt damals „aufgezogen" wurde, während sie heute „abläuft" — mit all dem, was das beinhaltet. — Die Schwierigkeit an dieser Stelle liegt in folgendem: Der schöpfungsgläubige Christ möchte gelten lassen, daß sich die chemische und physikalische Welt zur Zeit des Schöpfungsaktes wesentlich von der heutigen unterschied, während der Darwinist aus mehreren Gründen behaupten möchte, daß sie dieselbe damals wie heute und faktisch einheitlich (uniform) in ihren Bedingungen und Eigenschaften ist. Und trotzdem meint der letztere, daß wir bisher nicht in der Lage waren, die biogenetischen Zustände im Labor zu rekonstruieren. Wenn es ihm paßt, möchte er dies behaupten, wenn es ihm nicht paßt, behauptet er bei seinen Erklärungsversuchen der Biogenese, daß die Dinge *nicht* konstant geblieben sind. Die ganze Beschäftigung mit dem Darwinismus erinnert mich ungewöhnlich an meine Bemühungen, als kleiner Junge in der Themse bei Wallingford Aale zu fangen! Hinsichtlich der *Biogenese* möchte der Darwinismus also geltend machen, daß die Bedingungen verschieden (nicht konstant) von den heutigen waren, und zwar so verschieden, daß wir bisher nicht in der Lage waren, die gleichen Bedingungen im Labor herzustellen. Bei anderen Gelegenheiten jedoch besteht er auf Uniformitarianismus.

Wir wollen diesen Standpunkt kurz analysieren. Wie wir bereits erwähnten, besteht heutiges Leben aus genau den gleichen Materie-Elementen wie bei der Biogenese. Die Wasserstoff-, Sauerstoff-, Schwefel-, Phosphor- und Kohlenstoffatome müssen am Anfang genau die gleichen wie heute gewesen sein.

Wenn sich nämlich die chemischen und physikalischen Eigenschaften seit der Biogenese im Laufe der Zeit geändert hätten, dann wäre das Leben seit dem Zeitpunkt seiner Entstehung nicht das gleiche geblieben und hätte sich nicht kontinuierlich fortgepflanzt, d. h. die Eigenschaften des Kohlenstoffs müssen schon immer diejenigen gewesen sein, die wir heute an Kohlenstoff beobachten. Ohne das Leben zu gefährden, kann man im Körper nicht einmal Sauerstoff gegen Schwefel oder Kohlenstoff gegen Silicium austauschen. Sogar der Austausch von Deuterium (schwerer Wasserstoff) gegen Wasserstoff hat in einigen Fällen weitreichende Konsequenzen. Deshalb müssen die physikalischen und chemischen Eigenschaften der Elemente, welche die physische Grundlage des Lebens ergeben, von Anfang an unverändert geblieben sein.

Diese einfache Argumentation hat jedoch nicht zu übersehende Folgen. Sie bedeutet, *daß die für chemische Reaktionen notwendigen und zum Leben führenden Bedingungen heute die gleichen wie bei der Biogenese sein müssen.* Wir müssen also offensichtlich den Schluß ziehen, daß Leben, falls es heute entsteht, dies unter genau den gleichen chemischen und physikalischen Gesetzen wie bei der Biogenese vor Zeiten tun muß. Die lebentragenden Elemente sind die gleichen gestern wie heute.

Zwei Folgerungen sind daraus für die Biogenese zu ziehen:

1. Bei der Biogenese mußten die gleichen Gesetze der Thermodynamik beachtet werden wie heute. Diese Gesetze kann man leicht in der Annahme zusammenfassen, daß in einem geschlossenen System niemals spontane Ordnung im Chaos auftritt.

2. *Heutzutage haben wir schon zumindest einige der Experimentalbedingungen entdeckt, die zur Synthese des Lebens erforderlich sind, und nach denen die Darwinisten nach ihren eigenen Worten noch immer Ausschau halten.* Wir sind nämlich schon dahintergekommen, daß wir nur dann, wenn Denken oder eine „technische Intelligenz" (wie auch immer wir diese definieren wollen, es sei in der Gestalt eines Gottes oder eines Menschen) sich daran macht, Moleküle aufzubauen (zu „formen"), erwarten können, daß eine höhere, lebentragende Ordnung aus dem Chaos heraus entsteht. D. h. Leben resultiert nur dann, wenn wir ein totes, zuvor „geschlossenes" System „öffnen," und zwar entweder für eine technische Intelligenz (Denken) oder für lebende Materie. Wenn das heute gilt, muß es auch bei der Biogenese gegolten haben, denn die Eigenschaften und Gesetze der Materie müssen seitdem unverändert geblieben sein. Wir folgern also, daß in einem geschlossenen System Leben nur dann erscheinen

kann, wenn wir es gegenüber einer äußeren Intelligenz oder lebenden Einflüssen öffnen.

Diese Überlegungen lassen die Position der Darwinisten wie folgt erscheinen: Sie behaupten, daß die tote Materie in sich die Fähigkeiten besitze, sich unter noch unbekannten Bedingungen schöpferisch, d. h. in einem den bekannten thermodynamischen Gesetzen entgegenlaufenden Sinne, zu verhalten. Oder man kann es auch anders formulieren: Sie machen geltend, daß nichtlebende Moleküle und unbelebte Materie in der Lage sind, Resultate zu zeitigen, die wir nur einer „technischen Intelligenz" oder dem Leben zuschreiben können. In den Augen der Darwinisten ist die „unbelebte Natur" selbst schöpferisch tätig geworden. Die unbelebte Natur hat einfache Moleküle zu Komplexen geordnet, welche Grundlage des Lebens sein konnten. Die unbelebte Natur hat nach diesem Schema Eigenschaften von „Intelligenz" oder des Lebens selbst angenommen, was die Darwinisten der unbelebten Natur schöpferische Fähigkeiten zuschreiben läßt. Für sie ist die unbelebte Materie also ganz einfach so etwas wie ein Schöpfer-Gott. Die Gesetze der Thermodynamik fordern aber gerade, daß die unbelebte Natur *nicht* schöpferisch, sondern dem Verfall unterworfen ist. *Das ist die eigentliche Sackgasse zwischen Schöpferglaube und Darwinismus.*

Pater Teilhard de Chardin, dessen darwinistische Schriften Europa im letzten Jahrzehnt durchzogen haben, hat wie nur wenige Darwinisten diese Sackgasse erkannt. Er schreibt kühnerweise der gesamten Materie die Eigenschaft einer aufwärtsgerichteten Woge „psychischen Dranges" zu. Er postuliert bei der Materie eine „unwiderstehliche" Woge in Richtung auf Aufwärtsentwicklung und Bewußtsein. Nach Teilhard besitzen die primitiven Moleküle eine ihnen innewohnende Neigung, sich aufgrund des psychischen Dranges zusammenzuschließen, ein Vorgang, der unausweichlich beim Menschen in der Noosphäre oder beim Punkt Omega endet. Obwohl Teilhard kurz die Gesetze der Thermodynamik streift,[21] macht er doch nirgendswo einen wirklichen Versuch zu ihrer Anwendung, sondern begnügt sich damit zu wiederholen, daß „unsere Erde ein unglaublicher Zufall ist."[22] „Nichts Neues" brach jemals aus der Erde hervor, alles war schon ursprünglich dort.[23] „Die Erdoberfläche ist dicht mit ultramikroskopischen Proteinkörnern bedeckt. . . Unsere Phantasie schreckt vor dem Gedanken zurück, die Schichten dieser (Protein)-Ablagerung zu zählen."[24] Teilhard glaubt offensichtlich, daß diese spontane Ablagerung von spontan gebildeten Proteinen auf der ganzen Erde durch spontane Polymerisation entstand. Man hat dem Autor dieses Werkes die Hölle heiß gemacht, weil er Teilhards Thermodynamik nicht ernst nehme! Offen gestanden, verschlagen einem — wissenschaftlich gesprochen — Erklärungen wie die obigen oder die folgenden aber den Atem: „Alles hat in irgendeiner extrem verringerten Ausdehnung seiner selbst seit Anfang an existiert. Dann, *nachdem genügend Zeit verstrichen war*, müssen zu einem bestimmten Zeitpunkt die gleichen Gewässer hier und dort begonnen haben, von winzigen Geschöpfen zu wimmeln." [25] Hier und dort, am Ausgangspunkt der Nervensysteme, steigt die psychische Spannung zweifellos an „*Außerhalb des pflanzlichen Bereichs, der nicht zählt* ..." [26]

Wenn die gesamte Aufwärtsentwicklung nur als Evolution des Nervensystems bis zum Geist bezeichnet wird *und nichts anderes zählt*, wie erklären wir dann die offensichtlich beträchtliche Komplexität innerhalb des Pflanzenreiches, das komplexe Blütenpflanzen, aber kein Zentralnervensystem, an seiner Spitze zeigt? Die Pflanzen nämlich sind weder psychisch, noch besitzen sie ein Nervensystem. Ihre „Evolution" muß Unsinn sein, wenn wir Teilhards Ansichten über die *alleinige Wichtigkeit* der nach oben gerichteten Woge psychischen Drangs teilen. An dieser Stelle fehlt uns jedoch die Zeit, um uns eingehender mit Teilhards Ansichten zu beschäftigen. Viele Philosophen außer Teilhard haben natürlich schon der Materie selber primitive psychische und begriffliche Eigenschaften zugeschrieben, — abgesehen von der Materie, die Bestandteil eines lebenden Systems ist. Sie haben diese Eigenschaften z. Teil gefordert, um den Schwierigkeiten aus dem Wege zu gehen, denen sie bei der Erklärung begegnen, wie es zu dem Aufwallen der Ordnung aus dem ursprünglichen Chaos der Natur kam, wenn man nicht die helfende Triebkraft göttlichen Denkens postulieren will. Der Stein des Anstoßes scheint fast immer in der Vorstellung eines Gottes zu liegen, der sich außerhalb unserer dreidimensionalen Welt befindet. Gott in der Natur, eine denkende Natur, bereitet keine großen philosophischen „Verdauungsstörungen", sondern nur ein Gott „da draußen", außerhalb unseres Dimensionssystems!

Richard Overmann z. B. rückt diesem Problem, wie der evolutionäre Aufwall von Ordnung aus dem Chaos erklärbar ist, zu Leibe, wenn er schreibt: „... Wie sollen wir dies angesichts der Hinweise ausdrücken, daß der Mensch auf diesem Planeten als Ergebnis eines spontanen Prozesses auftrat, ohne daß es langfristige, eigentliche Ziele gab?" [27] „Der Plan, so könnten wir sagen, wurde irgendwie von den wimmelnden, ziel- und planlosen Newtonschen Atomen durchkreuzt."[28] „Dieser hochbrandenden Gewalt der Unordnung, welche die Entstehung höherer Ordnung aus dem Chaos verhindert, steht das ‚Faktum der Evolution' gegenüber mit seiner hohen Ordnung der Zellen und komplexen Organismen."[29]

Zusammen mit Whitehead, Teilhard und anderen versucht Overmann, die in der Natur beobachtete Ordnung zu erklären, ohne einen aktiv ordnenden Gott im übernatürlichen Bereich anzurufen. Er nimmt an, daß jede Grundeinheit der Natur eine primitive „Mentalität" besitze. „Dies liefert uns einen Grund, Elektronen irgendeine glimmende Mentalität zuzuschreiben."[30] Gesteinsmoleküle können ebenso Blitze von begrifflicher Neuheit haben und Äpfel ihr „Bewußtsein". Ein Röntgenpartikel stellt man sich so vor, als ob sie einen „emotionalen Pulsschlag" hätte. Elektronen werden „gehorsam" genannt.[31] Mit Hilfe dieser Hypothese versuchten Overmann und seine Freunde, das Emporwogen der Evolutionsprozesse in Beziehung zu bringen mit den „subjektiven Zielen tatsächlicher Gelegenheiten" in der atomaren und subatomaren Welt, die sonst von der abwärts gerichteten Tendenz zum Chaos wettgemacht werden würden.

Dieser Gedankengang bildet jedoch ein sehr gebrechliches philosophisches Kartenhaus. Wir besitzen keinen Beweis für eine „begriffliche innere Natur" der toten Materie. Das Gewicht experimenteller Beweise spricht in der Tat gegen solche Behauptungen, und zwar aus dem einfachen Grunde, daß bloße, sich selbst überlassene Mischungen der Materie keine irgendwie auch immer geartete Tendenz zu „begrifflicher Synthese" oder einem Ordnungsanstieg zeigen, der zu wachsender Komplexität und Entropiereduktion führt. Verfall, Komplexitätsverlust, wie sie der zweite Hauptsatz der Wärmelehre beinhaltet, das sind die gesicherten Beobachtungen, auf die sich der Erfolg der modernen Naturwissenschaft gründet. Der nüchterne Wissenschaftler weiß nur von einem Wege, auf dem er Ergebnisse erzielen kann, die „begrifflich" aussehen, d. h. wie er die innewohnende Tendenz zu Chaos und Entropie überwinden kann: Durch die intelligente (oder begriffliche) Anwendung von Energie, wie wir bereits dargelegt haben.

Nach Overmanns und ähnlichen Theorien sollte die unbelebte, sich selbst überlassene Natur irgendeine Art dieses primitiven begrifflichen Trends in Richtung auf höhere Ordnung sogar während der kurzen Experimentalperioden zeigen, welche uns zur Verfügung stehen. Daß dies jedoch nicht der Fall ist, diskreditiert alle derartigen Theorien. Aber die Natur kann sich gar nicht so verhalten, denn es fehlt an nutzbarer Energie. Die Sonnenglut als solche steht für Synthesezwecke nicht zur Verfügung, wie wir weiter oben schon ausgeführt haben, so daß wir aus diesem Grunde alle phantastischen Theorien anzweifeln müssen, die von „begrifflichen Einheiten der unbelebten Materie" ausgehen. Sie stellen einen Versuch dar, die Notwendigkeit des Übernatürlichen bei der Erklärung der Archebiopoese zu umgehen, indem sie der toten Materie selbst schöpferische oder begriffliche Eigenschaften zuschreiben. Wie alle seine Kollegen auf diesem Gebiet ruft Overmann gewaltige Zeitperioden zu Hilfe, damit die von ihm postulierte begriffliche Natur der unbelebten Materie sich selbst in dem Aufwärtswogen der Ordnung offenbaren kann.[32] Wenn es sich diese Autoren auch nicht klarmachen, so spricht auch dieser Punkt zuungunsten ihrer Theorien.

Da sich das Chaos aber nun einmal offensichtlich geordnet und Leben hervorgebracht hat, wäre es angesichts unserer thermodynamischen Erfahrung sicherlich wissenschaftlicher zu behaupten, daß eine äußere Intelligenz — die wir gegenwärtig vielleicht gar nicht kennen — diesen Ordnungsprozeß ursprünglich vollzogen hat. Und wo läßt sich Intelligenz erfahrungsgemäß finden, wenn nicht bei einer Person, selbst wenn es sich hier um eine Überperson handeln mag?

In biologischen Kreisen und im Alltagsleben wird ein katastrophaler logischer Irrtum für bare Münze genommen und fortwährend als Argument gegen schöpfungsgläubige Christen verwandt. Es ist heutzutage eine weit verbreitete Vorstellung, daß Gott überflüssig wird, weil die Biochemiker auf dem Wege zu einer künstlichen Lebenserzeugung im Labor sein sollen. Man wartet mit hämischer Freude auf dieses synthetische Leben, da es den letzten Nagel in den Sarg Gottes bedeute. Beruht dies aber auf gesunder Logik? Ich veröffentliche jedes Jahr wissenschaftliche Abhandlungen über meine Forschungsergebnisse auf dem Gebiet der Lepra und der Tuberkulose und berichte darin über die genauen Syntheseverfahren und biologischen Testmethoden der Produkte. Wir wollen nun annehmen, daß ein Kollege meine Veröffentlichungen liest, die Resultate interessant findet und beschließt, meine Arbeiten zu wiederholen. Nach ungefähr einem Jahr findet er meine Methoden exakt (so hoffe ich) und die biologische Wirksamkeit der Syntheseprodukte einwandfrei. Er veröffentlicht nun wiederum seine Resultate in der Fachliteratur und resümmiert am Schluß, daß er meine Experimente wiederholt, sie für richtig befunden und deshalb für alle Zeiten das Märchen von Wilder-Smiths Existenz widerlegt habe! Ich existiere gar nicht in Wirklichkeit, denn er sei in der Lage, mein Werk zu wiederholen! Diese Logik ist natürlich recht unverständlich. Trotzdem stellt sie die tatsächliche Position der heutigen Darwinisten und Neodarwinisten dar. Der Mensch befindet sich nämlich auf dem Wege, Gottes *Gedanken* nachzudenken, indem er seine „Experimente" bei der Schöpfung nachvollzieht und vielleicht in der Laborsynthese von Molekülen als Grundlage des Lebens sein Werk wiederholt. Der Mensch hat bei der Erforschung von Kosmos und Natur Gottes „Publikationen" gründlich „studiert" und ist nun dabei, bis zu einem gewissen bescheidenen Ausmaß seine schöpferischen Ideen zu verifizieren und nachzuvollziehen. Wir bringen „sekundäre Veröffentlichungen" über Ergebnisse heraus, die er bereits erzielt hat, und deshalb zieht man den Schluß, daß Gott — eben wegen dieser Sekundärveröffentlichungen — ein Märchen darstelle. Er existiere gar nicht! Wir aber wollen an dieser Stelle nicht die Existenz Gottes beweisen oder widerlegen, sondern nur auf die Hinfälligkeit dieser Art von Logik hinweisen.

Die einzige Schlußfolgerung, die wir daraus ziehen können, lautet, daß sicherlich derjenige, welcher die Pionierarbeit geleistet hat, unendlich viel größer ist als derjenige, welcher später lediglich kopiert, und daß gerade der letzte dem ersten Autor oft keinen Dank weiß, sondern ihn im Gegenteil völlig ignoriert!

Bevor wir dies Gebiet verlassen, müssen wir noch einen weiteren Aspekt von Entropieanstieg und -abnahme in lebenden Systemen betrachten.

Wenn ein Kind empfangen und geboren wird, erhöht sich der Organisationsgrad der Moleküle, aus denen es besteht. Die Entropie senkt sich lokal in ihm unter Aufwand von Stoffwechselenergie. Aber gleichzeitig, von Jahr zu Jahr stärker werdend, setzt das entgegengesetzte Verfahren ein: Das Altern beginnt. Der zweite thermodynamische Hauptsatz behauptet sich doch trotz des Lebens, und das Altern endet mit dem Tod. Alles geht zum ursprünglichen Staub zurück, aus dem wir gemacht wurden durch Entropiesenkung. Die totale physikalische Auflösung findet doch statt, Chaos und Unordnung siegen letzten Endes doch, was uns beweist, daß die Entropiesenkung, die das Leben mit sich bringt, nur vorübergehend örtlich und nicht dauernd ist.

Das Prinzip geht aber weiter. Nicht nur einzelne Individuen unter Menschen, Pflanzen und Tieren werden alt. Es scheint so, als ob ganze Rassen alt werden und aussterben. Eine Rasse stellt einen hohen Organisationsgrad dar, so daß das Aussterben einer Rasse eine Zunahme von Entropie bedeutet. Obwohl man also örtlich dem zweiten thermodynamischen Hauptsatz entgegenwirken kann, nimmt im großen und über längere Zeitperioden hin Entropie immer und fortwährend zu — auch bezüglich der Rassen.

Ein anderes Beispiel: Nach Sonnenuntergang (wenn es keine Sterne und keinen Mond gibt) nimmt die allgemeine Dunkelheit zu. Man kann örtlich und für eine beschränkte Zeit dieser Finsternis mit Kerzen entgegenwirken. Wo die Kerzen aufleuchten, gibt es kleine Lichtpunkte überall im Meer der Finsternis. Aber im Laufe einiger Stunden gehen diese kleinen Lichtoasen eine nach der anderen im Meer der Dunkelheit aus, sie vermögen gegen die allgemeine Finsternis nicht fortwährend zu kämpfen. Das zunehmende Meer der Finsternis nach Sonnenuntergang kann mit dem zunehmenden Chaos und der zunehmenden Entropie verglichen werden. Im Meer des Chaos leuchten kleine Lichtoasen des Lebens auf, die Licht und „Ordnung" in der düsteren Flut eine Zeitlang und örtlich aufrechterhalten können. Aber die Nacht selber können sie nicht bannen, eine kurze Zeit wirken sie ihr entgegen, dann verlöschen sie alle, seien sie „Individuen", Zellen oder ganze Rassen und Nationen. Letzten Endes siegt die Nacht, genauso wie der zweite thermodynamische Hauptsatz zuletzt siegt — und wir sterben alle.

Mehr vermag das Leben nicht zu tun, als die Kerzen tun konnten. Die Nacht können sie nicht bannen und wir den zweiten thermodynamischen Hauptsatz auch nicht.

Aus diesem Grund prophezeien viele Wissenschaftler, daß unser Kosmos dem Entropietod entgegengeht. Wissenschaftlich gesehen haben sie auch vollkommen recht — mit der Möglichkeit einer Ausnahme. Ohne Eingreifen von außen, ohne unser „totes" System zu „öffnen", konnte unser Leben nicht entstehen. Wenn nun das System sich selber überlassen wird, muß es sterben — wahrscheinlich an einem Entropietod. Wie Gott nach seinem Wort das Leben durch ein Eingreifen von außen begann, genauso wird er nach seinem Wort den allgemeinen Tod durch ein Eingreifen von außen verhindern. Er hat nämlich versprochen, *alles zu erneuern* (Entropie zu senken), einen neuen Himmel und eine neue Erde zu erschaffen, worin Gerechtigkeit herrscht. Er hat uns also erschaffen durch Eingriff von außen und wird uns erhalten, ebenfalls durch einen neuen Eingriff von außen.

6. Einige Gedanken zur Frage der Umwandlung einer Spezies in eine andere während der Entwicklung

Nachdem wir uns nun einige Zeit mit der Frage der spontanen *chemischen* Aufwärtsentwicklung der unbelebten Materie zum Leben beschäftigt haben, wollen wir unsere Aufmerksamkeit für einen Augenblick dem Problem zuwenden, wie es mit der Möglichkeit der spontanen Aufwärtsentwicklung der lebenden Zelle zu komplexen Formen steht, wenn das Leben einmal vorhanden ist. Auf den ersten Blick scheint dies Problem recht verschieden von unserer ersten grundsätzlichen Frage zu sein, die sich um die spontane Aufwärtsentwicklung nicht lebender Moleküle in der präbiologischen chemischen Evolution drehte. Deshalb lautet die Frage: Selbst wenn die chemische Evolution ohne die Hilfe von Lebensvorgängen keine komplexen Proteine hervorbringen könnte, wäre eine Zelle *nach* ihrer Entstehung in der Lage gewesen, sich selbst aufgrund spontaner Selbstregulierungsmechanismen zu komplexen vielzelligen Formen weiterzuentwickeln?

Es ist gesichert, daß lebende Zellen anhand ihrer Stoffwechselvorgänge Energie aus ihrer Umgebung gewinnen und dazu verwenden können, die Entropie zu senken, die individuelle Komplexität zu erhöhen und ihre eigenen höchst komplexen Körper und Hirne aufzubauen.

Warum können wir denn dann nicht annehmen, daß solche Organismen im Verlauf langer Zeitperioden ihre freie Energie dazu verwenden konnten, nicht nur ihre eigenen Körper und Gehirne, sondern auch noch neue, bessere und komplexere somatische Gewebe aufzubauen? D. h. warum könnte man nicht annehmen, daß ein Organismus seine Stoffwechselenergie zur Überwindung der Entropieebbe und zum Aufsteigen auf der evolutionären Stufenleiter benutzt und so neue Arten hervorbringt? Auf den ersten Blick würde dies die von uns geprüften Gesetze nicht verletzen. Die Frage der Energieerfordernisse für einen derartigen

Prozeß scheint leicht lösbar zu sein. Für einen solchen aufwärtsgerichteten Evolutionsweg würde Energie aus dem Nahrungsstoffwechsel mit Leichtigkeit verfügbar sein. —

Wenn man die lebende Zelle buchstäblich als eine Stoffwechselmaschinerie ansieht, die keine andere Funktion als die des Überlebens in einer feindlichen Umwelt und die der Reproduktion besitzt, dann ist das Problem verhältnismäßig leicht zu handhaben. Es ist nämlich klar, daß eine Hauptfunktion einer solchen Maschine die bloße Replikation ist.

Die Molekularbiologie hat gezeigt, daß das genetische Material einer Zelle spezifisch so gebaut ist, daß es sich replizieren kann und daß es die molekulare „Matrize" (oder den Algorithmus) zu diesem Zweck benutzt. Die Syntheseprozesse des zelleigenen Enzymsystems bestehen aus einer genauen Replikation des reinen genetischen und sonstigen Materials. Wenn innerhalb dieses Replikationsvorganges wirklich Irrtümer passieren, wie es z. B. bei Mutationen der Fall ist, dann sind sie oft das, was man als „degenerative Veränderungen" beschreiben kann, welche für den betreffenden Organismus manchmal sogar letal wirken. Diese Veränderungen können u. a. die Position bestimmter Abschnitte der genetischen Information umdrehen, solche Abschnitte können ganz verlorengehen, oder es kommt zu Veränderungen, die sich in der nur teilweisen oder unvollständigen Entwicklung von Organen manifestieren.

Anhand des großen Umfanges experimenteller Untersuchungen, die uns heute über die reproduktiven Prozesse der Zelle zur Verfügung stehen, führt uns die überwältigende Mehrzahl der Befunde zu der Feststellung, daß die normale Stoffwechselenergie der Zelle zum größten Teil in rein *replikativen* Prozessen aufgebraucht wird. Endlose Generationen von Bakterien, Drosophila-Fliegen, Mäusen und Ratten sind gezüchtet worden, und in der überwältigenden Mehrzahl der Befunde wurden die vorhandenen genetischen und sonstigen Strukturen nur exakt repliziert. Es soll natürlich hiermit nicht geleugnet werden, daß Mutationen sich tatsächlich ereignen und neue Rassen gebildet werden. Es muß jedoch betont werden, daß man es bis heute unmöglich gefunden hat, die Stoffwechselenergie der Zelle so arbeiten zu lassen,daß sie *neue, fortschreitend komplexe Arten von genetischem Material erzeugt,* d. h. also, in striktem Wortsinn, synthetisiert, anstelle bestehendes Material exakt zu replizieren. Bis zum heutigen Datum war es nicht möglich, etwas Derartiges zu vollziehen oder zu demonstrieren, zumindest nicht regelmäßig oder in größerem Umfang unter kontrollierbaren Versuchsbedingungen.

Die lebende Zelle erscheint also — darüber ist man sich heute einig — primär als eine Maschine zur Replikation bestehenden Materials und nicht als eine Maschine, die eine planvoll aufwärtsgerichtete Synthese in Richtung auf *höhere Komplexität und neue Substanzen vollzieht.* Die einzigen Organismen, von denen wir wissen, daß sie im strengen Sinne des Wortes wirklich *evolutionäre* organische Synthesen durchführen (im Gegensatz zu replikativen Synthesen) sind jene, welche ein großes Gehirn haben, nämlich die Chemiker und Biochemiker. Deshalb beschreibt Teilhard die Wirkung, die das menschliche Gehirn oder der menschliche Geist auf das künftige Wachstum der Evolution, d. h. auf die Zukunft der planvoll aufwärtsgerichteten Synthese als Gegensatz zu bloßer Replikation, haben wird: „Wenn jeder von uns glauben kann, daß er arbeitet, damit das Universum in ihm und durch ihn auf eine höhere Stufe angehoben wird, dann wird ein neuer Energiequell in den Herzen der Arbeiter dieser Erde hervorbrechen".[33] Teilhard behauptet, *daß Gehirn und Denken, wenn sie einmal im Stammbaum erschienen sind, sich kontinuierlich selbst vervollkommnen werden, d. h. die evolutionäre Synthese über die nur replikative ausdehnen.* Diese Entwicklung eines Gehirns, das „sich in sich selbst dreht", um sich zu vervollkommnen, ist Teilhards Sicht einer neuen Richtung in der Evolution.[34]

Es scheint also so zu sein, daß Leben ohne Cerebralisation oder Cephalisation (um Teilhards Terminologie zu verwenden), ein streng repetitiver, replizierender Prozeß ist, der seine Stoffwechselenergie größtenteils für eben diese Zwecke aufbraucht. Wenn es aber einmal zur *Cephalisation* und zum *Denken* gekommen ist, *dann können Stoffwechselprozesse und Energie zusätzlich zu rein replikativen Prozessen für echte, aufwärtsführende Synthesezwecke verwendet werden.*

Offenkundigerweise hat sich der Mensch erst in jüngster Zeit biochemischen Synthesen zugewandt, besonders der vom genetischem Material, so daß man noch lange nicht sagen kann, wie weit dieser neue Faktor die Verwendung freier Stoffwechselenergie für den Aufschwung der Evolution zu noch komplexeren Lebensformen als die des Menschen beeinflussen wird. Erst die Zeit wird zeigen, wie weit Teilhards Prophezeiungen eintreffen. Es ist jedoch ganz offensichtlich, daß Denken und Cephalisation bei Mensch und höheren Tieren bis jetzt noch nicht zum evolutionären Aufschwung beigesteuert haben. Unsere *biochemischen Synthesetechniken* sind immer noch viel zu grobschlächtig, als daß sie bis jetzt irgendeine Wirkung gezeigt hätten. Dies bedeutet, daß in der Vergangenheit rein replikative Prozesse vorgeherrscht haben, welche jedoch keine Aufschwünge evolutionärer Synthesen hervorbringen. Die Vermutung erscheint nicht sinnvoll, daß das Leben ohne Cephalisation in der Lage war, neue und offenbar planvolle Syntheseprozesse für das komplexe, von höheren Organismen benötigte genetische Material zu vollziehen. In der heutigen Literatur finden sich viele Hinweise auf die Tatsache, daß die kompliziertesten Synthesen nur dann von Nutzen sein können, wenn sie vollendet sind. Dies bedeutet, daß eine langsame und nicht zielgerichtete Entwicklung solch komplexer Ziele nicht stattgefunden haben kann. Aus diesem Grunde gibt es auch keine Schwierigkeiten bei der Replikation bereits geplanter komplexer Vorgänge. Die Schwierigkeiten entstehen erst dann, wenn ein automatisches, hirnloses und denkunfähiges System durch seine Replikationsvorgänge einen progressiven, begrifflichen Aufschwung an Komplexität hervorgebracht haben soll.

Eine solche Annahme könnte man mit der Erwartung vergleichen, daß eine automatische Maschine, welche fortwährend Schrauben herstellt, sich allmählich selbsttätig zu einer Maschine fortentwickelt, die komplette Fernsehapparate baut. Sie besitzt kein *Gehirn*, um so zu verfahren. Nachdem das Leben einmal zur *Cephalisation* gelangt war, waren offensichtlich Hirn und Denkvermögen zur Ausführung der Synthese (im Gegensatz zur Replikation) vorhanden, wie Teilhard so treffend ausführt. Wenn es *das Denken* einmal gibt, dann kann die Stoffwechselenergie dazu verwendet werden, *dieses Denken* für aufwärts gerichtete Synthesen mit Brennstoff zu versehen. Auf dieser Basis könnte eine Evolution offenbar stattgefunden haben. Vielleicht sollte man besser sagen, daß dieser Aufschwung sich in der Zukunft ereignen könnte, denn auch heute erlauben uns unsere Techniken noch nicht, einen auf Denken beruhenden wirklichen Beitrag zur Aufwärtsentwicklung zu liefern.

Es ist bemerkenswert im Zusammenhang mit den obigen Erwägungen, daß die Heilige Schrift vollkommen unmißverständlich von dem *Denken* Gottes als Urheber dieser Schöpfung und dieses Universums spricht. Er schuf es primär durch Denken und erhielt es dann, d. h. seine Gedanken steuerten die Aufwärtssynthese und auch die replikativen Erhaltungsprozesse. Dies stimmt vollkommen mit der obigen These überein. Wo es jedoch kein Denken gibt, da kann keine andere Synthese als die replizierende These stattfinden. Und selbst letztere muß irgendwo durch gedankliche Programmierung begründet werden. An diesem Punkt stimmen wir ganz mit Teilhard überein, der anerkennt, daß die Ankunft des Denkens den gesamten Aspekt der Aufwärtsentwicklung verändert, nur mit dem Unterschied, daß wir offensichtlich nicht glauben, daß *das menschliche Denken* bis jetzt irgendeine postulierte Evolution künstlich beeinflußt hat. Und — abgesehen von Gottes ursprünglichem Denken — scheinen die Hinweise, daß menschliches Denken in der Lage sein wird, eine Empor-Evolution zu bewirken, recht spärlich zu sein. Teilhard meint, daß dieser Aspekt des menschlichen Denkens, welches die Evolution des Menschen hin zum Punkt Omega dirigiert, größtenteils in der Zukunft und nicht in der Vergangenheit liegt. Wenn Punkt Omega gleich Christus ist, wie Teilhard glaubt, dann liefert ihm die Bibel keine große Unterstützung, da sie durchweg behauptet, daß sich der Mensch im allgemeinen von Gott fort- und nicht zu ihm hinbewegt.

Wir sehen uns zu dem Schluß gezwungen, daß in der Vergangenheit replikative Prozesse, welche die bereits bestehende und vorprogrammierte Komplexität tierischer und pflanzlicher Organismen replizierte, zur Erhaltung des Lebens verwendet wurden. Es gibt wenige Beweise für eine auf gedanklicher Basis ablaufende, biologisch aufwärtsgerichtete Synthese außer derjenigen, welche bei der gedankenbedingten Schöpfung stattfand. Dies hilft zur Erklärung der beobachteten Konstantheit der Arten und auch des Fehlens von Zwischengliedern, „Missing links", das in der Vergangenheit die Anhänger der Deszendenztheorie so enttäuscht hat. Aufwärtsgerichtete, spontane Syntheseprozesse, die zu einer Evolution führen, aber nicht irgendwo auf Denken beruhen, sind angesichts der Befunde unwahrscheinlich, da nichtcephalisiertes oder niederes Leben nur für reine Replikation eingerichtet zu sein scheint.

Die Erfahrung lehrt klar und deutlich, daß sich innerhalb einer Art im Laufe der Zeit tatsächlich Veränderungen bei Pflanzen, Tieren und Menschen ereignen. Die verschiedenen Varietäten und Rassen von Weizen, Gerste, Hunden, Katzen, Tauben und Menschen beweisen dies. Ist es jedoch genauso klar, daß sich eine Art im Laufe der Zeit in eine andere, vielleicht höhere Art verwandelt? Die Evolutionstheorie lehrt genau das und schreibt die ganze Vielfalt des uns umgebenden Lebens diesem Vorgang zu. Diese postulierte Umwandlung einer Art in eine andere ernsthaft in Frage zu stellen, ist für das Establishment heute untragbar. Wie sagt Teilhard so treffend: „Mit Ausnahme einiger ultrakonservativer Gruppen würde es *keinem modernen Denker oder Wissenschaftler* einfallen — es wäre *psychologisch unzulässig und unmöglich*, einen Gedankengang zu verfolgen, der die Vorstellung einer in (biologischer) Evolution befindlichen Welt ignoriert.“ [35]

Dieser Satz spiegelt das heutige Denken recht gut wider. Man wird weder für einen Wissenschaftler noch für jemand gehalten, der denken kann, wenn man diese Dinge in Frage stellt. Das auf Artumwandlung basierende Evolutionskonzept stellt für die Mehrheit heute ein Faktum dar, welches man nur auf die Gefahr wissenschaftlicher Exkommunikation hin angreifen darf. Jede Generation meint, sie habe das Wissen gepachtet; deswegen ist es manchmal gut, sich zu erinnern, daß die Phlogiston-Theorie in einer vergangenen Generation wissenschaftlich genau so fest verankert war wie die Evolutionstheorie in der heutigen.

Als ich studierte, lernten wir, daß die Coelacanthid-Fischarten vor Millionen von Jahren ausstarben. Die versteinerten Überreste, die heute noch existieren, sind sehr schön, so daß man die Struktur dieser Fische genau kennt. [36] Groß war aber die Aufregung, als eines Tages einige Fischer in der Nähe der ostafrikanischen Küste einen lebendigen Coelacanthus fingen. Eine Anzahl dieser Fische sind nun in dieser Gegend gefangen und studiert worden. Ihre Struktur gleicht der der versteinerten Überreste in verblüffender Weise. Hier hat man ein lebendiges Überbleibsel der Urvorzeit gefunden, und zwar *ganz* unverändert. Die wissenschaftliche Welt hat sich über diesen Fund sehr aufgeregt; denn er bedeutet, daß wenigstens eine Spezies, wie man fest behauptet, Millionen von Jahren konstant blieb, keine Veränderungen geschahen während dieser langen Zeit. Hier hat man eher einen Beweis für die Unveränderlichkeit der Spezies wenigstens dieser Art. [37]

Es ist allgemein bekannt, daß Bienen gefunden worden sind, die angeblich Millionen von Jahren alt sind. Sie sind in Harz konserviert und ihr Alter ist mittels Radioaktivität bestimmt worden. Ihre Struktur gleicht der der heutigen Bienen in jedem Detail. Haben wir hier wiederum einen Beweis der *Konstantheit* der Spezies? *Auf alle Fälle ist es heutzutage wissenschaftlich tragbar zu behaupten, daß Spezies über sehr lange Zeitspannen absolut konstant bleiben können.*

Das kann man nur dann erwarten, wenn die replikativen Prozesse innerhalb des Organismus exakt und rationell verlaufen. Die genetische Forschungsarbeit der letzten zwanzig Jahre hat gezeigt, daß dies auch bei vielen anderen Arten außer der erwähnten der Fall ist.

Vor einigen Jahren verbrachte ich mit meiner Familie den Sommer in Dänemark und besichtigte dabei den Grauballe-Menschen in Aarhus (Bild 1). Dieser Mann wurde in einem Sumpf in Jütland gefunden und ist, wie eine große Wunde am Hals vermuten läßt, wahrscheinlich hingerichtet worden.

Seine Entdecker sollen die Polizei benachrichtigt haben, weil sie glaubten, sie hätten das Opfer einer frischen Bluttat gefunden. Die Säuren im Moossumpf haben ihn gut konserviert, so daß man selbst seinen Gesichtsausdruck klar erkennen kann. Er stammt aus dem Eisenzeitalter. Selbst seine Hände sind tadellos erhalten (Bild 2). Es gibt auch andere menschliche Überreste, die ebensogut erhalten geblieben sind. Der Borremose-Mensch ist ein Beispiel dafür (Bild 3). Er ist durch den Strick hingerichtet worden, und der Strick und seine Kleider sind gut erhalten. Auch hier kann man den Gesichtsausdruck erkennen. Der Borremose-Mensch stammt auch aus dem Eisenzeitalter. Siehe auch Bild 4 Tollund-Mensch.

Vom geologischen Standpunkt aus gesehen sind diese Funde natürlich sehr jungen Datums, während eine Wirksamkeit der Evolution über Hunderttausende von Jahren gefordert wird, um so ihre Veränderungen zu erklären. Eins jedoch verblüfft den Beobachter: Abgesehen von der Bekleidung aus umgewendeten und zusammengenähten Tierfellen könnte man diese Menschen heute auf den Straßen jeder modernen europäischen Großstadt sehen. Sie besitzen feine Augenbrauen und ein deutliches Kinn. Die Krähenfüße rund um die Augen des Tollund-Menschen verleiten zu der Vermutung, daß er ein intelligenter Humorist war. Man fragt sich, wen dieser Humorist so geärgert hat, daß er dafür aufgehängt wurde. Wenn auch zwischen der Eisenzeit und der Gegenwart, geologisch gesprochen, nur ein Augenblick vergangen ist, wundert man sich doch, daß sie einen so modernen Eindruck machen.

Für die Umwandlung einer Spezies in eine andere werden zahlreiche Beispiele aus den geologischen Schichten zitiert. Das klassische Beispiel ist das der Entwicklung des Pferdes aus kleineren Säugetieren. Obwohl diese Serie existiert und als Tatsache allgemein anerkannt wird, besteht kein formeller Beweis, daß die Tiere dieser Serie *organisch* voneinander abstammen. Wir wissen, daß eine Vielfalt von Tieren, die in der Vergangenheit existierten, heute ausgestorben sind. Das Tierreich und das Pflanzenreich waren früher vielfältiger als heute. Aber unter den *heute noch lebenden Tieren* könnte man ähnliche „Stammbäume“ errichten, ohne daß diese wirklich voneinander abstammen. Fände man später ihre versteinerten Überreste, würde man vielleicht meinen, daß man die „Missing links“ in einem spezifischen Stammbaum gefunden hätte.

Ein großer englischer Chemiker der Gegenwart (Professor Dr. Sir Cyril Hinshelwood) hat einmal, glaube ich, gesagt, daß es schwieriger sein würde, die Polypeptide und Proteine einer Spezies in die einer anderen umzuwandeln, als sämtliche Substanzen herunterzuverbrennen zu Kohlendioxyd, Ammoniak und Wasser und aus diesen Bausteinen alles wieder neu aufzubauen. Damit wird gesagt, daß es größte chemische Schwierigkeiten mit sich brächte, etwa die Eiweißmoleküle eines Menschenaffen in die eines Menschen umzuwandeln. Es wäre leichter, die Eiweiße eines Menschenaffen zu Kohlendioxyd, Wasser und Ammoniak zu verbrennen und von diesen Bausteinen aus die neuen menschlichen Eiweiße zu bauen.

Ein Beispiel wird diese schwierige Vorstellung klarer machen. Volkswagen und Mercedes sind Autos, die sich gewissermaßen ähnlich sind, etwa so wie Menschen und Menschenaffen. Gleiche Prinzipien bedingen beide; beide Autos funktionieren nach dem Ottozyklus-Prinzip; beide verbrennen Benzin, besitzen vier Räder usw. Aber fragen Sie Ihren Automechaniker, was er lieber tun möchte: Ihren Volkswagen in einen Mercedes umbauen oder den Volkswagen verschrotten und aus dem wiedergewonnenen Metall einen neuen Mercedes bauen!

Die Hoffnung, Ihr Volkswagen würde sich aufgrund von Zufallsmodifikationen (Verkehrsunfälle?) im Laufe der Jahre in einen Mercedes verwandeln, zeugt vielleicht von weniger Naivität als die Hoffnung, ein spezifischer Enzymproteintyp würde sich zufallsbedingt in einen anderen verwandeln.

Dieses Beispiel stellt noch einen sehr einfachen Vorgang dar, wenn man ihn mit dem Problem der Veränderung einer Proteinart in eine andere vergleicht.

7. Das Problem der rudimentären Organe

Ein wichtiges Postulat der Deszendenzlehre ist, daß Ontogenie Phylogenie rekapituliert, d. h. daß die embryonale Entwicklung eines jeden Tieres oder einer jeden Pflanze die gleichen Stadien durchläuft, die die Spezies während der Evolution durchlaufen haben. Weil also nach der Evolutionstheorie die Menschen über Fische entwickelt wurden, würde man während der Entwicklung des menschlichen Embryos ein Stadium erwarten, in dem Fischkiemen feststellbar wären. Solche sind tatsächlich vorhanden. Oft bleiben diese embryonalen Organe bis ins erwachsene Alter hinein bestehen. Man zeigt ferner auf die rudimentären Organe, die man bei allen Tieren und Menschen findet, als Beweis der Tatsache der Entwicklungstheorie. Der Blinddarm soll, nach der Theorie, ein Überrest der Periode sein, während der die Urahnen des Menschen Zellulose fraßen. Daß er immer noch existiert, ist nach der Theorie Beweis dafür, daß die Menschen wirklich von Zellulose fressenden Tieren abstammen. Das Vorkommen von „Kiemen" in Embryos sei Beweis dafür, daß Fische weit zurück im Stammbaum der Menschen und der Säugetiere stehen.

Auch die äußeren Ohrmuschelmuskeln werden von Evolutionstheoretikern als rudimentär angesehen. Das schmale, sichelförmige rote Gebilde in der inneren Ecke des menschlichen Auges, das als Halbmondfalte bekannt ist, ähnelt dem dritten Augenlid (sog. Nickhaut) bei Vögeln und einigen modernen Reptilien. Viele halten diese Falte für rudimentär. Bei einigen Walarten sind die Hinterbeine so reduziert, daß man sie von außen überhaupt nicht sehen kann. Sie sollen rudimentärer Art sein und auf die vierfüßigen Vorfahren der Wale hindeuten, welche angeblich vier funktionsfähige Füße besaßen. Die an den Seiten des Pferdefußes liegenden Wadenbeine sind nach dieser Auffassung ebenfalls rudimentär und stellen den Beweis für eine ältere Entwicklungsstufe dar.[38] Man könnte diese Liste von Beispielen fast beliebig verlängern.

Wenn nun die obengenannte Theorie die Bedeutung der rudimentären Organe richtig erklärt, müßte sie imstande sein, das Auftreten anderer, spezifischer Fälle zu klären. Nehmen wir also ein Beispiel aus unserem eigenen Körper, nämlich die rudimentären Brustwarzen bei Männern und anderen männlichen Säugetieren! Wenn die Säugetiere von Reptilien abstammen, wie es die Evolutionstheorie verlangt, wird man zu folgenden Überlegungen gezwungen:

Die Reptilien säugen ihre Jungen nicht und haben selbstverständlich keine Brustwarzen. Infolgedessen können sich Brustwarzen bei männlichen Säugetieren erst nach dem „Reptilienstadium" entwickelt haben. Sie dürften also keine *verschwindenden rudimentären* Organe darstellen; denn sie haben sich nach der Theorie ja erst in jüngster geologischer Zeit entwickelt. So müssen männliche Brustwarzen sich entwickelnde Organe darstellen. Wenn sie nutzlos wären, wären sie, nach der Theorie, ja nie entstanden, weil sie dann im Kampf ums Dasein ihrem Besitzer keine Vorteile im Kampf verleihen. Ihr einziger Zweck müßte also der sein, daß sie in der Zukunft einen Nutzen haben werden, d. h. daß sie im Begriff sind, sich langsam zu entwickeln, und daß, im Laufe der Zeit, die männlichen Säugetiere ihre Jungen säugen werden. (In gewissen hochentwickelten Ländern der westlichen Zivilisation scheint dies jetzt schon beinahe der Fall zu sein; denn die Frauen dieser Länder haben längst diese Funktion aufgegeben, was die Atrophie und Krebsanfälligkeit der betreffenden Organe bedeutend gesteigert hat.)

Zur Not könnte man aber vielleicht doch behaupten (wenn man obige Parenthese beherzigt), daß die männlichen Brustwarzen verschwindende Organe sind und daß die männlichen Partner in jüngster geologischer Zeit die Jungen säugten, diese Funktion aber aufgaben, wonach die Organe dann atrophierten. Ganz ernst gesehen, sind aber wohl beide Erklärungsversuche nach den gleichen Erklärungsprinzipien anderer Fälle gemäß der Evolutionstheorie mehr als dürftig, wenn nicht lächerlich, und wir haben sie natürlich nur deswegen angeführt, um die Mängel der Theorie bloßzulegen. Selbst wenn man behauptet, daß die männlichen Brustwarzen sich entwickelnde Organe sind und in der Zukunft eine physiologische Funktion bekommen werden, löst man das Problem nicht; denn dann schiebt man der Natur eine Teleologie in die Schuhe, was sich mit der Planlosigkeit und den Zufallspostulaten der Theorie schlecht zusammenreimt.

Dieses Problem steht nicht einzeln da. Frauen besitzen rudimentäre männliche Organe. Übten sie deshalb früher die Funktion des männlichen Partners aus, wie die Evolutionstheorie es verlangen müßte?

Das gleiche trifft nicht nur für die rudimentären Organe, sondern auch für den biochemischen Aufbau zu. Warum bilden weibliche Tiere männliche Geschlechtshormone und männliche Tiere weibliche Hormone? Wenn man die Evolutionstheorie akzeptiert, muß das dann bedeuten, daß die Weibchen in der Vergangenheit Männchen waren? Alle Männer und männlichen Säuger bilden ebenfalls weibliche Hormone. Waren sie also einmal Weibchen? Schließlich besitzen Affen Blutgruppen, Antikörper usw., die den menschlichen Entsprechungen ähnlich sind, eine Tatsache, welche die Darwinisten ständig als Beweis anführen, daß sich die Menschen aus gemeinsamen affenähnlichen Vorfahren entwickelt haben.[39] Was jedoch dem einen recht ist, sollte dem anderen billig sein!

Wenn Frauen nicht nur männliche Rudimentärorgane besitzen (und sie haben mehrere) und auch männliche Geschlechtshormone bilden, dann stellt dies sicherlich den zwingenden Beweis dar, daß sie einmal männliche Funktionen ausgeübt haben. Das gleiche gilt natürlich auch für die Männer, welche eine Menge weiblicher Rudimentärorgane besitzen und weibliche Geschlechtshormone bilden. Ihre Vorfahren müssen weibliche Funktionen ausgeübt haben!

Wenn man sich also der allgemein anerkannten Theorie bedient, daß rudimentäre Organe ein Beweis dafür seien, daß die Ontogenie die Phylogenie rekapituliert, dann befindet man sich keineswegs auf so sicherem Boden wie gemeinhin betont wird. In diesen Fällen führt ein Beharren auf der Deszendenzlehre nur zu Unsinn.

Der Besitz rudimentärer Organe bei Pflanzen und Tieren läßt sich auch anders als auf die darwinistische Weise erklären. Man hat oft darauf hingewiesen, daß alles Leben eine verblüffende biochemische Ähnlichkeit besitzt. Es ist ein Faktum, daß alle Säugetiere, Reptilien und Amphibien eine Tendenz zum Besitz von vier Beinen oder Gliedern, entweder in funktionstüchtiger oder rudimentärer Form, erkennen lassen. Die gemeinsame Biochemie allen Lebens fordert ebenfalls eine Erklärung. Man findet die gleichen komplexen Co-Faktoren und prosthetischen Gruppen, im wesentlichen die gleichen Enzyme und ähnliche Hormone bei ganz verschiedenen Organismen. Wie Dixon und Webb[40] ausführen, erstreckt sich die Wesenseinheit allen Lebens sogar auf die Stereochemie. Im Stoffwechsel fast des gesamten Tier- und Pflanzenreiches werden die gleichen optischen Isomere verwandt. Da gibt es niemals den Fall, daß die eine Art D-Glukose und die andere L-Glukose umwandelt. Die Stereospezifität der Enzymsysteme würde dies faktisch verhindern.

Die im Labor durchgeführten chemischen Synthesen ergeben gewöhnlich (außer man verwendet schon bestehende Stereospezifität in Form von Antipodentrennungsverfahren) gleiche Anteile an D- und L-Formen, d. h. Razemate. Das bedeutet folgendes: Wenn ein Molekül aus den genau gleichen Atomen um ein vierwertiges Zentralatom herum bestehen, aber so abgeändert werden kann, daß sich die räumliche Anordnung der vier Atome ändert, dann gibt es die Möglichkeit zweier Stereoisomere mit genau der gleichen chemischen Konstitution. Der einzige Unterschied zwischen den beiden liegt in der räumlichen Anordnung der Substituenten. Einfach ausgedrückt: Die beiden Isomere unterscheiden sich wie der rechte Handschuh vom linken. Derartige Isomere werden Stereoisomere genannt.

Stereoisomere mit einer linksdrehenden Struktur werden auch L-Isomere und solche mit einer rechtsdrehenden Struktur auch D-Isomere genannt. Wenn man das linksseitige Molekül in einem Lösungsmittel löst und polarisiertes Licht hindurchschickt, dann wird die Ebene des polarisierten Lichtes nach links gedreht. In ähnlicher Weise wird das rechtsseitige Molekül die Ebene des polarisierten Lichtes in die entgegengesetzte Richtung bewegen. Die Drehung der Ebene des polarisierten Lichtes durch ein asymmetrisches Molekül wird optische Aktivität genannt. Eine aus 50% D-Isomeren und 50% L-Isomeren bestehende Mischung verursacht keine Drehung der Lichtebene und wird Razemat genannt. Chemische Spezialmethoden erlauben es dem Chemiker, die rechtsdrehenden Moleküle von den linksdrehenden zu trennen. Derartige Vorgänge nennt man Antipodentrennung.

Bei den gewöhnlichen Laborsynthesen entstehen gleiche Mengen von rechtsdrehenden und linksdrehenden Molekülen, wenn die Molekularstruktur Asymmetrie zuläßt. Das Produkt zeigt deshalb keine optische Aktivität. *Lebende Proteine, Enzyme usw. sind jedoch immer optisch aktiv*, d. h. asymmetrisch und können aus diesem Grunde *nicht* durch gewöhnliche, zufällige, chemische Synthesevorgänge entstanden sein. Asymmetrie und Spiegelbildlichkeit links- und rechtsdrehender Moleküle treten regelmäßig bei biochemischen Prozessen auf, so daß sich viele optisch aktive Verbindungen in der lebenden Zelle finden. Zufällige chemische Prozesse liefern dagegen Razemate. Damit entsteht wieder ein neues Problem, wenn man die Archebiopoese als sich über lange Perioden hinziehenden Zufallsprozeß erklärt. Wenn man optisch aktive Stoffe lange Zeit sich selbst überläßt, dann reicht das oft aus, um ihre optische Aktivität zu zerstören. Dieser Verlust der optischen Aktivität wird Razemisierung genannt und stellt ein weiteres Problem dar, wenn man den Ursprung des Lebens als Zufallsprozeß ansieht. All dies bildet einen weiteren Grund, weshalb eine spontane Zufallsentstehung des ersten Proteinenzymsystems außerhalb des Bereiches statistischer Möglichkeit liegt. Wenn gewöhnliche, willkürliche, chemische Reaktionen an der Wurzel des Lebens ständen, dann sollte man keine optische Aktivität, sondern eher die Bildung von Razematen erwarten. Man hat kreisförmig polarisiertes Licht, das bei Durchgang durch Quarzkristalle entsteht, zur Erklärung für die Bildung optisch aktiver Isomere in Fällen herangezogen,[41] in denen man normalerweise Razemate erwarten sollte. Aber angesichts der Unwahrscheinlichkeit, daß eine solche Reihe von Umständen auch noch gleichzeitig auftreten, scheint diese Lösung doch sehr an den Haaren herbeigezogen.

Wie Webb und Dixon ausführen, legt die Einmaligkeit des Musters der Asymmetrie bei Leben und Lebensprozessen die Vermutung sehr nahe, daß alles Leben einen gemeinsamen Ursprung hat: „Wenn die Lebensentstehung nicht ein einmaliges und einzigartiges Ereignis gewesen wäre, dann würde man erwarten, daß manchmal die eine, manchmal die andere asymmetrische Form gebildet worden wäre.[42]

Diese Einmal-und-nicht-wieder-Vorstellung von der zufälligen oder geplanten Entstehung allen Lebens würde eine ähnliche physiologische, biochemische und anatomische Konstruktion der vorhandenen Lebewesen erwarten lassen, wobei es keine Rolle spielt, ob sich eine Lebensform tatsächlich aus einer anderen *entwickelt* hat. Wie wir jedoch bereits herausgestellt haben, würden ungeordnete, gewöhnliche, chemische Reaktionen eher Razemate als optisch aktive Isomere entstehen lassen. Wenn andererseits, wie der Schöpfungsglaube meint, Denken (schöpferische Synthese) am Anfang des Lebens steht, dann ist das Problem viel leichter zu lösen. Der Schöpfer benutzte einen Grundkonstruktionsplan für die Anatomie, Physiologie, Biochemie und Stereochemie aller von ihm geplanten Organismen und variierte diesen Plan dann wie eine Fuge von Bach! Einige Lebewesen besaßen dann z. B. kurze Beine, andere lange und wieder andere rudimentäre Beine. So wurde auf der Basis eines gemeinsamen

Konstruktionsplanes Vielfalt und Abwechslung erzielt. Einige Wissenschaftler sind der Ansicht, daß die Lösung des Problems der rudimentären Organe in dem physiologischen Grundaufbau des Körpers liegt.

Der Mensch muß offenbar die Möglichkeit haben, entweder männlich oder weiblich zu sein. Deshalb müssen die Ansatzorgane beider Geschlechter in jedem menschlichen Körper vorhanden sein, damit bei jedem Körper die Möglichkeit besteht, Mann oder Frau zu bauen. Dies ist auch allgemein bekannt, doch hat man, soviel ich weiß, diese Lösung bei anderen rudimentären Organen nicht angewandt. Die rudimentären Organe sind also eine physiologische Notwendigkeit beim Aufbau des Körpers. Es ist ferner heute auch bekannt, daß der Blinddarm nicht so nutzlos und rudimentär ist, wie man früher meinte. Denn er übt eine sekretorische Funktion aus, und seine Histologie läßt auf eine Drüsenfunktion schließen.

Der alte Slogan, daß Ontogenie Phylogenie rekapituliere, ist also nicht so wissenschaftlich tragbar, wie man meinte. Die rudimentären Organe sind nicht notwendigerweise *Beweise* und Überreste eines früheren primitiven Zustandes. Andere Erklärungen sind möglich, ja erforderlich, wenn man auf dieses Problem näher eingeht.

1. Julian Huxley, *Evolution: The Modern Synthesis* (London, 1942), S. 514, zitiert nach Russell L. Mixter, *Creation and Evolution* (Mankato, Minn., 1953), Monographie 2.
2. Huxley, *Ibid*, S. 395.
3. Mixter, *op. cit.*, S. 8—9, 11.
4. Inzwischen hat Prof. Dr. Sir F. Hoyle seine Theorien bezüglich kontinuierlicher Schöpfung zurückgezogen (vgl. Fred Hoyle, *Galaxis, Nuclei and Quasars* (New York, 1965), S. 1—160).
   Siehe auch: Science, 150 (24. Dez. 1965), S. 1708.
5. *Endeavour*, Bd. XVII, Nr. 66 (London, 1958).
6. Harold F. Blum, *Times Arrow and Evolution* (Princeton, N. J., 1955).
7. Vgl. F. Cedrangelo, „The Problem of the Origin of Proteins", *The Origin of Life on the Earth* (New York, 1959), S. 281.
8. Blum, *op. cit.*, S. 163, 164, 166, 170, 178.
9. N. W. Pirie, „Chemical Diversity and the Origins of Life", *The Origin of Life on the Earth*, S. 78.
10. *Ibid.*, S. 163.
11. *Ibid.*, S. 170.
12. A. E. Wilder-Smith, „Darwinism and Contemporary Thought", *Christianity Today* (Mai 26, 1967), Bd. XI, Nr. 17, S. 3.
13. Sir James Jeans, *The Mysterious Universe* (New York, 1930), S. 4.
14. Blum, *op. cit.*, S. 178 A.

15. *Ibid.*
16. Römer 1.
17. Jeans, *op. cit.*, S. 138—139, 146, 154.
18. A. J. Oparin und V. Fesenkov, *Life in the Universe* (New York, 1961), Vorwort von Harlow Shapley.
19. A. P. Ryle, F. Sanger, L. E. Smith und R. Kital, *Biochemistry Journal* (1955), LX, 541, 556 und F. Sanger, *Bulletin de la Societé chimique biologique* (Paris, 1955), XXXVII, 23.
20. Harlow Shapley, *Science News Letter* (3. Juli 1965, S. 10).
21. Vgl. Pierre Teilhard de Chardin, *The Phenomenon of Man* (New York, 1964), S. 51.
22. *Ibid.*, S. 67.
23. *Ibid.*, S. 71.
24. *Ibid.*, S. 73.
25. *Ibid.*, S. 78.
26. *Ibid.*, S. 157.
27. Richard Overman, *Evolution and the Christian Doctrine of Creation* (Philadelphia, 1967), S. 156.
28. *Ibid.*, S. 40.
29. *Ibid.*, S. 97, 122, usw.
30. *Ibid.*, S. 178.
31. Vgl. *Ibid.*, S. 180, 183, 208, 284.
32. *Ibid.*, S. 122, 129, 149, usw.
33. Teilhard de Chardin, *The Future of Man* (New York, 1964), S. 118.
34. Teilhard de Chardin, *op. cit. The Phenomenon . . .*, S. 146.
35. Teilhard de Chardin, *op. cit. The Future . . .*, S. 85.
36. Siehe *Nature*, 171 (3. Jan. 1953), S. 17, 171 (1953), S. 99, 174 (4. Sept. 1954), S. 426, *Science* (5. Nov. 1954), S. 745.
37. Siehe Anhang III.
38. Wegen weiterer Hinweise vgl. Mixter, *op. cit.*, S. 11. An dieser Stelle werden einige der obigen Beispiele angeführt.
39. Malcom Dixon und E. C. Webb, *Enzymes*, 2. Aufl. (New York, 1964), S. 665.
40. *Ibid.*, S. 665.
41. J. D. Bernal, „The Problem of Stages in Biopoiesis“, *The Origin of Life on the Earth*, I 38, 46.
42. Dixon und Webb, *op. cit.*, S. 664.

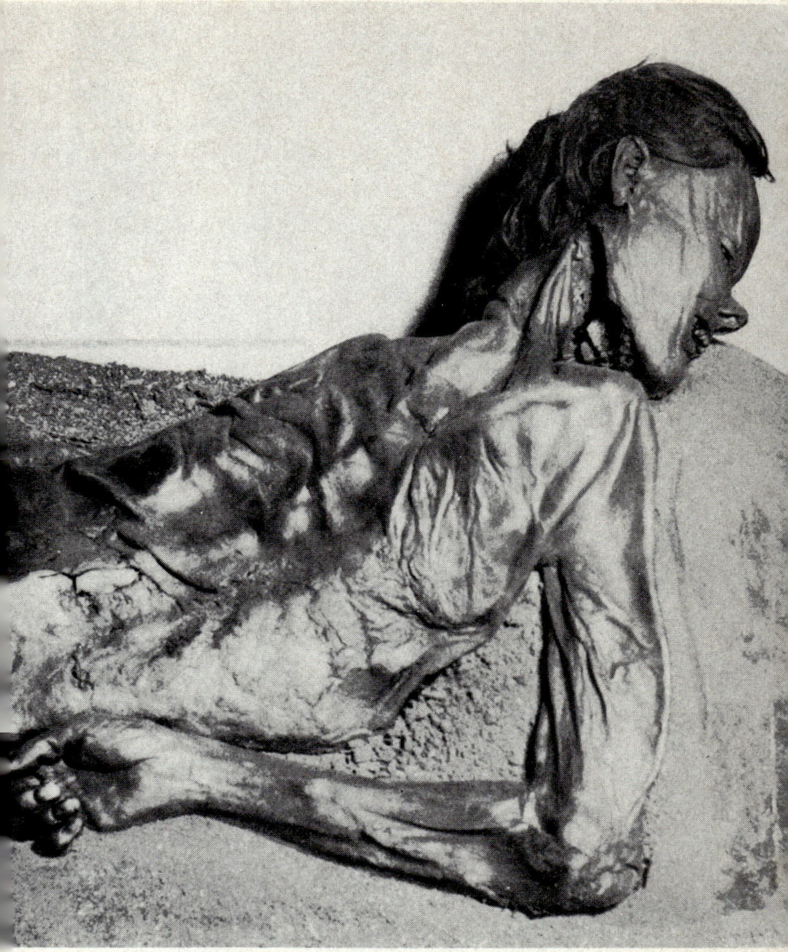

Bild 1 Der Grauballe-Mensch (Jysk Arkaeologisk Selskab, Dänemark)

Bild 2 Die rechte Hand des Grauballe-Menschen (Jysk Arkaeologisk Selskab, Dänemark)

Bild 3 Der Borremose-Mensch mit Schlinge um den Hals (Dänisches Nationalmuseum)

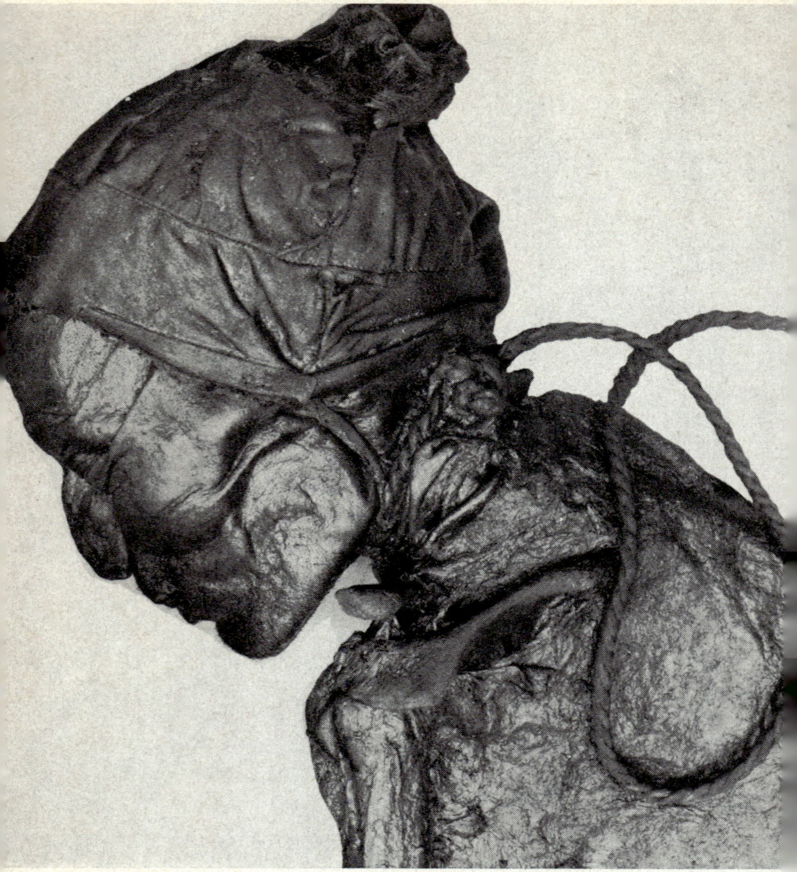

Bild 4 Der Tollund-Mensch mit Schlinge um den Hals (Dänisches Nationalmuseum)

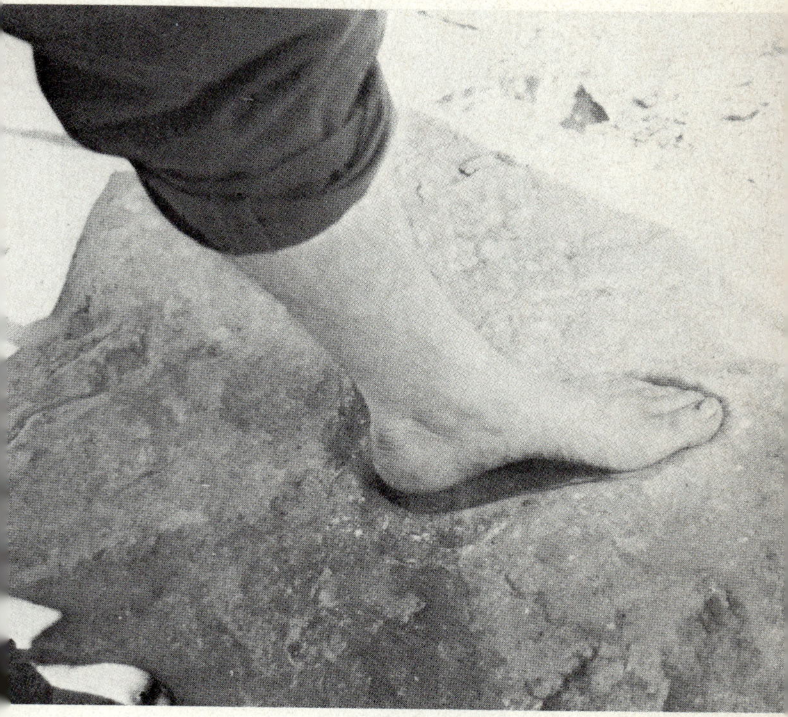

Bild 5 Fünfundzwanzig Zentimeter langer Fußabdruck eines Menschen an der Uferbank des Paluxy-Flusses. Er befindet sich in der Nähe von Brontosaurierspuren. (Foto: Marian L. Taylor)

Bild 6 Fußabdruck eines Menschen und eines dreizehigen Dinosaurus, die gleichzeitig in einer Kreideformation des Paluxy-Flusses in Glen Rose, Texas/USA, auftreten. (Foto: Dr. C. L. Burdick)

Bild 7 Fußabdruck eines Tyrannosaurus (?) aus der Kreidezeit. Paluxy-Fluß, Glen-Rose, Texas/USA. (Foto: Dr. C. L. Burdick)

Bild 8 Spuren eines vierzehigen Brontosaurus aus der Kreide. Paluxy-Fluß, Glen Rose, Texas. (Foto: Dr. C. L. Burdick)

Bild 9 Menschliche Fußspuren aus der Kreidezeit an der Uferbank des Paluxy-Flusses, in der Nähe von Brontosaurierabdrücken, im Dinosaur State Park. (Foto: Stanley E. Taylor)

Bild 10 Zwölf Zentimeter lange Fußabdrücke mehrerer Kinder, die sich in der Nähe von Brontosaurier-Spuren entlang

Bild 11 Spur eines dreizehigen Dinosaurus. Paluxy-Flußbett, Glen Rose, Texas. (Foto: A. E. Wilder-Smith)

Bild 12 Spuren eines dreizehigen Dinosaurus. Paluxy-Flußbett, Glen Rose, Texas. (Foto: A. E. Wilder-Smith)

Bild 13 Fußabdrücke eines Brontosaurus. Paluxy-Flußbett, Glen Rose, Texas. (Foto: A. E. Wilder-Smith)

Bild 14 Fußtritte eines Brontosaurus. Paluxy-Flußbett, Glen Rose, Texas (Foto: A. E. Wilder-Smith)

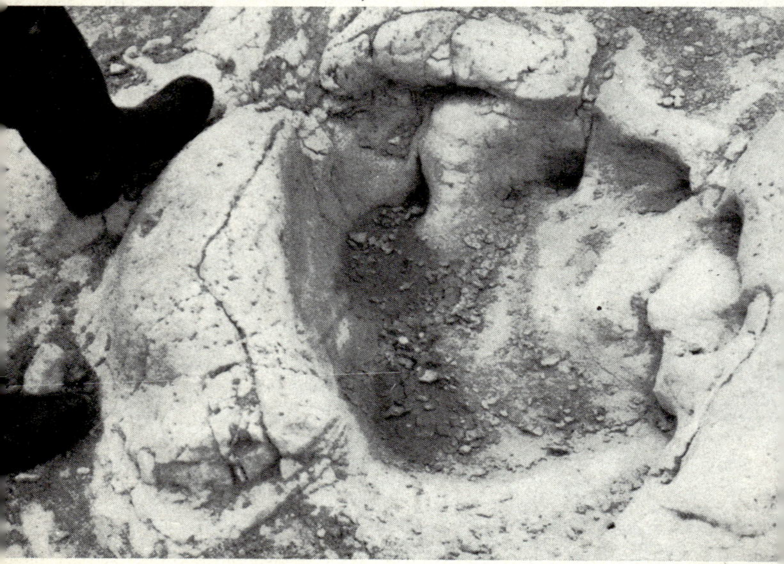

Bild 15
Brontosaurus-Fußabdrücke. Paluxy-Flußbett, Glen Rose, Texas. (Foto: A. E. Wilder-Smith)

Bild 16
Ein Brontosaurus ging spazieren. Paluxy-Flußbett, Glen Rose. Texas. (Foto: A. E. Wilder-Smith)

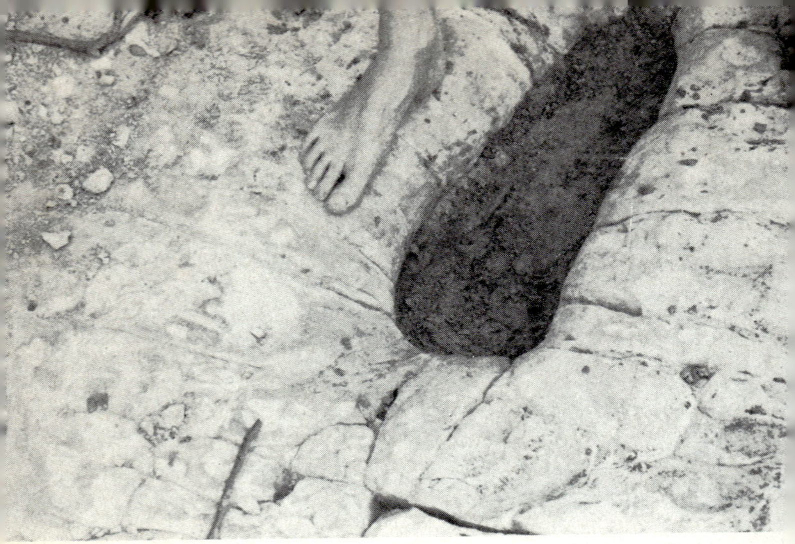

Bild 17 Riesenspur aus der Kreide. Paluxy-Flußbett, Glen Rose, Texas. (Foto: A. E. Wilder-Smith)

Bild 18 Die gleiche Spur wie auf Bild 17. (Foto: A. E. Wilder-Smith)

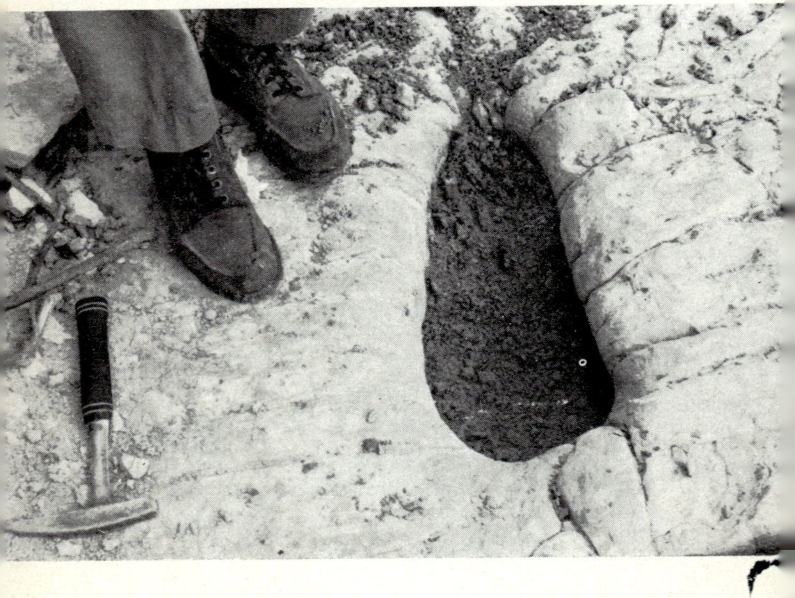

Bild 19 Die gleiche Spur wie auf Bild 17 und 18, um die Schrittlänge zu demonstrieren. (Foto: A. E. Wilder-Smith)

Bild 20 Arbeiten im Paluxy-Flußbett, Herbst 1965. (Foto: A. E. Wilder-Smith)

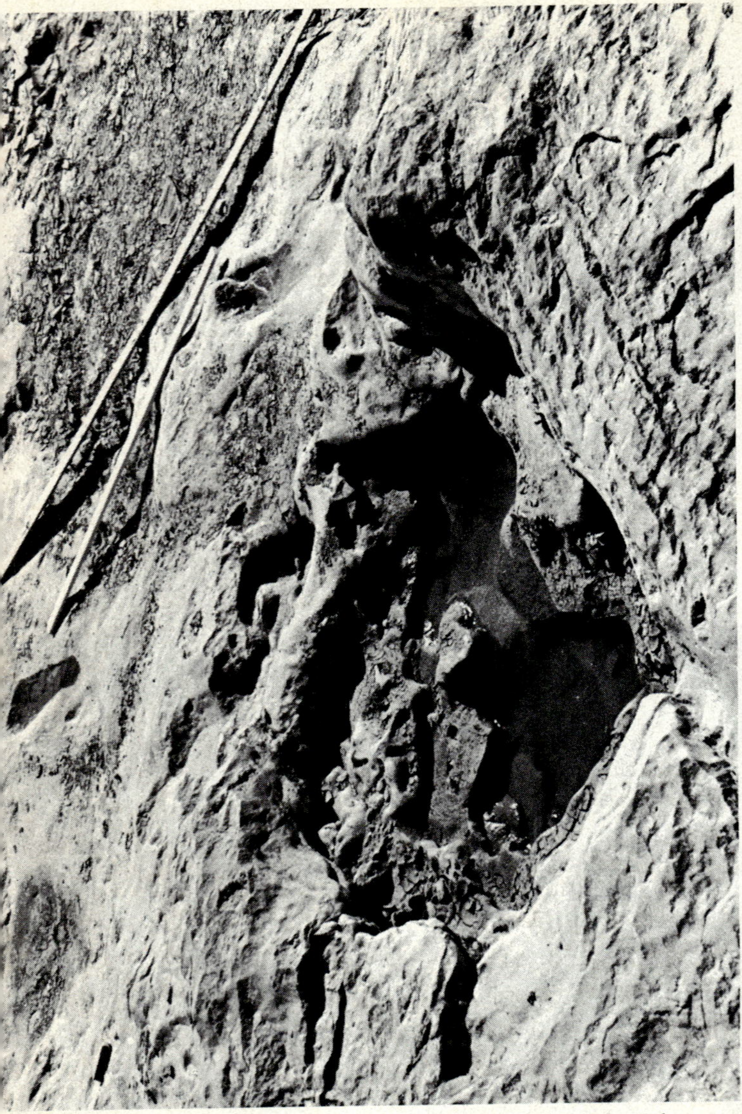

Bild 21 Fußabdruck eines Brontosaurus in der Uferbank des Paluxy-Flusses, zusammen mit dem Fußtritt eines Menschen im Hintergrund. Dinosaur State Park. (Foto: Stanley E. Taylor)

III
Das Problem des Alters der Menschheit nach der Bibel und nach der Evolutionstheorie. Die „Missing links" (Zwischenstufen)

Der biblische Bericht über die Erschaffung der Welt, über die weltweite Sintflut usw. wird in wissenschaftlichen Kreisen allgemein deswegen abgelehnt, weil die biblische Chronologie mit denjenigen der heutigen Auffassungen nicht übereinstimmt. Vor Jahren hat der englische Bischof Ussher das Datum der Erschaffung der Welt in den sieben Tagen mit 4004 v. Chr. angegeben. Er benutzte als Basis seiner Kalkulationen u. a. die Stammbäume von 1. Mose 11. Nach diesen Stammbäumen müßte die weltweite Sintflut während des dritten Jahrtausends vor Christus stattgefunden haben nach dem masoretischen Text und während des vierten Jahrtausends nach dem Septuaginta-Text. Es ist nun nach dem heutigen Stand der Archäologie wahrscheinlich, daß die Zivilisationen des Nahen Ostens ungefähr während fünftausend Jahren vor Christus relativ ungestört blieben. Man darf also annehmen, daß keine größere Katastrophe, wie etwa eine Sintflut, während dieser Zeit stattfand.

1. Biblische Chronologie

Wir wollen nun das Problem der Chronologie von 1. Mose ein wenig untersuchen. Es ist merkwürdig, daß 1. Mose 11 uns die *totale* Zeitspanne zwischen Abraham und der Sintflut *nicht* angibt, obwohl Mose die totale Lebensspanne der Patriarchen sonst immer zusammenzählt, wie z. B.: „Und Adam lebte 130 Jahre und zeugte einen Sohn in seinem Gleichnis, nach seinem Bild und gab ihm den Namen Seth. Und die Tage Adams, nachdem er Seth gezeugt hatte, waren 800 Jahre, und er zeugte Söhne und Töchter. *Und alle Tage Adams, die er lebte, waren 930 Jahre und er starb.*"[1] Er gibt uns auch die *totale Zeitspanne des Aufenthalts der Kinder Israel in Ägypten* in Jahren an.[2] Es scheint also, daß die Tabellen des Alters der Patriarchen in 1. Mose 11 unvollständig sein könnten, daß Mose dies wußte und deshalb die totalen Zeitspannen dieser Tabellen in Jahren nicht angeben konnte oder wollte. Aus diesem Grund ist es uns wahrscheinlich nicht möglich, das genaue Datum der biblischen Sintflut anhand der biblischen Stammbäume anzugeben. Dies bringt mit sich, daß die Erschaffung der Welt in sieben Tagen und die Sintflut älter sein können, als Bischof Ussher und andere kalkulierten.

Ein hervorragendes Exposé zu dieser Frage der Unvollständigkeit der alttestamentlichen Ahnentafeln verfaßte vor rund 80 Jahren Rev. Prof. William Henry Green vom Theologischen Seminar Princeton.[3]

2. Stammbäume

Wenn wir aber 1. Mose 11 strikt chronologisch interpretieren sollen, so daß die Summe der Lebensjahre der angegebenen Patriarchen die totale Zeitspanne des Alters angeben soll, werden wir zu folgenden Überlegungen gezwungen: Noah wäre dann immer noch am Leben gewesen, als Abram fünfzig Jahre alt war. Shem, Shelah und Eber hätten länger gelebt als Abraham selber, nach dieser Auffassung zu urteilen. (Siehe die vergleichende Zeittafel von Adam bis Abraham in den alten Elberfelder Bibeln!) Pelegs Vater Eber hätte dann noch zwei Jahre gelebt, nachdem Jakob in Mesopotamien ankam, um bei Laban zu arbeiten. Josua 24, 2. 14. 15 scheint jedoch diese Möglichkeit etwas in Frage zu stellen; denn Abrams Vorfahren, einschließlich Terah, waren Götzendiener jenseits des Stroms „vor alters". Wäre dieser Ausdruck wohl vorgekommen, wenn viele noch zur Zeit Abrams lebten?

Es würde uns also erscheinen, daß uns die Tabellen für rein chronologische Zwecke nicht gegeben wurden. Manche Glieder scheinen ausgelassen zu sein. Wahrscheinlich sollten sie hauptsächlich dazu dienen, uns zu zeigen, wie die messianische Linie durch die Stammbäume erhalten blieb. Auf dieses theologische Problem können wir hier nicht näher eingehen, sondern verweisen auf das Werk von Morris und Whitcomb[4], welches das Problem eingehend behandelt. Für unsere jetzigen Zwecke genügt es zu betonen, daß die Bibel demnach nicht notwendigerweise lehrt, daß das Datum der Erschaffung der Erde und der Menschen 4004 v. Chr. war. Die Stammbäume übergehen *bewußt* manche Glieder, um andere Angelegenheiten als nur die der reinen Chronologie klarzulegen. Matthäus 1, 8 lehrt uns z. B., daß Joram Osia zeugte. In Wirklichkeit werden hier drei Generationen glatt und bewußt ausgelassen. Ferner lehrt uns 1. Chronika 26, 24, daß Schebuel Gersoms Sohn und Gersom der Sohn des Mose war. Schebuel aber bekleidete das Amt des Schatzmeisters zu den Tagen Davids. In Wirklichkeit werden zwischen Schebuel und Gersom vierhundert Jahre *ausgelassen*, chronologisch gesehen; aber die Angabe ist trotzdem wahrheitsgetreu, denn sie gibt uns nach hebräischer Ausdrucksweise die Abstammung an. Aber um ein anderes Beispiel dieser biblischen Art, Glieder in Stammbäumen zu übergehen, zu zitieren: Wir lesen in 2. Mose 6, 20, daß Amram seines Vaters Schwester Jochebed zur Frau nahm, die ihm dann Mose und Aaron gebar; und die Tage des Lebens des Amram waren 137 Jahre. Nach europäischer Denkart würde man nun meinen, daß Aaron und Mose die Söhne Amrams und Jochebeds waren; denn der Text betont, daß Jochebed dem Amram die Söhne Aaron und Mose gebar. Aber die alte hebräische Denkart ist eben ganz anders als die unsere. Es bereitet für sie gar keine Schwierigkeit, ganze Zwischengenerationen, ohne darauf hinzuweisen, auszulassen. Schon die Angabe der Lebensjahre Amrams verleiht dem Text einen für uns durchaus normalen Klang. Wir sind aber etwas verblüfft, wenn wir in 4. Mose 3, 17—19. 27. 28 entdecken, daß in den Tagen Moses die *Familie* der Amramiter (d. h. die Kinder Amrams) nebst der Familie der drei Brüder Amrams (Izhar, Hebron und Uzziel) 8600 zählte. Also entweder erfreuten sich Aaron und Mose 8600 lebender Onkel, oder Amram war ein Vorfahre von Mose und Aaron und nicht direkt Vater. Angesichts dieser Tatsache ist es doch bemerkenswert, daß der Bericht von 2. Mose 2, 1—10 *die Namen der Eltern Moses nicht angibt.*

Ein letztes Beispiel, das auf die chronologische Unvollständigkeit von 1. Mose 11 hindeutet, mag uns hier genügen. Wir lesen (V. 16—19), daß Eber vierunddreißig Jahre lebte und Peleg zeugte. Nachher lebte Eber 430 Jahre und zeugte Söhne und Töchter. Peleg lebte dreißig Jahre und zeugte Regu. Nach Regu lebte er 209 Jahre und zeugte Söhne und Töchter. Zweierlei fällt uns sofort ins Auge. Erstens lebte Eber 464 Jahre — kein nachsintflutlicher Patriarch vor Eber lebte weniger als 464. Peleg aber lebt viel weniger lange, nämlich nur 239 Jahre, und keiner nach seiner Zeit im Stammbaum lebte länger. Dieser plötzliche große Sturz des Lebensalters ist viel größer als die Lebensaltersenkung z. B. zwischen Schem und Eber. Wenn nun das Lebensalter der nachsintflutlichen Patriarchen regelmäßig und fortschreitend verkürzt wurde, warum diese jähe Verkürzung zwischen Eber und Peleg? Besteht etwa eine Lücke mehrerer Generationen zwischen Eber und Peleg? Denn von Schem bis Eber verkürzte sich die Lebensspanne um 23 Prozent, während zwischen Eber und Peleg sich das Lebensalter um 45 Prozent auf einmal verkürzte. Viel deutet darauf hin, daß Eber der Vorfahre von Peleg war, wenn man die Verkürzung des Lebensalters berücksichtigt. Auf der anderen Seite gibt der Stammbaum an, daß Eber vierunddreißig Jahre alt war, als er Peleg zeugte und danach 430 Jahre lebte. In diesem Fall müßte also Ebers Sohn, durch den der Stammbaum zu Peleg ging, mit vierunddreißig Jahren gezeugt worden sein.

Zweitens lesen wir, daß in den Tagen Pelegs die Erde zerteilt wurde. Es wird vermutet, daß diese Zerteilung auf den Fluch Gottes anläßlich des Turmbaus zu Babel hindeutet. Die Frage, die sich nun stellt, ist die: Warum stellt die Heilige Schrift zur Zeit der Zerstreuung des Turmbaus zu Babel fest, daß es in den Tagen Pelegs geschah, wenn Eber und die anderen langlebigen Patriarchen zur gleichen Zeit lebten? Wenn Peleg und Eber lange Zeit kontemporan lebten, hätte die Bibel genausogut sagen können, daß diese Zerteilung zur Zeit Ebers geschah.

Als wir in Norwegen lebten, entdeckten wir eine interessante alte Volkssitte. Die Bauern in den kleinen Dörfern heißen sehr oft genauso, wie ihr Dorf selber heißt. Der Bauer, der im Dorf Breistein in Aasane wohnt, heißt auch Breistein samt seiner Familie. Der Bauer, der die kargen Felsenberge bei Tertnes am Bergenfjord bebaut, heißt auch Tertnes. Man kann die verschiedenen Familienglieder und die Generationen nur anhand ihrer Vornamen auseinanderhalten, und oft tragen sie noch dazu die gleichen Vornamen durch die Generationen hindurch. Wenn man „Stammbäume" dieser Familien ohne Vornamen aufstellen müßte, stieße man auf einige nicht geringe Probleme.

Meine eigene Einstellung bezüglich der Schwierigkeiten, die diese alten Stammbäume uns modernen Menschen bereiten, ist, daß wir für allen Fortschritt und alle echte Forschung auf diesem Gebiet offen und dankbar bleiben sollen. Es scheint mir aber unweise zu sein, diese alten uns sorgfältig aufbewahrten Dokumente einfach als unzuverlässig abzutun, weil wir ihre Denkweise noch nicht verstehen. Manches, was in der Vergangenheit unklar war, wurde mit Hilfe ernsten Studiums im Laufe der Jahre klarer. So kann es auch bezüglich der Stammbäume geschehen.

Oberflächlich gesehen, ist es schon schwierig, wenn man liest, daß dem Eber zwei Söhne geboren wurden — „Der eine hieß Peleg, denn in seinen Tagen wurde die Erde zerteilt, und seines Bruders Name hieß Joktan“ [5] —, die einfachste Auslegung nicht anzunehmen. Es sieht so aus, als ob Eber der Vater nur von Peleg sein kann. Man hält das Wort von 2. Mose 6, 20 doch fest vor Augen, daß dem *Amram zwei* Söhne geboren wurden. Doch lehrt uns 4. Mose 3 eindeutig klar, daß Mose und Aaron nur zwei waren unter 8600 Nachkommen von Amrams Vater. Diese Denkart könnte auch bei 1. Mose 10, 25 angewandt werden.

Diese Tatsachen, zusammen mit der Tatsache, daß Mose die Gesamtjahre des Stammbaums von 1. Mose 11 nicht zusammenzählt, wie er das regelmäßig bei anderen chronologischen Angelegenheiten zu tun pflegt (die Jahre der Gefangenschaft in Ägypten, die Jahre in der Wüste, die totalen Jahre anderer Patriarchen wie Noah, Abraham usw.), läßt uns also vermuten, daß die Tabellen dieses Stammbaumes chronologisch nicht vollständig sind, daß Mose dies wußte und deshalb die totale Summe der Jahre nicht zusammenzählte. [6]

3. Der Turmbau zu Babel

Obwohl Lücken in den Stammbäumen wahrscheinlich vorhanden sind und also die Schöpfung nicht im Jahre 4004 v. Chr. stattfand, können wir trotzdem die Erschaffung der menschlichen Rasse nicht ohne weiteres in ein Zeitalter zurückversetzen, das dem modernen Uniformitarianismus angepaßt wäre. Der Turmbau zu Babel fand z. B. wahrscheinlich etwa um ein Jahrtausend vor Abraham, aber nicht um einige zehntausend Jahre vor Abraham statt. Denn die nachsintflutliche Menschheit bediente sich noch einer einheitlichen Sprache und hatte sich zur Zeit des Turmbaus zu Babel, entgegen den Geboten Gottes, nicht zerstreut über die ganze Erde. Die Zerstreuung würde durch die Vermehrung der Einwohner und durch den Bevölkerungsdruck in einigen Jahrtausenden geschehen sein. [7] So können wir den Turmbau zu Babel um etwa ein Jahrtausend nach der Sintflut plazieren. Aber die Lücken im Stammbaum, die wir gefunden haben, befinden sich gerade in der Zeit *vor* dem Turmbau zu Babel und *nicht nachher*. Nach dem Turmbau zu Babel können wir also die Stammbäume nicht bedeutend „verlängern“, um uns den Ansprüchen der modernen Chronologie anzupassen. Es kann sich also nicht um *Jahrhunderttausende* handeln zwischen Adam und Abraham.

Diese Lösung scheint zwischen den beiden Extremen zu liegen. Dies wird auch bestätigt durch die Sagen der Sintflut, die mehrere Völker besitzen. Es ist bekannt, daß das babylonische Gilgamesch-Epos die Sintflut in vielen Details wiedergibt, die mit denen von Mose übereinstimmen. Die Vielgötterei trennt natürlich diese Sage von dem Bericht der Bibel. Aber die Details der Sintflut sind so exakt und übereinstimmend in beiden Berichten, dem der Bibel und dem von Gilgamesch, daß viele Archäologen behaupten, Mose habe das Gilgamesch-Epos als Quelle und Basis seines Berichts über Noah genommen. Christliche Archäologen behaupten natürlich das Gegenteil, nämlich daß die Babylonier Moses Bericht übernommen und umgeändert hätten, um ihren Zwecken zu dienen. [8]

Eine ausgezeichnete Abhandlung über die Traditionen einer Sintflut unter verschiedenen Völkern findet sich im Werk von Alfred M. Rehwinkel, M. A., B. D., LL. D., Professor der Theologie, Concordia Seminary, Saint Louis, Missouri, USA. [9] Obwohl einige wissenschaftliche Aspekte dieses Buches etwas dürftig sind, bringt Professor Rehwinkel interessante Berichte aus dem Altertum über Sintfluttraditionen. So wird z. B. ausführlich über das Gilgamesch-Epos berichtet. Es werden Berichte aus Alaska, Sudan, Mexiko, Hawaii, Litauen, Australien usw. gebracht. Die römische Tradition wird anhand von Zitaten aus Ovid behandelt. Sehr viel wertvolles Material über dieses Thema wurde in diesem Werk zusammengetragen.

Die Frage stellt sich aber weiter folgendermaßen, wenn wir uns den Altersvorstellungen des Uniformitarianismus anpassen wollen: Wie kommt es, daß alle die Details dieses Gilgamesch-Epos durch mündliche Tradition über hunderttausend Jahre einer Steinzeitalterkultur hinweg wortgetreu durchgegeben wurden? Ist dies möglich oder wahrscheinlich? Die einzig mögliche Antwort ist natürlich die negative. Man kann es sich vorstellen, daß eine mündliche Tradition vier bis fünf Jahrtausende hindurch einigermaßen wortgetreu überliefert werden könnte. Das Bestehen des Gilgamesch-Epos allein macht also eine Zeitspanne von hunderttausend Jahren zwischen der Sintflut und den nachsintflutlichen Patriarchen unmöglich. Wir nehmen deshalb an, daß die Sintflut etwa drei- bis fünftausend Jahre vor Abraham stattfand. Der Turmbau zu Babel konnte nicht viel später als ein Jahrtausend nach der Sintflut stattgefunden haben, und zwar aus den Gründen, die wir angaben. Nach dem Turmbau besteht eine lückenlosere Geschichte der Stammbäume als vorher.

31.
ABSOLVIERUNGSFEIER
DER
BIBELSCHULE BRAKE

Sonntag, den 30. September 1990

Konferenz-Motto:

„Christus in euch,
die Hoffnung der Herrlichkeit."
(Kol. 1,27)

Programm

„Jesus lebt, mit ihm auch ich"	Nr. 20
Begrüßung	D. Klaassen
Bibellese	W. Pape
Gebet	R. Bergen
Zeugnisse	Absolventen
„Gott ist gütig" „Du bist es, Herr, der mein Leben erhält"	Großer Chor
Bekanntmachung und Opfer	W. Schloo
Ansprache	P. Timblin
„Christus in euch, die Hoffnung der Herrlichkeit"	Absolventen

Verabschiedung der Absolventen

„Daß wir in dir bleiben"	Absolventen- Ehefrauen
Gebet	D. Klaassen
„Keiner wird zuschanden"	Nr. 126

4. Geologische Zeitrechnung

Die allgemein anerkannte Geologie teilt die Altersperioden der Erde etwa folgendermaßen ein:

Neozoicum	Quartär	0,8	Millionen Jahre
	Tertiär	60	Millionen Jahre
Mesozoicum	Kreide	140	Millionen Jahre
	Jura	175	Millionen Jahre
	Trias	200	Millionen Jahre
Palaeozoicum	Perm	240	Millionen Jahre
	Karbon	310	Millionen Jahre
	Devon	350	Millionen Jahre
	Silur	450	Millionen Jahre
	Kambrium	540	Millionen Jahre
	Präkambrium	1200	Millionen Jahre
Azoicum	Archaikum	2000	Millionen Jahre

Die Reihenfolge der Eiszeiten[a] in den Quartärablagerungen, die etwa 800 000 Jahre dauern, ist wie folgt:

			Kultur
Postglacial	11—19	Millennien v. Chr.	La Madelène
Bülstadium	19—24	Millennien v. Chr.	
Interglacial	24—64	Millennien v. Chr.	Le Moustier
Würm II	64—72	Millennien v. Chr.	
Interglacial	72—108	Millennien v. Chr.	
Würm I	108—116	Millennien v. Chr.	
Interglacial	116—139	Millennien v. Chr.	
Prä-Wurm	139—144	Millennien v. Chr.	
Interglacial	144—183	Millennien v. Chr.	Acheuil
Riss II	183—193	Millennien v. Chr.	
Interglacial	193—225	Millennien v. Chr.	
Riss I	225—236	Millennien v. Chr.	
Interglacial	236—302	Millennien v. Chr.	
Prä-Riss	302—306	Millennien v. Chr.	

a Die Eiszeiten sind noch Gegenstand vieler Diskussionen unter Geologen. Ein festes System wäre eigentlich verfrüht, doch geben wir hier die allgemein anerkannten Daten.

Interglacial	306—429	Millennien v. Chr.	Chelles
Mindel II	429—434	Millennien v. Chr.	
Interglacial	434—470	Millennien v. Chr.	
Mindel I	470—478	Millennien v. Chr.	
Interglacial	478—543	Millennien v. Chr.	
Günz II	543—562	Millennien v. Chr.	
Interglacial	562—585	Millennien v. Chr.	
Günz I	585—592	Millennien v. Chr.	
Präglacial	592—800	Millennien v. Chr.	

Das Alter der älteren Formationen wird aus ihrem Gehalt an Radium, Thorium, Uranium, Blei usw. bestimmt. Man weiß, wie schnell Blei aus den radioaktiven Vorgängern gebildet wird, bestimmt also den Bleiinhalt, aus dem dann das Alter hervorgeht, wenn die Zersetzungsgeschwindigkeit ins Blei immer konstant blieb. Die jüngeren Formationen lassen sich anhand dieser Methode nicht beurteilen. Dafür benützt man die Methode von Milankowich, die sich auf die wechselnde Bestrahlungsmenge gründet, die der Erde von der Sonne zukommt.

Die Ziffern werden zitiert, um die enormen Zeitperioden zum Ausdruck zu bringen, mit denen die Geologen rechnen.

5. Die C^{14}-Datierungs-Methode

Eine andere Methode wird für die kürzeren Zeitperioden benutzt, d. h. von der Gegenwart bis zu 7000 bis 10 000 Jahren vor Christus. Die Methode wurde von Professor Libby, Kalifornien (USA) ausgearbeitet, wofür er den Nobelpreis erhielt. Sie ist von der Zersetzungsgeschwindigkeit von Kohlenstoff-14 (C^{14}), der im Gegensatz zum normalen C^{12} radioaktiv ist, abhängig.

Wir müssen ein wenig näher auf diese wichtige Datierungsmethode eingehen, denn von ihrer Genauigkeit hängt die Datierung vieler menschlicher Überreste ab, was für die heutigen Theorien über das Alter des heutigen Menschen wichtig ist.

Hoch oben in der Stratosphäre wird die Luft von kosmischen Strahlen bombardiert. Diese Strahlen reagieren mit atmosphärischem Stickstoff (N^{14}) und bilden radioaktiven Kohlenstoff (C^{14}). Alles, was lebt, enthält Kohlenstoff, der die Basis aller organischen Stoffe ist. Aber der normale Kohlenstoff (C^{12}) ist stabil und zersetzt sich nicht, ist also nicht radioaktiv wie C^{14}.

Weil nur C^{14} mit der Freigabe von Radioaktivität zerfällt, die man genau messen kann, steigt die Konzentration von C^{14} in der Atmosphäre nicht fortwährend, obwohl immer mehr C^{14} hoch oben in der Stratosphäre gebildet wird. Ein Gleichgewicht ist schon längst erreicht worden. C^{14} zersetzt sich genausoschnell, wie es gebildet wird. Die Konzentration von C^{14} in der Atmosphäre ist gering, läßt sich aber infolge seiner Radioaktivität mit genauer Meßapparatur bestimmen. Weil wir und alle lebenden Wesen radioaktives C^{14} ständig einatmen und Pflanzen essen, die radioaktives C^{14} absorbierten, enthalten wir und alle lebenden Wesen genausoviel C^{14} im Gewebe prozentmäßig, wie in der Luft vorkommt. Wir sind also im Gleichgewicht bezüglich C^{14} mit der Luft, solange wir leben. Wenn wir aber sterben, hört der Stoffwechsel zwischen dem toten Körper und der Luft auf, zumal wenn er versteinert oder mumifiziert wird. Die Zersetzung des C^{14} im toten Gewebe geht weiter, und die Radioaktivität nimmt ständig ab, weil das zersetzte C^{14} von der Luft her durch Stoffwechsel nicht mehr ersetzt wird. Die Geschwindigkeit des Zerfalls von C^{14} ist so, daß die Hälfte in etwa fünftausend Jahren zersetzt ist. Wenn man also einen organischen Stoff findet, der vor etwa fünftausend Jahren starb, so daß der Stoffwechsel mit der Atmosphäre vor fünftausend Jahren aufhörte, wird die gefundene Radioaktivität des darin enthaltenen C^{14} die Hälfte des Wertes eines organischen Stoffes sein, der jetzt mit der Atmosphäre im Gleichgewicht steht. So nimmt man Holzkohle, die man in Höhlen findet und die vermutlich von Frühmenschen gebrannt wurde, bestimmt deren C^{14}-Radioaktivität und errechnet dann, wann der Stoffwechsel mit der Luft aufhörte, d. h. das Datum des Verbrennens des Holzes. Da die Radioaktivität von C^{14} sowieso schwach ist, kann man diese Methode mit Sicherheit nicht mehr benutzen, wenn das Alter mehr als zehn- bis fünfzehntausend Jahre beträgt, weil in diesem Fall die Radioaktivität zu gering ist. Der Kohlenstoff in Steinkohle und Erdöl ist nach der heutigen Meinung so alt, daß er radioaktiv „tot" ist. Deshalb schreibt man Erdöl und Steinkohle ein hohes Alter zu.

Jetzt müssen wir diese wissenschaftlich gesehen sehr elegante Methode ein wenig auf Fehlergrenzen untersuchen:

a) Die Methode ist davon abhängig, daß die Synthese von C^{14} aus N^{14} durch kosmische Bestrahlung immer konstant bleibt. Darf ich das durch ein Beispiel etwas klarer machen? Wenn vor etwa fünftausend Jahren (nur als Beispiel gedacht) die Beschaffenheit der Stratosphäre anders war als jetzt, so daß die kosmische Bestrahlung weniger intensiv auf die N^{14}-Moleküle in der Hochatmosphäre wirkte, dann gab es damals weniger C^{14}-Synthese, was zur Folge haben würde, daß lebende Organismen weniger C^{14} tragen würden als entsprechende Organismen heute. Wollen wir einmal annehmen, daß es vor fünftausend Jahren kein C^{14} gab. In dem Fall würden alle Organismen, die zu dieser Zeit starben, kein C^{14} enthalten und deshalb radioaktiv tot sein. Bestimmte man nun heute ihr Alter anhand der C^{14}-Methode, so fände man kein C^{14}, keine Radioaktivität, und würde daraus schließen, daß die Überreste *mehr* als zwölf- bis vierzehntausend Jahre alt sind. In Wirklichkeit sind sie aber erst fünftausend Jahre alt.

b) Es ist aus verschiedenen Gründen wahrscheinlich, daß die kosmische Bestrahlung im Raum konstant geblieben ist. Doch haben wir keine Garantie dafür, daß die Stratosphäre, wo die C^{14}-Synthese stattfindet, vor zehntausend Jahren gegen Bestrahlung nicht etwa besser geschützt war als heute, so daß weniger Bestrahlung durchdrang. Sollte dies der Fall sein, würden wir heute alle C-haltigen Reste anhand der C^{14}-Methode für älter datieren, als sie in Wirklichkeit sind. In einem Artikel „Hat die biblische Sintflut tatsächlich stattgefunden?“ [10], habe ich diese Frage ein wenig geprüft und die Vermutung ausgesprochen, daß ein Teil des Wassers der Sintflut aus der Stratosphäre kam und daß gewöhnliche Wolken nicht genug Wasser in Form von Regenwolken tragen konnten, um eine Flut dieses Ausmaßes zu verursachen. Wenn die Erde früher durch eine Wasserschicht oben in der Stratosphäre, wo es heute wenig Wasserdampf gibt, geschützt war oder durch ein magnetisches Feld, das stärker war als das heutige, entstünde weniger C^{14} in früheren Zeiten. Daraus würde das Ereignis der Sintflut zu erklären sein. Die Bibel lehrt uns die merkwürdige Tatsache, daß es vor der Sintflut *keinen Regen* auf der Erde gab. [11] Also Kondensation, um Regen zu bilden, gab es damals nicht, was eine grundlegende Änderung des Wasserhaushalts damals voraussetzt. Außerdem würde das Klima der Erde vor der Sintflut viel wärmer gewesen sein als das heutige. Der Wasserdampf hätte wie das Glas eines Treibhauses gewirkt. Dies würde folgende Auswirkungen gehabt haben:

a) Das Leben auf der Erde wäre biologisch kräftiger gewesen als heute. Radioaktive Bestrahlung verkürzt nämlich das Leben sowohl des Menschen als auch des Tieres und beschleunigt das Altern schlechthin. Reinrassige Mäuse, die isolierter Bestrahlung ausgesetzt werden, leben kürzer als ihre unbestrahlten Geschwister. Das Altern setzt früher ein, sie sind oft krebsanfälliger, auch für andere Krankheiten sind sie empfindlicher.[12] Aus diesem Grund haben die Amerikaner die Massendurchleuchtung der Bevölkerung auf TBC teilweise eingestellt.[13] Heute ist es eine wohlfundierte wissenschaftliche Tatsache, daß man *jegliche* unnötige ionisierende Bestrahlung unbedingt vermeiden soll. Wenn das nicht der Fall wäre, fragt man sich, warum dann das Pedoskop in vielen Ländern (z. B. England) angegriffen wurde? Pedoskope sind Instrumente zur Durchleuchtung der Füße, die man überall in den Schuhgeschäften vorfand. Durch die Knochenlage sah man bei der Durchleuchtung, ob die Schuhe paßten oder nicht. Die Röntgenstrahlendosis bei diesen Maschinen war viel weniger gefährlich als die, die man bei Brustdurchleuchtung erhält; denn empfindliche Organe wie Herz, Leber und Lunge werden viel eher durch Röntgenstrahlen geschädigt als Fußknochen und Muskeln.

Das deutsche Volk wird für diagnostische Zwecke unter allen europäischen Völkern von seinen Ärzten mit am stärksten der ionisierenden Bestrahlung ausgesetzt; die Schweizer folgen dicht hinterher.[14] Das Publikum sollte sich im eigenen Interesse weigern, sich unnötig durchleuchten zu lassen.[15] Natürlich gibt es Fälle, wo eine Durchleuchtung unumgänglich ist, um einen noch größeren Schaden zu vermeiden. Das ist ganz klar. Aber unter allen Umständen sollte man die Bestrahlung der sexuellen Organe vermeiden, weil dadurch unerwünschte Mutationen auftreten können. Dies ist natürlich besonders der Fall bei jungen Menschen, die noch keine Familie gegründet haben.

Bei Fehlen oder Verminderung ionisierender Strahlung wüchsen Menschen, Tiere und Pflanzen sehr viel kräftiger heran und besäßen auch eine längere Lebensdauer. Diese Tatsache mag eventuell mit der Langlebigkeit vorsintflutlicher Organismen einschließlich der Menschen und der Tendenz zu Riesenwuchs in Verbindung stehen, die man vor und kurz nach der Sintflut bei Menschen, Tieren und Pflanzen beobachtete.

Das Erdklima würde bis hinauf zu den Polen viel wärmer gewesen sein, wenn es in der Stratosphäre eine Wasserdampfschicht gegeben hätte, die einen sogenannten „Treibhauseffekt" hervorgerufen haben würde.

Während des kürzlichen geophysikalischen Jahres unternahmen wir eine Reise nach Spitzbergen hoch im Norden und besuchten dabei unter anderem das Lager einer Expedition von polnischen Wissenschaftlern am Bellsund. Dort sahen wir viele Beweise für die Tatsache, daß in dieser jetzt arktischen Region einmal ein subtropisches Klima geherrscht hat. Heute gibt es dort keine Bäume (außer der winzigen kriechenden Polarbirke) und überhaupt wenig Pflanzenwuchs, es seien denn hochalpine Arten. Man findet kaum einen Grashalm, sondern nur nackte Felsen, die an einigen Stellen von Flechten bedeckt sind, und ganz vereinzelt einige wenige wunderschöne Blütenpflanzen tragen, wie man sie auch in den Alpen findet. Wie jedoch die Kohlebohrungen genau unterhalb dieser armseligen Vegetation des heutigen Spitzbergen zeigen, herrschte dort früher eine subtropisch-üppige Flora. Die fossilen tropischen Farne in der Kohleschicht dicht unter der Erdoberfläche beweisen dies. Die Tatsache, daß Spitzbergen früher einmal eine subtropische Vegetation ausbilden konnte, wird folgendermaßen erklärt: Es gab einmal eine Zeit, in der Spitzbergen nicht, wie es heute der Fall ist, eine Dunkelperiode von sechs Monaten und eine darauffolgende ebenso lange Hellperiode hatte. Es wäre nämlich höchst unwahrscheinlich, daß sich eine tropische Vegetation jemals in einem Klima entwickelt haben könnte, das aus sechs Monate Helligkeit und sechs Monate Dunkelheit bestand. Selbst tropische Temperaturen hätten den Mangel an Sonnenlicht, das für die Pflanzen erforderlich ist, nicht ausgleichen können. Wir müssen deshalb annehmen, daß sich Spitzbergen nicht immer auf seiner jetzigen geographischen Breite befunden hat, sondern viel weiter südlich lag, so daß seine Vegetation das ganze Jahr hindurch genügend Licht empfing. (Diese Überlegung könnte die Wegnersche Kontinentalverschiebungstheorie in nicht geringem Maße ausweiten.) Oder wir könnten annehmen, daß die Erdachse früher einmal nicht eine Neigung von 23,5 ° besaß, so daß Spitzbergen sogar in seiner jetzigen Lage täglich zwölf Stunden Licht und zwölf Stunden Dunkel gehabt hätte. Wenn dies der Fall gewesen wäre, dann würde eine höhere Temperatur im Verein mit der Lichtstrahlung, die dann sogar in diesen Breiten geherrscht hätte, zur Entfaltung einer subtropischen Vegetation ausgereicht haben.

Dr. Wallace S. Broecker von der Columbia Universität[16] vertritt die Ansicht, daß Veränderungen im Neigungswinkel der Erdachse die klimatischen Veränderungen der Erde erklären können und die verschiedenen Eiszeiten herbeiführten. Es scheint, als ob diese zweite Möglichkeit zur Erklärung der tropischen Vegetation in Spitzbergen und anderen Polargegenden der ersten Möglichkeit (Kontinentalverschiebung) vorzuziehen sei. Wenn dies zutrifft, würde die Veränderung der Erdachse in bezug auf die Sonne im Falle eines plötzlichen Wechsels gewaltige Überschwemmungen, Stürme und andere Katastrophen in einem Ausmaß bewirkt haben, wie man es für die Sintflut fordern muß. Die Bibel berichtet nämlich, daß die Wasser der Flut nicht nur vom Himmel, sondern auch aus den Ozeanen kamen. Darüber hinaus hätte der Verlust des Wasserdampfes aus der oberen Atmosphäre durch Verschwinden des „Treibhaus-Effekts" zu einer allgemeinen Temperaturabnahme geführt. Diese Verringerung der Temperaturen und der Lichtverlust während der sechsmonatigen Polarnacht würden der üppig wuchernden Vegetation Spitzbergens zusammen mit seiner Fauna sehr schnell ein Ende bereitet haben. Darüber hinaus wäre es zu einem Anstieg der ionisierenden Strahlung gekommen, der die viel kürzeren Lebensspannen mit sich brachte, welche von der Bibel für die Zeit nach der Sintflut berichtet werden.

Zu der Möglichkeit einer Veränderung der Rotationsachse der Erde und entsprechenden Verschiebungen der arktischen und antarktischen Gebiete führt Immanuel Velikovsky in seinem Buch „Worlds in Collision" [17] aus, daß die moderne Astronomie die Möglichkeit solcher Verlagerungen nicht gestatte, es aber doch ein aus historischen Zeiten stammendes, stichhaltiges Beweismaterial gebe, das auf solche Veränderungen hindeute, die von historischen, klimatischen und jahreszeitlichen Wechseln begleitet wurden. In erster Linie beruft sich Velikovsky auf Veränderungen in der Ausdehnung der Vergletscherungen.

Zur Untermauerung seiner These erwähnt Velikovsky die Himmelskarten, die man im Grabe des ägyptischen Wesirs Senmut gefunden hat. [18] Dieses Grabmal stammt aus einer Zeit zwischen Exodus und den Tagen von Amos und Jesaja. Es zeigt zwei Karten des ägyptischen Himmels, die eine vor der Zeit Senmuts, die andere zu seinen Lebzeiten. „Die erste Karte alarmierte die Forscher, denn auf ihr sind Ost und West vertauscht. Die zweite Karte zeigt Ost und West in ihrer heutigen Lage." [19] Velikovsky hat viele Beweise historischer Art gesammelt, um zu zeigen, daß in uralten Darstellungen die Sonne tatsächlich nicht im Osten, sondern im Westen aufging. Er erwähnt dann weitere Hinweise für vertauschte Auf- und Niedergangspositionen der Sonne, die man bei archäologischen Ausgrabungen entdeckt hat: „Außer Tempeln und Tempeltoren dienten Obelisken dem Zweck, Ost- und Westrichtung oder Sonnenaufgang und Untergang zur Zeit der Tag- und Nachtgleiche zu bestimmen".[20] Nach Zerstörung der alten Tempel wurden neue Tempel auf ihren Fundamenten errichtet; ihre Ausgrabungen nach Osten und Westen wurden jedoch korrigiert, um mit den veränderten Positionen von Sonnenauf- und -niedergang Schritt zu halten. Bei einigen Ausgrabungen sind diese Korrekturen in den einzelnen aufeinanderfolgenden und übereinandergebauten Fundamenten heute noch sichtbar. Die Richtungsänderungen der Ruinenfundamente sind die stummen Zeugen für den Wandel der Sonnenaufgangsposition zu längst vergangenen Zeiten.

Velikovsky weist auch auf die Beweise der Kalenderreformen hin, die im Laufe der Zeit nötig wurden, um Veränderungen im Sonnensystem Rechnung zu tragen. Sowohl der Sonnen- als auch der Mondkalender mußte in historischer Zeit reformiert werden. Velikovsky erwähnt das 360-Tage-Jahr, die 10-Tage-Woche, das 10-Monate-Jahr[21] und vertritt dabei die Ansicht, daß diese Wechsel mit der Annahme erklärt werden können, daß die geographischen Pole durch Zusammenstöße mit anderen Himmelskörpern verlagert, wenn nicht gar vertauscht wurden. Die Tatsache, daß bestimmtes Felsgestein einen Magnetismus zeigt, welcher sich umgekehrt zu dem verhält, den man aufgrund der Lage der heutigen magnetischen Pole erwarten mußte, bestätigt diese Ansicht.[22] Als Kandidaten für die Himmelskörper, welche die Veränderungen hervorriefen, sind Mars und Venus im Gespräch, und man verweist auf historische Hinweise zur Bekräftigung dieser Auffassung.

Die Wasseruhr von Amenhotep III. war lange Zeit ein archäologisches Rätsel. Velikovsky zeigt, wie ihre Ziffern mit der Theorie einer Veränderung der Erdachse mit nachfolgenden veränderten klimatischen und jahreszeitlichen Bedingungen in Übereinklang stehen.[23]

Das plötzliche Aussterben des sibirischen Mammuts war lange ein Rätsel für die wissenschaftliche Diskussion. Velikovsky erklärt auch dieses Phänomen auf der obigen Grundlage. Das nordöstliche Sibirien, die Heimat des Mammuts, dessen gefrorene Reste man in so großer Zahl gefunden hat, war in historischer Zeit ein Gebiet mit einem warmen Klima. Durch eine Begegnung mit einem Himmelskörper, die eine Verstellung der Erdachse zur Folge hatte, veränderte sich das warme, gemäßigte Klima des Mammutwohngebiets plötzlich und katastrophenartig in das einer arktischen Region und tötete durch diesen jähen Temperatursturz schlagartig die Tierwelt dieses Gebiets. Das Verstellen der Erdachse ließ dieses einst gemäßigte Land schlagartig zu einem arktischen Raum werden. Der plötzliche Wechsel in den klimatischen Bedingungen rief wahrscheinlich arktische Stürme und Temperaturstürze in heute unbekanntem Ausmaß hervor. Man weiß genau, daß die Mammuts katastrophenartig erfroren sein müssen, um so frisch, wie sie heute erscheinen, erhalten zu bleiben. Wenn ein so großer Körper wie der eines Mammuts getötet und bei z. B. —10 ° C konserviert würde, dann würde er wegen der Isoliereigenschaften des Fleisches und der gewaltigen Masse innerlich doch verfaulen. Es muß also zu Temperaturstürzen von ungefähr 100 ° C gekommen sein, um die heute an den Körpern sichtbare, wirkungsvolle Konservierung zustandezubringen.[24] Einige der Mammuts enthalten in ihrem Magen die unverdauten Reste von Pflanzen und Kräutern; das beweist, wie schlagartig der Gefriervorgang gewesen sein muß.

Nach Velikovsky gibt es in der Arktis noch weitere Hinweise für diesen plötzlichen und katastrophalen Klimaumschwung. In Alaska, bei dem auf Point Hope an der Behringstraße gelegenen Jpiutak hat man eine alte Stadt ausgegraben, welche eine fortgeschrittene Kultur von japanischem Typ, aber keine Spuren einer für die Arktis charakteristischen Zivilisation zeigt. Ihre Gräber und Häuser besitzen keine Anzeichen für die Eskimo- oder Arktiskultur.[25] Zur Blütezeit dieser Stadt (vor wenigstens 2000 Jahren) war das Klima offensichtlich gemäßigt. Velikovsky folgert, daß auch dieses Gebiet eine plötzliche Vergletscherung erfuhr, welche auf einer Veränderung der Rotationsachse der Erde beruhte, die ihrerseits das Ergebnis einer Begegnung von Erde und Mars oder Venus darstellte. Die Veränderungen der Vergletscherungsgebiete, die verschiedene Ausdehnungen der arktischen und antarktischen Eiskappen hervorriefen, sind also nach Velikovsky auf einen plötzlichen Wechsel der Erdrotationsachse zurückzuführen. Gebiete mit mildem oder warmem Klima wurden über Nacht in eisige Polargegenden verwandelt.

Velikovsky glaubt, daß die Achsenveränderungen von Störungen sowohl der Mondumlaufbahn wie auch der Bahnen von Mars und Venus begleitet wurden. Die Oberfläche des Mondes trägt noch heute die Spuren dieser Katastrophen, die noch von keiner atmosphärischen Verwitterung verwischt wurden. Derartige Störungen von Achsenstand und Umlaufbahn würden im Falle der Erde auch die alte neun-Tage-Woche und das 360-Tage-Jahr erklären. Der gewaltige Wechsel von Achsenstand und Umlaufbahn würden von Vorzeichen am Himmel begleitet worden sein, über die die Alten so viel zu berichten wissen, von denen wir in unserer Generation jedoch so wenig sehen.

Noch etwas anderes ist an Velikovskys Erforschung der Urgeschichte interessant. Die Chaldäer wußten offensichtlich, daß „das Mondlicht reflektiert wird und Mondfinsternisse vom Schatten der Erde hervorgerufen werden..." Dies setzt voraus, daß sie die Erde für eine Kugel im Raum hielten, eine Tatsache, um die auch eine Reihe griechischer Philosophen wußte.[26] Sogar den Römern war dies bekannt. Plinius schrieb so: „Die Menschen sind um die ganze Erde verteilt und weisen mit ihren Füßen gegeneinander... Ein anderes Wunder: Die Erde selbst hängt in der Schwebe, sie fällt jedoch nicht herab und nimmt uns mit sich..."[27] Das Chaos zwischen den Planeten und seine Folgen für die Erde mögen die Beschäftigung der Alten mit den Zeichen des Himmels und der Astrologie erklären.[28]

Zusammenfassend kann man sagen: Velikovsky glaubt, daß er gute Beweise für zwei Serien von kosmischen Katastrophen hat, in die die Erde verwickelt war, und die viel von dem erklären, was sich vor 3400 und 2000 Jahren in historischer Zeit zutrug. Josuas langer Tag[29] und die Rückwärtsbewegung um 10 Grad auf der Sonnenuhr des Ahas[30] zur Zeit des Königs Hiskia sollten deshalb nicht als Geschichten für Leichtgläubige, sondern als objektive Aussagen angesehen werden, die viel von dem erklären, was man heute mit dem modernen Uniformitarianismus nicht erklären kann. Velikovsky zitiert Zeugnisse von Völkern der ganzen Erde, von den Südseeinsulanern bis zu den Indianern, von den Inkas bis zu den Maoris, welche beweisen, daß sich diese Himmelskatastrophen tatsächlich in historischer Zeit zugetragen haben, von vielen, weit voneinander entfernt lebenden Rassen registriert wurden und von Folgen für die Erde begleitet waren, die aus Veränderungen in Klima (Vergletscherung), Kalender und Jahreszeiten bestand. Es ist also angesichts all dieser Veränderungen (die offensichtlich ziemlich katastrophenartiger Natur waren) möglich, daß die C^{14}-Synthese nicht immer durch die Jahrtausende hindurch konstant geblieben ist. Sie mag in einem viel geringeren Umfang als heute vonstatten gegangen sein, was seinerseits dazu führen würde, daß die kohlenstoffhaltigen Fossilien viel älter erscheinen würden, als sie tatsächlich sind. Die C^{14}-Datierung besteht also in gewissem Sinne auf der Gültigkeit des Uniformitarianismus, die aber keineswegs erwiesen ist.

Es gibt noch eine weitere Möglichkeit, daß sich die kosmische Bestrahlung der Erde im Laufe der Zeit drastisch gewandelt und so die C^{14}-Synthese modifiziert und die C^{14}-Daten verändert haben könnte. Diese Möglichkeit wird vielleicht am besten mit den Worten eines kürzlich in *The New Scientist* erschienenen Aufsatzes charakterisiert:

> „Die meisten Geophysiker glauben heute, daß sich der Erdmagnetismus ungefähr alle Million Jahre umschaltet ... Vermutlich während dieser Perioden hörten die Van-Allen-Gürtel der Erde, die aus eingefangenen Energiepartikeln bestehen, auf zu existieren, und die Intensität der die Erde erreichenden kosmischen Strahlung nahm zu ... Es leuchtet nichtsdestoweniger ein, daß die Ausrottung der Fauna (in einigen geologischen Formationen) und die magnetische Umkehr nur indirekt zusammenhängen ..." [31]

Der Artikel stellt einen Versuch dar, die Auslöschung bestimmter Arten in der Fossiliengeschichte mit ansteigender ionisierender Strahlung in Beziehung zu setzen. An dieser Stelle interessiert uns natürlich die Tatsache, daß, falls Variationen oder Reduktionen des Erdmagnetismus die Strahlung und deshalb die C^{14}-Synthese steigern können, es vermutlich aufgrund derselben Mechanismen auch zu Reduktionen der kosmischen Strahlung kommen könnte. Dies würde die C^{14}-Datierung sehr viel relativer gestalten, als man es heute für möglich hält.

6. Leitfossilien (Index Fossils)

Die letzte Methode, die man heute zur Altersbestimmung der geologischen Formationen anwendet, ist äußerst wichtig. Sie nennt sich auf englisch die Methode der „Index Fossils" (Leitfossilien) und stellt vielleicht eine der wichtigsten aller Datierungsmethoden dar. Die Methode beruht auf folgenden Überlegungen:

Nach der Evolutionslehre müssen die ältesten geologischen Formationen *nur* die einfachsten, primitivsten Organismen aller Arten enthalten. Die komplizierten Lebensformen waren ja nach der Evolutionstheorie zur Zeit der Bildung dieser alten Formationen noch nicht entwickelt. Wenn eine Formation z. B. Trilobiten enthält, schließt man deshalb aus dieser Tatsache, daß sie zum Palaeozoicum gehört. Bestimmte Fossilien sind für bestimmte Zeitalter kennzeichnend, so lautet die Theorie, so daß, wo diese Fossilien vorkommen, man mit Bestimmtheit das Alter der Formationen festlegen kann. Wo also Trilobiten vorkommen, gehört die Formation zum Palaeozoicum.

Die Frage stellt sich also: Ist es logisch einwandfrei, so zu schließen? Im Grunde genommen haben wir nämlich dadurch die Richtigkeit der Evolutionstheorie postuliert, um die Richtigkeit der Evolutionstheorie unter Beweis zu stellen; *denn wir nehmen an,* daß die ältesten Formationen nur die primitivsten Organismen dem Darwinismus gemäß enthalten. Wenn wir dann Formationen entdecken, die nur primitive Organismen enthalten, behaupten wir, diese Formationen seien alt. Man argumentiert im *circulus vitiosus:* Die ältesten Schichten allein enthalten nur primitive Organismen; deshalb ist, wenn eine Formation nur primitive Organismen enthält, diese alt und primitiv. Doch ist diese Datierungsmethode (Leitfossilien) eine der wichtigsten der modernen Geologie geworden. So felsenfest ist die Überzeugung, daß der Darwinismus wissenschaftlich unumstößlich sei, daß man den Darwinismus ruhig benützt, um die Richtigkeit des Darwinismus unter Beweis zu stellen.

Andere Naturwissenschaftler haben natürlich diese geradezu haarsträubende Tatsache auch schon entdeckt. So schreibt R. H. Rastall, Dozent in Economic Geology, Universität Cambridge, England: „Vom strikt philosophischen Standpunkt aus kann man es nicht leugnen, daß die Geologen in einem *circulus vitiosus* argumentieren. Die zeitliche Sukzession hat man anhand eines Studiums ihrer Überreste in den Felsen bestimmt, dann bestimmt man das relative Alter der Felsen anhand der Überreste in den Felsen.“[32]

Die geologischen Formationen, in denen man die Fossilien findet, sind fast immer Felsen, die von Wasser abgelagert wurden. Diese Formationen liegen auf kristallinen Felsen, die vermutlich gebildet wurden, ehe die sedimentären Formationen niedergelegt wurden. Man würde also nach der Evolutionstheorie erwarten, daß die Formationen, die direkt auf den kristallinen Formationen liegen, die ältesten sein würden, d. h., daß sie die primitivsten Formen des Lebens enthalten würden. Um konkret zu werden: Die Formationen des Kambrium und des Präkambrium sollten immer direkt auf den kristallinen Formationen liegen.

Das ist aber in der Praxis gar nicht der Fall, denn Felsen aller Zeitalter liegen auf dem kristallinen Komplex: „Weiter, wie viele Geologen haben die Tatsache überlegt, daß man nicht nur Formationen des Kambrium auf dem kristallinen Komplex liegen findet, sondern Formationen aller Zeitalter?“ [33]

In der Praxis ist es schwer, eine Sequenz der Formationen so zu finden, wie die Entwicklungslehre sie verlangt — d. h. die primitiveren Lebensformen auf dem kristallinen Komplex, dann die höher entwickelten Formen ganz oben: „Der Prozentsatz der Fälle, die die verlangte Reihenfolge von einfachen Formen bis hin zu den komplexen Organismen zeigen, ist überraschend klein. In der Tat liegen Formationen, die hochentwickelte Lebensformen enthalten, oft direkt auf dem Grundgranit. Weiter besitze ich in meinem Dossier über fünfhundert Fälle, die die verkehrte Reihenfolge aufweisen, d. h. einfache, unentwickelte Lebensformen liegen oben und höher entwickelte Formen unter ihnen.“ [34]

Eine große Stärke der Leitfossilien-Theorie besteht darin, daß man sie nicht widerlegen kann. Auch wenn die Sequenz der Formationen von evolutionärem Standpunkt aus falsch ist, besitzt sie die eingebaute Fähigkeit, die nötige Korrektur vorzunehmen: Die in den Felsen enthaltenen Fossilien allein bestimmen deren geologisches Alter — also, wenn eine Formation direkt auf dem Grundgranit liegt, braucht sie nicht alt zu sein. Wenn sie Trilobiten enthält, ist sie alt, und wenn sie Säugetiere enthält, ist sie jung. Die physikalische Beschaffenheit und die Lage der Formation bedeuten wenig, die darin enthaltenen Fossilien bedeuten alles — und, weil evolutionäre Doktrin primitive Organismen in alten Felsen verlangt, sind Formationen alt, die primitive Organismen enthalten: „Der Geologe benutzt seine evolutionären Erkenntnisse, wie die Paläontologie sie uns wiedergibt, um die lithischen Aufzeichnungen früherer Zeitalter zu identifizieren und zu ordnen.“ [35]

Nach dieser Methode bestimmt also evolutionäre Doktrin das Alter vieler Formationen.

Soweit die Altersbestimmungsmethoden. Andere Methoden sind selbstverständlich auch vorhanden, auf die wir hier nicht eingehen können. Aber kein Bericht über dieses Thema würde heute vollständig sein ohne einige Beispiele einiger praktischer Resultate der evolutionären Doktrin.

Vor 1953 wären *Coelacanthus*-Fossilien ein „Beweis“ dafür gewesen, daß eine Formation ein sehr hohes Alter besitzt. Man „wußte“, daß dieser Organismus schon recht früh ausgestorben ist. Seit den kürzlichen Funden lebender Coelacanthus könnte das „Alter“ jedes Coelacanthus-Überrests zwischen „uralt“ und sehr „jung“ anzusehen sein. Wer kann entscheiden, ob die Reste von einem wirklich alten oder einem in neuerer Zeit lebenden Individuum stammen?

Das gleiche trifft für das Problem des Piltdown-Menschen zu. Man hätte die Formation, in der dieser Fund gemacht wurde, als sehr alt datieren können, gestützt auf den echten fossilen Menschenschädel. Der mit dem Schädel gefundene Kieferknochen eines modernen Affen hätte jedoch dazu Veranlassung sein können, das Datum als sehr neuzeitlich zu bestimmen. An dieser Stelle wollen wir die Frage des Piltdown-Schabernacks mit Hinsicht auf die Schwierigkeit der Datierung alter Funde besprechen.

7. Der Piltdown-Mensch

Vor einem halben Jahrhundert arbeiteten zwei bekannte Geologen in England. Im Süden des Landes führten sie in einem alten Steinbruch ihre Ausgrabungen durch. Im Jahre 1912 entdeckte einer von ihnen (Dr. Charles Dawson) in diesem Steinbruch in Piltdown in Südengland einen menschlichen Schädel mit einem Kiefer, der affenähnliche Eigenschaften besaß. Ein Schneidezahn, der zum Kiefer gehörte, war flach abgeschabt wie ein menschlicher Zahn. Etwas später entdeckte Professor Sir Arthur Smith-Woodward einen zweiten Fund mit einem ähnlichen Schädelstück und einem Zahn. Der Schädel war merkwürdig dick, sonst aber entschieden menschlich. Professor Sir Arthur Smith-Woodward war davon überzeugt, nachdem er den zweiten Fund bei Piltdown machte, daß Schädel und Kiefer zusammengehörten und daß es sich hier um ein wichtiges „Missing link“, um eine Zwischenstufe in der Emporentwicklung der affenähnlichen Vorfahren zum Menschen, handelte. Nach dem ersten Fund blieb man immer noch ein wenig skeptisch dem Fund gegenüber, aber der zweite Fund war für die meisten Geologen und Anthropologen überzeugend. Der neue Mensch erhielt den Namen *Eoanthropus dawsoni*, und zahlreich sind die wissenschaftlichen Artikel (man schätzt etwa fünfhundert), die über den Eoanthropus dawsoni erschienen.

Professor Dr. Freiherr von Huene[36] drückt sich bezüglich dieses Fundes sehr vorsichtig aus: „Einen relativ alten, vielgenannten Fund von Piltdown in Südengland will ich hier nicht erörtern, weil seine Teile so rätselhaft sind, daß man bisher über seine Natur nicht klar ist. Übrigens wird er ganz neuerdings von Oakley und Hoskins (1950) für jungquartär (Riss-Würm-Interglacial) gehalten ... Man hatte ihn bisher für altquartär (0,8 Millionen Jahre) gehalten."

Im Jahre 1953 erschien eine Veröffentlichung von Dr. J. S. Steiner, Dr. K. P. Oakley und Professor Le Gros Clark über den Eoanthropus. Die Arbeit stammt aus den Laboratorien der Abteilung für Anatomie an der Universität Oxford und aus den Laboratorien des Britischen Museums, London. Das Resultat dieser Arbeit ist wie folgt: Entweder habe sich jemand einen gelungenen Streich erlaubt, oder jemand habe die beiden Piltdown-Funde bewußt gefälscht. Es ist nie an den Tag gekommen, wer die Fälschung oder den Streich durchführte. Daß sie aber stattfand, ist heute ganz klar. Der Schädel vom ersten Fund ist ein Fossil eines modernen Menschen, und zwar aus dem oberen Pleistozän; Beweis dafür ist der Fluorgehalt des Schädels. Der Stickstoffgehalt ist niedrig, was auch ein Beweis für eine echte Versteinerung ist. Aber der Kiefer zeigte nach Fluor- und Stickstoffgehalt alle Eigenschaften eines modernen Affenkiefers. Der Eisen- und Chromgehalt beweist, daß man diesen Kiefer direkt mit Kalibichromat und Eisensalzen gefärbt hat, um hohes Alter vorzutäuschen. Auf ähnliche Weise hat man die Zähne mit Karborundum (Schmirgel) abgefeilt, um sie annähernd so flach zu machen wie menschliche Zähne. Röntgenaufnahmen zeigen deutlich die kleinen Kratzer überall. Selbst die „Werkzeuge" aus Feuerstein, die man im Zusammenhang mit dem Piltdown-Menschen entdeckte, sind auch gefälscht. Um hohes Alter vorzutäuschen, hat man auch sie mit Eisensalzen und Bichromat behandelt, und wenn man die Oberfläche abkratzte, sahen die „Werkzeuge" genauso aus wie die andern herumliegenden Piltdown-Feuersteine. Die wissenschaftlichen Berichte über diesen Fall sind in der englischen Zeitschrift „Nature" nachzulesen.[37] Sie stellten die wissenschaftliche Sensation des Jahres dar.

Wer sich diesen Streich erlaubte, ist nie entdeckt worden. Merkwürdig erscheint es mir aber doch, daß Prof. Sir Arthur Smith-

Woodward es sehr wenigen Wissenschaftlern gestattete, den Originalfund zu studieren oder in die Hände zu bekommen. Statt dessen wurden sogleich Gipsabdrücke hergestellt, anhand derer die meisten ihre Untersuchungen durchführten. Anhand von Gipsabdrücken kann man natürlich die feineren Details eines Knochens nicht feststellen. Auch könnte man so nicht feststellen, ob ein Fund wirklich ein Fossil ist oder nicht. Gipsabdrücke kann man auch nicht chemisch analysieren.

Hiermit wollen wir unter keinen Umständen den Eindruck erwecken, daß alle diese alten Funde gefälscht sind. Dies ist nicht der Fall. Sie sind Tatsachen, mit denen man rechnen und die man interpretieren muß. Es erscheint uns aber sehr wichtig, unter Beweis zu stellen, daß man sich bezüglich des Alters eines Fundes auch heute sehr täuschen kann. Darum geht es hier.

8. Professor Dr. S. B. Leakey

Keine Beschreibung der Fossilmenschen würde vollständig sein, ohne die neuesten bahnbrechenden Ausgrabungen von Professor Dr. S. B. Leakey aus England zu erwähnen.[38]

Professor Dr. S. B. Leakey hat seine Ausgrabungen in der Olduvai-Schlucht in Tanzania, Ostafrika, durchgeführt und erstattete anläßlich eines Symposiums in Chicago, USA, Anfang 1965 Bericht. Er hat, wie er behauptet, verschiedene Spezies von Menschen (Zinjanthropus, Homo habilis, LLK-Schädel) entdeckt, die alle, wie er meint, zur gleichen Zeit lebten und miteinander konkurrierten. Professor Dr. Leakey kommt zu dem Schluß, daß die Emporentwicklung des Menschen vom Tier nicht, wie man bisher meinte, geordnet war, sondern ungeordnet wie bei der Tierentwicklung. Er schätzt das Alter seines LLK-Schädels auf 600 000 Jahre und meint, daß er einen „Vetter" des heutigen Menschen darstellt.

Die Vorstellungen von Professor Leakey wurden von seinen Kollegen in Chicago stark angegriffen, was uns wiederum vor Augen führt, wie vorsichtig wir bei der Interpretierung dieser neuen Tatsachen sein müssen. Die Existenz eines LLK-Schädels ist eine Tatsache, die Theorien darüber sind noch mit größter Vorsicht zu genießen.

In jüngster Zeit wurden Leakys Arbeiten vom Peabody Museum der Yale Universität weiter verfolgt. Professor Simons barg einen kleinen Schädel aus dem Fayum-Wüstengebiet in Ägypten, welcher ungefähr acht bis zehn Millionen Jahre älter als jedes der bis dahin freigelegten Exemplare sein soll. Er ist sehr gut erhalten und wurde Ägyptopithecus genannt. Das Tier hatte ungefähr die Größe eines kleinen Affen und erinnert an die früheren Lemuren. Gemessen an der Größe des Gesichts ist die Hirnschale kleiner als bei irgendeinem der späteren Affen oder Hominiden. Professor Simons behauptet, daß der Ägyptopithecus ein „bedeutendes Bindeglied" in der Primatenevolution darstelle. Man glaubt, daß er der einzige Altweltprimatenschädel ist, welchen man aus den Jahrmillionen kennt, die die Eozän- und die Miozän-Epoche voneinander trennen.[39]

Wenn wir alle Menschenrassen untersuchen, sollte darauf hingewiesen werden, daß die Cromagnon-Rasse durch vollständige Skelette repräsentiert wird, welche in Aurignacian-Schichten gefunden wurden.[40] Die Menschen dieser Rasse erreichten eine durchschnittliche Größe von 1,80 m, und ihre Schädelkapazität war größer als die des modernen Menschen. Trotzdem hat man ihre Skelette in Höhlen am Berge Karmel zusammen mit den Knochen des Neandertalers gefunden, den man für primitiv hält. Einige der am Berge Karmel gefundenen Skelette stellten Zwischenformen dar, welche auf Vermischung beider Typen schließen lassen und, falls diese Vermutung stimmt, festlegen, daß beide Gruppen ein und dieselbe Art bilden.

Es ist aufschlußreich, daß Dr. Dubois, der Entdecker von Pithecanthropus erectus, in Wadjak auf Java auf der gleichen Höhe wie Pithecanthropus noch zwei weitere menschliche Schädel fand.[41] Er hielt diese beiden anderen Schädel, welche dem Typ der heutigen australischen Ureinwohner ähneln, zwanzig Jahre unter Verschluß und veröffentlichte keine Stellungnahme zu ihnen. Hätte man von der Existenz dieser beiden modernen Schädel gewußt, welche auf gleicher Höhe mit Pithecanthropus erectus gefunden wurden, dann hätte das sicherlich für eine Reihe von Theorien über die evolutionsgeschichtliche Bedeutung von Pithecanthropus Konsequenzen gehabt.

9. Fußtritte eines Dinosauriers und eines Menschen in einem Flußbett

Am Ende des Mesozoicum in der Kreide (also vor 140 Millionen Jahren nach moderner geologischer Zeitrechnung) würde man es kaum erwarten, Lebenszeichen moderner Menschen zu finden. Doch besitzen wir in diesen Formationen einwandfreie Beweise für die Anwesenheit von Menschen.

In einem Flußbett (Paluxy River Bed, Glen Rose, Texas, USA), das als der Kreide zugehörig identifiziert wurde, fand man schöne, klar erhaltene Fußtritte eines Dinosauriers.[42] Es kommt einem fast unglaublich vor, daß Fußtritte im Schlamm mehr als 140 Millionen Jahre hindurch so gut erhalten bleiben sollen, aber die Geologen sind bezüglich dieser langen Zeitperiode überzeugt. Im gleichen Flußbett, einige Meter entfernt in der gleichen Formation, fand man klar und deutlich auch menschliche Fußtritte (Bild 6). Es sieht fast so aus, als ob der Mensch den Dinosaurier jagte, was natürlich nach heutiger Evolutionslehre absurd wäre, denn der Mensch war ja vor 140 Millionen Jahren noch gar nicht entwickelt.[43]

Bezüglich dieser Fußtritte des Dinosauriers und des Menschen in der gleichen Formation (Kreide) habe ich eine längere Korrespondenz mit Dr. Clifford L. Burdick, einem qualifizierten Geologen, geführt, der die Formationen des Paluxyflusses gut kennt. Dr. Burdick schrieb mir am 21. 7. 1965: „Last March I was at the Paluxy River site of the tracks and Mr. McFall, who lives beside the river showed me a large circular hole in the river bed *where he dug up both dinosaur and human tracks in a circular block of limestone about four feet in circumference, and the thickness of the stratum, about ten inches* ... Upstream about three hundred yards appears a three-toed dinosaur track in the same formation. Then downstream about half a mile are many dinosaur tracks, some of them four-toed belonging to the brontosaurus. In fact, come to think of it, there are good three-toed dinosaur tracks in the stream bed within one hundred feet of the human tracks ... any open minded scientist can scarcely escape being convinced once he inspects the tracks on the ground or in the stream bed." („Letzten März besuchte ich die Stelle am Paluxy-Fluß, wo die Fußtritte vorkommen. Mr. McFall, der am Fluß wohnt, zeigte mir ein großes, rundes Loch im Flußbett, wo er selber die Dinosaurus- und Menschenfußtritte in einem großen Kreideblock — 1,3 m Umfang und etwa 0,25 m dick — ausgegraben hatte. Etwa dreihundert Meter stromaufwärts finden sich viele Dinosaurierspuren, einige davon mit vier Zehen, die einem Brontosaurus gehören. Tatsächlich, wenn ich daran denke, finden sich gute vierzehige Fußtritte des Brontosaurus im Strombett, innerhalb von dreißig Metern von den menschlichen Fußtritten. Jeder Naturwissenschaftler, der keine vorgefaßte Meinung hat, wird von diesen Tatsachen überzeugt werden, wenn er einmal die Fußtritte im Flußbett selber untersucht.“) Die Bilder 6 bis 8 wurden von Dr. Burdick aufgenommen, dem ich für die Genehmigung zur Veröffentlichung sehr zu Dank verpflichtet bin. Ebenfalls danke ich Dr. Burdick für die Genehmigung, aus obigem Brief zu zitieren.

In den Jahren 1971 und 1972 sind weitere Untersuchungen in Glen Rose durchgeführt worden. Das Hauptergebnis dieser Arbeit ist, daß weitere menschliche Fußspuren entdeckt worden sind, die nur einige Zentimeter von Brontosaurus liegen.

Wie soll man solche Tatsachen auslegen? Das, was auf der Hand liegt, ist, daß ein Mensch die Fußtritte zu ungefähr der gleichen Zeit machte wie der Dinosaurus. So würde man die Daten interpretieren, wenn man durch andere Theorien nicht voreingenommen wäre. Wollen wir ein wenig die Situation überlegen! Wenn der Dinosaurier in Wirklichkeit etwa 140 Millionen Jahre alt ist (er stammt ja einwandfrei aus der Kreide), dann muß der Mensch, der hinter ihm herging, auch 140 Millionen Jahre alt sein, was die Entwicklungslehre von Darwin entschieden ablehnt und für absurd hält. Die ganze Struktur des Darwinismus — die Basis aller Geologie heute — würde mit dieser Annahme zusammenstürzen. Nach der Theorie existierte der Mensch damals noch nicht. Wenn aber der moderne Mensch wirklich erst in jüngster geologischer Zeit erschien, dann lebte der Dinosaurier auch in jüngster geologischer Zeit, was der Darwinismus auch nicht gestatten kann. Wenn das stimmte, würde alle Geologie auf dem Kopf stehen; das kann nicht sein!

Es ist recht aufschlußreich zu sehen, was man in wissenschaftlichen Kreisen mit solch peinlichen Beobachtungen wie der des gleichzeitigen Auftretens von Mensch und Dinosaurier-Fußspuren macht. Zunächst wurde über *beide Arten von Spuren gebührend berichtet;* dann vertrat Dr. Bird, ihr Entdecker, jedoch die Auffassung, daß entweder die Fußspur des Menschen oder die des Dinosauriers unecht sein müsse, weil — theoretisch gesehen — beide eben nicht zusammen existieren können! Es war klar: Falls die menschlichen Fußstapfen Fälschungen darstellen, dann gab es keinen Grund für die Annahme, daß nicht auch die Dinosaurierspuren unecht sind. Dann beginnt man schließlich an allem zu zweifeln. Dr. Bird berichtet wie folgt:

„Einen Augenblick hatte ich sie (die Steine) für mich — die seltsamsten Dinge ihrer Art, die ich je zu Gesicht bekommen hatte. Auf der Oberfläche jedes Steins breitete sich das sehr ähnliche Abbild eines menschlichen Fußes aus, *vollkommen in allen Details* ... Als ich hörte, daß es in genau der gleichen Steinart und einer offenbar identischen stratographischen Schicht Dinosaurierabdrücke gab, konnte ich meine nun gründlich geweckte Neugier kaum noch zähmen. Selbst die Möglichkeit einer solchen Zusammenstellung schien unglaublich. Beide Arten kamen aus Glen Rose ...“ [44]

In seinem Artikel bringt Dr. Bird eine Photographie der menschlichen Fußspuren. Aber außer der Bemerkung, sie seien wahrscheinlich unecht — eine Annahme, für die es nicht die geringsten Beweise gibt —, hört man nichts weiter zu diesem Problem. Das Hauptinteresse konzentriert sich auf die Brontosaurier-Abdrücke; auch in späteren Veröffentlichungen zu diesen Abdrücken tauchen die menschlichen Spuren nicht wieder auf. Sie wandern in die wissenschaftliche Rumpelkammer, welche für Fakten reserviert ist, die in keine der gängigen Theorien passen. Was kann man mit ihnen tun? Man vergesse sie! Fast alle Menschen verhalten sich so unter ähnlichen Umständen. Wir unterdrücken unangenehme Gedanken oder Probleme, und in dieser Beziehung sind auch Wissenschaftler nur Menschen!

Als Fleming vor dreißig Jahren das Penicillin entdeckte, gelang es ihm nicht, Wissenschaftler für seine Ideen zu gewinnen, und er erhielt keine Kredite, um sie zu entwickeln. So starb das Penicillin zehn Jahre vor seiner Geburt. Die aktive Substanz wurde nicht isoliert. Die Chemotherapie lehrte zu der Zeit der Entdekkung Flemings, daß infektiöse Krankheiten durch systematische Verabreichung chemischer Substanzen *nicht* beeinflußt werden können. Infektionen können nach der Theorie nicht beeinflußt werden, warum soll man so etwas Aussichtsloses versuchen? Einige Jahre später erfuhr man durch die Sulfonamidarbeit von Professor Domagk, daß diese früheren chemotherapeutischen Gedanken der Ärzte falsch waren und daß sie deshalb den Fortschritt aufhielten. Sulfonamide heilen sogar gewisse infektiöse Krankheiten. Man warf die überholten Theorien mit der Entwicklung der Sulfonamide über Bord, und die wissenschaftliche Atmosphäre wurde auf diese Weise für die Penicillinarbeit gereinigt. In kurzer Zeit gelang es dann Chain und anderen, Penicillin zu isolieren und zu entwickeln.

Ähnlich ergeht es vielen wirklich neuen Ideen. Das wahre Hindernis für sehr viele fortschrittliche Entwicklungen stellt das auf den alten Theorien begründete Vorurteil dar, welches eine Art Denksperre verursacht. Wenn aber die ungültig gewordenen Theorien einmal über Bord geworfen sind, dann hat der Fortschritt freie Bahn. Ein sehr bekannter Mann der Wissenschaft sprach einst mit dem Autor über das Ableben eines anderen berühmten Wissenschaftlers. Er ließ die schockierende Bemerkung fallen, es sei gut, daß der alte ... abgetreten sei, denn seine Ideen hätten den Fortschritt auf seinem Forschungsgebiet lange genug gehindert!

In ähnlicher Weise mag das heute gängige darwinistische Dogma einer richtigen Interpretation der riesigen menschlichen Fußspuren aus Glen Rose im Wege stehen ...

10. Menschliche Fußtritte in Karbonformationen

Man würde es nach der Theorie kaum erwarten, menschliche Überreste in Karbonformationen (vor 310 Millionen Jahren) zu entdecken, und die Lehrbücher erwähnen solche Funde auch nicht. Denn nach geologischer Auffassung ist der Mensch knapp 1—5 Millionen Jahre alt. Die Tatsache besteht aber, daß Fußtritte, wahrscheinlich menschlichen Ursprungs, in Karbonformationen wiederholt gefunden worden sind.[45] Weil diese Angelegenheit so wichtig ist, zitiere ich Ingalls wörtlich: „On sites reaching from Virginia and Pennsylvania, through Kentucky, Illinois, Missouri and westward toward the Rocky Mountains, prints similar to those above (referring to several accompanying pictures), and from five to ten inches long, have been found on the surface of exposed rock, and more keep turning up as the years go by." („Ausgrabungen in Virginien, Pennsylvanien, Kentucky, Illinois, Missouri und weiter westlich bis zu den Rocky Mountains haben ähnliche Fußtritte wie die oben beschriebenen an den Tag gelegt. Bezug wird auf eihige beigegebene Bilder genommen. Fußtritte von fünf bis zehn Zoll Länge [12,5—25 cm] sind an der Oberfläche bloßgelegter Felsen gefunden worden, ständig erscheinen immer wieder neue.")

Diese Funde menschlichen Ursprungs in Formationen sogenannter frühester Vorzeit werden immer wieder entdeckt. Die *Anerkennung der Echtheit eines einzigen Fundes würde natürlich die ganze Entwicklungstheorie auf den Kopf stellen.* Es ist unvorstellbar, daß menschliche Fußtritte 310 Millionen Jahre alt sein können; deshalb verschweigt oder leugnet man die Echtheit dieser Funde. Ich zitiere Ingalls wiederum, weil diese Tatsachen so wichtig sind: „If man, or even his ape ancestor, or even the ape ancestor's early mammal ancestor, existed as far back as in the Carboniferous Period in any shape, then the whole *science of geology is so completely wrong that all the geologists will resign their jobs* and take up truck driving. Hence, for the present at least, science rejects the attractive explanation that man made these mysterious prints in the mud of the Carboniferous Period with his feet." („Wenn der Mensch oder sein affenähnlicher Vorfahre oder selbst der Ahne dieses affenähnlichen Vorfahren im Karbonzeitalter in irgendeiner Form existierte, dann ist die ganze Wissenschaft, die wir Geologie nennen, derart falsch, daß alle Geologen ihre Stellungen kündigen und lieber Lastwagenfahrer werden würden. Deshalb lehnt augenblicklich wenigstens die Naturwissenschaft die naheliegende Erklärung, daß ein Mensch mit seinen Füßen diese mysteriösen Fußtritte im Schlamme des Karbonzeitalters machte, ab.") [46]

Man nimmt diese Worte von Albert C. Ingalls sehr ernst, denn die Folgen der Annahme dieser Funde als echte menschliche Fußtritte würde die moderne Geologie, Biologie und Anthropologie, wie wir sie heute kennen, geradezu vernichten. *Und mit dem Verschwinden des Darwinismus und Neodarwinismus würden auch die wissenschaftlichen Hauptwaffen der Atheisten gegen die Christen und Theisten verschwinden.* Die wissenschaftliche „Atmosphäre" heutzutage ist aber entschieden dagegen, daß diese Waffen verschwinden sollen, deshalb werden sie auch nicht so schnell verschwinden.

Die Fußtritte in den Kreideformationen (140 Millionen Jahre) des Flußbetts des Paluxy-Flusses sind die eines Riesenmenschen (Bild 17). Andere ähnliche Riesenfußtritte hat man in gleichen Formationen in Arizona, Kalifornien und Neu-Mexiko gefunden. Diese Riesen hatten fünf Zehen, im Gegensatz zu den Riesen von 2. Sam. 21, 20, die sechs Zehen und sechs Finger besaßen, und waren ungefähr doppelt so groß wie die Fußtritte eines modernen Menschen. Morris und Whitcomb bringen eine schöne Photographie von einem Paar solcher Fußtritte, die wir hier wiedergeben (Bild 17—19), als Vergleich zu denen eines modernen Menschen. Die Funde lassen an das Wort der Bibel denken: „Und es waren in den Tagen Riesen auf Erden." [47]

Die Formationen, in denen diese Funde vorkommen, sind einwandfrei die der Kreide (vor 140 Millionen Jahren). Nach dem Darwinismus zu urteilen, existierten zu dieser Zeit keine Menschen (sie tauchten erst 139 Millionen Jahre später auf), weder Riesen noch moderne Menschen. Doch was soll man mit diesen Tatsachen anfangen? Soviel ich weiß, wird ihre Tatsächlichkeit anerkannt, aber man spricht im allgemeinen in den Textbüchern nicht darüber. Die Existenz aber *eines* Riesenmenschen oder *eines* modernen Menschen zur Zeit der Kreideformation (vor 140 Millionen Jahren) *widerspricht aller Darwinschen Theorie.* Die Existenz aber dieser Riesenfußtritte beweist die anthropologische Richtigkeit der Bibel: denn sie spricht ganz entschieden von solchen großen Menschen, die in früheren Zeiten lebten.[48]

Noch eine andere Tatsache verdient der Erwähnung.

In mehreren modernen Sprachen gibt es Wörter für gewaltige und schreckliche Tiere, welche Drachen genannt werden. Heute gibt es aber keine Drachen[a] mehr. Warum sollten verschiedene Völker Bezeichnungen für ein Tier haben, das niemals existierte? Diese Art von Wesen gehört sicherlich in eine andere Kategorie als die der Kobolde und Gnomen. Könnte es sein, daß die Dinosaurier die Drachen unserer alten Märchen und Sagen darstellen? Es scheint, als ob ihr oft schreckliches Aussehen sie für die von ihnen gegebene Beschreibung qualifiziere. Und vielleicht hat der frühe Mensch Drachen gejagt, wie uns die Geschichten erzählen? In den Augen der modernen Geologie ist dies alles natürlich vollständiger Unsinn, aber auch andere und vielleicht bessere Ideen sind schon von den Koryphäen der Wissenschaft als ausgemachte Hirngespinste verworfen worden (z. B. die Antibiotika). Und die Experten waren sicherlich der Auffassung, sie wüßten wirklich Bescheid, denn sie verkörperten das fortschrittliche Wissen der Zeit. Vielleicht ist es sicherer, sich für jeden „Blödsinn" dieser Art ein offenes Ohr zu bewahren. Das ist manchmal ganz nützlich, zumindest nützlicher als ein hermetisch

a Diese Behauptung muß ein wenig umgeändert werden, denn einige Exemplare von drachenartigen Tieren existieren noch auf den Inseln Flores, Komodo und Rindja (Nordaustralien). Sie heißen auf englisch „Dragon Lizards" (Varanus komodoensis) und sind Tieren, die angeblich vor 60 Millionen Jahren existierten, ähnlich. Sie wiegen bis zu 150 Kilogramm und sind oft über drei Meter lang. Sie sind fleischfressend, können sehr schnell laufen, riechen und sehen gut. Man fürchtet sie, weil sie angriffslustig sind. Helen und Frank Schreider, East from Bali, National Geographic, *122,* No. 2, August 1962, pp. 236—279.

abgeschlossener Geist. Es ist besser, eine ungelöste Tatache immer fest im Auge zu behalten, als sie zu begraben oder zu unterdrücken. Sagte nicht C. S. Lewis folgenden Satz über die sehr menschliche Angewohnheit, unangenehme und in keine Theorie hineinpassende Fakten zu verschweigen oder zu verbergen: „Es besteht immer noch Hoffnung, wenn wir uns einem ungelösten Problem ohne Vorurteil stellen; dagegen gibt es keine Hoffnung mehr, wenn wir so tun, als ob es dieses Problem gar nicht gäbe.[49]

11. Das Problem der Zwischenstufen

Dies bringt uns noch zu einem wichtigen Punkt. Die Formationen sind voller Tiere und Pflanzen, die heute nicht mehr leben. Viele Tiere waren größer und kräftiger als die, die wir heute kennen. Auch zeugen die Karbonformationen von üppigen tropischen und subtropischen Wäldern bis in die Nähe der Pole, die heute nicht mehr existieren und die diese Tiere unterhielten. Das Leben auf der Erde war damals offenbar viel reicher und vielfältiger als das Leben, das wir heute kennen. Viele Arten von Spezies sind heute ausgestorben. Man lehrt uns, daß die heutigen höher entwickelten Tiere und Pflanzen *durch* diese jetzt ausgestorbenen Arten emporstiegen. Diese waren nach der Theorie die *Zwischenstufen*, die „Missing links“, oder wenigstens mit den Zwischenstufen verwandt.

Eins steht doch sicher fest: Eine fast unvorstellbare Vielfalt an Lebensformen pflanzlicher wie auch tierischer Art aus vorigen geologischen Formationen ist heute verschwunden. Die Entwicklungslehre interpretiert diese Tatsache mit der Behauptung, daß diese „tiefere“ Vielfalt einer höheren Entwicklung nach oben hin gewichen sei. Könnte man diese Tatsache aber nicht ganz anders deuten? Jede Lebensform stellt sozusagen eine Senkung der „Entropie“ (siehe Kapitel II) dar. Das Aussterben verschiedener Lebensformen stellt eine Art und Weise dar, die Improbabilität des organisierten Lebens zu senken. Jedes Aussterben einer Spezies stellt also mit anderen Worten eine Zunahme der „Entropie“ dar. Die Tiere wurden am Anfang in einer unvorstellbaren Vielfalt erschaffen. Der Organisationsgrad steigt mit der Schöpfung jäh in die Höhe, „Entropie“ senkt sich stark am Anfang. Sofort aber nach der Schöpfung fängt die „Desorganisation“, das „Verrosten“ der Schöpfung langsam, aber regelmäßig an, und die Spezies fangen eine nach der anderen an auszusterben.

Zu den nachfolgenden Bildseiten
Bilderklärungen von Dr. Stanley E. Taylor über seine Aufnahmen:

Bild 22 Abdruck auf einer Felsbank im Dinosaur State Park, mit ausgeprägter Ferse und ausgeprägtem Spann.

Bild 23 Nahansicht eines 12,7 cm großen Kinderfußabdruckes.

Bild 24 Eine Reihe von drei Spuren an einer Felsbank im Dinosaur State Park, ganz in der Nähe von Brontosaurier- und Theropodenspuren.

Bild 25 Diese Spur befindet sich auf einer Felsbank des Parks; sie ist eine der zahlreichen Spuren, welche zu entdecken ich die Ehre hatte. Der Abdruck mißt 40 cm in der Länge und ungefähr 14 cm in der Breite. An den Stellen zwischen den ersten beiden Zehen und zwischen der vierten und fünften Zehe kann man noch die Wülste sehen und befühlen, die vom hochgequetschten Schlamm gebildet wurden.

Bild 26 Einer der Abdrücke zwischen mir selbst und Marvin Herrmann. Wie Sie sehen, scheint die Spur gerade eben im Schlamm hinterlassen worden zu sein. In Wirklichkeit besteht die erhöhte Zone rings um den Abdruck aus Fels und läßt ihre Verlagerung im ursprünglichen Schlamm deutlich erkennen. Man kann sich nur schwer vorstellen, daß jemand anderes als ein Mensch diesen Abdruck verursachte.

Bild 27 Dieser Abdruck befindet sich wie die Abdrücke von Bild 26 und 29 zwischen den McFall- und Kerr-Anwesen. Er ist ein 45 cm langer Abdruck, der sich seinerseits 40 cm von einer Reihe von Spuren entfernt befindet, welche von dreizehigen Dinosauriern herrühren. Es handelt sich um eine Spurenfolge, die die Dinosaurierspuren rechtwinklig kreuzt. Das Ganze liegt in einem Gebiet, welches wir im Oktober 1970 freilegten. Wir mußten dabei etwa 3 m Erde und anschließend eine auflagernde Kalksteinschicht entfernen, die eine Stärke von ungefähr 25 cm besaß. Darunter befand sich Kies, der die gesamte Fläche bedeckte und auch die Spuren von Dinosaurus und Mensch ausfüllte. Wir fanden sechs dieser großen Spuren, wenn auch diejenige, auf die ich weise, die besterhaltene ist. Man könnte wahrscheinlich noch weitere Abdrücke finden, wenn man die Ausgrabungen unter der Böschung, welche 4, 50 m bis 6 m hoch wird, fortsetzen würde. Der Abdruck zeigt deutlichen Winkel der Fußfront, eine ausgeprägte große Zehe sowie die Umrisse der restlichen Zehen. Er besitzt eine Ferse und macht überhaupt den Gesamteindruck eines menschlichen Fußes. Wir ließen den Riesen, Eddie Carmel, seinen Fuß in den Abdruck stellen. Er paßte recht gut, soweit es die Weite betraf, während die Länge des Abdrucks etwas größer war, denn Eddie Carmels Fuß ist ungefähr 37 cm lang, während der Abdruck 45 cm mißt.

Bild 28 Meine Frau zeigt auf der gleichen Felsbank auf eine Brontosaurierspur und auf eine in der Nähe gelegene menschliche Spur. Eine andere Saurierspur sieht man links von ihr und noch weiter links eine tiefere 40,6 cm lange menschliche Spur mit rötlich gefärbtem Abdruckmaterial

Bild 29 Flußaufwärts, ungefähr 1½ km zwischen den Farmen Mc Fall und Kerr, an einer Stelle, die wir mit Sandsäcken in der Flußmitte absperrten, hatte Jim Ryals im Jahre 1939 einen 45 cm langen menschlichen Fußabdruck ausgegraben, den er an einen Dr. C. C. Cook aus Cleburne, Texas, verkaufte. Der Abdruck war seitdem schon längst zerfallen. Tausende von Leuten hatten ihn jedoch gesehen, und wir besaßen mehrere Filmaufnahmen, die zeigen, wie er aussah. Sie alle wiesen ihn als einen vollkommen menschlichen Abdruck aus. Sie können den Fußabdruck sehen, welchen wir unmittelbar vor diesem im Fluß fanden, und ebenfalls den Abdruck, der auf ihn folgte. Die vorhergehende Spur zeigt den Abdruck der großen Zehe, während über das restliche Vorderteil des Fußes der Schlamm zurückgequollen ist. Der von Ryals ausgegrabene Abdruck stammt von einem linken Fuß. Wenn Sie es auch hier nicht sehen können, so ist doch die weiter oben befindliche Spur so etwas wie ein Ausrutscher. Er machte einen Schritt und dann noch einen, wobei er die Ferse auf den Zehenabdruck des vorhergehenden Schrittes setzte. Offensichtlich ertastete er sich einen Weg durch den Schlamm. Darüber hinaus verliefen sich die Fußtritte entweder unterhalb der Felsbank, oder sie hinterließen eben keine weitere Spur.

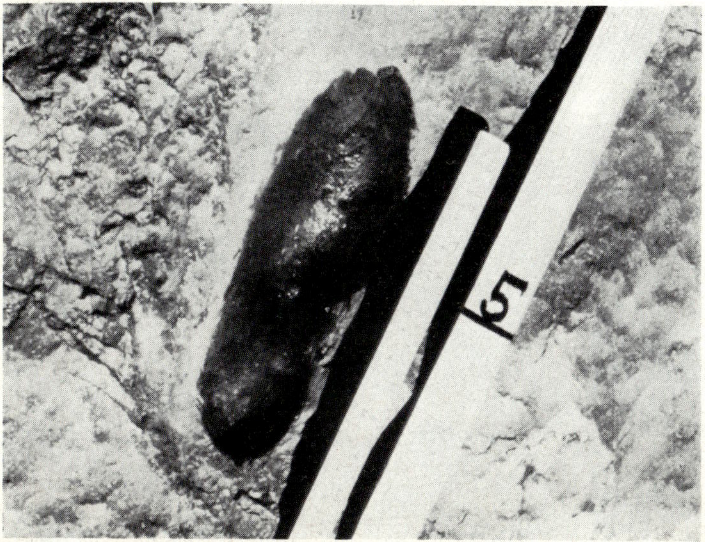

Bild 22

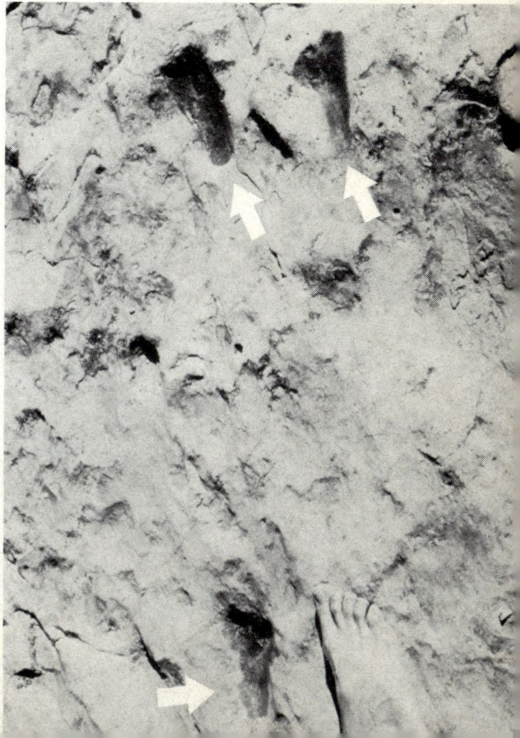

Bild 23

Bild 24

Bild 25

Bild 26

Bild 27

Bild 28

Bild 29

Könnten die vielen Funde, die als „Missing links“ gelten, durch die angeblich das Leben sich bis zum Menschen emporarbeitete, nicht auf diese Weise gedeutet werden? Am Anfang waren viel mehr Spezies vorhanden als heute, so daß die „Lücke“ zwischen Homo sapiens und den Menschenaffen besser ausgefüllt war als heute? Hätte es nicht am Anfang Tiere geben können, die *noch* menschenähnlicher waren als der heutige Orang, die aber definitiv Tiere sind und nicht Homo sapiens waren? Warum sollte die Organisation und Vielfalt der Spezies am Anfang nicht viel höher gewesen sein als jetzt? Warum sollte am Anfang nicht ein viel größeres „Sortiment“ an Tieren und Pflanzen existiert haben? Wir würden es ja direkt erwarten, daß der Organisationsgrad und die Vielfalt am Anfang höher sein würden, d. h. daß die „Entropie“ tiefer sein würde als heute. Deshalb würde man es direkt erwarten, daß Lücken in der Speziesleiter, die am Anfang nicht vorhanden waren, später, nach den thermodynamischen Hauptsätzen, die wir bereits diskutierten, erscheinen würden. Dieser Prozeß geht ja heute weiter; immer mehr Spezies sterben aus, die „Whooping Cranes“, die Elefanten, die großen Wale, der Dodo usw. Warum soll das in früheren Zeiten nicht auch der Fall gewesen sein, wenn es heute der Fall ist und von allen uns bekannten wissenschaftlichen Gesetzen direkt verlangt wird? Warum sollte man Notharctus, Proconsul (Leakey), Australopithecus, Giganthropus, Plesianthropus, Meganthropus, Pithecanthropus und Homo Neanderthalensis nicht alle so deuten? Sie brauchen gar nicht voneinander abzustammen. Am Anfang war eine viel lückenlosere Gradierung in den Spezies von den Amoebenarten bis zu den Menschen als heute, die dann im Laufe der Jahrtausende durch Aussterben verschiedener Glieder immer größere Lücken bekam. Dann bedeuten all diese Funde nichts anderes als eine Bestätigung uns gut bekannter Tatsachen, nämlich daß der Organisationsgrad in der Natur abnimmt, was zwangsläufig Lücken in der Gradierung lebender Wesen mit sich bringt.

Es gibt ebenfalls ernste Schwierigkeiten bei der allgemeinen Anwendung des Konzepts der Zwischenstufen. Oft ist es unmöglich, ein komplexes Organ und seine Herleitung zu erklären, denn man kann es nur in seiner vollentwickelten Form verstehen. Die auf dem Wege einer Evolution entstehenden Zwischenstufen würden keinen Zweck erfüllen können, da sie vollkommen nutzlos sind. Als Beispiel möge die komplexe Struktur dienen, welche das Walweibchen besitzt, um seine Jungen unter der Wasseroberfläche zu säugen, ohne sie dabei zu ertränken. Man kann sich keine intermediäre Entwicklungsstufe auf dem Wege von einer gewöhnlichen Zitze bis hin zur vollentwickelten Walzitze denken, die an das Unterwassersäugen angepaßt ist. Sie war entweder komplett vorhanden und funktionsfähig, oder sie war es nicht. Wenn man meint, ein solches System entwickle sich allmählich aufgrund von Zufallsmutation, dann bedeutet das, während der Tausende von Jahren langen Entwicklungsperiode alle Walsäuglinge zu einem wässerigen Grab zu verurteilen. Bei der Erforschung eines solchen Systems die Planung zu leugnen, strapaziert unsere Gutgläubigkeit mehr als die Aufforderung, an einen intelligenten Zitzenkonstrukteur zu glauben, der übrigens auch noch auf dem Gebiet der Hydraulik recht gut Bescheid gewußt haben muß.

Das gleiche gilt für viele andere Intermediärstufen und -organe, aber aus Raummangel können wir uns an dieser Stelle nicht weiter mit ihnen beschäftigen. Das Prinzip bleibt jedoch immer dasselbe. Die Zwischenstufen in der Entwicklung einer hochorganisierten, komplexen Struktur müssen oft nicht voll funktionsfähig gewesen sein und deshalb im Hinblick auf die natürliche Auslese eher ein Hindernis als eine Hilfe.

12. Zeitrechnung und Alter, ihre Zusammenhänge mit der Schöpfung

Zum Schluß müssen wir noch einige Probleme kurz besprechen, die grundsätzlich mit Zeitrechnung und Alter schlechthin zusammenhängen.

Die Naturwissenschaft lehrt uns, daß die Welt und der Kosmos Millionen von Jahren alt sind. Man basiert die Altersberechnungen auf die wissenschaftlichen Beobachtungen, die man während unserer kurzen Lebenszeit gemacht hat. Die „wissenschaftliche" Tätigkeit des Menschen erstreckt sich über eine Periode von höchstens zehntausend Jahren, aber anhand dieser kurzfristigen Beobachtungen will man um Millionen von Jahren in die Vergangenheit zurückextrapolieren. Dies hat zur Folge, daß der kleinste Fehler in unseren Berechnungen einen großen Fehler in der fernen Vergangenheit ausmachen kann. Wenn man mit einem Gewehr auf ein nahes Ziel schießt, ist es viel leichter zu treffen, als wenn man ein sehr weit entferntes Ziel wählt. Je weiter weg das Ziel, desto größer die Fehlermöglichkeiten. Wenn man anhand von Beobachtungen, die man während, sagen wir, zehn Jahren macht, Kalkulationen für Millionen von Jahren durchführt, sind die Fehlergrenzen sehr groß. So muß man also prinzipiell skeptisch sein, wenn man von unvorstellbarem Alter spricht anhand von Beobachtungen, die man während ein paar Jahren durchführte.

Zu diesen Fehlermöglichkeiten kommen noch die Ungewißheiten bezüglich des Wesens des Zeitbegriffs selber hinzu. Was ist Zeit schlechthin? Ohne Stoff könnte man sie nicht messen. Existiert sie, wenn Stoff nicht existiert? Es ist heute allgemein (theoretisch) bekannt, daß, wenn ich eine Rakete besteige und in das Universum zehn Jahre mit Lichtgeschwindigkeit hinausfahre und zurückkomme, so daß ich im ganzen zehn Jahre älter geworden bin, meine Frau, die auf Erden zurückblieb, vierundzwanzig Jahre älter geworden ist. Wenn ich zwanzig Jahre hinausfahre und zurückkomme, ist die Welt hier unten 270 Jahre älter geworden, und ich bin nur zwanzig Jahre älter geworden. Wenn ich vierzig Jahre hinausfahre und zurückkomme, finde ich, daß meine Frau vor etwa 36 000 Jahren starb. Sollte es mir gelingen, sechzig Jahre hinauszufahren und zurückzukehren, wäre ich tatsächlich sechzig Jahre älter geworden, aber die Erde ist kaum wiederzuerkennen, denn sie ist um fünf Millionen Jahre älter geworden. [50]

Die Diskussion über diese Befunde ist noch im Gange, und es gibt einige Wissenschaftler, die Dr. von Hoerners Ergebnissen nicht zustimmten. [50a] Diejenigen jedoch, welche diese Ansichten vertreten, haben sehr gute Gründe, so zu handeln, bevor sie ihren Ruf als Wissenschaftler aufs Spiel setzten. Die Rechnung zeigt, wie neue, in den letzten Jahrzehnten gewonnene Erkenntnisse unsere Vorstellungen über Millionen von Jahren ändern können, so daß sechzig Jahre zu Millionen von Jahren ausgedehnt und Jahrmillionen zu Jahrzehnten komprimiert werden, wenn man sich mit Lichtgeschwindigkeit relativ zur Erde bewegt. Diese Erkenntnisse stammen aus der Einsteinschen Relativitätstheorie. Was könnten zusätzliche neue Informationen hinsichtlich der Jahrmillionen machen, welche die Wissenschaft für die Zeitalter hält, durch die diese Erde und dieses All hindurchgegangen sind! Vielleicht wurde der nach heutiger Rechnung Millionen von Jahren umfassende Evolutionsstammbaum tatsächlich in wenigen Tagen oder Sekunden durchlaufen! *Im letzten Grunde bedeutet dies, daß der gesamte, nach heutiger Vorstellung langsame Evolutionsprozeß unter Schöpfungsbedingungen im Nu ausgeführt worden sein könnte und, wenn wir ihn von außen betrachten, wie ein blitzartiger Akt der Schöpfung aussehen würde. Vielleicht können Evolution und Schöpfungsmechanismen irgendwann in der Zukunft, wenn man mehr über das Wesen der Zeit weiß, auf dieser Basis der Veränderung der Zeitwerte miteinander in Übereinklang gebracht werden, so daß wir für den Augenblick die Gültigkeit der Datierungsmethoden außer acht lassen können.* Die Kenntnisse, welche uns heute noch fehlen, beschäftigen sich mit dem Wesen unserer vierten Dimension, welche wir die Zeit nennen.

Selbst wenn die Zeitskala flexibel wäre (offensichtlich gibt es keinen theoretischen Grund, der dagegen spräche), dann würde dies immer noch nicht die grundlegenden thermodynamischen Energieerwägungen berühren, die wir diskutiert haben und die bei der Archebiopoese beachtet werden müssen, damit sie überhaupt geschehen konnte. Es wäre immer noch nötig, einem System, dessen Entropie man senken will, Energie zuzuführen, wenn man Moleküle von einem gegebenen Komplexitätsgrad erhalten will.

Vom Standpunkt der Energieverhältnisse allein wäre es für die hinter der Archebiopoese (oder Schöpfung, wie auch immer man das Problem ansehen will) stehenden Kraft (was auch immer dies war) nicht „schwerer“ gewesen, im Bruchteil einer Sekunde oder in einer Zeit von Jahrmillionen „geschaffen“ worden zu sein. Die in beiden Fällen erforderliche totale schöpferische „Energie“ würde gleich sein. Die von den Darwinisten aufgestellte Forderung langer Zeitspannen, um die „schöpferische“ Aktivität von Zufall und natürlicher Auslese wirksam werden zu lassen, trägt also zur Lösung des Problems nicht das Geringste bei. Das Postulat, die Höherorganisation der Materie zu lebensfähigen Aggregaten sei zeitlich „komprimiert“, birgt ebenfalls vom energetischen Standpunkt aus keine neuen Schwierigkeiten. Nicht die Zeit selbst ist nämlich im Zusammenhang mit Entstehung und Beginn unser Problem, sondern die unvergleichlich viel wichtigere Frage nach der Quelle der „Planungsenergie“, welche sich hinter der Archebiopoese und der Ordnung in unserem All verbirgt. Das bedeutet, daß die von den Darwinisten vorausgesetzten Evolutionsmechanismen von der Gewährung enormer Zeitspannen nicht wirklich beeinflußt sein können, obwohl sie diese als die *conditio sine qua non* in ihrer Theorie ansehen.

Falls die Sonne die Energie zur Archebiopoese lieferte, dann —

so könnte man einwenden — würden längere Zeitspannen bedeuten, daß mehr Energie pro Zeiteinheit zur Verfügung stünde. Dies könnte wohl zutreffen, falls man irgendeinen Stoffwechselmotor zur Ausnützung der erforderlichen Sonnenenergie postulieren könnte, der seinerseits jedoch nicht in seiner Entstehung vom Leben abhängig war. Da aber ein solcher Stoffwechselmotor nicht in Sicht ist, der nicht von schon existierendem Leben abhängt, kommen wir zu dem Schluß, daß auch eine Zeitverlängerung der Archebiopoese nicht mehr Energie zur Verfügung stellen würde. Dies bedeutet also, daß die darwinistischen Evolutionspostulate unhaltbar sind, gleichgültig, ob man annimmt, daß sie sich über Millionen von Jahren erstreckten oder in einem Blitz schöpferischer Aktivität auf einer Zeitskala geschahen, welche von unserer heutigen abweicht. Das postulierte darwinistische Gedankengebäude scheitert vollständig an der Frage nach der verfügbaren Energie. Der Christ andererseits glaubt, daß der aus einem multidimensionalen System heraus arbeitende Schöpfer diese schöpferische Energie lieferte.

Antimaterie

Neuere Arbeiten haben die Existenz einer neuen Art Materie, die ein Spiegelbild der Materie ist, die wir in unserer Welt kennen, bestätigt. Diese Spiegelbildmaterie heißt Antimaterie. Einige Wissenschaftler sind der Überzeugung, daß Antimaterie die Ursache der Riesenexplosion war, die sich 1908 in Sibirien ereignete. Denn wenn Materie und Antimaterie zusammenkommen, vernichten sie sich unter Freigabe von Energie. Einer dieser Wissenschaftler ist der berühmte Nobelpreisträger Professor Dr. Willard F. Libby, der die C^{14}-Datierungsmethode entwickelte.[51]

Wenn es nun andere Welten gibt, die aus Antimaterie bestehen, stellen sich einige Fragen, die uns an dieser Stelle wichtig sein können. Professor Dr. Leon M. Ledermann, Ordinarius für Physik an der Columbia Universität, USA, schreibt: „... the Antiworld, which is supposed to be precisely identical to our world, not only has antiparticles instead of particles but is a mirror image of our world *and one in which the flow of time is also reversed.*“[52] („Die Antiwelt, die mutmaßlich mit unserer Welt genau identisch ist, besitzt nicht nur Antipartikelchen anstatt Partikelchen, sondern ist ein Spiegelbild unserer Welt, *wo aber Zeit rückwärtsläuft.*“) Demnach wäre also dort die *Abnahme* von Entropie ein thermodynamischer Hauptsatz. Mit der „Zeit“

würden dort Atome sich zu Molekülen synthetisieren, nichts würde zerfallen, alles würde zur Synthese neigen. Alles würde dort immerfort „jünger" werden. Solche Zustände können wir uns natürlich nicht vorstellen; das bedeutet aber nicht, daß sie unmöglich sind. Wo eine solche Antiwelt existieren könnte, ist unbekannt; man hat sie überall vergeblich gesucht. Doch glaubt Professor Dr. Ledermann, daß ursprünglich genausoviel Antimaterie- wie Materiepartikelchen erschaffen wurden, denn im Laboratorium ergeben Kollisionen zwischen Hochenergiepartikelchen immer die gleiche Anzahl Antipartikelchen und Partikelchen. Wir wollen also mit dem „Zeit- und Ewigkeitsproblem" sehr vorsichtig umgehen und unter keinen Umständen dogmatisch sein. Hier haben wir sehr viel zu lernen.

Schöpfung

Angesichts dieser Tatsachen wollen wir jetzt einen anderen Aspekt des Zeitproblems anschauen. Als die Welt erschaffen wurde, müssen ganz andere Gesetze geherrscht haben als die, die wir heute kennen. Nach unserer Erkenntnis nimmt die Entropie immer zu; beim Schöpfungsakt aber war diese grundlegende Tatsache anders. Wir messen den Verlauf von Zeit anhand des Ablaufens einer Uhr oder anhand von radioaktivem Zerfall. Beide Methoden sind mit der Zunahme von Entropie verknüpft. Aber unsere Entropievorstellungen gelten während eines Schöpfungsaktes nicht. Nehmen wir ein Beispiel, um dies zu veranschaulichen:

Am Anfang nahm Gott „Staub von der Erde" und formte daraus den Adam und blies ihm den Odem des Lebens ein. Plötzlich stand er da als fertiger, erwachsener Mensch. Die Bibel berichtet nicht, daß er als Säugling entstand; keine Eltern waren vorhanden, einen Säugling zu pflegen. Er muß also praktisch erwachsen gewesen sein. Er besaß auch sogleich die entwickelten fünf Sinne eines erwachsenen Menschen.

Lassen wir uns nun die Folgen dieses Schöpfungsaktes durch den Kopf gehen! Nun steht Adam da, wollen wir sagen zwei Sekunden alt; gerade hat er Zeit gehabt, zwei Atemzüge zu machen. Frisch aus des Schöpfers Hand steht er da. Aber wie sieht er aus nach seinem Alter? Wie alt hätten Sie ihn geschätzt? Er war imstande, den Tieren, die Gott ihm brachte, Namen zu geben, konnte also richtig sprechen und auch schöpferisch denken, denn Namenfinden verlangt Voraussetzungen schöpferischer Art. Wie alt hätten Sie ihn geschätzt? Ungefähr zwanzig oder dreißig Jahre alt? Oder vielleicht auch fünfunddreißig Jahre alt? Und in Wirklichkeit ist er erst zwei Sekunden alt. Sehen Sie, wo wir hingelangt sind? Wenn man mit einem Schöpfungsakt die uns bekannten thermodynamischen Hauptsätze auf den Kopf stellt, stellt man die uns bekannten Zeitbegriffe zu gleicher Zeit auf den Kopf. Adam wurde erst vor zwei Sekunden erschaffen und täuscht zwanzig oder dreißig Jahre Alter vor. Bei jeglichem Schöpfungsakt wird Alter vorgetäuscht; es kann nicht anders sein, weil unsere Entropiebegriffe anläßlich eines solchen Aktes nicht mehr gelten. Professor Karl Barth, der berühmte Schweizer Theologe und Begründer der Neo-Orthodoxie, brachte eine ähnliche Vorstellung von der Schöpfung in seinem Wort zum Ausdruck, daß Gott, als er erschuf, mit *einer Vergangenheit* schuf.[53] Es muß diese eingebaute Alterstäuschung geben, und zwar deshalb, weil unser Entropiekonzept — und damit unsere Vorstellung vom Altern — während eines Schöpfungsaktes außer Kraft gesetzt ist.[a] Auf primitive Art und Weise gilt dieses für jeden echten Syntheseakt — auch heute noch. Wenn wir z. B. die Zeit an der normalen halben Lebensdauer einer biologisch aktiven Verbindung messen, dann würde jeder Syntheseakt, der dem natürlichen Verfall der biologischen Aktivität entgegenwirkt, in gewissem Sinne eine „Umkehr" der Zeit und Abnahme der Entropie sein, soweit sie dieses spezielle System betreffen.

Das gleiche muß auch für die Erschaffung der Erde und des Kosmos gelten. Auch hier muß ein Schöpfungsakt eine Alterstäuschung mit sich bringen, eine Täuschung, die in der Natur der Erschaffung *ex nihilo* begründet liegt. Daß es sich bei dieser Täuschung um eine eingebaute Illusion handelt, läßt sich an folgendem Beispiel erklären:

Wenn am Anfang eine Mischung von Blei und Uran in einem Erz geschaffen wurde, dann würde dies automatisch zu einer Alterstäuschung führen. Wir wissen nämlich, daß bestimmte Blei-Isomere als Endstufe während des radioaktiven Zerfalls von Uran entstehen. Durch Messung des Bleigehalts in einem Uranerz können wir das Alter des Erzes bestimmen. Da es x Jahre dauert, bis sich so und so viele Milligramm Blei aus einer bestimmten Menge Uran gebildet haben, können wir durch Messen der Bleimenge eines Erzes sein Alter bestimmen, denn diese Zerfallsrate bleibt konstant. Nach einem Schöpfungsakt jedoch, bei dem ein

a Die Herstellung von Wein braucht Zeit. Als Christus den Wein aus Wasser durch sein erstes Wunder erschuf, täuschte der Wein Zeit, eine Vergangenheit, auch vor.

Erz entsteht, das z. B. fünf Gramm Blei und fünf Gramm Uran enthält, müssen später angestellte Berechnungen aus folgenden Gründen fehlgehen: Die fünf Gramm Blei werden automatisch den Eindruck hervorrufen, sie seien durch Millionen von Jahren hindurch *aus dem Uran entstanden.* Tatsächlich jedoch sind sie nicht vom Uran abgeleitet, sondern *de novo* erschaffen worden. In Wirklichkeit wurde die Blei-Uran-Mischung als solche geschaffen; danach muß sie jedoch zwangsläufig zu der Illusion führen, sie sei Millionen von Jahren alt.

Wenn Bernhard Ramm meint, daß Gottes Schöpfungsakt „Zeit" und deshalb „Verlauf" umfaßt haben müsse, berücksichtigt er dabei nicht genügend die von der Einsteinschen Relativitätstheorie geforderte Beziehung zwischen Zeit und Materie. Schöpfungsakte nämlich beinhalten eine Umkehr der Entropiegesetze, die für unser gesamtes Zeitkonzept so störend wirken. Auch bei weniger schwer verständlichen Dingen ist es oft schwierig, Ramms Ausführungen zu folgen, so z. B., wenn er die Theorie der organischen Evolution standhaft verteidigt, nur um sie später im selben Buche eine „Täuschung" zu nennen.[54]

Ein Akt der Schöpfung liegt so sehr außerhalb unserer heutigen Vorstellungen, daß wir wirklich nicht wissen, wie wir ihn bei unseren Berechnungen ernsthaft einbeziehen können, selbst wenn die gesamte Physik nach einer aktiven Erschaffung verlangt, um Sein und Ordnung des Lebens, der Atome und der subatomaren Welt der Teilchen, Wellen und Bahnen zu erklären. Wegen dieser fundamentalen Begründung eines hinter dem Kosmos stehenden Schöpfungsaktes ist es prinzipiell unmöglich, zu einem absolut definitiven und sinnvollen Schöpfungsdatum zu kommen. Die Wissenschaft fordert einen Schöpfungsakt zur Erklärung des Seins, der seinerseits jedoch eine Alters- und Zeittäuschung hervorrufen muß. Außerdem dürfen wir ebenfalls nicht vergessen, daß es vor Schaffung von Materie und Raum auch keine Zeit gab. Wenn wir uns also auf wissenschaftlich verläßlichem Boden bewegen wollen, müssen wir mit Dingen, die Zeit im allgemeinen und Datierungen im besonderen betreffen, sehr vorsichtig umgehen.

Sir James Jean beschreibt tatsächlich die wahre Situation, wenn er bemerkt:

> „Soweit ich sehe, werden wir wahrscheinlich keine definitiven Schlüsse zu diesen Fragen (Determinismus und Kausalprinzip) erreichen, *wenn wir nicht ein besseres Verständnis*

von der wahren Natur der Zeit haben. Die Grundgesetze der Natur, die wir bis heute kennen, lassen keinen Grund sehen, weshalb die Zeit kontinuierlich weiterfließen sollte; sie beinhalten ebenfalls die Möglichkeit, daß die Zeit stillsteht oder rückwärts läuft. Das stetige Vorwärtsfließen der Zeit, welches das Wesen der Ursache-Wirkung-Beziehung ausmacht, ist etwas, das wir aus unserer eigenen Erfahrung heraus den ermittelten Gesetzen der Natur aufzwingen. Ob es zum inneren Wesen der Zeit gehört, wissen wir einfach nicht, obwohl — wie wir bald sehen werden — die Relativitätstheorie auf jeden Fall einige Schritte in Richtung auf eine Stigmatisierung dieses ständigen Vorwärtsfließens der Zeit und des Ursache-Wirkung-Gesetzes als Illusion vollführt. Sie sieht die Zeit lediglich als vierte Dimension an, die zu den drei Dimensionen des Raumes hinzugezählt werden müsse, so daß *post hoc ergo propter hoc* nicht mehr auf eine Folge von zeitlichen Geschehnissen zutreffen mag als die Folge der Telegraphenstangen an der Great North Road. Gerade das Rätsel von dem Wesen der Zeit bringt unsere Gedanken immer wieder zum Stillstand. Und wenn Zeit etwas so Fundamentales ist, daß das Verständnis ihrer wahren Natur für immer außerhalb unserer Reichweite liegt, dann ist eine Entscheidung in der uralten Kontroverse zwischen Determinismus und freiem Willen ebenso unwahrscheinlich.“ [55]

Wenn es also tatsächlich keine schwerwiegenden Gründe gibt, weshalb die Zeit nicht einhalten und rückwärts laufen sollte, dann werden wir es offensichtlich sehr schwer haben, einen Zeitpunkt für die Schöpfung oder tatsächlich für irgendein anderes Ereignis in der entferntesten Vergangenheit zu bestimmen. Dogmatismus bei Fragen der Datierung und Datierungsmethoden kann man also gewöhnlich darauf zurückführen, daß Unkenntnis über fundamentale Streitfragen auf diesem Gebiet besteht. Das gilt auch für Feststellungen über historische Tatsachen oder Mangel an historischen Tatsachen bei der biblischen Chronologie.

Sir James Jeans schreibt: „Man erkennt allgemein, daß wir noch keinen Kontakt zur letzten Wirklichkeit aufgenommen haben.“ [56], und er trifft diese Feststellung in einer Diskussion über die praktische Bedeutung mathematischer Erkenntnis der Natur des Universums.

Im Jahre 1857 forderte Philip Henry Gosse, *„Schöpfung sei das* *plötzliche Hereinbrechen in einen Kreis.* Da es keinen Zustand im Laufe der Existenz gibt, welcher mehr als irgendein anderer Zustand einen natürlichen Anfangspunkt liefert, so muß jede vom freien Willen Gottes ausgeführte Stufe einen unnatürlichen oder besser übernatürlichen Anfangspunkt darstellen." [57] Wenn Gott also einen Baum schuf, dann würde er im Augenblick seiner Erschaffung schon Jahresringe besitzen, d. h. die Erschaffung des Baumes brächte eine eingebaute Alterstäuschung mit sich, während es in Wirklichkeit kein Alter gibt.

1. 1. Mose 5, 3—5.
2. 2. Mose 12, 40.
3. W. H. Green, *Bibliotheca Sacra* (April 1890), S. 285—303.
4. Henry Morris und John C. Whitcomb, *The Genesis Flood* (Philadelphia, 1961).
5. 1. Mose 10, 25.
6. Für eine vollständigere Bearbeitung dieses Themas durch einen Theologen, siehe Morris und Whitcomb, S. 481—483.
7. 1. Mose 11, 4; 9, 1.
8. Wegen einer Diskussion der Ähnlichkeiten und Unterschiede zwischen Genesis-Bericht und Gilgamesch-Epos, vgl. Alexander Heidell, *The Gilgamesch Epic and Old Testament Parallels* (Chicago, 1946).
9. Alfred M. Rehwinkel, *The Flood in the Sight of the Bible, Geology and Archaeology*, 2. Aufl. (St. Louis, 1957).
10. *Geschäftsmann und Christ*, Juli 1963, CH-8008 Zürich, Seefeldstraße 45
11. 1. Mose 2, 5.
12. *Science* 125 (17. Mai 1957), S. 965.
13. *Lancet* (15. Sept. 1956), S. 573.
14. Vgl. *Science News Letter* (30. Aug. 1958), S. 133.
15. *Lancet*, 23. Febr. 1957, S. 392.
16. Vgl. *Science*, 1966, CLI, 299 und *Science News Letter*, (5. Febr. 1966), S. 83.
17. Immanuel Velikovski, *Worlds in Collision* (New York, 1950).
18. *Ibid.*, S. 312.
19. *Ibid.*, S. 113.
20. *Ibid.*, S. 319.
21. *Ibid.*, S. 321, 344—345.
22. *Ibid.*, S. 307. Vgl. ebenfalls *Science News Letter* (5. Febr. 1966), S. 83 und *Science Journal* (Sept. 1967), Bd. III, Nr. 9, S. 56.
23. Velikovski, *Ibid*, S. 324.
24. *Ibid.*, S. 326—327. Vgl. ebenfalls *Science* (10. August 1962), S. 449, 1961, CXXXIII, 729.
25. Velikovsky, *Ibid.*, S. 327.
26. *Ibid.*, S. 271. Vgl. Aristarchus von Samos, welcher wußte, daß sich die Erde zusammen mit anderen Planeten um die Sonne bewegt.
27. *Ibid.*, S. 272. Vgl. Plinius, *Naturgeschichte*, II, 45.
28. C. S. Lewis äußert sich wie folgt zu dem modernen Märchen, daß die Alten annahmen, die Erde sei eine Scheibe: „Es wäre ein Irrtum zu erwidern, daß unsere Vorfahren unwissend waren und deshalb angenehme Illusionen über die Natur hegten, welche der Fortschritt der

Wissenschaft seitdem beseitigt hat. Schon seit Jahrhunderten, während Menschen an Gott glaubten, war die beängstigende Größe und Leere des Universums bekannt. In einigen Büchern werden Sie lesen, daß die Menschen des Mittelalters die Erde für eine Scheibe und den Sternen nahe hielten, *aber das ist eine Lüge*. Ptolemäus lehrte sie, daß die Erde ein mathematischer Punkt ohne Größe in Relation zu der Entfernung der Fixsterne sei — eine Entfernung, die ein populär mittelalterlicher Text mit 117 Millionen Meilen veranschlagt. Und auch in noch früheren Zeiten, sogar von Anfang an, müssen die Menschen das gleiche Gefühl feindlicher Unermeßlichkeit an einer noch offenkundigeren Quelle gewonnen haben."
C. S. Lewis, *The Problem of Pain* (New York, 1948), S. 3. 4.
Es gibt also wenig Grund für die Annahme, daß die Vorstellungen, die Mose und die Propheten von der Welt besaßen, so schrecklich „vorwissenschaftlich" waren, wie viele mit den Klassikern nicht vertraute Naturwissenschaftler nur zu gerne glauben.

29. Josua 10.
30. 2. Könige 20, 9—11.
31. Vgl. N. D. Opdyke, Aufsatz in *The New Scientist* (8. Juni 1967), S. 601.
32. R. H. Rastall, Geology, *Encyclopaedia Britannica*, 1956, 10, S. 168.
33. E. M. Spieker, *Mountain-Building Chronology and Nature of Geologic Time-Scale*, S. 1805, zitiert aus Henry M. Morris, *The Twilight of Evolution* (New Jersey, 1964), S. 53.
34. W. E. Lammerts, *Growing Doubts: Is Evolutionary Theory Valid?*, S. 4, zitiert aus Morris, *The Twilight* . . ., S. 54.
35. O. D. von Engeln und Kenneth E. Kaster, *Geology* (New York, 1952), S. 417; vgl. Morris: *The Twilight* . . ., S. 51.
36. Huene, Freiherr von, *Die Erschaffung des Menschen* (Frankfurt, O. D.), S. 23.
37. *Nature* (28. Nov. 1953), S. 981 (12. Dez. 1953), S. 1110, (10. Juli 1954), S. 60 (2. April 1955), S. 569.
38. Vgl. *Science News Letter* (17. April 1965), S. 243.
39. Elwyn L. Simons, Bericht in *Science News* (25. Nov. 1967), XCII, S. 14.
40. D. de Sonneville-Bordes, „Upper Paleolithic Cultures" *Science* (18. Oktober 1963), CXLII, 355.
41. William Howells, *Mankind in the Making* (Garden City N. J., 1959), S. 220 ff., zitiert nach William J. Tinkle, *Heredity: A Study in Science and the Bible* (Houston, Tex., 1967).
42. Vgl. Morris und Whitcomb, S. 167, 174—175.
43. Vgl. Roland T. Bird, *Natural History* (Mai 1939), S. 255, 261, 302 (siehe Anhang II).
44. Bird, op. cit., S. 255—256.
45. Albert C. Ingalls, „The Carboniferous Mystery, *Scientific American*, 162 (Jan. 1940), S. 14.
46. Anhang III.
47. 1. Mose 6, 4.
48. 1. Mose 6, 4.
49. C. S. Lewis, *Letters to Malcom* (London 1964), S. 83.
50. Siehe Sebastian von Hoerner, *Science* (6. Juli 1962), S. 18.
50a. J. C. Hafele (Washington Universität) und Richard E. Keating (Naval Observatory, USA) haben jetzt bewiesen, daß die Kalkulationen von Se-

bastian von Hoerner und anderen richtig sind. Sie sandten per Flugzeug zwei Caesium-Uhren in entgegengesetzten Richtungen um die Welt, während eine dritte Caesium-Uhr zur Kontrolle auf dem Boden blieb. Die Uhr, die nach Osten flog, verlor zirka 40 Nanosekunden, während die Uhr, die nach Westen flog, zirka 275 Nanosekunden gewann. Hafele und Keating ziehen also den Schluß: „Für weitere Argumente über dieses Phänomen . . . gibt es keine Basis mehr.“ *Science News*, 102, (5. August 1972), S. 88.

51. Vgl. *Nature*, 206, S. 861, 1965; *Science News Letter* (12. Juni 1965), S. 382.
52. *Science News Letter* (26. Juni 1965), S. 402.
53. Karl Barth, zitiert nach Richard Overman, *Evolution and the Christian Doctrine of Creation* (Philadelphia 1967), S. 281.
54. Bernard Ramm, *The Christian View of Science and the Scripture* (Grand Rapids, 1954), S. 219, 301, 344.
55. Sir James Jeans, *The Mysterious Universe* (New York 1930), S. 32.
56. *Ibid.*, S. 135.
57. Philip Henry Gosse, *Omphalos, An Attempt to Untie the Geological Knot* (1857), S. 123, zitiert nach B. Ramm, *op. cit.*, S. 192.

IV
Gesteuerte Evolution

1. Aufbesserung einer Rasse durch gezielte Züchtung

Die Möglichkeit einer gezielten Züchtung bezüglich „Aufbesserung“ der menschlichen Rasse haben Naturwissenschaftler und andere schon lange interessiert. Bei der Viehzucht hat man Großes erreicht: Kühe geben mehr Milch, besseres Fleisch, sind wirtschaftlicher, wenn man ihren Futterverbrauch an dem mißt, was sie an Fleisch und Milch liefern. Allerlei wunderbare (und wunderliche) Hundearten, Taubenarten, Katzenarten usw. hat man durch gesteuerte Züchtung erzielt. Könnte man nicht die gleichen Prinzipien beim Menschen anwenden, um eine bessere menschliche Rasse zu erzeugen? Könnte man nicht einen „Supermenschen“ aus der heutigen Rasse herauszüchten?

Wir wollen uns darüber im klaren sein, daß man, biologisch gesehen, sicher bessere Menschen als die heutigen erzeugen könnte. Es wäre vielleicht theoretisch möglich, einen Menschen herauszuzüchten, der die Eigenschaften von Adam haben und neunhundert Jahre leben würde. Man müßte die rezessiven Gene, die oft schädlich sind und die teilweise durch Degenerierung in die menschliche Erbmasse hineingekommen sind, durch gezielte Züchtung ausscheiden.

Alle Eigenschaften des Menschen, der Tiere und der Pflanzen sind in kleinen Knoten (Genen) auf den spiralartigen Chromosomen chemisch festgehalten. Diese Eigenschaften sind in einer chemischen „Sprache“ („Code“) gedruckt. Bei verschiedenen Spezies weiß man, wo spezifische Knoten liegen, und man hat festgestellt, daß, wenn man diese Knoten ändert, die Eigenschaften (Augenfarbe, Hautfarbe usw.) sich auch ändern.

Eigenschaften müssen auf den Genen vorhanden sein.

Einen sehr wichtigen Punkt betreffs Vererbung vergißt man leider zu oft. Durch das Verfahren der gezielten Züchtung allein kann man *nur die Eigenschaften herauszüchten, die in der Erbmasse schon vorhanden sind.* Alle Eigenschaften eines Frosches sind in der Erbmasse eines Frosches vorhanden. Durch gezielte

Züchtung könnte man also alle Arten von Fröschen herauszüchten, die in der Erbmasse potentiell enthalten waren: grüne Frösche, rote Frösche, langbeinige Frösche, kurzbeinige Frösche usw. Aber gezielte Züchtung einer Froschrasse würde nie und nimmer eine Krokodilrasse ergeben, und zwar aus dem sehr einfachen Grund, weil in der Froscherbmasse keine Krokodileigenschaften enthalten sind. Aus den gemischten Eigenschaften eines Wolfes und einer Hyäne könnte man vielleicht schon einen Schäferhund oder einen Pudel herauszüchten, weil Pudel oder Schäferhundeigenschaften bei den Wolfeigenschaften vorhanden waren.

Die Gene auf den Chromosomen speichern chemische Information wie ein Tonband auf; oft scheint aber diese Tonbandinformation durcheinander und vermischt zu sein. „Nebengeräusche" sind vorhanden. Um diese Nebengeräusche aus dem Gemisch herauszufiltern, kann man beim Tonbandgerät besondere Filter einschalten, z. B. Musik oder menschliche Sprache herausschälen, was man sonst im Gemisch der Information und Nebengeräusche nicht verstehen würde. Aber wenn keine Musik auf dem Tonband wäre, sondern nur Sprache oder Nebengeräusche, würde der beste Filter der Welt nicht imstande sein, Musik herauszufiltern. Wenn man Zucker in der Form von großen und kleinen Klumpen durch ein Sieb läßt, fallen die kleinen Klumpen durch, und die großen bleiben auf dem Filter. Aber wenn man solchen Zucker durch den Filter läßt, kann man nicht etwa Sand heraussieben und Zuckerklumpen zurücklassen, wenn ursprünglich kein Sand dabei war.

Diese Tatsache muß man sich fest vor Augen halten, wenn man an gezielte, gesteuerte Evolution denkt: Nur das, was in der Erbmasse enthalten ist, kann durch Züchtung zum Vorschein kommen. Nur was in der Flasche enthalten ist, kann man herausgießen. Theoretisch könnte man also einen Adam aus uns heutigen Menschen herauszüchten, der z. B. über neunhundert Jahre leben würde, wenn durch schädliche Einflüsse (wie z. B. ionisierende Strahlen) nicht zu viel von der „guten" ursprünglichen Erbmasse endgültig verlorengegangen wäre. Aber einen „Supermenschen", der mehr „super" wäre als Adam, könnte man nicht herauszüchten. Auch könnte man keinen Schimpansen herauszüchten — soweit sich kein Schimpanse in unserer Erbmasse befindet.

Ionisierende Strahlen

Dabei ist zu bedenken, daß ionisierende Strahlen schon imstande sind, die Erbmasse so zu verändern, daß *neue* Eigenschaften entstehen. Aber diese neuen Eigenschaften sind fast immer degenerativ und nicht höher entwickelt. Man kann die Wirkung ionisierender Strahlen auf das Protoplasma folgendermaßen veranschaulichen: Zum Reinigen von Autozündkerzen gebraucht man ein Sandgebläse. Ein Sandstrahl mit hoher Geschwindigkeit wird unter Luftdruck in die Zündkerze hineingeblasen, wobei die Verschmutzungen weggekratzt werden. Nähme man nun diesen Sandgebläseapparat, um einen Sandstrahl in eine Armbanduhr zu richten, würde man sicher viele „Veränderungen" (neue Eigenschaften) in der Uhr hervorrufen — es würden in der „Erbmasse" der Uhr sicher „Mutationen" entstehen; aber ob diese Veränderungen vorteilhaft wären oder nicht, bleibt dahingestellt. Die meisten Ergebnisse der Bestrahlung lebender Zellen sind ähnlicher degenerativer Art wie die Armbanduhr unter Sandbestrahlung. Mit dieser Behandlung entstünden sicher *keine „Superarmbanduhren"*.

In der Erbmasse aller lebenden Wesen finden sich nun viele Gene, die das Ergebnis degenerativer Prozesse sind und oft als Rezessive auftauchen. (Rezessive Gene sind Gene, die paarweise vorkommen können; erst wenn zwei davon in einer Zelle vorhanden sind, können unerwünschte Eigenschaften zum Vorschein kommen. Wenn nur eins vorhanden ist, wenn das Rezessive mit einem Dominanten gepaart ist, erscheinen lediglich die Eigenschaften des Dominanten, das Rezessive bleibt „verborgen".)

Durch Züchtung kann man die Rezessiven heraussieben, was oft vorteilhaft ist. So kann man durch gezielte Züchtung gewissermaßen degenerative und andere Erscheinungen entfernen. Gesteuerte Züchtung ist also eine Art Sieb, das gewünschte Eigenschaften von unerwünschten trennt. Aber *schöpferisch* wirkt gezielte Züchtung nicht. Was nicht in der Erbmasse vorliegt, kann nicht herausgezüchtet werden, deshalb kann man prinzipiell durch gesteuerte Züchtung kein Krokodil aus einem Frosch herauszüchten. Die Froscherbmasse enthält eben nicht die chemische Information, um ein Krokodil aufzubauen. Wenn das nun der Fall ist, erscheint es mir persönlich noch weniger aussichtsvoll, einen Menschen aus einer Amöbe herauszüchten zu wollen, auch wenn man Millionen von Jahren voraussetzt, um dies fertigzubringen. Wenn die Gene eines Menschen in der Amöbe nicht enthalten sind, wird man sie nicht herauszüchten können, genausowenig, wie man eine Kuh aus einem Hund züchten oder Wein aus einem gewöhnlichen Wasserhahn holen könnte.

Mutation bietet eine theoretische Möglichkeit an

Das Gewicht dieser Überlegungen liegt also darin, daß gesteuerte Züchtung lediglich schon vorhandene Eigenschaften in der Erbmasse herausschält. Prinzipiell anders verhält sich die Lage bei mit Züchtung kombinierten Mutationen. Hier kommen *neue* Veränderungen durch die Mutationen in der Erbmasse vor, die dann durch Züchtung oder Darwinsche Selektion gesteuert werden können. Besteht also hier die Möglichkeit, eine Superrasse zu züchten? Könnte man durch Mutation und darauffolgende gesteuerte Züchtung einen „Supermenschen" bilden? Jede Änderung in der Erbmasse ergibt eine entsprechende Änderung in der Beschaffenheit des fertigen Organismus, so daß, wenn man die Mutationen und Züchtungen wirklich schöpferisch steuern könnte, die theoretische Möglichkeit der Bildung einer höheren „Super"-Form vorhanden wäre. Geht man aber an die Gene mit einem „Sandgebläse", mit ionisierender Bestrahlung, müssen die Folgen mit denen des Sandgebläses bei der Armbanduhr zu vergleichen sein. Da wird man die Organisation der Gene schwerlich schöpferisch aufbauen. Destruktive Methoden dieser Art werden kaum die Synthese ergeben, die zur Erzielung eines Supermenschen oder einer Superrasse erforderlich wären.

Wenn man aber die genaue chemische Struktur der Information auf den menschlichen oder anderen Genen ermitteln und dann diese Information zielbewußt chemisch weiter aufbauen könnte, dann wäre die Situation prinzipiell anders, dann könnte man tatsächlich eine Spezies in eine höhere umwandeln. Es ist heute bereits gelungen, ein fremdes Molekül (DNA) in die Gene einzuführen, um einem Organismus neue Eigenschaften zu verleihen. Man kann gewissen Bakterien Teile der Erbmasse fremder Bakterien „aufoktroyieren", so daß die „synthetischen Bakterien" Eigenschaften der zweiten Bakterien zeigen. Prinzipiell könnte man das auch beim Menschen tun. Es ist möglich, daß gewisse Virusarten in die Erbmasse hineinschleichen und die Eigenschaften der Zelle so steuern, daß eine neue Art entsteht. Vermutungen liegen vor, daß gerade dies bei der Erzeugung von Krebs vorliegt. Es ist möglich, daß ein Virus in die menschliche oder eine andere Zelle „hineinkriecht", sich in der Erbmasse festsetzt, dort die Steuerung der Zelle mit übernimmt und auf diese Weise die Eigenschaften der Zelle ändert, so daß gewissermaßen eine neue Spezies (maligne Zellen) innerhalb des menschlichen oder Tierkörpers entsteht. Dies würde die neuen Eigenschaften der malignen Zellen (Krebszellen) erklären. Die bloße Einführung fremder Moleküle in die Erbmasse (fremde chemische Information) kann diese Änderung hervorrufen. Ob die fremden Moleküle von fremden Zellen stammen, also natürlich sind, oder ob sie synthetisch sind, also von Menschen hergestellt, ist prinzipiell einerlei. Das Ergebnis bleibt sich gleich. Neue Information auf den Genen entsteht, Neues ist „erschaffen" worden, was beim bloßen „Siebverfahren" der gesteuerten Züchtung allein nicht der Fall ist. Dieses Hineinfügen neuer Geneeigenschaften ist dagegen *wirklich schöpferisch* und benutzt also die natürliche Methode, die chemische Information zur Fortpflanzung und Erhaltung der Zelle zu speichern. All das hat man in den vergangenen zwanzig Jahren entdeckt.

2. Die synthetische Erzeugung des Lebens und Verleugnung des Postulats eines Gottes

Es ist theoretisch möglich, Synthesen in der Erbmasse vorzunehmen, womit man neue, höhere Eigenschaften in einen Organismus einführen könnte. Darauffolgende gesteuerte Züchtung könnte dann unerwünschte Eigenschaften ausscheiden und zur gleichen Zeit die neuen höheren Eigenschaften festhalten, so daß eine *Emporentwicklung geschehen* wäre.

Worin unterscheiden sich nun diese Vorstellungen von denen des Darwinismus? Darin, daß Darwin und seine Schüler diese Emporentwicklung des Organismus dem Zufall — der „Suppentopftechnik" — zuschreiben, während wir von einer „geplanten Experimentierkunst" ausgehen. Wir leugnen bloß diese „Suppentopftechnik" des Darwinismus als eine ernstzunehmende technische Methode, wahrhaftige *Synthese*, echtes Emporsteigen an Organisationsgrad zustande zu bringen. Mit anderen Worten: Planung, Intelligenz, Experimentierkunst sind erforderlich, um jegliche Emporentwicklung wissenschaftlich sauber zu erklären. Wie wäre dies möglich, ohne eine Person irgendwelcher Art zu postulieren? Intelligenz und Experimentierkunst können wir uns kaum vorstellen, wenn sie nicht mit einer Person verknüpft sind. *Wissenschaftlich gesehen kommt man also um die Vorstellung eines persönlichen Gottes als Urheber des Lebens nicht herum.*

Die Biologie von heute nimmt nun merkwürdigerweise diese neuen Tatsachen als Basis neuer Verleugnung der Notwendigkeit des Gottespostulats. Professor Dr. George Gaylord Simpson (Harvard, USA) z. B. schrieb in „Science" anläßlich eines Vortrags vor „The American Association for the Advancement of Science" („Die Welt, in die Darwin uns hineinführte"), daß die modernen Fortschritte in den biologischen Naturwissenschaften den „religiösen Aberglauben" Nordamerikas unhaltbar gemacht hätten.[1] Die ganze Welt, wie wir sie heute kennen, sei aus dem nicht lebenden Stoff *spontan* hervorgegangen, und sei deshalb „höchst unwahrscheinlich, daß irgend etwas in der ganzen Welt existiere, was spezifisch für das Wohl der Menschen erschaffen sei". Dr. Simpson betont, daß eine Rundfrage bei einer Reihe internationaler Experten in Chicago das Resultat ergab, daß die Mehrzahl dieser Naturwissenschaftler der Überzeugung waren, daß das Leben aus toten Stoffen bald im Labor erzeugt werden wird. Ein Sachverständiger war sogar der Meinung, daß dieses Experiment schon gelungen ist, daß man also Leben aus toten Stoffen erzeugt hat. Dr. Simpson benutzt diese Tatsachen, um seine These zu begründen, daß es höchste Zeit sei, daß gebildete Amerikaner ihren naiven Theismus so bald wie möglich aufgeben, denn die Gottesdienste sonntags und die Abendmahlsfeiern überall in den USA seien, nach Dr. Simpsons Meinung, Beweis für den Mangel an Naturwissenschaft und für das Überhandnehmen des Aberglaubens.

Diese Gedankengänge und diese Art Logik sind für „die Welt, in die Darwin uns hineinführte", ganz typisch. Man hat sie schon hundert Jahre monoton wiederholt, aber niemand scheint sich die Mühe gegeben zu haben, sie einmal konsequent durchzudenken. Wir wollen nun versuchen, dies zu tun. Denn Naturwissenschaftler des Westens und des Ostens wiederholen obige Gedankengänge *ad nauseam.* Sie sind die Basis alles populären wie auch „naturwissenschaftlichen" Atheismus.

Möglicherweise trifft es zu, daß die Naturwissenschaft demnächst lebende Einheiten aus der toten Materie synthetisieren kann. Wird jedoch der Erfolg dieser Bemühungen wirklich den letzten Nagel in Gottes Sarg darstellen, wie wir uns bereits gefragt haben und andere offensichtlich hoffen? Was würde dann ein solches Experiment tatsächlich beweisen, wenn ihm Erfolg beschieden wäre? Sicherlich eben dies: Wenn organische Moleküle in vorherberechneten Zeitintervallen bestimmten technischen und chemischen Einflüssen von außen ausgesetzt werden, dann kann Leben entstehen. Wenn unbelebte Moleküle unter bestimmten, exakt kontrollierten Bedingungen experimentell manipuliert werden, können lebensfähige Einheiten entstehen. Wir dürfen jedoch nicht vergessen, daß die von außen kontrollierten Versuchsbedingungen für den Erfolg des Projekts entscheidend wichtig sind. pH-Wert und Temperatur müssen genau zum richtigen Zeitpunkt genau stimmen und möglicherweise im Verlauf des Experiments geändert werden. Auch die richtige Menge an Reagenzien und Katalysatoren muß vorhanden sein und vielleicht ebenfalls während der Arbeit abgeändert werden.

Wie wir jedoch schon bemerkt haben, ist eines am allerwichtigsten: Die Mitwirkung eines guten Biochemikers zur Programmierung der ganzen Synthese, damit der Erfolg gesichert ist. Wenn ein Oratoriensänger, eine Primadonna oder ein Gärtner dieses kritische Experiment durchführen sollten, ohne vorher einige fundamentale Kenntnisse in der Biochemie erworben zu haben, würde die Entstehung von Leben wohl recht unwahrscheinlich sein. (Dies soll keine Herabsetzung der Oratoriensänger oder Gärtner sein!). Es wäre reinster Nihilismus, zu erwarten, daß eine „Suppentopftechnik", bei der alles in einen Topf geworfen und mit aufgelegtem Deckel eine Stunde lang zusammen gekocht und dann serviert wird, irgendwelche nützlichen Ergebnisse — biologisch gesprochen — zeitigen würde. Dafür ist der Komplexitätsgrad viel zu hoch. Ebenso nihilistisch wäre die Vorstellung, daß die Chance einer Zufallsentstehung des Lebens mit der Zeit größer werden würde, wenn wir eine solche Mixtur nur Millionen von Jahren unter sterilen Bedingungen stehen ließen. Wie wir bereits ausgeführt haben, würde eher ein Gleichgewichtszustand erreicht, nicht aber die Unwahrscheinlichkeit, die man Leben nennt. Jeder Naturwissenschaftler weiß instinktiv, daß nichts das sorgfältig geplante Experiment ersetzen kann, wenn sich der Erfolg einstellen soll. Wenn der Uniformitarianismus recht hat *und die Materie heute noch so wie vor Zeiten reagiert,* dann wissen wir, daß es einen Plan hinter einem derartigen Experiment geben muß. Diese Vermutung zwingt sich uns auf — wir müssen sie hegen, wenn die Gesetze der Thermodynamik stimmen. Und wenn die Vorstellung eines stofflichen Gottes oben im Himmel primitiv ist, wie die meisten modernen Theologen und Naturwissenschaftler zu glauben scheinen (und das mag gerechtfertigt sein), warum leugnet man dann einen *extramateriellen* Planer, nur weil wir ihn materiell gesehen nicht „beweisen" können?

Wir wollen einen Augenblick zu den Schriften Dr. Harlow Shapleys von der Harvard Universität zurückkehren. In einem Artikel in Science News Letter wird folgende Äußerung von ihm zitiert: „Wir brauchen den Ursprung des Lebens nicht mit Hilfe des Wunderbaren oder Übernatürlichen zu erklären. Leben tritt überall dort automatisch auf, wo die richtigen Bedingungen zu finden sind. Es wird auch nicht nur bloß entstehen, sondern sich auch behaupten und weiterentwickeln." [2]

Dies ist das typische Beispiel für eine Art von Äußerung, die hervorragende Wissenschaftler überall auf der Welt treffen. Solche Feststellungen können aber nur den Nichtfachmann, nicht jedoch die wissenschaftliche Öffentlichkeit irreführen. Wir wollen Dixon und Webb zitieren, um die Kehrseite dieser Art von Äußerungen zu beleuchten: „Die leichtfertige Behauptung einiger, daß bei geeigneten Existenzbedingungen Leben zwangsläufig entstehen müsse, verrät eine völlige Unkenntnis der damit zusammenhängenden Probleme." [3]

Webb und Dixon beschäftigen sich dann mit einigen dieser bis jetzt unlösbaren Probleme. Teilhard hat ebenfalls die Angewohnheit, ähnliche leichtfertige Äußerungen von der gleichen Art, wie die, welche Dr. Shapley zugeschrieben werden, von sich zu geben. *Derartige Feststellungen ergeben eine prächtige Grundlage für die Errichtung hochtönender Theorien und sichern ihren Urhebern den Titel eines großen Denkers, aber ein klein wenig Laborerfahrung im Umgang mit biochemischen Synthesen würde viele von ihnen über den Haufen werfen. Das Experiment ist ein großer Klärer von Gedanken und Theorien.*

Was bedeutet die Feststellung denn wirklich, daß Leben automatisch dort auftrete, wo die Bedingungen dafür geeignet sind? Der Sinn eines geplanten Experiments besteht natürlich darin, *die Bedingungen richtig zu gestalten, anstatt sie dem Zufall zu überlassen, der sie gewiß nicht richtig gestalten wird.* Deshalb geht Dr. Shapleys Erklärung von falschen Voraussetzungen aus. Indem er nämlich auf „geeigneten Bedingungen" besteht, besteht er auf äußerst komplexen Bedingungen, die genau so beschaffen sind, daß sie der Zufall wahrscheinlich nicht liefern kann. Wo beobachtete Dr. Shapley oder irgendein anderer, daß ein solch kompliziertes Experiment, welches eine konzentrierte Anpassung der Bedingungen verlangt (etwas, das der Zufall nicht bewirken kann), tatsächlich stattfand?

Wenn die besten Evolutionsmathematiker noch nicht einmal die Synthese des ersten Enzymproteins im Sinne von Zufall und rein chemischer Evolution und auf der Grundlage der bekannten Gesetze von Physik und Chemie erklären können, *warum überschütten einige Wissenschaftler dann jene mit Hohn und Spott, die bei ihren Erklärungsversuchen auf etwas außerhalb der Materie verweisen? Die Lage ist doch folgende: Wir können das Rätsel des Lebens auf der Grundlage der materiellen Physik und Chemie allein nicht lösen, und trotzdem wird uns unter Androhung wissenschaftlicher Exkommunikation verboten, die einzige und noch verbleibende Erklärungsmöglichkeit vorzuschlagen, nämlich die, daß es eine extramaterielle Ursache gibt. Einige Wissenschaftler fürchten die Notwendigkeit (Demütigung, um mit Dr. Shapley zu sprechen), zu dem Zugeständnis gezwungen zu werden, daß es außer der Materie noch etwas gibt, mit dem wir rechnen müssen.* Und dennoch glaubt die Menschheit seit alters her an diese Notwendigkeit.

Nicht der echte Wissenschaftler, sondern der Laie wird von Äußerungen wie denen von Dr. Shapley getäuscht. Und auf ihn, den Nichtfachmann, sind solche Sätze gemünzt, so daß er aus Furcht, intellektuell nicht auf der Höhe zu sein, seine Überzeugungen aufgibt. Die Existenz von etwas zu leugnen, nur weil wir es nicht verstehen, ist nicht gerade wissenschaftlich, und doch wird genau dies heute allgemein praktiziert, besonders dann, wenn berühmte Leute zu Glaubensfragen interviewt werden. Ich persönlich bin dafür, die Existenz außer- oder übernatürlicher Phänomene in Betracht zu ziehen, wenn keine natürliche, materielle Erklärung in Sicht ist. Ich weiß natürlich auch, daß viele Vorgänge, denen man früher einen übernatürlichen oder außermateriellen Ursprung zuschrieb, mittlerweile im Zuge wachsender Erkenntnis einer natürlichen Deutung zugänglich geworden sind. Der Prozeß des Ausmerzens dieser Erklärung ist vollkommen vernünftig, und jeder verständige Mensch wird ihm zustimmen. Dies garantiert jedoch nicht, daß *alle* Phänomene auf der gleichen, rein materiellen Grundlage erklärt werden können oder erklärbar sein werden. In manchen Kreisen stimmt man heute überein, daß Außersinnliche Wahrnehmung (ASW), wie z. B. die Telepathie oder Telekinese tatsächlich existiert, aber noch ist keine materielle Erklärung dafür abzusehen. Wenn wir keine rein materielle Erklärung des Lebens finden können (aber wir sollten uns ernsthaft vorher darum bemühen), warum dann über eine extramaterielle Deutung die Nase rümpfen?

Natürlich glaubt kein denkender Christ oder Theist, daß Gott physikalische Pläne entworfen hat und mit der Materie *Experimente* anstellte, um Leben und Universum zu schaffen. Wenn wir auch glauben, daß er die in der Materie vorherrschenden Experimentalbedingungen zur Schaffung des Lebens gesteuert hat, so stellen wir uns doch nicht vor, daß er seine Experimente so ausgeführt hat, wie wir es tun würden. Gott ist *per definitionem* allwissend und allmächtig und braucht deshalb keine Experimente nach unserer Art anzustellen, um Kenntnisse zu sammeln oder auszuprobieren, ob und wie man die Dinge ausführen kann. Er weiß die Antwort schon von Anfang an und braucht seine Kenntnisse nicht wie wir durch Experimente auszudehnen. Darüber hinaus hat er unendlich viel Energie sozusagen bei der Hand, um die notwendige Syntheseenergie zu liefern.

Die Bibel läßt uns genau die heutige Situation erwarten hinsichtlich der Entwicklung der Wissenschaft und möglicherweise der Synthese von Leben und Materie durch Menschenhand. Da wir nach dem Ebenbild Gottes geschaffen sind, sollten wir erwarten, daß der Mensch im Laufe der Zeit immer mehr die Gedanken Gottes nachdenkt, sogar in Hinsicht auf die Schöpfung des Lebens und der Materie. Wenn Gott *schöpferische* Gedanken hat, dann sollten wir erwarten, daß der Mensch in der Lage ist, ähnliche Gedanken zu denken, wenn sie auch unendlich weniger großartig sind. An mehreren Stellen der Heiligen Schrift wird der Mensch nämlich „göttlich“ genannt,[4] deshalb ist es nicht weiter verwunderlich, wenn er auf seine eigene kleine Art hin und wieder wie ein Gott denken kann. Der Mensch hat bereits Materie geschaffen, auch synthetische Materie wie Plutonium. Warum sollte er mit dem Leben nicht folgen? Leben aus dem Reagenzglas braucht deshalb den bibelgläubigen Christen nicht im geringsten zu überraschen oder seinen Glauben an Gott zu unterminieren.

Das Wunderbare an unserer gefährlichen Zeit ist vielleicht die Tatsache, daß der Mensch wirklich beginnt, zumindest im kleinen Maßstab, die Schöpfungsgedanken Gottes „nachzudenken“. Der Mensch lernt tatsächlich die Biochemie des Schöpfers, sowohl die synthetische wie auch die analytische. Und auch die Enzymologie des Schöpfers wird immer besser bekannt. Wenn dieser Vorgang fortschreiten kann und Kriege und andere Katastrophen ihn nicht aufhalten, dann gibt es — soweit wir heute sehen — keinen Grund, warum der Mensch nicht eine Art von selbst-reproduzierendem, biologischem Lebenssystem synthetisieren sollte, d. h. wenn das Leben nicht irgendeine Art der Verbindung von Materie mit einer supramateriellen Kraft ist, über die wir gegenwärtig noch nichts wissen. Persönlich glaube ich, daß diese Kraft

„Geist“ oder „Intelligenz“ ist.[a] Das sollten die Naturwissenschaftler in Betracht ziehen. Aber an diesem Punkt könnten wir uns fragen, wie weit das Denken selbst übernatürlich bedingt ist.

Die Spanne des Fortschritts, welche totes Material von primitivem Leben trennt, ist kaum so groß wie die Spanne, die einfache Lebensformen vom Menschen trennt. Es besteht also noch Raum für sehr viel Fortschritt, denn auch primitives unabhängiges Leben ist bis jetzt kaum im Reagenzglas erzeugt worden. Verglichen mit einer Amöbe, die komplex genug ist, ist der Mensch von fast unendlich großer Komplexität. Während die Geheimnisse „primitiven“ Lebens allmählich in der Hoffnung enträtselt werden, den Zugang zu komplexeren Lebensformen zu finden, gibt es eine andere Entwicklung, die nicht zu all diesem intellektuellen und logischen Fortschritt zu passen scheint: Wissenschaftler vertreten die seltsame Überzeugung, daß die Synthese von Leben und Materie durch den Menschen mit Hilfe sorgfältig und kompliziert vorbereiteter Experimente den Beweis darstelle, daß *niemand Leben und Materie ursprünglich plante und daß Gott deshalb entweder nicht existiere oder tot sei.* Wir haben uns bereits mit der „Logik“ dieser verblüffenden Denkentwicklung beschäftigt, die inmitten eines unerhörten technischen Fortschritts ihren Lauf nimmt.

3. Evolution mit Gottespostulat?

Wir erwähnten schon am Anfang, daß es in vielen Ländern christliche und theistische Naturwissenschaftler gibt, die die ganze „spontane“ Entstehung und Entwicklung des Lebens durch Millionen von Jahren hindurch von der ursprünglichen amöbenartigen Urzelle bis zum Homo sapiens hin als die Handlungsweise oder gar Schöpfungsmethodik Gottes ansehen. Mutation und darauffolgende Darwinsche Selektion sind — nach ihrer Ansicht — die praktischen Methoden gewesen, die Gott benutzte, um die heutige Tier- und Pflanzenwelt (einschließlich der Menschen) zustande zu bringen. Der Darwinismus stellt also demnach einen Teil von Gottes Schöpfungsmethoden dar. Die Entwicklung der Pflanzen- und Tierwelt durch Millionen von Jahren hindurch zeigt uns Gott an der Arbeit. Er bedient sich der Muta-

a Siehe mein „Erschaffung des Lebens“, Hänssler-Verlag, Neuhausen-Stuttgart, Bismarckstraße 4, BRD.

tion und der darauffolgenden natürlichen Selektion im Kampf ums Dasein, um die Schöpfung, wie wir sie heute kennen, ins Dasein zu bringen.

Abgesehen von den thermodynamischen Prinzipien, die wir bereits besprachen und die eine *spontane* Entstehung des Lebens und daraufhin eine *spontane* Emporentwicklung *nicht* gestatten, wäre es natürlich möglich, daß ein *Schöpfer* sich der langsamen Entwicklung nach oben bedienen könnte — thermodynamisch steht ihm als Schöpfer nichts im Wege. Er würde die langsame Entwicklung nach oben als der große „Experimentator" benutzen. So würde man die Saurier usw. und andere ausgestorbene Arten als „Versuche Gottes" in der Schöpfung ansehen, die er als Zwischenstufe gebrauchte, um zu höheren Organismen, einschließlich Menschen, zu gelangen.

Wie sollte nun ein Christ oder Theist auf derartige Ansichten über Gottes Experimentalmethoden reagieren? Der überwiegende Teil jener Naturwissenschaftler nämlich, die Christen oder Theisten sind, neigen zu dieser Auffassung. Der Mechanismus eines solchen Prozesses könnte leicht im Sinne Teilhards gedeutet werden, der die Evolutionslehre so ausweitete, daß sie die Ansicht einschloß, die Materie besitze eine eingebaute Kraft, welche sie automatisch nach oben streben lasse, langsam und unwiderstehlich (um Teilhards Ausdrücke zu verwenden) zu mehr und höherer Komplexität, so daß sie schließlich im Aufbau psychischen Dranges (Teilhard) in Cephalisation und Punkt Omega endet. Das heißt: Gott konstruierte die Materie so, daß sie sich weiterentwickeln *mußte*. Viele akademisch gebildete Menschen sind bereit, sich diese Art von Theorie zu eigen zu machen und sie auf ihre religiösen Überzeugungen anzuwenden.

Wir wollen zuerst das Problem ein wenig vom philosophischen und ethischen Standpunkt aus analysieren. Der Darwinismus ist von Mutationen und darauffolgender natürlicher Selektion im Kampf ums Dasein abhängig. Mutation findet heute ständig statt, da sollen und können wir vom philosophischen Standpunkt aus nichts gegen diese Mutationen als *Schöpfungsprinzip* Gottes einwenden, auch wenn sie meist degenerativer Art sind. Denn die Möglichkeit einer Synthese durch Mutationen und somit einer Neuschöpfung besteht, wie wir schon besprochen haben.[a]

a Siehe mein „Erschaffung des Lebens", Hänssler-Verlag, Neuhausen-Stuttgart Bismarckstr. 4, BRD.

Wie steht es aber vom christlichen und theistischen Standpunkt aus um die natürliche Selektion im Kampf ums Dasein? Was für philosophische und ethische Prinzipien walten hier? Was für philosophische und ethische Folgen können entstehen?

Nach dem Prinzip der natürlichen Selektion im Kampf ums Dasein stirbt der schwache, kranke oder minderbegabte Organismus langsam oder schnell aus. Der Stärkere, physisch oder intelligenzmäßig, behauptet sich und siegt über den Schwächeren. Zugunsten des Wohls der Gesamtrasse wird der einzelne zurückgedrängt und erwürgt. Wenn nun der Schöpfer dieses philosophische und ethische Prinzip der natürlichen Selektion benutzt, um die Rasse aufzubessern, heißt das mit anderen Worten. daß Gott prinzipiell als Schöpfungsmethodik die Kranken, die Schwachen und Minderbegabten zugunsten der Starken, Gesunden und Höherbegabten ausradiert. Hier geht es um Prinzipielles: um die Prinzipien der Arbeitsmethoden Gottes. Die Frage, die wir uns nun stellen müssen, ist die: *Kann ein Christ (oder Theist) sich vorstellen, daß Gott diese Arbeitsmethode wählen würde?* Ist Gottes Charakter, der in der Bibel eingehend geoffenbart wurde, so gestaltet, daß *diese Arbeitshypothese denkbar ist?* Die Bibel lehrt natürlich, daß Gott bei der Schöpfung mit „Logos", d. h. mit Planung, Überlegung, These, Geist vorging. Die direkte Antithese (Gegenteil) zu dieser Arbeitsmethode wäre die „Zufallsmethodik" von Darwin.

Um diese Frage zu beantworten, müssen wir zunächst einige Beschreibungen des Charakters Gottes erwähnen, und dann wollen wir uns die Frage stellen, ob sein Charakter es zulassen würde, nach der postulierten Methodik des Darwinismus seine Schöpfung zustande gebracht zu haben.

Nur eine *Person* (vernunftbegabtes Individuum) kann einen Charakter besitzen. Die Bibel lehrt uns, daß Gott eine Person ist und daß er einen ausgesprochenen Charakter hat: Er liebt den Sünder, er haßt die Sünde. Weil er *die* Person des Universums ist, hat er einen *Plan* für jeden Menschen. Ferner lehrt uns die Bibel, daß derjenige, der den Sohn als Mensch gesehen hat, zur gleichen Zeit den Vater gesehen hat.[5] Daraus schließen wir, daß, wenn Gott eine Person ist und einen Charakter hat, dieser Charakter uns in der menschlichen Form von Jesus Christus gezeigt wurde. Es ist durchaus verständlich, daß viele Menschen zurückschrecken, wenn man sie bittet, den Charakter Gottes zu analysieren. Doch ist der Begriff „Liebe" („Gott ist Liebe") *eine*

Charaktereigenschaft Gottes. Davor schrickt man nicht zurück. Eine Person, die Liebe besitzt, wird auch andere Charaktereigenschaften aufweisen (Geduld, Treue, Beständigkeit, Wahrhaftigkeit usw.). Trotzdem ist es schwierig, sich die Charaktereigenschaften Gottes vorzustellen, gerade deswegen, weil er ewig ist, allmächtig, allwissend, allgegenwärtig usw., d. h. daß er unendlich ist. Wenn sich Gott aber in *menschlicher Gestalt* als menschlicher Charakter geoffenbart hat, dann ist die Situation viel leichter; Menschen haben klar definierbare, vorstellbare Charakterzüge, anhand derer wir uns vorstellen können, ob sie nach dieser oder einer anderen Methode in bestimmten Lagen vorgehen werden oder nicht. Die Bibel lehrt uns, daß der *Charakter Gottes* für uns Menschen *im Charakter des Menschen Jesus Christus* geoffenbart und verständlich gemacht worden ist.

Unsere Frage wird jetzt also bedeutend einfacher: Könnte *Jesus Christus nach der Methodik der Selektion im Kampf ums Dasein vorgegangen sein, um seine Welt zu erschaffen?* Wir sind uns darüber im klaren, daß diese Frage nicht bloß eine akademische ist, denn die Bibel lehrt uns, daß alle Dinge in dieser Welt von ihm (Christus) und für ihn (Christus) in der Tat erschaffen worden sind.[6] Wir haben also sozusagen das doppelte Recht, uns zu fragen, ob Christus die Prinzipien der Selektion im Kampf ums Dasein als Schöpfungsmethodik benutzen konnte. Gott in Christus ist der Schöpfer, und Christus offenbart uns Gottes Charakter. Was sagt Christus über seinen eigenen Charakter aus? Wir können erst, wenn wir seinen Charakter kennen, feststellen, wie er wahrscheinlich in Schöpfungsfragen vorgehen würde.

Eine der ausführlichsten Enthüllungen des Charakters Jesu Christi (und deshalb Gottes) finden wir im Matthäus-Evangelium, Kapitel 5. Wir zitieren einige Verse: „Selig sind, die da geistlich arm sind; denn das Himmelreich ist ihr ... Selig sind die *Sanftmütigen;* denn *sie* werden das *Erdreich* besitzen ... Selig sind die *Barmherzigen;* denn *sie* werden Barmherzigkeit erlangen ... Selig sind die *Friedfertigen;* denn *sie* werden Gottes Kinder heißen.“[7] „Ich aber sage euch: Liebet eure Feinde; segnet, die euch fluchen; tut wohl denen, die euch hassen; bittet für die, so euch beleidigen und verfolgen, *auf daß ihr Kinder seid eures Vaters im Himmel; denn er läßt seine Sonne aufgehen über die Bösen und über die Guten und läßt regnen über Gerechte und Ungerechte* ... darum sollt ihr vollkommen sein, gleichwie euer Vater im Himmel vollkommen ist.“[8]

Der Herr Jesus Christus zeigt uns hier, was in den Augen des Vaters (und deshalb auch des Sohnes) Vollkommenheit des Charakters ist, und mahnt uns zur gleichen Zeit, diese Vollkommenheit des Charakters für uns selbst in Anspruch zu nehmen. Laßt uns seine Äußerungen, wie oben zitiert, ein wenig unter die Lupe nehmen! „Selig sind, die *geistlich arm* sind." Hier ist kaum eine Beschreibung des sich im Kampf ums Dasein brutal oder raffiniert Durchsetzenden zu finden. Hier handelt es sich um einen Charakter, der höhere intellektuelle Eigenschaften besitzt, aber sich demütig korrigieren und zurechtweisen läßt. Wer das nicht tut, bleibt brutal, raffiniert und hochmütig und lernt keine höheren Eigenschaften. Der geistlich Arme wird das Himmelreich, also das Höchste, besitzen. Im Kampf ums Dasein kommt nach Darwin und den Neodarwinisten ein solcher Charakter (auch im heutigen Geschäftslebenskampf?) sehr schnell um, ein Beweis, daß Selektion nach den Prinzipien des Kampfes ums Dasein die gröberen (niedrigeren?) intellektuellen und charakterlichen Eigenschaften begünstigt (eine geistige Entwicklung nach unten?).

„Selig sind die *Sanftmütigen;* denn *sie* werden das Erdreich besitzen." Menschlich gesehen, könnte man es eher verstehen, wenn es „die Schlauen" heißen würde. Durch Sanftmut setzt man sich im Kampf ums Dasein nicht durch. Der Herr Jesus war sanftmütig und von Herzen demütig und wurde *gekreuzigt.* Wie könnte der *Sanftmütige selber* Selektion im Kampf ums Dasein als seine Schöpfungsmethodik benutzen? Heute besitzen die Sanftmütigen nicht die Erde. Selbst Gandhis Indien, das diese Methoden zur Politik machte, ging anders als sanftmütig mit Rotchina um, als letzteres Indien angriff. Goa wurde den Portugiesen von den Indern nicht durch Ghandis Sanftmut abgenommen [vgl. auch Bangla Desh!]. Und die Inder besitzen diesen „goaischen" Teil des Erdreichs noch immer, jedoch nicht durch Sanftmut!

„Selig sind die *Barmherzigen;* denn *sie* werden Barmherzigkeit erlangen." Ist denn der Kampf ums Dasein *barmherzig?* Wenn er das wäre, würde er aufhören, Kampf zu sein. „Selig sind die *Friedfertigen;* denn *sie* werden Gottes Kinder heißen."

Die Friedfertigen sind jene, welche beim Kampf ums Dasein nicht auf den Sieg über andere bestehen. Wir sollten unsere Feinde lieben. Wie sollen wir ihnen aber in Krieg und Gefecht unsere Liebe zeigen? Ich vermute, heute würden viele versuchen zu rationalisieren, indem sie sagen: „Töte deinen Feind so schnell und so schmerzlos wie möglich", aber sie meinen sicherlich nicht, daß sie dem Feind erlauben sollten, sie selbst zuerst zu töten. Aber gerade das erlaubte Jesus!

Wir wollen uns darüber völlig im klaren sein, daß die obigen *Vorschriften der Vollkommenheit* in der heutigen Welt undenkbar sind. Jeder, der sie ernsthaft und gewissenhaft praktizieren möchte und versucht, vollkommen zu sein, wie der Vater im Himmel vollkommen ist, wird mit den Militärdienststellen seines Landes in Konflikt geraten, sobald er im wehrfähigen Alter ist. Hier, in unserer Welt des brutalen, raffinierten Kampfes, sind Grausamkeit, Erbarmungslosigkeit, Leiden und Bekämpfen bis zum Tode an der Tagesordnung, und zwar nicht nur in Vietnam, sondern — vielleicht mit anderen Waffen — in den meisten Sparten der Geschäfts- und Bildungswelt. Darwin beobachtete recht genau, als er den Zustand der Welt als den eines Kampfes ums Dasein beschrieb. Wie die Heilige Schrift sagt, seufzt die ganze Schöpfung vor Leiden, welche oft die Freuden überdecken. Sogar die Freude bei Liebe und Heirat erhält einen dunkleren Farbton bei dem Gedanken, daß sie währt: „bis daß der Tod uns scheide", Worte, gerade dann gesprochen, wenn wir nicht an sie erinnert werden möchten.

Es ist natürlich etwas anderes, sich zu fragen, ob oder wie weit der ernsthafte Christ sich an diesem erbitterten Kampf beteiligen sollte oder nicht. Er wird dankbar sein, wenn er einiges davon vermeiden kann. Anderes läßt sich nicht vermeiden. Durch das ganze Leben hindurch müssen die Weisungen Christi vor allen anderen Vorrang im Leben eines Christen haben. Sie sind absolut bindend für ihn. Ihm wird tatsächlich gesagt, daß er durch Befolgen dieser Vorschriften vollkommen werden kann, wie sein Vater im Himmel vollkommen ist, und daß dies auf keine andere Weise möglich sei. Es gibt hier keine zwei Wege. Der ernsthafte Christ muß darauf bedacht sein, *immer* dem offenbarten Wesen Christi nachzuleben. Und die Bergpredigt zeigt uns genau, wie Christus ist, moralisch gesprochen.

Für uns ist die Enthüllung des vollkommenen Charakters Gottes in den zitierten Passagen wichtig. Weil er selbst vollkommen ist, schätzt er an uns solche Tugenden wie geistliche Armut, Sanftmut und Barmherzigkeit und bevorzugt den Friedensstifter vor dem Kriegshetzer und Unbarmherzigen. Gerade bei diesen Offenbarungen über Gottes heiliges Wesen sehen wir, in welchem Ausmaß der Charakter der Menschheit im allgemeinen verdorben ist. Dies bedeutet natürlich keineswegs, daß Gottes Sanftmütigkeit Schwäche wäre oder seine Gnade jede Ungerechtigkeit übersehen würde. In ihm finden wir alle Züge eines vollkommenen menschlichen Charakters, harmonisch verbunden und zu der vollkommenen Persönlichkeit vereint, unendlich und doch menschlich in der Gestalt Jesu Christi. Weil er nun eine solch vollkommene Persönlichkeit ist, deren vollkommener Charakter unermeßliche Weisheit, Macht und Einsicht zeigt, sollten wir erwarten, daß seine Schöpfungsmethodik zu der Vollkommenheit seines Wesens paßt. Er trägt die Zeichen der Unendlichkeit und Ewigkeit (das ist mehr als bloße Zeitlosigkeit) in seinem von der Heiligen Schrift offenbarten Charakter; deshalb sollte man erwarten, daß diese Eigenschaften auch durch all seine schöpferische Arbeit hindurchschimmern. Wir sollten nach den Zeichen der Ewigkeit und Unendlichkeit Ausschau halten, wenn wir die Schöpfung erforschen. In der Tat erkennen wir diese Eigenschaften in der Natur, vorausgesetzt, wir haben ein waches Auge dafür. Als Beispiel betrachte man die offenbar endlose Bewegung der Elektronen auf den Bahnen um den Kern. Es ist kein Geheimnis, daß, je mehr wir die Geheimnisse der Natur erforschen, sie desto tiefgründiger werden, so daß auch unser Wissen selbst den Stempel der Endlosigkeit zu tragen scheint. Das würde wirklich ein naiver Wissenschaftler sein, der dächte, er könnte alles auf seinem Fachgebiet erforschen, ganz abgesehen von der Gesamtheit des Universums. *So haben wir also schon die Zeichen von Ewigkeit und Unendlichkeit in Schöpfung und Zeit erkannt.* Angesichts der Worte Jesu über den Fall des Menschen und seine Folgen würden wir auch erwarten, die Anzeichen von Zeitlichkeit, Verfall und Zerstörung auf diesem einst vollkommenen Gebiet zu sehen, und sie sollten sich gegen die Zeichen von Ewigkeit und Vollkommenheit in der Natur deutlich abheben. Der zweite Hauptsatz der Thermodynamik veranschaulicht diesen Sachverhalt in hinreichendem Maße.

Wir sollten also angesichts des vollkommenen, unendlichen und dennoch menschlichen Wesens Christi erwarten, daß die von ihm ins Leben gerufene Schöpfung ihn trotz des Falles unmißverständlich wiederspiegelt. Und sie verhält sich auch in der Tat so. Wie wir bereits sahen, *scheint es so, als ob die Schöpfung selbst zeitlos war* oder die Schöpfung nicht *in* der Zeit, sondern *mit* der Zeit geschaffen wurde.[9] *Vor der Schöpfung konnte es nämlich keine Zeit geben.* Es scheint auch so, als ob das Universum, wie wir bereits erwähnten, die Zeichen der Unendlichkeit trägt, *denn je tiefer wir in den atomaren und subatomaren Bereich und auch in das Leben selbst eindringen, desto mehr bemerken wir, daß es immer neue Geheimnisse gibt.* Es hat den Anschein, als *ob es immer neue Probleme zu lösen gibt, was Unendlichkeit bedeutet.* Und je tiefer wir am Himmel in die Welt der Gestirne, Quasare und interstellaren Räume eindringen, desto mehr werden wir finden, was einer Erklärung bedarf. *Wenn auch das Universum eine definitive Größe und offenbare Grenzen haben mag, tragen Wissen und Probleme den Stempel der Grenzenlosigkeit. — So besitzt die Schöpfung sicherlich die unauslöschlichen Spuren eines unendlichen Autors.*

Auch wir Menschen tragen die gleichen Spuren eines unendlichen Gestalters. Je tieferen Einblick wir in die Geheimnisse unserer eigenen Zellen, Nervenfasern, Muskelfibrillen, ja des Egos selbst gewinnen, desto mehr erkennen wir, daß immer neue Probleme auf uns warten. In diesem Punkte unterscheiden sich die Spuren, welche die Natur den Erforschern ihrer Probleme enthüllt, von jenen Zeichen, welche wir selbst in unserer eigenen Werkstatt hinterlassen. Wir erreichen so leicht die Grenze unserer eigenen Schöpfungen und zeigen hierdurch unsere eigene Endlichkeit.

Gottes Schöpfungsmethodik scheint also zu seinem eigenen unendlichen Maßstab und Wesen zu passen. Es ist sinnlos, die Unendlichkeit offenbarenden Merkmale der Natur auf irgendeiner anderen Grundlage zu erklären. Die Frage lautet darum: Wie können wir unserem Schöpfer irgendwelche Schöpfungsmethoden zuschreiben, die nicht seine Vollkommenheit widerspiegeln? Könnte ein solcher Schöpfer hier auf der Erde Leben schaffen, mit den Methoden, welche der Darwinismus postuliert?

Zunächst wollen wir das darwinistische Grundkonzept des Zufalls als Haupttriebkraft des Lebens betrachten. *In der göttlichen Allwissenheit hat der Zufall keinen Platz, noch kann er ihn dort haben.* Wir wissen nicht, welches Atom von einer Million Radiumatomen als nächstes zerfallen wird. Deshalb behandeln wir das Problem statistisch, um so unsere Unwissenheit zu überbrücken. Wenn Gott jedoch allwissend ist, muß er wissen, welches Atom als nächstes auf der Explosionsliste steht, so daß es in seiner göttlichen Allwissenheit keinen Zufall gibt. Der Zufall ist deshalb ein sehr endliches Konzept, welches zu begrenzten Wesen gehört. Wie können wir uns dann vorstellen, daß Gott bei der Biogenese eine so endliche und unsichere Methode wie den Zufall als Ausdruck seiner unendlichen Allwissenheit und

Allmacht wählt? Würde der Gebrauch des Zufalls Gottes Wesen entsprechen? Dies Konzept ist völlig widersprüchlich. Gott *könnte* sich natürlich dessen, was wir in unserer Unwissenheit Zufall nennen, bedienen, aber es würde für ihn kein Zufall, sondern absolute Gewißheit sein. Gott könnte sich also keinesfalls des *echten* Zufalls [Unwissenheit] bedienen.

Als zweite und ebenfalls widersprüchliche Angelegenheit müssen die gewaltigen Zeiträume betrachtet werden, welche eine *conditio sine qua non* für die darwinistische Evolution darstellen. Wenn Gott ewig und völlig unabhängig von der Zeit ist, wie können wir dann ihn, den Zeitlosen, für eine evolutionsmäßige Schaffung des Lebens an eine völlige Abhängigkeit von der Zeit binden? Und doch stellen die Jahrmillionen und der Zufall die Grundfesten des darwinistischen Denkens dar, wenn sich auch beide Konzepte, wie wir gezeigt haben, als ohnmächtig vor den Forderungen kreativer Synthese erweisen. Selbstverständlich könnte er sich langer Zeitspannen bei der Schöpfung bedient haben, die Behauptung jedoch, ohne die Verwendung langer Zeitspannen hätte er seine Schöpfung nicht vollbringen können, liegt auf einer ganz anderen Ebene.

Wie können wir also davon ausgehen, daß Gott sich eines oder beider der obigen Konzepte bei seinen schöpferischen Plänen und Zielen bedienen mußte? Keines von beiden verleiht Gottes Wesen Ausdruck, weder dem, das uns in der Heiligen Schrift geoffenbart ist, noch dem, das uns in der weltlichen Vorstellung entgegentritt. Neben vielen anderen Eigenschaften kennen die Christen Gott als Friedensstifter. Wie könnte er dann die erbarmungslose Zerstörung des Schwachen und Kranken als wesentlichen Bestandteil seiner Schöpfungsweise verwandt haben? Wenn seine Schöpfungsarbeit prinzipiell von Zerstörern vollbracht wird — von jenen Organismen, die Listen, biologischen „Krieg" oder Täuschung benutzen, um im Kampf ums Überleben zu gewinnen —, würde auch dies nicht einen Widerspruch zu Gottes Wesen darstellen? Wenn Gottes Schöpfungstechnik für die Höherentwicklung des Lebens ein Kampf für die eigene Existenz war, bei dem alle Griffe erlaubt sind, (wie es jetzt im biologischen Dschungel tatsächlich der Fall ist), was wird dann aus dem Charakter Gottes, der den Gebrauch *dieser* Schöpfungsmethoden zur Erreichung seiner Ziele plante?

Wir könnten uns mit Recht fragen, wieso Gott sich zur Durchsetzung der Befreiung und Erwählung Israels im Alten Testament zerstörerischer Methoden wie Krieg, Tod und oft sogar Grausamkeit bediente, bei der Erschaffung der Arten innerhalb seines allgemeinen Schöpfungsplanes mit dem Leben jedoch auf ähnliche Methoden verzichtete? Die Vermutung liegt nahe, daß Gott rein destruktive Methoden als Gerichtsakt auf Sünde oder als erzieherische Maßnahmen mit bestimmten Absichten verwendet, wie z. B. im Falle Hiobs. *Am Anfang* jedoch, bei der Erschaffung des Lebens und der Entwicklung aller Arten lag für Gott sicherlich kein Anlaß vor, Sünde zu bestrafen oder seine Diener zu versuchen oder zu erziehen. Zudem berichtet die Genesis nicht, daß er die verschiedenen Arten des Lebens auf irgendeine andere Weise als durch bloßen Machtspruch (Logos, Denken, Planung) schuf.

Was Gottes Arbeitsweise anbelangt, so muß sich die heutige Situation von jener Schöpfungssituation unterscheiden. *Heute nämlich, da die Sünde in die Welt gekommen ist, hat Gott ein unbestreitbares Recht, auch sie zur Verherrlichung seiner eigenen vollkommenen Person zu benutzen.* Wenn er, der Schöpfer, in irgendeiner Weise von der Sünde und ihrer Verwendung befleckt würde, gäbe es für ihn dabei keine Ehre. Jetzt aber, da die Sünde die Welt erfüllt, will Gott sogar sie dazu benutzen, um seine eigenen Ziele zu erreichen. Weil es jedoch am Anfang keine Sünde gab *und Gott nicht der Urheber der Sünde ist*, ist es unmöglich, daß er sie damals für seine Schöpfung verwandt haben könnte. Dieses Argument gilt aber nicht mehr nach dem Fall des Menschen.

In Matthäus 5 und anderen Passagen hat Gott bündig gezeigt, daß er keine „Alle-Griffe-erlaubt-Technik" *billigt*, auch nicht im Dschungel des Lebens, in welchem wir leben. Wie könnte er sie dann bei seiner eigenen Schöpfungsweise billigen? Nach der Lektüre der Bergpredigt als ein Exposé von Gottes Wesen erscheint es beinahe als Blasphemie, ihm derartige Methoden zuzuschreiben.

Man kann nun einwenden, daß dieses im Neuen Testament auf die Offenbarung von Gottes Wesen wohl zutreffen kann, nicht jedoch im Alten Testament. In alttestamentlicher Zeit führte man die Kriege und Zerstörungen im Namen Gottes, als Bestandteil seines Programms durch. Sicherlich gibt es sehr viel Gericht im Alten Testament, aber dies trifft auch für das Neue Testament zu. Wir dürfen nicht die vielen Hinweise Christi auf das Gericht der Hölle vergessen und auf den Richterthron, auf dem er selbst am Ende der Zeit sitzen wird. Ebenso müssen wir uns an die Peitschenschnüre erinnern, mit denen er die Wechsler aus dem Tempel trieb. Christus sprach wiederholt von den Schrecknissen des höllischen Gerichts. Das am Ende des Neuen Testaments vorhergesagte Gericht hat einen viel ernsteren Charakter als irgendein anderes, das wir im gesamten Alten Testament von der Genesis bis Maleachi finden. Und wir wagen nicht zu vergessen, daß das gesamte Gericht am Ende dieses Systems mit all seiner dargestellten Schrecklichkeit in die Hände Christi selbst übergeben ist. Das ganze Gericht ist ihm übertragen. Deshalb sollten wir niemals sagen, daß der Gott des Alten Testaments verschieden von dem sei, welcher im Neuen Testament geoffenbart wurde; das Alte Testament offenbart also nicht einen Gott des Gerichts und das Neue einen Gott der Liebe. Liebe und Gericht finden wir in beiden Teilen der Bibel. Die *Konsequenzen* von Adams Fall reichen durch das ganze Adamsreich hindurch. Diese *Konsequenzen* können ebensowenig bedeuten, daß Gott das Tier- und Pflanzenreich *bestraft*, als daß eine Erkältung die Folge vom Diebstahl des Eigentums anderer Leute sein kann.

Wir müssen uns klarmachen, daß Gott ein Gott des Gerichts sowohl im Alten als auch im Neuen Testament ist, und zwar überall dort, wo es Sünde gibt und Gerechtigkeit und Bestrafung vonnöten sind. In beiden Teilen der Bibel ist Gericht eine *Antwort* auf Sünde und Mißachtung seiner guten Gebote. Es verhält sich nicht so, wenn es keinen Grund für ein solches Verhalten gibt. Und da es am Anfang der Schöpfung keinen Grund für ihn gab, auf Sünde zu antworten, warum sollte er sein Universum mittels jener Methode *schaffen*, die er sonst nur zur gerechten Bestrafung der Sünde benutzt? Zerstörung wird für Sünde zugemessen; niemals jedoch nach dem gesamten Zeugnis der Schrift wird sie als *schöpferische* Methode benutzt. Im Gegenteil, dazu müssen wir uns klarmachen, daß Uneinigkeit und Kampf zwischen den einzelnen Menschen und Nationen heute größtenteils ein Ergebnis der sündigen und selbstsüchtigen Natur des Menschen und damit auch eine Folge des Sündenfalls darstellen. Das Elend der heutigen Welt, Krankheit, Schmerzen, Sorge, Tod und Zerfall sind die Ergebnisse eines Falles der Schöpfung, der bereits vorhanden ist. *Der Kampf ums Dasein, welchen die heute lebenden Organismen untereinander ausfechten, ist ein Ergebnis der Sünde, die in eine vollendete Schöpfung eingedrungen ist. Sie ist aber nicht die Methode, mit deren Hilfe diese Schöpfung aufgebaut wurde.*

Vielleicht ist die Feststellung nicht gerade korrekt, daß der Kampf ums Dasein ein direktes Urteil Gottes darstellt, denn wie könnte man deswegen gerichtet werden, weil man krank, unterentwickelt oder schwach ist? Die sogenannte *schöpferische* natürliche Auslese jedoch mit all ihren Techniken, bei denen alle Tricks erlaubt sind, würde Gottes Schöpfungsmethoden davon abhängig machen, daß er die Kränklichen oder Schwachen oder Unglücklichen bestraft, aber nicht für ihre eigenen Fehler, sondern nur, um höhere Lebensformen zu entwickeln. Sicherlich konnte kein Gott von vollkommenem Wesen so unendlich und berechnend ungerecht sein, daß er seine Ziele auf Kosten der schwächsten Individuen erreicht, um die Rasse der Nachkommenschaft zu „begünstigen". In diesem Falle würde Ungerechtigkeit die Grundlage für Gottes Schöpfungstechnik ergeben, ganz abgesehen einmal von „Zufall", dem Gegenpol von Gottes Allwissenheit. Ungerechtigkeit und Zufall (Unwissenheit) würden die Grundlage der göttlichen Schöpfung darstellen, wenn der Darwinismus recht hat.

Darüber hinaus dürfen wir nicht vergessen, daß wir sogar im Alten Testament auch Geschichten der *Ritterlichkeit* (im Gegensatz zu Brutalität) finden wie z. B. die Geschichte Davids.

Schauen wir uns einmal seinen Charakter an! Er hatte zwei Möglichkeiten, den Mann zu töten, der ihm nach dem Leben stand, nämlich den König Saul. Einmal in der Höhle zu Engedi hätte er Saul ohne Lärm oder Schwierigkeiten töten können. Davids eigene Leute sagten zu ihm: „Siehe, das ist der Tag, davon dir der Herr gesagt hat: ‚Siehe, ich will deinen Feind in deine Hände geben, daß du mit ihm tust, was dir gefalle.'"[10] David zog es vor, seinen Erzfeind zu lieben, und nahm einen Zipfel von Sauls Rock, um Saul den Beweis zu liefern, daß er ihn ohne weiteres hätte töten können, daß er aber seinen Feind liebte. Diese Begebenheit stellt keinen Einzelfall dar, denn David wiederholte das gleiche in der Wüste Siph. Als Saul und seine Leute schliefen, kam David mit Abisai und stahl Saul Spieß und Wasserbecher, die zu seiner Seite waren. Als Abisai das sah, flüsterte er David zu: „Gott hat deinen Feind heute in deine Hand beschlossen; so will ich ihn nun mit dem Spieß stechen in die Erde einmal, daß er's nicht mehr bedarf."[11] Aber David wollte keine Hand an ihn legen. David kannte eine Ritterlichkeit und eine Abneigung gegen Gericht, was ihm wichtiger war als alle Gedanken seiner eigenen Sicherheit oder Vorteile. David nützte seine Machtposition nicht aus. Er hätte im Kampf ums nackte Dasein zweimal leicht siegen können, verzichtete aber aus höheren Gründen darauf und liebte seinen Erzfeind.

Nach dem Tode Sauls zeigte David wiederum die gleiche Gesinnung. Er suchte irgendeinen Entronnenen des Hauses Jonathans, des Sohnes Sauls, um ihm Güte zu erweisen.[12] Er findet den Krüppel Mephiboseth, der an beiden Füßen lahm war, läßt den armen Mann kommen und stellt ihn den eigenen Königssöhnen gleich, so daß der Krüppel Mephiboseth alle seine Tage an des Königs Tisch mit den Königssöhnen essen durfte. Mephiboseth bekam auf ausdrücklichen Befehl Davids hin alle Äcker seines Großvaters Saul — des Feindes Davids — zurück, damit er nicht als Bettler an des Königs Tisch zu erscheinen brauchte. Welche Feinfühligkeit! Und David war ein Mann nach Gottes Herzen. So ging er mit seinen Feinden um! Die andere Seite dürfen wir natürlich auch nicht übersehen. Als Gott den Befehl gab, gerechtes Gericht auszuüben, gehorchte David auch. *Auch hier zeigt er das Herz Gottes.* Gott richtet aber nur dann, wenn andere Methoden nicht mehr helfen. Er will nicht den Tod des Sünders, sondern daß dieser sich von seinen Sünden bekehrt und lebt.

Diese gerechte Strenge des Charakters Gottes bewahrt uns vor einer weichlichen Vorstellung des Charakters Gottes. Strenge und Güte sind beide da. Es ist immer das Wesen einer Karikatur, einige Gesichtszüge auf Kosten anderer zu betonen: Die Nase wird zu lang, das Kinn zu klein, der Hals zu kurz, obwohl man trotzdem den Gegenstand der Karikatur erkennen kann. Durch diese Über- oder Unterbetonung wird das Bild lächerlich und somit eine Karikatur. So dürfen wir mit dem Charakter Gottes nicht verfahren. Wir dürfen Liebe und Geduld nicht auf Kosten von Strenge und Gerechtigkeit überbetonen, sonst entsteht ein Zerrbild seines Wesens und somit eine Karikatur. Alle Charakterzüge müssen gezeigt werden, und zwar in der biblischen Betonung und in den richtigen Proportionen, sonst entsteht eine Karikatur Gottes.

Können wir uns nun angesichts seines vollkommenen Charakters, seiner Liebe, Geduld, Sanftmut, Friedfertigkeit, Gerechtigkeit, Strenge, Allmacht Allgegenwart, Allwissenheit usw. vorstellen, daß er sich der Methodik der Selektion im Kampf ums Dasein bedienen würde, um seine Schöpfung zustande zu bringen? Damit hätte er seinen ganzen Charakter kompromittiert. Der Vorschlag, daß er diese Methodik benutze, kam offenbar von einem Mann, der die heutige *gefallene* Schöpfung genau beobachtete. So geht es ohne jeglichen Zweifel heute zu. *Hat Gott aber die Methoden einer gefallenen Schöpfung benutzt, um eine vollkommene, nicht gefallene Schöpfung, wie sie am Anfang war, zu erschaffen?*

Am Anfang, sagt Gott, war alles „sehr gut". Was sollen wir aber unter „sehr gut" verstehen? Die Bibel gibt uns darüber klaren Aufschluß, denn am Ende dieser Schöpfung wird Gott wieder alles „sehr gut" machen. Er beschreibt diesen Zustand am Ende der heutigen Schöpfung mit folgenden Worten: „Und Gott wird abwischen alle Tränen von ihren Augen; und der Tod wird nicht mehr sein, noch Leid, noch Geschrei, noch Schmerz wird mehr sein; denn das Erste ist vergangen." [13] An anderen Stellen nennt sich dieser Zustand die „Wiederherstellung aller Dinge." [14] Gott hat somit versprochen, alles, was durch den Sündenfall in Unordnung gekommen ist, in den Urzustand wieder zurückzukehren, wo Kampf, Geschrei, Leid, Schmerzen und Tod als *etwas Schlechtes* entfernt wird. Der Urzustand kehrt wieder zurück, wo kein Kampf, kein Geschrei, noch Schmerzen, Tod oder Tränen sind. Wenn dies der Zustand am Anfang der Schöpfung war, daß alles in Harmonie lebte, und wenn eines Tages alles wieder in Harmonie leben wird, wie kann man behaupten, daß alles durch Selektion im Kampf ums Dasein entstand! Es gab eben am Anfang der Schöpfung keinen Kampf, sondern Harmonie, weil Gottes Charakter harmonisch ist.

Dieser Kampf soll nach Darwin *schöpferisch* sein, denn durch Millionen von Jahren Selektion im Kampf entstand eine schöpferische Leistung, etwas Neues. Die Bibel lehrt uns, daß Kampf erst dann begann, nachdem die Schöpfung schon da war und zu sündigen anfing. Der Kampf ist also ein Beweis für Degenerierung. Der Kampf ist ein Ausdruck der Zunahme von Entropie und Probabilität (Degenerierung) und kein Ausdruck von Senkung der Entropie und Improbabilität *(Schöpfung)*.

Wir fassen zusammen: Nach Darwin soll die Evolution die *Folgen* des Sündenfalls in der Schöpfung, nämlich Leid, Tränen, Schmerz und Tod, dazu benutzt haben, um die Schöpfung zustande zu bringen. Welche Verwirrung der Logik unter den Christen und Theisten, dies überhaupt eine Sekunde für möglich zu halten! Denn die Erschaffung der Welt fand *vor* dem Sündenfall statt. Nach Darwin und den an Darwin glaubenden Christen geht die Wirkung *vor* der Ursache. Denn nach der Bibel war alles am Anfang harmonisch und vollkommen: Leid, Schmerz und Tod gab es nicht. Erst nachher kam der Sündenfall, der Kampf und Tod mit sich brachte. Wie können nun diese Folgen des Sündenfalls (Kampf und Tod) in einer bereits bestehenden Schöpfung die Ursache derselben sein?

4. Einige Folgen der Darwinschen Lehre in der politischen Welt

Die Geschichte der politischen Welt ist mit wenigen Ausnahmen von jeher die Geschichte von Krieg, Gewalttat, Ausrottung ganzer Völker, Tyrannei und Versklavung der vielen zugunsten der Herrschaft von wenigen gewesen. Doch erkannten zu fast allen früheren Zeiten wenigstens einige Menschen, daß diese ständigen Kämpfe zur Vernichtung oder wenigstens zur Verrohung der Menschheit im ganzen (auch der Sieger) führen würde. Individuelle Tapferkeit und Ritterlichkeit im Kampf mögen Tugenden sein, und die besten mögen sich im Einzelkampf behaupten und davonkommen. Aber im großen ganzen wirkten sich diese Kriege mit ihren Massenvernichtungen zum Nachteil der Menschheit aus, denn wenn Menschen umkamen, waren es meistens die Besten im Volk.

Aber seit der Publikation des „Origin of Species" von Darwin verbreitet sich ungehindert die Lehre der „Tugend des Kampfes": Der Kampf an sich ist eine Tugend, denn durch ihn allein wird die Emporentwicklung der Rasse gefördert. Wenn die ganze Schöpfung, wie wir sie heute kennen, wenn die „ganze Realität" (Huxley) der Emporentwicklung der kosmischen wie auch der biologischen Welt durch den erbitterten Kampf ums Dasein geradezu zustande kam, was kann man, moralisch gesehen, gegen den Kampf an sich einwenden? Der Kampf ums Dasein nebst seinen Schattenseiten (Angst, Schmerz, Agonie, Tod) muß eigentlich „gut" sein, denn er ist mit wunderbaren Erfolgen gekrönt worden. Professor Dr. C. Waddington kommt gerade zu diesem Schluß [15], als er schrieb: „An existence which is essentially evolutionary is itself the justification for an evolution towards a more comprehensive existence." [16] („Eine Existenz, die wesensgemäß evolutionär ist, besitzt in sich selbst die Rechtfertigung für eine Entwicklung in die Richtung einer allumfassenden Existenz.") Evolution muß „gut" sein, auch wenn die Begleiterscheinungen (Sich-gegenseitig-Auffressen, Sieg der Brutalsten und Rohsten) abscheulich sind, denn das Endresultat ist etwas

Umfassenderes, eine vollkommenere Existenz in der Zukunft. Mit anderen Worten: Das „fait accompli“ (Emporentwicklung) erlaubt alle Methoden, es zu erreichen.

Für Menschen, die zu dieser Überzeugung gekommen sind, daß Emporentwicklung nach Darwinscher Lehre „gut“ sein muß, weil ihre „Früchte“ (eine bessere Rasse) gut sind, kann es nicht verwerflich sein, wenn man der Emporentwicklung ein wenig dadurch „nachhelfen“ will, indem man die natürliche Selektion im Kampf ums Dasein bei Pflanzen, Tieren und Menschen fördert. Demnach muß es eine „gute“ Tat sein, wenn wir gewisse minderwertige Individuen oder Rassen aussterben lassen bzw. „ausradieren“. Die Natur (bzw. Gott) hat doch praktisch diese Methode selber benutzt, was können wir also auf intellektueller oder moralischer Basis dagegen einwenden? Dadurch, daß wir die gleiche Methode benutzen, werden wir die Emporentwicklung zu einem Supermenschen, ja zu einer Superschöpfung nur beschleunigen. Nach diesen Prinzipien müssen wir die Ausrottung minderwertiger Rassen und Individuen zum Wohl der Rasse gutheißen. Auch die Beherrschung der „Sklavenrassen“ vom „Herrenvolk“, das den Plan für die Emporentwicklung der „Rasse“ entwirft, kann im gleichen Licht betrachtet werden. So steigert man die Integrierung und Empor-Evolution der biologischen Welt. Es ist eigentlich nur logisch, so zu denken, auch wenn die Darwinisten dagegen Protest erheben.

Also ist die erste Folge der Darwinschen Lehre in der politischen und auch in der biologischen Welt die Verherrlichung des Kampfes schlechthin. Alles, was zum Kampf und deshalb zur Selektion (Auslese) im Kampf führt, dient zur Emporentwicklung und muß gutgeheißen werden. Unsere intellektuellen Darwinisten lieben es natürlich nicht, wenn man diese Folgerung zieht. Aber obwohl sie diesen logischen Schluß nicht ziehen wollen, haben es andere für sie lange getan, wie z. B. Hitler, Mussolini, Castro, Karl Marx, Lenin, Stalin und andere. Man muß bedenken, daß Darwinismus die *offizielle Staatslehre* der Kommunisten ist und sich nicht nur auf die biologische Welt, sondern auch auf die politische bezieht. Die „überholte“ kapitalistische Welt wird sich nach den Prinzipien des „politischen Darwinismus“ in die kommunistische umwandeln; auch diese Umwandlung stellt eine „Evolution“ dar. Die heutige Literatur der Kommunisten ist durchtränkt von Darwinismus dieser Art.

Viele unserer westlichen Intellektuellen sind natürlich Darwinisten, und viele von ihnen stehen auch extrem links in ihrer politischen Überzeugung. Beides hängt wohl zusammen. Aber merkwürdigerweise ist Darwinismus nicht nur die offizielle Doktrin der Kommunisten, er ist auch die Basis der Nationalsozialisten gewesen, auch wenn die äußere Form etwas umgeändert wurde. Die Nationalsozialisten entwickelten natürlich ihre Ideen von Blut und Boden etwas anders als die Russen, aber folgende Zitate aus Hitlers „Mein Kampf“ werden genügen, um unter Beweis zu stellen, daß Hitler vom Darwinismus begeistert war und seine Rassenpolitik darauf basierte.

Hitler schrieb: „So große Bedeutung im völkischen Staat die Art der körperlichen und geistigen Erziehung haben wird, ebenso wichtig wird auch die *Menschenauslese* (Selektion) an sich für ihn sein.“ [17] „(Der Staat) hat, was irgendwie ersichtlich krank und erblich belastet und damit weiter belastend ist, zeugungsunfähig zu erklären und dies auch praktisch durchzusetzen ... er muß *ohne Rücksicht auf Verständnis oder Unverständnis, Billigung oder Mißbilligung in diesem Sinn handeln.*“ [18] „Eine nur sechshundertjährige Verhinderung der Zeugungsfähigkeit und Zeugungsmöglichkeit seitens körperlich Degenerierter und geistig Erkrankter würde ... zu einer Gesundung beitragen, die heute kaum faßbar erscheint. Wenn so die bewußte, planmäßige Förderung der Fruchtbarkeit der gesündesten Träger des Volkstums verwirklicht wird, so wird das Ergebnis eine Rasse sein, die ... die Keime unseres heutigen körperlichen und damit auch geistigen Verfalls wieder ausgeschieden haben wird.“ [19] Ist es aber wahr, daß körperlicher Verfall die gleiche Erscheinung ist wie geistiger Verfall, wie Hitler behauptet?

Die Worte klingen vielleicht vernünftig. Was uns hier interessiert, sind die praktischen Auswirkungen, die auch vernünftig geblieben wären, hätte man besser entscheiden können, wen man ausscheiden sollte — und warum. Eins ist aber von vornherein klar: Ein Diktator ist die letzte Person, die absolute Macht über die persönliche Zukunft eines Untertanen ausüben soll. Denn als Hitler über genügend Macht verfügte, um „erblich Belastete“ auszuscheiden, waren es sehr oft „politisch Belastete“, die tatsächlich liquidiert wurden. Hitlers Feinde wurden in der Praxis liquidiert — neben all den wirklich kranken Kindern und anderen, die in die Gaskammern kamen —, wie bei allen Diktaturen von Anfang der Welt an. Die Doktrinen mögen gut klingen, aber ihre praktische Durchführung versagt, weil der Mensch selber moralisch versagt. Er ist in der Praxis ein gefallenes Wesen, das von Haß und Neid mehr bestimmt wird als von Tugenden im wahren Sinne des Wortes. Also in der Praxis wurden von Hitler ganze Volksgruppen „ohne Rücksicht auf Verständnis oder Unverständnis, Billigung oder Mißbilligung“ vergast. Die Lehre, die wir offensichtlich daraus ziehen müssen, *ist daher, keinem System zuzustimmen, das irgendeinem Mann oder irgendeiner Gruppe absolute Macht in die Hände gibt.* „Macht korrumpiert, und absolute Macht korrumpiert absolut“, sagte der weise Engländer Lord Acton. Der Mensch ist derart gefallen (die Geschichte beweist es), daß er absolute Macht *nie* in die Hände bekommen darf. Er ist moralisch zu unterentwickelt, um uneingeschränkte Macht verkraften zu können; sie wird ihn nur noch mehr korrumpieren, als er es vorher war. In der Praxis also, als Hitler einmal die absolute Macht in Händen hatte, erwürgte er seine Feinde, wie nur zu erwarten war. Er *rechtfertigte* dies aber mit der Lehre, seinem Volk einen Dienst getan, nämlich die „Aufnordung“ und „Reinigung“ des Volkes dadurch gefördert zu haben.

Auf der anderen Seite ist es klar, daß, wenn der Mensch ein „Engel“ wäre, der weder die Kranken noch die Schwachen mißbraucht, man sicher viel gesunde Vernunft in Hitlers Worten finden könnte. Man muß sich aber die praktische Tatsache fest vor Augen halten, daß Hitlers und der Darwinisten an sich vernünftig klingende Worte die Basis einer Massenvernichtung der Juden und anderer und einer Massenverrohung der Deutschen wurde, wie die Welt in der Vergangenheit sie kaum je gesehen hat.

Hitler meinte aber durch diesen Glauben und durch seine dadurch bedingten Taten ein „edles“ Zeitalter herbeiführen zu können. Durch diesen Glauben wollte er die starken, reinrassigen Arier zum Wohl der ganzen arischen Welt emporheben: „Der völkischen Weltanschauung muß es im völkischen Staat endlich gelingen, jenes edlere Zeitalter herbeizuführen, in dem die Menschen ihre Sorge nicht mehr in der Höherzüchtung von Hunden, Pferden und Katzen erblicken, sondern im Emporheben des Menschen selbst.“ [20]

Hitler läßt uns über seine menschlichen Züchtungsziele nicht im unklaren: „Der völkische Staat hat in dieser Erkenntnis seine ganze Erziehungsarbeit in erster Linie nicht auf das Einpumpen bloßen Wissens einzustellen, sondern auf das Heranzüchten kerngesunder Körper. *Erst in zweiter Linie kommt dann die Aus-*

bildung der geistigen Fähigkeiten. Hier aber wieder an der Spitze die Entwicklung des Charakters, besonders die Förderung der Willens- und Entschlußkraft, verbunden mit der Erziehung zur Verantwortungsfreudigkeit und *erst als letztes die wissenschaftliche Schulung.*" — „Im schweren Schicksalskampf unterliegt selten, der am wenigsten weiß, sondern immer derjenige, der aus seinem Wissen die schwächsten Konsequenzen zieht." [21]

Der Darwinsche Kampf ums Dasein beherrschte Hitlers ganzes Denken, und durch die Auslese in diesem Kampf wollte er der Natur ein wenig nachhelfen, indem er einige „minderwertige" Rassen „ausradierte". In diesem Kampf sollte der arische Mensch zum Supermenschen erhoben werden. Die Ironie der ganzen Situation besteht darin, daß Hitlers „Halbaffen" [22] (d. h. seine Feinde, Einstein und die Juden) *wissenschaftlich* besser geschult waren als er, mit der Folge, daß sie im bitteren Existenzkampf siegten. So siegte ein „kerngesunder Geist" über den „kerngesunden Körper".

Als vor hundert Jahren Professor Dr. Sedgwick aus Cambridge Darwins „Origin of Species" ausgelesen hatte, bemerkte er, daß die Folgen dieses Buches, wenn es allgemeinen Anklang fände, eine Verrohung und eine Brutalisierung der Menschheit auf bisher nie erlebte Weise sein würde. Professor Dr. Sedgwick hatte recht. Dr. R. E. D. Clarke schreibt: „Unsere eigene Generation hat lange genug gelebt, um die unvermeidlichen Folgen der Evolutionslehre zu sehen, ein Resultat, das Sedgwick voraussah, sobald er ‚Origin of Species' ausgelesen hatte. Mussolinis Lebensanschauung war von Evolution total beherrscht. In seinen öffentlichen Reden benutzte er ständig die Darwinschen Slogans und spottete der Idee eines ewigen Friedens, weil dadurch das Evolutionsverfahren verhindert würde. In Deutschland finden wir das gleiche. Hitlers Wesen war von evolutionärer Doktrin beherrscht, wahrscheinlich von seiner Jugend auf. Evolutionsideen stehen unverblümt hinter den abscheulichsten Gedanken von ‚Mein Kampf' und seinen öffentlichen Reden." [23]

Noch einige Zitate aus „Mein Kampf" (schon der Titel ist doch „darwinistisch"!) sollen dazu dienen, die Eindrücke zu erhärten. Hitler pries z. B. das Boxen als eine Methode, den „Angriffsgeist" zu fördern: „Es gibt keinen Sport, der wie dieser den Angriffsgeist . . . fördert." [24]

Hören wir auch folgendes Wort: „Doch hat der völkische Staat eben nicht die Aufgabe, eine Kolonie *friedsamer Ästheten* und körperlicher Degeneraten aufzuzüchten. Nicht im ehrbaren Spießbürger oder der tugendsamen alten Jungfer sieht er sein Menschheitsideal, sondern in der trotzigen Verkörperung männlicher Kraft und in Weibern, die wieder Männer zur Welt zu bringen vermögen." [25]

Wiederum: „Von Zeit zu Zeit wird in illustrierten Blättern dem deutschen Spießer vor Augen geführt, daß da oder dort zum ersten Mal ein Neger Advokat, Lehrer, gar Pastor, ja Heldentenor oder dergleichen geworden ist. Während das blödsinnige Bürgertum eine solche Wunderdressur staunend zur Kenntnis nimmt, voll von Respekt für dieses fabelhafte Resultat heutiger Erziehungskunst, versteht der Jude sehr schlau, daraus einen neuen Beweis für die Richtigkeit seiner den Völkern einzutrichternden Theorie von der Gleichheit der Menschen zu konstatieren. Es dämmert dieser verkommenen bürgerlichen Welt nicht auf, daß es sich hier wahrhaftig um eine Sünde an jeder Vernunft handelt, daß es ein verbrecherischer Wahnwitz ist, *einen geborenen Halbaffen* so lange zu dressieren, bis man glaubt, aus ihm einen Advokaten gemacht zu haben ..." [22] Dieses letzte Zitat stammt aus einem Kapitel von „Mein Kampf", das die Überschrift trägt: „Staatliche Auslese der Tüchtigen". Hitler und die Nationalsozialisten betrachteten *die Neger, die Juden und auch andere als Zwischenstufen im Darwinschen Sinne des Wortes.* Sie stellten Zwischenstufen zwischen dem arischen Menschen und den Menschenaffen dar, waren also, genau wie Hitler sich ausdrückte, „Halbaffen". Es ist also klar, daß auch dieser Gedanke des „Halbaffen" seinen Ursprung in der Darwinschen Denkweise Hitlers hatte, auch wenn sein Darwinismus primitiv war. Viele seiner Ideen auf biologischem Gebiet würden orthodoxe Darwinisten mit Recht ablehnen, so z. B. seine Gedanken zum Thema Rassenreinheit, Blut und Boden, usw. Eins aber steht fest: Hitler glaubte mit ganzem Herzen an den Sieg der Tüchtigen im Kampf ums Dasein und war der Überzeugung, daß dieser Kampf durch Auslese für die Emporentwicklung einer arischen Superrasse unumgänglich war. Dieses Gedankengut stellt natürlich den Kern und Eckstein der Darwinschen Methodik und Lehre dar. Und Sedgwicks prophezeite Verrohung und Brutalisierung des Volkes und der Partei ließ auch nicht lange auf sich warten. Wer diese fast unvorstellbare Brutalisierung der Nationalsozialisten verfolgen will, möge Kogons „Der

SS-Staat" lesen.[26] Hitler suchte und wollte Krieg, weil er die Auslese förderte.

Will man den Keim dieser Brutalisierung finden, braucht man nur bei Hitler nachzulesen, wenn er schreibt: „Wenn man bedenkt, daß außerdem noch eine möglichst große Einschränkung der Zeugung an sich erfolgt, so daß der Natur jede Auslese unterbunden wird, da natürlich jedes auch noch so elende Wesen erhalten werden muß ..." [27] Hitler lebte begeistert in der Welt der biologischen Auslese; für ihn bedeutete das arme Kind, das in der Auslese zugrunde geht, nichts. Wie anders ist die Denkweise Jesu, wenn er uns sagt, daß Gott selbst um die Spatzen auf dem Dach besorgt ist und daß jedes Haar unseres Hauptes gezählt ist! [28]

Aber es blieb leider nicht nur bei schwachen, elenden Kindern; ganze Rassen wurden genauso behandelt: „Dann muß man ... nach einer neuen Kraft suchen, die gewillt und fähig ist, *den Kampf* für ein solches Ideal aufzunehmen. Denn um einen Kampf handelt es sich hierbei, insofern die erste Aufgabe nicht heißt: Schaffung einer völkischen Staatsauffassung, sondern vor allem: ‚Beseitigung der vorhandenen jüdischen'." [29] Es blieb natürlich nicht bei der Beseitigung einer „jüdischen Staatsauffassung", sondern es kam bald zu der Ausrottung des ganzen jüdischen Volkes, zu der „Endlösung des Judenproblems".

Das waren also einige Folgen und Auswirkungen der Darwinschen Lehre bei der nationalsozialistischen Bewegung. Erstaunlicherweise findet man eine ähnliche Entwicklung bei den Kommunisten.

Es ist z. B. bekannt, daß Karl Marx sein Buch „Das Kapital" Charles Darwin widmen wollte, weil er einige Grundprinzipien Darwins in die politische Welt übernommen hatte. Aber aus politischen Gründen lehnte Darwin ab. Wer die politische und antireligiöse Propaganda der modernen Kommunisten liest, weiß, daß sie von primitivstem Darwinismus durchtränkt ist. Man findet die gleichen Gedankengänge wie bei den Nationalsozialisten, und die brutalisierende Wirkung bleibt auch nicht aus.

Dr. J. C. Pollock beschreibt in seinem vor einiger Zeit erschienenen Buch „Gott hinter Gittern" [30] die Entwicklung der atheistischen Propaganda im heutigen Rußland. Um diese Propaganda zu intensivieren, gab 1964 die kommunistische Partei die Gründung verschiedener Universitätslehrstühle für „wissenschaftlichen Atheismus" bekannt.[31] Nun, wenn der Staat der ehrlichen Überzeugung ist, daß Atheismus die Wahrheit und wissenschaftlich zu begründen ist, darf man gegen die Gründung dieser Universitätslehrstühle nichts einwenden. Aber ein Zweck dieser Neugründung ist folgender: „Wir wollen nicht, daß unsere *Jungen* und *Mädchen* bezüglich religiöser Fragen bloß unwissend erzogen werden. Wir wollen, daß sie überzeugte, kämpferische Atheisten werden."[32] Die Kommunisten halten alle Religion für falsch, für „Opium für das Volk". Religion ist schädlich für das Volk, sie macht die Leute zu „moralischen Krüppeln". (Diesen Ausdruck finden wir oft.) Die Neugründungen der Lehrstühle in den Universitäten sollen also *propagandistischen* Zwecken dienen, um das „Übel" der Religion aller Arten zu entfernen.

Dieser aktive Kampf gegen alle Religion wird streng durchgeführt, und der Schauplatz ist natürlich vor allen Dingen die *Schule*. Die kommunistische Auffassung ist, daß kein Junge und kein Mädchen „normal" oder „voll entwickelt" sein kann, wenn Religion ihr Leben bedingt. Sie müssen „moralische Krüppel" sein, wenn sie sich auf die „Spuren der toten Vergangenheit" (d. h. Religion irgendwelcher Art) verlassen: „Es ist die Pflicht der Schule, *so zu kämpfen*, daß die Kinder religiöser Eltern keine moralischen Krüppel, sondern tätige Erbauer des Kommunismus und voll entwickelte Menschen werden".[33]

Die militante atheistische Lehrerin in *The Miraculus Icon*[34] nennt christliche Eltern „soziale Verbrecher".

> „Mein Schüler lernt das eine in der Schule und zu Hause gerade das Gegenteil. Entweder wird die Schule ihn dazu erziehen, daß er Gott leugnet, oder seine Familie wird ihn als doppelzüngigen Heuchler aufziehen. Es kann keinen Kompromiß geben. Die Eltern mögen glauben, was sie wollen. Die Zukunft der Kinder jedoch gehört nicht allein ihnen. Eltern wie diese sind soziale Verbrecher."[35]

> „... Die Kommunisten ... behaupten, daß ein Kind ein moralischer Krüppel ist, wenn es nicht zu „einem neuen kommunistischen Menschen" heranwächst, *unabhängig, stolz, ein Verächter der Demut*, mit *hochgehobenem Haupt*, nach der Art von W. E. Henleys ‚Ich bin der Herr meines Schicksals' und Swinburnes ‚Ehre dem Menschen in der Höhe! denn der Mensch ist Herr der Dinge!' Weil der Christ

kniet, muß er eine elende Kreatur sein, weil er einen Herrn anerkennt, muß er ein kriecherischer Sklave sein."

„Ein Taschendieb stiehlt jemandes Uhr oder Geld, ein Bandit fügt tödliche Wunden zu, ein Einbrecher raubt alle Wertsachen im Hause, aber die „Brüder und Schwestern in Christo" verdrehen den Geist eines Menschen, berauben ihn um alles, lenken ihn vom Glück dieses Lebens auf Träume von Seligkeit nach dem Tode und töten seinen Stolz und das Zutrauen auf die eigene Kraft." [36]

Wenn ein christliches Ehepaar dieser Propaganda Widerstand leistet und die eigenen Kinder dazu erzieht, den Schöpfer über alles zu lieben, verlieren sie heutzutage immer häufiger ihr Elternrecht. Die Kinder werden von den Eltern entfernt und in Internate besonderer Art verschickt, wo sie fern von den Eltern und dem Elternhaus nach atheistischen, d. h. für den Kommunisten nach Darwinschen Prinzipien, erzogen werden. Diese Maßnahme (Verlust des Elternrechts bei gläubigen Eltern) erfolgt leider immer häufiger; denn der Kommunismus hat es jetzt eilig. Bis 1980 sollen *alle* „Spuren der Vergangenheit" (darunter die Religion) verschwunden sein, damit der heutige sozialistische Staat in einen rein kommunistischen übergehen kann. [37] Bis Anfang 1980 wird man den „Dritten Plan" in Kraft gesetzt haben, wonach die sozialistischen Staaten zum wahren, reinen Kommunismus übergehen, wo natürlich *keine Religion mehr existieren darf*.

Dr. Pollock zitiert folgendes Beispiel, das diese Tendenz beleuchtet und zeigt, daß das Volk oft nicht mitgehen will. Wie in allen Diktaturen setzt sich aber die politische Minorität rücksichtslos durch: Ein Junge, namens Sasha Turkin, siebzehn Jahre alt und gläubig, wollte Mitglied des Bundes junger Kommunisten werden. Sein Antrag wurde vor den Komsomolzen seiner Klasse vorgelesen, die die Macht haben, den Antrag abzuweisen. Alles ging gut, und man bereitete sich zur Abstimmung vor, als Vitaly Bonzhenko aufstand und die Frage stellte: „Glaubst du an Gott?" Die ganze Klasse hielt den Atem an, denn Sasha war als überzeugter Christ bekannt und auch sehr beliebt. Außerdem war er fähig und intelligent. Alle hatten ihn gern, aber diese Frage könnte ihm die Mitgliedschaft kosten, was seine Chancen weiteren Studiums beeinträchtigen würde. „Ja", sagte Sasha ruhig, „ich glaube an Gott." War das nun möglich: Sasha, der an der Tafel gestanden und die Darwinsche Theorie erklärt hatte, glaubte an Gott? Einige Mitglieder der Klasse retteten plötzlich die Situation, indem sie ausriefen, daß alles ein Witz sei. Ohne ein weiteres Wort zu verlieren, wurde Sasha Turkin einstimmig gewählt. Die Zeitung Komsomolskaja Prawda erstattete über obige Begebenheit Bericht und war sehr betrübt darüber, daß der Bund junger Kommunisten in Sasha seinen ideologischen Feind nicht erkannt hatte.[38]

Als Sasha seine Mitgliedskarte entgegennahm, bekannte er sich noch einmal eindeutig zu seinem Glauben. Die Zeitung war regelrecht schockiert und kritisierte Schule, Klasse und Rathaus, die alle direkt oder indirekt diesen schrecklichen Zustand gebilligt hatten.

In den Universitäten geht es aber oft härter zu. Im Jahre 1963 wurde eine Studentin des Ingenieurinstituts und des Ökonomischen Instituts in Moskau entlassen, nur weil sie gläubig war.

Die Kommunisten betonen immer wieder, bis man es kaum noch hören kann, daß Darwinismus die wissenschaftliche Basis des Kommunismus sei. Darwinismus ist die Basis ihrer Naturwissenschaft und auch die Basis ihrer ganzen Weltanschauung, sei sie ökonomisch oder politisch. Das Leben entstand nach Darwinschen Gesetzen spontan aus totem Stoff. Gott war nicht die Ursache des Lebens, sondern der Zufall war allein die Ursache. Das Weltall enstand ebenso: Die Sterne, die Milchstraße und unser System von Planeten sind das Produkt des gleichen toten Entwicklungsprozesses. Gott war nicht dabei, es gibt keinen Schöpfer, alles „entstand". Nur die Priester postulieren Gott, damit sie ein Schmarotzerleben führen können, damit sie dem dummen Volk Angst machen können, das ihnen dann Geld gibt. Nicht nur Leben und Weltall sind aber Produkte toter Einflüsse, die nach den Prinzipien des Darwinismus funktionieren, selbst die Geschichte, auch die politische Geschichte unserer Erde, ist das Produkt toter Gesetze. Gott ist total und absolut ausgeschlossen, Atheismus ist die einzige Wahrheit. Alles andere verbiegt den Charakter, ruiniert die Menschen und ist ein Feind des kommunistischen Systems, der zugunsten des kommunistischen Paradieses „ausradiert" werden muß. Wer nicht an Zufall, Selektion, Mutation und Kampf als Erklärung für alles glaubt, der ist ein Feind, der für die Liquidierung reif ist. Die ganze tote „Realität" ist genügend Erklärung für die Entstehung der Quasare sowie für das Blühen einer Lilie. Alles andere ist überflüssig, und die Kommunisten sind dabei, das Überflüssige zu liquidieren. Wahrscheinlich erleben das Millionen von gläubigen und treuen Russen, die in den Zwangsarbeitslagern Sibiriens schmachten.

Also auch die Darwinisten roter Färbung glauben wie ihre westlichen Vettern, daß tote Materie im Grunde genommen schöpferisch ist, daß sie imstande ist, im geschlossenen System Entropie zu senken, was in Wirklichkeit heißt, daß tote Materie göttliche, schöpferische Eigenschaften besitzt. Die Gründer des Kommunismus lebten etwas zu früh, um von den Experimenten von Kelvin und Clausius Kenntnis zu bekommen. Daher kann Marx keine Schuld tragen, daß er von der Thermodynamik wenig wußte. Da konnte er ruhig wie unsere Vorväter des Mittelalters glauben, daß Fliegen *de novo* aus einem toten Düngerhaufen entstehen konnten und Menschen aus einem Sumpf. Als man damals so glauben durfte, ohne mit der damaligen Wissenschaft in Konflikt zu kommen, konnte man den Anfang des Lebens auch so postulieren, und niemand konnte sich aufregen.

Aber — und hier trifft uns eine ganz andere Situation — die Naturwissenschaften und die Thermodynamik haben seit Marx und Darwin Fortschritte gemacht. Warum entwickelt sich die kommunistische Doktrin nicht diesen Fortschritten gemäß? Fliegen entstehen nicht mehr de novo aus Düngerhaufen (wissenschaftliche Erkenntnisse der letzten hundert Jahre verbieten uns diese Vorstellung und mit Recht). Warum verharrt der Kommunismus und auch westliche Biologie doktrinmäßig in mittelalterlichen Vorstellungen, die mit heutigen Erkenntnissen gar nicht zu vereinbaren sind? Sind sie durch ihre veraltete Naturwissenschaft dazu gezwungen worden, an eine „schöpferische" Materie (oder „schöpferischen Misthaufen") zu glauben, eine Naturwissenschaft, die der nüchternen Wirklichkeit nicht mehr entspricht? Und ihre westlichen Brüder sind natürlich in der gleichen Lage. Materie ist in beiden Lagern zum Schöpfer (sie senkt Entropie, ist also nach der Definition schöpferisch) geworden. Kommunisten sind Materialisten ideologischer Art, und ihre Materie besitzt schöpferische (d. h. göttliche) Eigenschaften. So haben die Kommunisten, wie alle Darwinisten, auch ihren Gott, der sich vom Gott der Christen darin unterscheidet, daß er *pantheistisch* ist. Gott *ist* die Materie, die Welt, der Kosmos — es ist ganz gleich, wie wir es ausdrücken wollen, wenn wir den Kern der Lehre verstehen. Die Kommunisten sind also in Wirklichkeit religiöse Leute, nur haben sie einen anderen Gott als wir. Und weil sie religiös sind, besitzen sie einen Missionseifer, der den christlichen oft beschämt.

Wir wollen also den einen Punkt festhalten: Die kommunistische Lehre der Entwicklung des Kosmos, des Lebens und der Geschichte ohne Gott ist genauso unbegründet — wissenschaftlich gesehen — wie der Darwinismus selber. Weil aber die Doktrin bei den Kommunisten verfassungsmäßig festgelegt ist, kann sie nicht geändert werden. Mit wachsender wissenschaftlicher Erkenntnis darf sich beim Kommunismus nichts ändern. Lenin, Marx und die anderen haben alles vor Jahren festgelegt. Da muß nun auch alles so bleiben, sonst fällt man unter das Urteil der Reaktion. Aus diesem Grund muß der Kommunismus immer *fanatischer* (nicht vernünftiger) werden, sonst wird er sich nicht durchsetzen können. Liberalisierende Einflüsse kann er nicht ertragen, sonst wird das Ganze aufgedeckt, die ganze Unwahrheit kommt an den Tag!

Wenn auch Kommunisten und Nationalsozialisten sicherlich in drastischer Weise die Früchte des Darwinismus zeigen, so dürfen wir doch bei unseren Bemühungen, andere zu analysieren, nicht vergessen, daß wir auch in der westlichen Welt einige dieser Früchte beobachten können. Man muß jedoch sagen, daß die Symptome der Krankheit hier in milderer Form als in der östlichen, versklavten Welt erscheinen.

Der an unseren Schulen und Universitäten gelehrte Darwinismus besagt, daß der Mensch nichts weiter als ein intelligentes Tier ist, welches sich seinen Weg aufwärts auf der Evolutionsleiter durch viele aufeinanderfolgende Siege bei der natürlichen Auslese und dem Kampf ums Dasein erkämpft hat. Unsere Schulen und Universitäten predigen fast einstimmig das Evangelium vom Kampf der Weiterentwicklung der Rasse aufgrund natürlicher Auslese. Man kann verstehen, daß die so unterrichteten jungen Menschen ihre eigenen Schlüsse ziehen und, weil sie eben jung und oft aufrichtig sind, dazu neigen, rasch ihr neu erworbenes „Wissen" anzuwenden. Sie erklären jeder Autorität der Älteren den Krieg. Die jüngere Generation stellt einen weiteren Schritt fort von unseren tierischen Vorfahren dar; deshalb müssen die Jungen zumindest ein ganz klein bißchen höherentwickelt sein! Warum sollten also die „progressiveren" jungen Leute den Fesseln und Ketten der Senilen und Verbrauchten ausgeliefert sein! So nimmt man den Kampf gegen alle Tradition der Älteren und Erfahreneren auf.

Die Unruhen wie jene in Watts 1965 und Detroit 1967 kann man leicht auf der Grundlage dieser Unzufriedenheit auslösen.

Darüber hinaus argumentiert man, daß junge Tiere ausgeprägte Sexualinstinkte besitzen, welche sie nach eigenem Belieben, ohne die traditionellen Beschränkungen der älteren Tiere, benutzen können. Wenn der Mensch nur ein intelligentes Tier ist, warum sollte er dann nicht die Freiheit haben, ebenso zu handeln? Und so proklamiert und praktiziert man die freie Liebe. Die Folgen sind unerwünschte Babys, zerbrochene Existenzen, Syphilis und Gonorrhoe, ganz zu schweigen von den Schuldkomplexen, jedoch nicht die Befriedigung und das erhoffte Vergnügen, das Tiere zu erreichen scheinen. Der Mensch ist eben *nicht* ein bloßes Tier!

Vielleicht spiegelt sich der brutalisierende Effekt unserer heutigen Anschauungen in den schönen Künsten ebenso sehr wie anderswo wider. Mit C. S. Lewis bemerken wir, daß die lieblichen Melodien und die Ruhe des Himmels niedergeschrien werden. „Krach, Krach, das große Kräftespiel!“ [39] Die Melodien werden durch das unaufhörliche Trommeln und Hämmern des gleichen infantilen Stückes auf elektronisch verstärkten Instrumenten ersetzt. Man liest kaum Literatur, außer, wenn sie viel „Handlung“ enthält, die eine Menge Gewalttätigkeit dieser oder jener Art oder krassen tierischen Sex oder Racheakte beinhaltet. Um heutzutage mit den Kritikern auszukommen, muß ein Künstler surrealistisch oder pornographisch sein. Über alles, was schön und achtbar ist, macht man sich lustig; es wird als fade oder viktorianisch abgetan.

Um jedoch zur modernen Musik zurückzukommen: Die Combo wird immer lauter, die Spieler immer rasender, die Instrumente immer metallischer und der Rhythmus immer ähnlicher dem des primitiven Dschungels, wenn es dem Schluß zugeht. Die Teenager-Zuhörerschaft springt auf, schreit vor Entzücken oder wirft sich hin, indem sie sich windet und Beifall brüllt über die letzten Ausbrüche auf der Bühne. Die Brutalisierung unserer westlichen Jugend ist bereits im Gange, selbst wenn sie einen anderen Weg als die politische Brutalisierung im Osten eingeschlagen hat. Nichtsdestoweniger ist sie ebenso real.

Aber es verbessert die Lage nicht, diesen gleichen Jugendlichen, die schon durch die brutalisierende Wirkung der in den Biologieklassen vertretenen Lehrmeinungen gefährdet sind, zu befehlen, andere Menschen mit Napalm zu verbrennen, sich an Vietkong-Soldaten zu rächen, die nur zur „Warnung“ lebenden GI-Gefangenen die Stimmbänder (ohne Betäubung) zerschnitten haben. Es nützt unseren Teenagern nicht, wenn sie ihre Kameraden vom

Patrouillendienst mit herausgequetschten, auf den Wangen hängenden Augen wiederkommen sehen. Brutalität erzeugt neue Brutalität, und so wird eine ganze Generation systematisch entmenschlicht, und zwar entweder durch die Evolutionslehre oder dadurch, daß sie deren Effekt im Kriege beobachtet. Der von der Evolutionsdoktrin verherrlichte Kampf mag in den Augen von Stammtischsoldaten wundervoll sein, aber er wirkt sicherlich nicht schöpferisch im humanistischen Sinn.

5. Darwins persönliche Entwicklung

Nachdem wir nun versucht haben, einige Konsequenzen des Darwinismus für die allgemeine politische Welt aufzuzeigen, müssen wir die Wirkung untersuchen, die Darwins Ansichten im Laufe der Zeit auf seinen eigenen Geist, Charakter und religiösen Stand ausübten.

In seinen früheren Jahren, so kann man wohl sagen, war Darwin ein typisch englischer Gentleman. Als Jugendlicher ging er leidenschaftlich gern auf die Jagd, gab jedoch diesen Lieblingssport gänzlich auf, als er eines Tages einen Vogel fand, den er am vorhergehenden Tage nicht getötet, sondern nur angeschossen und verstümmelt hatte. Er sah das durch seinen Sport verursachte unnötige Leiden und besaß genug Charakterstärke, sein Vergnügen für immer aufzugeben. Als er zur Haltung des britischen Adels gegenüber der Vivisektion in einer Zeit Stellung nahm, als arm und reich sich darüber empörten, sagte Darwin, daß der engliche Gentleman so lange menschlich genug sei, wie die Menschlichkeit nicht mit seinem Lieblingssport in Konflikt gerate.

Auf der anderen Seite unterstützte Darwin die Vivisektion in England mit der Begründung, daß sinnloses, unnötiges Leiden undenkbar sei, Leiden, für das es einen Grund gebe, jedoch erlaubt sein müsse. Wir müssen uns daran erinnern, daß es die Frage nach dem gewaltigen Ausmaß dessen war, was ihm als sinnloses Leiden in der Welt erschien, die dazu beitrug, daß Darwin sich gegen die Vorstellung eines hinter dem irdischen Leben stehenden Planers entschied. Dies Problem des sinnlosen und allgemeinen Leidens beschäftigte Darwin sein Leben lang und führte ihn schließlich in den völligen Agnostizismus. Das heißt, gestützt auf natürliche Auslese und zufällige Variation lehnte er die Notwendigkeit ab, eine Planung zu postulieren. Weil Darwin glaubte, daß es richtig sei, wenn er Physiologie und die Wissenschaft im allgemeinen zum Nutzen aller Fortschritte mache, befürwortete er die Vivisektion als ein Mittel zur Vergrößerung des Wissens. Als der Sturm der Entrüstung über die Vivisektionsstreitfrage über Darwin hereinbrach, war er darüber hinaus bereit, die Schmähungen geduldig zu tragen und diesen Preis für seine Überzeugung zu zahlen. Sinnlosen Schmerz jedoch wollte er selbst bei Tieren nicht dulden.

Obwohl Darwin bis zu seinem Tode Agnostiker[40] war, blieb er sein ganzes Leben ein fester Freund seines örtlichen Pfarrers, des Rev. J. Brodie Innes. Sein Unglaube in religiösen Dingen wuchs nur langsam und bereitete ihm offensichtlich keinen Kummer, außer einem: Seine Frau blieb zeitlebens eine überzeugte Anhängerin der Orthodoxie, und Darwins Agnostizismus machte sie unruhig und betrübt um seinetwillen. Trotz seines Agnostizismus war Darwin nicht ohne Glauben, Glauben, daß das Universum rational erklärt werden könne.[41]

Er liebte seine Freunde und half ihnen, sooft er konnte. So unterstützte er z. B. Hooker, als er den Demütigungen und Behinderungen von seiten des First Commissioner of Works, Acton Smee Ayrton, ausgesetzt war. Darwin schrieb auch an Gladstone, den damaligen Premierminister, um eine Pension für Wallace zu erbitten, die ihm in seinem vorgerückten Alter und seinem geschwächten Gesundheitszustand helfen sollte. Gladstone gewährte Wallace diese Pension.[42] Zur gleichen Zeit konnte Darwin seinen Feinden gegenüber sehr schroff sein, wie es z. B. in seiner privaten Korrespondenz mit Lamarck geschah.[43]

In den Jahren, die Darwin auf der „Beagle“ verbrachte, war er ein gesunder und kräftiger junger Mann, der die Härten eines Schiffslebens auf sich nehmen konnte, ebenfalls die langen, anstrengenden Wald-, Pampas- und Bergexpeditionen, an denen er teilnahm. Die Zeit nach seiner Heirat bis zu seinem Tode verbrachte er als Halbinvalide. Sogar schon vor der „Beagle“-Reise neigte er zu hypochondrischen Anfällen, wie sie sich in seinen Reaktionen auf die Verzögerungen bei der Fahrt der „Beagle“ offenbarten. Nach seiner Rückkehr nach England wurde dieser hypochondrische Zustand mehr oder weniger zur Gewohnheit. Einige diagnostizierten, daß seine Krankheit neurotischen Ursprungs und verbunden sei mit seinem Verlust des christlichen Glaubens. Sie behaupteten, er leide an Ödipus-Komplexen, weil er den „himmlischen Vater“ getötet habe.

In jüngerer Zeit hat man gezeigt, daß Darwins Symptome die

Folge eines Befalls der großen schwarzen Pampas-Wanze namens Benchuca gewesen sein könnten.[44] Diese Wanze ist ein Überträger von *Trypanosoma cruzi,* welche die Chagas-Krankheit hervorruft. Etwa 70 Prozent der Insekten sind von Trypanosomen befallen; deshalb ist es gut möglich, daß Darwin diese Parasiten beherbergte, zumal bezeugt wird, daß er von dieser Wanze gebissen wurde. Die Chagas-Krankheit ruft sicherlich Symptome hervor, die sich mit denen, an welchen Darwin litt, decken. Die Trypanosomen befallen nämlich den Herzmuskel und bewirken dadurch extreme Erschöpfung sowie gleichzeitig Magen- und Darmstörungen.

Diese Tatsachen sind für unsere Analyse wichtig, wie sich der Darwinismus auf Darwins Haltung dem Leben gegenüber ausgewirkt hat. Er war nämlich offensichtlich ein kranker Mann, ohne Rücksicht darauf, ob seine Krankheit auf Hypochondrie oder der Chagas-Krankheit beruhte. Darwin begann sein Leben als orthodoxer Kandidat der Priesterweihe. Sogar an Bord der „Beagle" finden wir, daß er gegenüber den Schiffsoffizieren die Bibel zitierte.[45] Aber später schrieb Darwin an Niklaus Baron Mengden über die Unvereinbarkeit der christlichen Lehre mit der Deszendenztheorie und konstatierte, er glaube nicht, daß es jemals eine göttliche Offenbarung gegeben habe.[46] Ich weiß von keinem wirklichen Beweis, daß er seine Meinung vor dem Tode änderte, obwohl andersartige Erklärungen kursieren.

Obwohl er an keine Offenbarung glaubte, beeilte sich Darwin hinzuzusetzen, daß er nicht als Atheist eingestuft werden möchte. Er leugnete nicht die Existenz Gottes. Deswegen lautet die beste Beschreibung der religiösen Ansichten Darwins, daß er ein Agnostiker war.[47] Darwin schrieb: „Meine Theologie ist ein reines Durcheinander. Ich kann das All nicht als Ergebnis blinden Zufalls ansehen, jedoch bin ich außerstande, in den Details Hinweise für eine gütige Planung irgendwelcher Art zu erkennen."[48] Hier finden wir einen der Wegweiser für Darwins geistliche Entwicklung. Nach Beendigung der „Beagle"-Reise wurde ihm klar, daß natürliche Auslese an Zufallsvarianten für ihn jedes Argument der Planung, was den Schöpfer des Lebens betraf, zunichte machte. Die „Beagle"-Reise räumte für immer mit dem Argument des Planes auf, wie es der Apostel Paulus in Römer 1 verwendet. Von da an war es für Darwin unmöglich, an einen hinter dem Leben stehenden Plan zu glauben.[49]

Den zweiten Wegweiser in Darwins geistlicher Entwicklung finden wir in einem Brief an zwei holländische Studenten aus Utrecht, J. C. Costerus und N. D. Doedes, denen Darwin schrieb: „Auch kann ich die Schwierigkeiten nicht übersehen, welche aus der Vielzahl des Leides überall in der Welt entstehen ... Der sicherste Schluß scheint mir zu sein, daß das Ganze außerhalb der Reichweite des menschlichen Intellekts liegt." [50] Wie wir schon bemerkten, wuchs sein Unglaube allmählich. Er wurde immer mehr von der Stichhaltigkeit seiner Theorie zur Erklärung der scheinbaren Planung überzeugt und verwies so einen Planer ins Reich der Illusion. Und seiner Ansicht nach konnte man das ungeheure Leid der Welt nicht einem gütigen Schöpfer zuschreiben, der es vorsätzlich durch die Kraft seiner Stärke bewirkte; deshalb schrieb er die allgemeine Erscheinung des Schmerzes und Leidens ebenfalls der Willkür und dem Zufall zu. So schlug er zwei Fliegen mit einer Klappe. Der Zufall erklärt den Plan und den Schmerz ohne die Notwendigkeit, einen Schöpfer zu postulieren, der so viele Schwierigkeiten bei der Erklärung von Schmerz, Leid, Ausrottung ganzer Rassen usw. verursacht. Wenn die Aufwärtsentwicklung im Pflanzen- und Tierreich mit Hilfe der natürlichen Auslese und ohne die Notwendigkeit eines Gottespostulats erklärt werden konnte, warum sollte er da nicht folgern, daß auch der *Ursprung* des Lebens und sogar des Kosmos' ohne Gott geschah?

Obwohl Darwin sich in diesen Dingen — zumindest in seinen öffentlichen Erklärungen — schwankend verhielt, machte er seinen Freunden gegenüber keinen Hehl aus seiner Überzeugung, daß auch das Leben selbst nicht als Resultat göttlicher Schöpfung angesehen werden dürfe. Er verbarg weder vor sich selbst noch vor seinen Freunden diese Überzeugung: Falls bei der Evolution der Pflanzen und Tiere ein wunderbares Eingreifen nicht nur unnötig, sondern auch unzulässig war, dann muß das auch für ihren Ursprung zutreffen. [51] Um die Richtigkeit dieser beiden Wegweiser zu Darwins Agnostizismus nachzuprüfen, vergleiche man Sir Gavin de Beers Buch *Charles Darwin,* in welchem er viele Zitate bringt, die die fundamentale Wichtigkeit dieses Punktes beweisen. [52] Da in der Natur kein Plan erkennbar war, *eliminierte* Darwin den Planer.

Als Ergebnis all dessen hielt Darwin die Berichte der Bibel über die Entstehung der Welt und des Lebens für offenbar falsch und nicht besser als die heiligen Bücher der Hindus und Buddhisten. [53] Ein zusätzlicher Faktor war seine Erkenntnis, daß der biblische Schöpfungsbericht sich nicht mit seinen geologischen Beobachtungen in Übereinklang bringen ließ. „Er verlor allen Glauben an die Bibel als göttliche Offenbarung, und zwar als Folge seiner Ansichten über die Funktion der natürlichen Auslese an Zufallsvarianten, die den Anschein einer Planung hervorruft, und über die blindwütige Zerstörung, den Schmerz und Kampf, den das Zeugnis der Geologie bietet.“ Sir Gavin de Beer drückt das so aus: „Paleys göttlicher Uhrmacher wurde arbeitslos.“ [54]

Es wird also die Naivität christlicher Erzieher deutlich, welche hoffen, sie könnten die Fakten der Natur mit den von Darwin entwickelten Theorien erklären, ohne daß ihre Schüler die gleiche geistliche Entwicklung bis hin zu seinem Agnostizismus (oder Atheismus) durchmachen, die Darwin unter gleichen Bedingungen vollzog. Darwin zog diese Schlüsse einfach deshalb, weil er von seinen Theorien überzeugt war, warum sollte der moderne Schüler nicht die gleichen Schlüsse ziehen? Der einzige Unterschied nämlich zwischen ihm und Darwin besteht darin, daß der letztere reifer war, als er mit seinen „Beweisen“ konfrontiert wurde. Deshalb dauerte es viele Jahre des Nachdenkens, um ihn und sein Vertrauen auf die göttliche Offenbarung und Orthodoxie aus dem Sattel zu heben. Nicht so reife Studenten verschlingen dieselben Theorien, Haken, Leine und Senkgewicht während ihres ersten Studienjahres, indem sie zu gleicher Zeit ihren biblischen Glauben ausspucken.

Heute muß man noch eine weitere Tatsache in Betracht ziehen, wenn man die Wirkung des Darwinismus auf moderne Schüler und Studenten untersucht. Sie sind ständig der (vielleicht unbeabsichtigten) Propaganda jener Darwinjünger ausgesetzt, deren Handlungsweise darin besteht, mit Erklärungen wie den folgenden, Studenten und andere zur Übernahme ihrer eigenen Ansichten zu zwingen:

> „Heutzutage hat keine *kompetente* Person noch irgendwelche Zweifel an der Evolution des Menschen ... Wo immer die allgemeine Öffentlichkeit Widerstand gegen Darwins Theorien zeigte, beruhte diese eher auf emotionalen als auf *rationalen* Gründen.
>
> Das unwiderlegbare Gebäude der Evolutionsbeweise, das Darwin aufgebaut hatte, und die Unmöglichkeit, den Menschen anders als Tiere zu behandeln, hatte schon dazu geführt, daß viele *vernünftige* Leute sich zu seinen Ansichten bekannten ... Die Opposition gegen die Idee einer Verän-

derung der Arten war nicht unbedeutend, denn zusätzlich zu der *orthodoxen und uninformierten Mehrheit* ..."[55]

Diese und ähnliche Verlautbarungen verraten etwas von der unerträglichen Arroganz, die sich heute innerhalb der darwinistischen Mehrheit breitmacht und die Darwins selbst ganz unwürdig ist. Kein Student kann es sich leisten, daß sein Professor ihn für *orthodox oder uninformiert* hält, noch kann er den Verdacht der *Inkompetenz* riskieren, wenn er sein Examen bei demselben Professor bestehen will. Deshalb macht er sich rasch dessen Ansichten zu eigen. Die modernen Darwinisten zeigen in gewissem Maße die Haltung jener Männer, die Hiob zu trösten versuchten und überzeugt waren, daß sie die richtigen Leute seien und die Weisheit mit ihnen sterben würde.[56] Der Christ sollte darauf sehen, daß er mit Hiob antworten kann: „Ich habe Verstand genau wie ihr."[57]

Wir wollen uns für einen Augenblick mit der Verteidigung beschäftigen, die Wallace, der Mitbegründer der Theorien der natürlichen Auslese unter Veränderungen, gegen Darwins materialistischen Agnostizismus erhob. Wallace hatte angefangen, sich für Spiritismus zu interessieren und mißbilligte, daß Darwin ihre gemeinsamen Theorien dazu verwandte, die Abstammung des Menschen von niederen Tieren zu „beweisen". Nach sorgfältigen Untersuchungen kam Wallace zu dem Ergebnis, daß sich das menschliche Gehirn nicht allein unter dem Einfluß von natürlicher Auslese und zufälliger Variation entwickelt haben konnte, weil die potentiellen geistigen Kapazitäten der primitiven Wilden denen der höchstzivilisierten Rassen nur geringfügig unterlegen seien.[58] Deshalb, so folgerte Wallace, hat sich *im voraus* ein Instrument für die Bedürfnisse seines Besitzers entwickelt, ein Vorgang, der die natürliche Auslese ausschließt. Er hielt das für einen gültigen Beweis dafür, daß eine höhere Intelligenz den Entwicklungsgang der Menschheit bestimmt habe.

Darwin bedauerte außerordentlich, daß Wallace die „Wissenschaft" verlassen und Zuflucht beim Mystizismus gesucht habe. Darauf zeigte er, warum er überzeugt sei, daß das menschliche Gehirn niemals den menschlichen Bedürfnissen vorauseile. Er bekräftigte erneut, daß die natürliche Auslese allein für die menschliche Evolution verantwortlich sei, und leugnete wiederum, daß hinter der Hirnentwicklung des Menschen irgendwelche Planung verborgen sei. Wiederum verwarf er das von dem Apostel Paulus in Römer 1 vorgebrachte Argument der Planung. Die

Folgen all dessen sind, daß jeder Naturwissenschaftler, der Zufallsvariationen und natürliche Auslese für adäquate Erklärungen der Planung in darwinistischem Sinne hält, Paleys „göttlichen Uhrmacher" arbeitslos macht.

Und es spielt dabei keine Rolle, ob jener Wissenschaftler ein materialistisch oder theistisch eingestellter Anhänger der Evolutionstheorie ist. *Eine theistische und eine darwinistische Evolution schließen sich gegenseitig aus, wenn die letztere so verstanden wird, wie Darwin sie verstand.* Denn, wenn ein Gott die Welt durch Logos gemacht hat, ist sie durch Zufall nicht entstanden.

Gibt es irgendeinen Ausweg aus dieser Sackgasse? Darwin selbst erkannte, daß das ganze von ihm errichtete Gebäude darauf beruhte, daß es *keine Begrenzung* der Variation gebe:

> Nachdem er sich vergewissert hatte, daß sich Variationen vererben ließen, zeigte Darwin als nächstes, daß sie in ihrem Ausmaß *unbegrenzt* sein mußten . . . Im Gegensatz zu Lyells Behauptung, der „unbeschränkten Divergenz (vom Allgemeinprinzip) entweder dadurch, daß eine Verbesserung oder dadurch, daß eine Verschlechterung verhindert wird" — das war die Ansicht von Malthus — bemerkte Darwin: „Wenn das wahr wäre, *adieu* Theorie". Hierdurch zeigte er nicht nur, daß er die Tatsache erkannte, daß die Möglichkeiten der Veränderung nicht in Grenzen festlegbar seien, sondern auch, daß er eine Theorie besaß.[59]

Malthus' Ansicht besagte, daß die „Möglichkeiten der Variation eng begrenzt" seien.[60] Angesichts der Tatsache, daß Selektion und Variation in der Tat bei der Bildung von Rassen und vielleicht nahe verwandten Arten, also in der Mikro-, nicht aber in der Makroevolution, eine Rolle spielen, taucht die Frage auf, ob ein Christ eine Lösung finden kann, welche ihn die theologischen Fallen vermeiden läßt, in die Darwin und seine Anhänger in den letzten hundert Jahren immer wieder gefallen sind.

Es bestehen offenbar keine Schwierigkeiten zu glauben, daß tatsächlich Variationen entstehen, die zu einer Mikroevolution bei Rassen und nahe verwandten Arten führen. Alle Befunde deuten auf die Richtigkeit dieser Annahme hin, die sicherlich nicht mit einem Teil der göttlichen Offenbarung in Widerspruch steht. Die „unbegrenzte Veränderung", die Darwin behauptete und die die eine Art in die andere verwandelt, wobei sie in der Entstehung des Menschen von niederen Tieren gipfelt, ruft jedoch Schwierigkeiten sowohl wissenschaftlicher als auch glaubensmäßiger Art hervor. Auch Darwin erkannte, daß es ein Adieu zu seiner Theorie bedeutete, falls diese Veränderungen nicht unbegrenzt sein sollten. Die Beweise, daß sich eine Mikroevolution bei den Arten ereignet, sind sehr unterschiedlich von jenen, daß sich die eine Art in eine andere im Laufe der Zeit verwandelt. Das heißt, daß die Beweise für eine Mikroevolution viel stärker sind als die Beweise für eine Makroevolution. In der Mikroevolution würde für einen Planer Raum sein, der einen Organismus (Genpool) baut, welcher so komplex strukturiert ist, daß er mit seiner Umgebung reagieren und sich so angesichts der verschiedenartigen Umweltsveränderungen selbst verändern kann.

Darwin glaubte noch, daß die von einem Organismus im Laufe seines Lebens erworbenen Charakteristika auf die Nachkommenschaft übertragen werden könnten. Heute hat man diese Lamarcksche Theorie verworfen, gibt jedoch dafür eine andere Erklärung, die zu ähnlichen Resultaten führt. Darwin hielt einige Charakteristika für „angeboren" und andere für „erworben". Heute hat sich diese Unterscheidung jedoch als unvollständig herausgestellt, denn eine große Anzahl von Merkmalen, welche die meisten für angeboren halten würden, sind in der Tat in ihrer Ausprägung von der Umwelt abhängig. So entwickeln einige Fischembryonen, die normalerweise zwei Augen (ein „angeborenes Vertebratenmerkmal) besitzen, nur ein Zyklopenauge, wenn man das Wasser, in dem sie leben, mit Magnesium anreichert. Dies besagt, daß die Gene nur in Beantwortung externer Reize zwei Augen hervorbringen können. Man hat jetzt entdeckt, daß viele Pflanzen- und Tiermerkmale eine Antwort im Wechselspiel zwischen den inneren Genen und der äußeren Umwelt darstellt. „Kein Wesenszug verdankt seine Existenz allein der Vererbung oder allein der Umwelt, und, strenggenommen, ist kein Merkmal entweder vererbt *oder* erworben." [61] So besitzen also alle Organismen eine höchst komplexe Gensammlung, die in der Lage ist zu reagieren, um die von der Umwelt geforderten Charakteristika hervorzubringen. Man hielt die Organismen für reizbare Systeme, die nolens volens einen einzigen konstanten Lebenstypus ausbildeten. Heute weiß man, daß dies nur teilweise stimmt, denn alle Organismen enthalten einen Genschatz, der bestimmte Merkmale *als Antwort auf bestimmte Umwelteinflüsse hervorbringen wird.* Wir besitzen z. B. Gene, welche die Haut unserer Hände verdicken, wenn wir bestimmte körperliche Arbeiten mit ihnen verrichten. So ist ein Organismus in der Tat das Ergebnis des Zusammenspiels zwischen Genen und Umwelt.

Darüber hinaus beeinflussen sich die Gene gegenseitig in ihrer Wirkung. Ein bestimmter Genkomplex verhält sich anders, je nachdem, ob er in der Nähe eines anderen Genkomplexes liegt oder ob dies nicht der Fall ist. Die den Genen zugeschriebene Stetigkeit und Starrheit der Merkmale mußten im Lichte unserer wissenschaftlichen Erkenntnisse modifiziert werden. So beeinflußt nicht nur die Umgebung die von den Genen ausgebildeten Merkmale, sondern auch die Entfernung zu den anderen Gengruppen übt einen Einfluß auf jeden einzelnen Genkomplex aus. Dies erklärt die Plastizität, die jeder Organismus innerhalb gewisser Grenzen besitzt. Er kann aufgrund seiner chemischen, genetischen und metabolischen Regulationsmechanismen auf seine äußere und innere Umgebung innerhalb gewisser Grenzen reagieren.

Alle diese Überlegungen führten zu einem wichtigen Punkt, der Darwin oder seinen Freunden nicht bekannt war. Die lebenden Organismen stellen keineswegs ein Beispiel für etwas dar, das man biologischen „Prädestinations-Calvinismus" nennen könnte. Sie haben sicherlich von der genetischen Ausstattung her festgelegte Grenzen, innerhalb deren jedoch die Flexibilität lebender Organismen erstaunlich ist. Es ist offenbar leicht, z. B. eine Dampfmaschine zu konstruieren, die sich ihrer Umwelt gegenüber „starr" verhält. Ihr Bau ändert sich nicht, ob wir sie nun überladen oder nicht. Auch wenn wir sie immer talwärts fahren lassen, wird sie keine besseren Bremsen entwickeln. Ein lebendiger Organismus ist jedoch so gebaut, daß er die eingebaute Fähigkeit zur Entwicklung besserer „Bremsen" besitzt, wenn wir ihn lange Zeit „abwärtslaufen" lassen. Diese Herausbildung besserer Bremsen ist keine Frage von im Lamarckschen Sinne erworbenen Eigenschaften, denn sie wird genetisch unter Umweltseinfluß von der Genstruktur gesteuert. So erweisen sich die lebenden Organismen als sehr viel komplexer und höher organisiert, als wir zunächst vermutet hatten. Es stellt sich heraus, daß sie aufgrund ihrer Konstitution in bemerkenswerter Art und Weise, jedoch innerhalb gewisser Grenzen, auf ihre äußere und innere Umgebung reagieren können.

Wenn man einen Ingenieur bittet, eine Dampfmaschine zum Gebrauch in der Prärie zu konstruieren, so ist das eine Sache für sich und noch dazu eine Aufgabe, die er leicht bewältigen kann. Ihn jedoch um die Konstruktion einer Dampfmaschine zu bitten, die, wenn man sie in die Rocky Mountains bringt, automatisch bessere Bremsen entwickelt oder ihr Gewicht verringert, wenn sie durch die Luft transportiert werden muß, ist eine völlig andere Sache, die offensichtlich sehr viel mehr Konstruktionsanstrengungen erfordert als jene für unsere ursprüngliche Dampfmaschine.

Zusätzlich könnte man den Konstrukteur noch um die Berücksichtigung einer weiteren Einzelheit zu seinen Plänen bitten. Falls der Kontrollmechanismus des Bremsvermögens oder der Gewichtsverringerungsfähigkeit der Maschine aussetzt, dann sollte sie in der Lage sein, ihre eigenen Fehler aufzufangen, so daß die Maschine nicht in die Luft fliegt.

Diese Überlegungen übermitteln uns eine schwache Vorstellung von der Komplexität lebender Organismen, die fähig sind, nicht nur sich selbst zu replizieren, sondern sich auch innerhalb gewisser Grenzen an ihre Umgebung anzupassen. Sicherlich ist die flexible Natur der die Lebensprozesse steuernden Mechanismen mit Zufallsvorgängen noch schwerer zu erklären als die alte starre Vorstellung der Vererbung. Einen derartigen Selbstregulationsmechanismus hätte kein Anfänger entwickeln können. Wenn man einen Ingenieur bäte, eine Schablone zu entwerfen, die sich gemäß den Umweltsbedingungen umbilden kann, dann wäre das eine fast übermenschliche Aufgabe. Wenn man einen Menschen (und dazu noch einen Wissenschaftler) bittet zu glauben, daß diese Art von Maschine durch Zufallsvariationen und natürliche Auslese entsteht, dann ist das eine größere Zumutung für ihn als die, an einen Planer zu glauben.

Ich persönlich könnte — mit einigen Schwierigkeiten — glauben, daß ein bestimmter starrer Organisationskomplex mit Hilfe von willkürlicher Veränderung und Auslese gebildet werden könnte. Aber eine derart feinabgestimmte *Selbstregulierung* läßt jeden unvoreingenommenen Menschen vermuten, daß es sich hierbei um Planung handelt! So führen mich persönlich gerade die kleinen beschränkten Veränderungen innerhalb einer Spezies zu der Vorstellung eines Planes, zumal heute, da wir etwas von der Wechselbeziehung zwischen Genen und Umwelt wissen.

Was wird aber aus der *unbeschränkten* Veränderung, die sich abgespielt haben muß, wenn Darwin recht hätte? Zunächst gibt es, wie wir schon ausführten, keine Hinweise, daß eine Zelle ihre eigenen Stoffwechselvorgänge zur Lieferung der enormen Mengen „begrifflicher“ Energie verwenden konnte, die für Synthesen dieser Art „Fortschritt“ erforderlich ist.[62] Dann haben wir keine experimentellen Beweise für die Makroevolution oder transspezifische Evolution, die man mit den Beweisen für die Mikroevolution vergleichen könnte, welche keine großen Energiemengen erfordert. In den Genmolekülen können sich offensichtlich kleine Zufallsveränderungen ereignen, die aufgefangen werden. Eine Neubildung vollkommen neuer Moleküle jedoch, die man beim Übergang von einer Spezies zur anderen findet, ist sowohl vom Standpunkt der Energie als auch des *Konzepts* von ganz verschiedenem Rang. Ich behaupte, daß uns hier nur das Postulat einer Planung weiterhelfen kann, denn wir werden nicht imstande sein, uns von den großen, für die Makroevolution notwendigen Übergangsperioden sonst eine Vorstellung zu machen.

Wir müssen uns nun mit der Wirkung beschäftigen, welche die Beobachtung von Schmerz, Kampf ums Überleben und Tod auf die Entwicklung der Theorien Darwins hatte.

Darwin war ein sehr liebenswürdiger, wenn auch zugleich sehr nüchterner und realistischer Mensch. Das Rätsel, daß ausgerechnet Schmerzen und Kampf die Ursache für die Aufwärtsentwicklung des Lebens sein sollten, ließ ihn jedoch zu einem Agnostiker werden.

> „Er war ebenfalls (in seiner Haltung dem orthodoxen Christentum gegenüber) von dem Problem des Leidens berührt und von den frommen Platitüden und speziellen Rechtfertigungstaktiken der Theologen einschließlich Paleys abgestoßen. Wie er sich selbst klarmachte, kann Leiden die Vorbereitung für eine moralische Besserung des Menschen sein; die Zahl der Menschen auf der Erde ist jedoch nichts im Vergleich zu der aller anderen fühlenden Wesen, welche oft ohne moralische Besserung leiden ... Was kann das für eine Führung sein, die zahllose Arten dazu gebracht hat, sich auf den Untergang und die Vernichtung hin zu entwickeln, wie uns die geologischen Beweise tatsächlich vor Augen führen? Dafür gibt es kein Argument ... Was ist das für eine Voraussicht, die Organismen nur dann schützt, wenn sie zufällig die Größe, das Gewicht und die Allgemeinverfassung besitzen, die dem Mittelwert der Art am nächsten kommt ... wohingegen jene, die Abänderungen von der Norm zeigen, elend zugrunde gehen. ... Welch ein Buch könnte des Teufels Kaplan über die schwerfälligen, verschwenderischen, stümperhaften, niedrigen und schrecklich grausamen Werke der Natur schreiben!“[63]

Darwin folgerte, daß man „die Schrecken der Natur und das grausame Verhalten ihrer Bewohner nicht besser zu einem Schöpfer mit angeblich unbegrenzter Macht und unendlichem Erbarmen in Einklang bringen kann, als daß man die Ausrottung einer Art, die Strandung eines Schiffes, den Tod einer von einer Schwalbe verschluckten Mücke ... auf seine direkte Willensäußerung zurückführen kann ..."[64]

Hin- und hergerissen zwischen dem Problem des unverstandenen Leides auf der einen Seite und der orthodoxen Sicht eines gnädigen Schöpfers auf der anderen Seite, entschied sich Darwin schließlich gegen den letzteren. Schmerz und besonders die Vorstellung ewiger Strafe war für Darwin nicht mit der Vorstellung eines erbarmenden, lebenden Schöpfers vereinbar.[a] Da der Schmerz universal herrscht, bedeutete dies, daß Darwin die Idee des gnädigen Schöpfers und Erlösers der Bibel zurückwies, obwohl er niemals seinen Glauben an irgend etwas Göttliches verleugnete. Für ihn löste weder die Bibel noch sein eigener Verstand jemals das Problem der Koexistenz eines mitleidsvollen Schöpfergottes und des Chaos, der Schmerzen und des Kampfes in seiner Schöpfung.

Das zunächst bemerkenswerte, beinahe ironische Ergebnis der Überlegungen Darwins bestand daraus, daß er dann dazu überging, Gott (oder die Natur) seine Lebenswelt gerade mit Hilfe dieses Rätsels des Schmerzes und Kampfes schaffen zu lassen, das sich seiner Ansicht nach für unvereinbar mit der Gottesidee erwies, an die zu glauben er gelehrt worden war. Darwin dachte also, daß Gott, wenn er mitleidsvoll wäre, in seiner Welt keinen Schmerz und Tod zulassen würde. Weil es aber das Leid in der Welt gab, wies Darwin die Vorstellung eines christlichen Gottes zurück, dann benutzte er jedoch prompt eben diese Basis für seine Ablehnung des Gottes der Christen als das angebliche Mittel der Erschaffung des Lebens, d. h. also, die natürliche Auslese und den Kampf ums Dasein.

Viele andere nachdenkliche Menschen außer Darwin haben aus jenem gleichen Grund wie er am christlichen Glauben und an der biblischen Wahrhaftigkeit zu zweifeln begonnen. Bis Darwin wagten es jedoch nur wenige, ausgerechnet der Ursache ihres Irrewerdens an der christlichen Botschaft, nämlich universalem Leid und Schmerz, eine schöpferische Kraft zuzuschreiben, welche ihrer

a Siehe mein „Ist das ein Gott der Liebe?", Hänssler-Verlag, Neuhausen-Stuttgart, Bismarckstraße 4, BRD.

Meinung nach wirksam ist, um die Evolution des Lebens und der Arten hervorzubringen. Und doch ist dies genau Darwins Haltung. Er erachtete nämlich, daß die Existenz universalen Leidens den Glauben an einen gütigen Gott unmöglich mache, zur gleichen Zeit glaubte er, daß universaler Schmerz plus natürliche Auslese die schöpferische Kraft hinter dem Ursprung des Lebens und der einzelnen Arten sei. *Offensichtlich stellte er sich also die Schöpfungskraft, die das Universum begründete, als bösartig vor. Die Wichtigkeit eines in echter Weise intellektuell befriedigenden Grundes für Leid und Schmerz und ihre Koexistenz mit einem Gott des Erbarmens liegt also auf der Hand. Was heute allgemein, besonders in den Vereinigten Staaten, als christliche Botschaft gilt, berührt diese echten Probleme kaum. Das hat zur Folge, daß Christen aus der Neuen Welt oft völlig außerstande sind, mit den echten Problemen entweder der Leute aus der Alten Welt oder der materialistischen Darwinisten aus beiden Bereichen fertigzuwerden, die in diesen Dingen gewöhnlich gut beschlagen sind.*

Die Lösung des Leidproblems — und dies war eines von Darwins theologischen Grundproblemen — kann dort gefunden werden, wo auch die Lösung vieler anderer Lebensprobleme zu finden ist, im Wesen, Leben und Tod Christi. Zunächst wollen wir uns fragen, wie die Haltung Christi gegenüber Schmerz und Tod aussah. Dies können wir rasch herausfinden, wenn wir seine bedeutendste Lebensaktivität ansehen, die daraus bestand, zu heilen, Tote aufzuerwecken und Gutes zu tun. [65] Das bedeutet ganz klar, daß er es sich zur Aufgabe gemacht hatte, Schmerzen und Tod zu neutralisieren. Er erweckte Lazarus [66] und die Tochter des Jairus [67] vom Tode. Diese Tätigkeit war jedoch nicht auf Christus beschränkt, denn seine Apostel sprachen vom Tod als dem letzten *Feinde.* [68]

Christus bezeichnete Leute mit bestimmten Krankheiten als vom Teufel gebunden. [69] Wenn Jesus Christus sich selbst für Gottes Sohn hielt (und daran besteht kein Zweifel [70]), dann glaubte er, Gottes Werke bei der Aufhebung von Schmerz und Leid zu tun, da sie Gottes Feinde sind. Er sagte, er tue die Werke, die er von seinem Vater ablese. [71] So spiegelte Christus Gottes Haltung wieder, als er umherzog und Leid und Tod und ihre Folgen als Feinde beseitigte.

Wenn man die Bibel sorgfältig studiert, dann taucht niemals wirklich das Problem auf, daß man Gott mit Schmerz, Leiden und Tod so zusammen sehen müsse, als ob er ihr echter Urheber sei — selbst wenn er den Schmerz für seine Zwecke gebrauchen kann. Wenn Christus uns überhaupt irgendwelche Hinweise auf Gottes Haltung gegenüber Qual und Tod gibt, dann ist Gott der große Umkehrer und Feind von Schmerz und Tod, und zwar unendlich viel mehr als Darwin oder irgendein anderer denkender Mensch es sich vielleicht vorstellen können. Als Gott der Auferstehung und des Lebens ist er der große Zunichtemacher des Todes und Leides. Wir können also nur sagen, wie sehr sich Darwin geirrt hat, als er wegen des Leides in der Welt den Glauben an einen mitleidsvollen Gott aufgab! Wegen der Haltung Christi gegenüber dem Leid, die mit der Darwins so gut übereinstimmte, sollte Darwin eigentlich einer der treuesten Christen geworden sein.

Um das fundamentale Mißverständnis Darwins in diesen Dingen zu unterstreichen, ein Mißverständnis, das sich langsam aber sicher im Laufe der Jahre entwickelte, müssen wir die Tatsache erwähnen, daß Christus selbst aus freien Stücken die vielleicht schlimmste Form des Leidens und Todes auf sich nahm, die einem Menschen zustoßen kann, nämlich den Tod am Kreuz. Sein Leiden war so groß, daß selbst er zuletzt schrie: „Mein Gott, mein Gott, warum hast du mich verlassen?“ So erlebte Christus, was wir alle erfahren und was Darwin vom christlichen Glauben abbrachte, das schreckliche Rätsel des Leidens bis zum Tode. Wir können nur Darwins eigene Frage stellen und rufen: Warum läßt ein gnädiger Gott, falls es einen gibt, all diese Schrecknisse zu? Als Christus bis zum Ende in namenlosem Leid verlassen war, stieß er für alle den Schrei des Leides und Todes aus. So verstand er sicherlich Darwins Problem auf eine sehr praktische Art und Weise. Darwin hatte zu tief an diesem Punkt nachgedacht, als daß er sich mit scheinheiligem Gerede und Gewäsch abspeisen ließ, welches er mit Recht verabscheute. Heute können viele Menschen ebensowenig eine intellektuelle befriedigende Antwort auf diese letzten Probleme finden, und auch sie geben sich nicht mit Oberflächlichkeiten zufrieden. *Darwin strandete am Riff des Leidproblems, und es ist die Aufgabe der Christen, eine wirkliche Antwort darauf zu geben, wenn sie Mitmenschen wirklich lieben und ebenfalls Feinde des Schmerzes und Todes sind.*

In der Zwischenzeit wundert man sich mit „seiner tiefsten Majestät von der Hierarchie des Abgrundes“ (mit Abbitte an C. S. Lewis' *Screwtape Letters*[72]) über den Erfolg und die hervorragende Aufnahme, welche die wissenschaftliche Welt der Vorstellung hat zuteil werden lassen, daß das Leid (der „Feind" des christlichen Gottes) die verantwortliche Triebkraft für die Höherentwicklung des Lebens ist. Er hat nämlich das Werkzeug des Leides dazu verwandt, den Glauben an einen gnädigen Gott zu zerstören, und braucht danach das gleiche Werkzeug als Ersatzgott zur Erklärung für die lebende Schöpfung.

Das letzte Problem hinsichtlich der Entwicklung des Darwinismus dreht sich um seine Überzeugung, daß der Gott der Bibel ein eifersüchtiger Tyrann sei. Unsere Beschäftigung mit dieser Frage wird uns zugleich die Antwort auf eine andere Frage geben, nämlich, warum Gott nicht einfach aufgrund eines Machtspruches Schmerz und Leid aus der Welt schaffte. Warum konnte ein gnädiger Gott nichts unternehmen angesichts des furchtbaren Leidenszustandes, in dem sich die Welt, seine Schöpfung, befindet? Darwin rechnete mit einem Gott, der allmächtig war und deshalb befehlen konnte, daß Schmerz und Kampf aufhören zu existieren.

Wenn wir annehmen, daß ein allmächtiger und gerechter Gott zu einem Handeln fähig sein sollte, wie Darwin es sich vorstellte, dann müssen wir uns fragen: Warum handelt er nicht? Für jeden, der die christliche Dogmatik überhaupt kennt, sollte die Antwort sofort klar sein. Dies Handeln ist gerecht, weil Gott definitionsgemäß nicht nur allmächtig, sondern auch geduldig, gnädig und gerecht ist. Wenn er die Zerstörer mit Hilfe eines göttlichen Aktes zerstört, müßte er alle vernichten, denn *alle* Menschen haben zu irgendeiner Zeit die Vernichtung verdient. Wenn er gerecht ist, kann er keine Günstlingswirtschaft betreiben. Deshalb hat er das allgemeine Gericht mit einem Aufschub belegt, bis auf eine Zeit, in der alle auf derselben Grundlage gerichtet werden können. Dieser Aufschub ist nach christlicher Lehre sogar auf den Urheber von Pein, Leiden und Tod selbst ausgedehnt, an den zu glauben sich heute viele weigern, dessen Werke jedoch so augenscheinlich sind und ohne den eine Interpretation des moralischen Zustandes der Menschen schwierig ist. Darwin wollte erklärtermaßen an einen geduldigen, mitleidigen Gott glauben. Als sich Gott jedoch gegen *alle* (er verschonte sogar den Urheber des Leidens und Sterbens in der Schöpfung bis zu einem Zeitpunkt, an dem allgemein Recht gesprochen wird) so gnädig und geduldig erwies, daß er Leiden und Sterben eher auf sich selbst nahm, als daß er darauf bestand, daß seine Geschöpfe die Folgen ihrer eigenen Torheit tragen, da wies Darwin den Geduldigen deshalb zurück, weil er nicht wie ein Allmächtiger handelte. So verwarf Darwin den geduldigen Gott und den „Tyrannen" dazu!

Auf die weite Sicht wird Darwin natürlich das „Unmögliche" erhalten. Gottes Geduld dauert nämlich nicht so lange, daß man sie als Untätigkeit oder Trägheit auslegen könnte. Gott hat versprochen, seine Gerechtigkeit durch die Verbannung des Leides und Todes mit samt ihrem Urheber zu bestätigen. In der Zwischenzeit jedoch ähneln Darwin und seine Denkgenossen jenen Kindern am Markt, auf die sich Christus bezog.[73] Als wir flöteten, wollte keiner tanzen. Und als wir trauerten, hatten sie auch daran etwas auszusetzen, weil sie auch dies nicht mochten. So konnte man ihnen nichts recht machen.

Der grundlegende Irrtum, welchen Darwin und seine Freunde begingen, bestand sicherlich darin, daß sie niemals mit offenem Ohr wirklich feststellten, was Christus und die Bibel denn tatsächlich über das Leiden lehren. Sie glaubten, die Bibel sei falsch in der Frage des Anfanges und der Entstehung (die Entwicklung des Wissens hat gezeigt, wie sie an diesem Punkte irren konnten), und deshalb glaubten sie dann auch, daß sie an all den anderen Punkten falsch sei, in denen sie Schwierigkeiten hatten. So schütteten sie das Kind mit dem Bade aus. Sehr viel Schuld liegt natürlich bei den christlichen Philosophen, die eine einseitige Sicht der christlichen Lehre gaben und sie oft zur Karikatur und deshalb vielleicht erheiternd, aber nicht als etwas erscheinen ließen, das man intellektuell ernst nehmen muß.

Man vergißt oft folgendes: Falls Darwin den Ursprung der Arten und des Lebens für sich zufriedenstellend erklären konnte, dann lieferte ihm dies noch keine Entschuldigung dafür, daß er an keine Planung im Universum glaubte. Die lebende Materie stellt nämlich nur einen winzigen Bruchteil der gesamten Materie dar. Selbst wenn das Leben keinen Planer zeigte, so daß die Planung durch die natürliche Auslese vorgetäuscht würde, kann man die gleichen Argumente doch nicht auf die unbelebte Natur anwenden. Wie die Physiker erklären, läßt die unbelebte Natur im höchsten Grade Planung erkennen, und zwar eine Planung, die man nicht, wie Darwin es im Falle des Lebens versuchte, wegdiskutieren kann. Sir James Jeans bringt die Überzeugung vieler Physiker zum Ausdruck, wenn er erklärt, das Universum ähnele einem erhabenen Gedanken, und der Planer habe wie ein reiner Mathematiker gedacht (vergl. Prolog). Wenn also Darwin auch für die Mehrzahl der heutigen Biologen das Argument der Planung aus der lebenden Materie beseitigt hat, was schlagen denn seine Denkgenossen vor, wie sie das Argument der Planung in dem viel größeren Universum aus toter Materie zu behandeln gedenken, das sie von allen Seiten umgibt?

Bei der Betrachtung all dieser Fragen ist es wichtig, die Tatsache zu erkennen, daß Darwin ein Experte darin war, seine Erklärungen über „emotionale" Streitfragen in eine so mehrdeutige Sprache zu kleiden, daß es oft schwierig ist, zum eigentlichen Kern seines Denkens vorzustoßen. Er glaubte an eine „Unterminierungs"[74]-Technik, so daß ein nichtsahnender Mensch seine „fortgeschrittenen" Theorien ohne Bedenken anzunehmen pflegte, bis es zu spät zum Argumentieren war. Er liebte es nicht, sich die Empfindlichen zum Feinde zu machen, und bezog sich deshalb in seinen frühen Werken lieber auf die „Erhellung des menschlichen Ursprungs" als auf die Erklärung, daß der Mensch mit den Mitteln der natürlichen Auslese von niederen Tieren abzuleiten sei, eine Erklärung, die von einer Art war, daß sie — wie er wohl wußte — die Frommen entrüsten würde. Obwohl er und seine Freunde längst beschlossen hatten, daß der Mensch sich tatsächlich so entwickelt habe, verwässerte er seine Erklärungen so lange, bis er Klarheit riskieren konnte.

Lamarck und Darwin waren beide der Auffassung, daß erworbene Eigenschaften vererbbar seien. Darwin glaubte, daß die natürliche Auslese die nützlichen, zufälligen oder erworbenen Variationen von den unnützen oder nachteiligen absondere. Die nützlichen Merkmale sollten dann für die Aufwärtsentwicklung zu höheren Lebensformen verantwortlich sein. Dieser Vorgang bringt als Nebenprodukt *den Anschein* der Planung mit.

Heute weiß man: obwohl vererbbare Veränderungen (Mutationen) aufgrund des Zufalls auftreten, die jedoch meist degenerativer Art sind, wie es die Thermodynamik fordert, stellen ein Großteil der Variationen durch die Umwelt tatsächlich genetisch kontrollierte *Antworten* der Zelle auf exogene Faktoren dar. So wird das Zyklopen-Auge einiger Fischembryonen genetisch hervorgerufen *als Antwort* auf die Anwesenheit von Magnesiumchlorid in Wasser. Dies besagt, daß zumindest einige der ererbten Veränderungen, die man früher auf Zufallsvariationen (Mutationen) oder sogar auf im Lamarckschen Sinne erworbene Eigenschaften zurückführte, tatsächlich bereits bestehende, genetisch kontrollierte Faktoren sind, die durch direkte genetische Antwort auf spezifische äußere Stimuli gebildet werden. Dies bedeutet, daß eine große Scheibe des Zufalls im darwinistischen Denkschema, zumindest im Hinblick auf diese Art von Variationen, wegfällt und durch einen beträchtlichen Anteil genetischer Planung oder Vorplanung ersetzt wird. All dies trägt dazu bei, Darwins Einschätzung von der Wichtigkeit des Zufalls bei bestimmten Variationstypen erheblich zu vermindern. Was bleibt, ist ein lebender Organismus, der viel gründlicher durchkonstruiert ist, als wir uns vorgestellt hatten; denn er erweist sich *als viel flexibler, weil er so geplant ist,* daß er mit den „Zufällen" und Wechselbeziehungen einer sich ändernden Umwelt fertig wird.

Wir wollen damit also folgendes sagen: Man sollte nicht erwarten, daß man den Zufall heute noch so wichtig für die Aufwärtsentwicklung ansieht wie vor dreißig Jahren. Die Schlußfolgerung lautet demgemäß, daß Planung — Zell- und genetische Planung — die Lücke ausfüllen muß, die dort entstanden ist, wo man in den heutigen Theorien vom Zufall abgerückt ist.

Vielleicht können wir hoffen, daß man auch in der Naturwissenschaft eines Tages das Argument der Planung in die ihm von Römer 1 verliehene Bedeutung einsetzt, so daß Paleys Uhrmacher seinen Laden wieder neu eröffnen kann.

Wir mögen uns die Frage stellen, warum Darwin sich darüber beklagte, daß das Leid als Postulat eines allmächtigen Gottes unwürdig sei. Und warum schreiben die Darwinisten, daß des Teufels Kaplan fähig und in der Lage sei, Bücher über die „schwerfälligen, verschwenderischen, stümperhaften, niedrigen und schrecklich grausamen Werke der Natur" zu verfassen, deren Schrecknisse nicht mit einem „Schöpfer von angeblich unbegrenzter Gewalt und unendlichem Mitleid" in Einklang gebracht werden können.[75] Es sind nämlich nur die *Darwinisten,* die den Schöpfer für all das Schreckliche *verantwortlich* machen, nicht die Christen, welche immer kompromißlos geleugnet haben, daß ihr Gott solche Werke tue. Die ganze Frage dreht sich natürlich um das Wort „allmächtig". Die Christen haben immer den Gebrauch von Worten, die Gott Allgewalt zuschreiben, mit Geduld und Gerechtigkeit gekoppelt. So wollen wir uns ständig der Tatsache bewußt bleiben, daß Christen die Schrecknisse der Natur nicht Gott zuschreiben, sondern sie unter seine Langmut zählen. Es waren die Darwinisten, besonders die der theistischen Richtung, die meinten, daß der Schöpfer die schwerfälligen, verschwenderischen, niedrigen und schrecklich grausamen Werke der

Natur dazu verwandte, um Leben zu schaffen. Die theistischen Darwinisten schreiben Gott solche niedrigen Methoden zu. Wenn sie das getan haben, lachen die Agnostiker und Atheisten ihnen wegen solcher Schöpfungsmethoden ins Gesicht. Man schreibt Gott also Böses zu und schickt sich dann an, ihn wegen dieses Übels, mit dem sie ihn (fälschlicherweise) belegen, fortzujagen. Das scheint kein sehr faires Verfahren zu sein. Das Eigentliche aber ist dies: *Indem sie Gott so verleumden, sagen die Darwinisten, daß die Schöpfungstheorie, die sie selber entwickelt haben, schwerfällig, stümperhaft, niedrig und schrecklich grausam ist.* Der Christ möchte sowieso nicht an solche erklärtermaßen schwerfälligen Theorien glauben, und er ist der Überzeugung, daß sich die Schöpfung anhand von Mechanismen abspielte, die in thermodynamischer Hinsicht nicht so schwach wie einige der darwinistischen Mechanismen sind, die wir erörtert haben.

Wenn der Naturwissenschaftler nicht an einen allmächtigen Gott glauben möchte, der zugleich barmherzig, gerecht und langmütig ist, so ist das seine persönliche Sache. In meinen Augen könnte allerdings kein Gott Gott sein, wenn sein Wesen für meine begrenzten Gedanken und Konzeptionen vollkommen durchsichtig wäre. Niemand kann sich die Vereinigung dieser angeführten Eigenschaften in einer Person vorstellen. Aber es ist genau das, was man erwarten würde, wenn man aufgefordert wäre, sich Gott vorzustellen. Die verschiedenen Eigenschaften Gottes sind zu groß, als daß sie in sehr begrenzten Köpfen zu einem Bild zusammengefügt werden könnten. Der Darwinist jedoch, der eine Theorie der Lebensentstehung aufgestellt hat, welche nach eigenem Eingeständnis schwerfällig, stümperhaft, verschwenderisch und schrecklich grausam ist (die man deshalb nicht als Ausdruck der hinter der Natur verborgenen ganzen Wahrheit annehmen kann), wendet sich dann an den Christen mit der Schmähung, daß er orthodox und deshalb zugleich uninformiert ist, wenn er diese Theorie nicht glaubt. Sicherlich könnte man sich Mangel an Informationen anderswo besser vorstellen als bei gewissen Orthodoxen!

Schließlich respektiert man Darwins Charakterstärke, weil er entschieden Stellung gegen unnötige Schmerzen bezog und sogar seinen Lieblingssport wegen seiner Überzeugung aufgab. Man versteht und respektiert ihn auch, wenn er die Vivisektion aus dem Grunde verteidigte, daß es der Allgemeinheit nütze, wenn durch die neugewonnenen physiologischen Kenntnisse Schmerzen verringert würden. Wenn es einen guten Grund dafür gibt,

Schmerzen zuzufügen, dann ist eine solche Handlung vertretbar, wie z. B. im Falle der Amputation eines Gliedes zur Rettung des ganzen übrigen Körpers. Kann man jedoch der Logik eines Menschen folgen, der wegen des schrecklichen Leidens um ihn herum behauptet, daß es keinen Grund geben könne, dieses zuzulassen, *weil er keinen Grund dafür finden kann?*

Ein Wilder, der bei einer Armamputation zuschaut, könnte den Chirurgen für eine schreckliche grausame Person halten, weil er, der Wilde, nicht alles über den Wundbrand weiß. Wenn man deshalb behauptet, daß wegen Zerstörung und Leid in der Welt „kein Argument möglich sei“ [76] zur Rechtfertigung göttlicher Führung in der Natur, bedeutet das die Behauptung eines *non sequitur.* Der begrenzte menschliche Geist steht nämlich immer noch dem unendlichen Geist Gottes gegenüber. Der Mensch wird sich deshalb recht und schlecht in eine Lage versetzen, in der er sich vorstellt, er wisse alles über die Gründe für Schmerz und Leid, die in der Welt bestehen, wenn er versichert, wie es Sir Gavin de Beer ausdrücklich tut, „daß es hier kein mögliches Argument gebe“. [77]

Irgendwie fühle ich, daß er es nicht ganz so gemeint hat. Die Tatsache nämlich, daß wir keine Antwort wissen, beweist keinesfalls, daß keine Antwort möglich ist, oder wir müßten uns schon für allwissend und Kollegen Gottes halten. Dies würde nun wirklich bedeuten, daß jemand der Auffassung ist, er habe alles Wissen, welches überhaupt möglich ist, in sich vereinigt. Darwin selbst war sehr viel bescheidener, als er folgerte: „Der sicherste Schluß scheint mir, daß sich das Ganze (das riesengroße Leiden der Welt) außerhalb der Reichweite des menschlichen Intellekts befindet.“ [78] Wenn wir eines Tages in der Ewigkeit alle Tatsachen überblicken können und alle Geheimnisse aufgedeckt sind, werden wir vielleicht Grund genug haben, die Handlungsweise des Schöpfers, der Schmerz und Leid bis zum großen Gericht in seiner Welt ließ, von Herzen zu bejahen. Angesichts der Unendlichkeit des Wissens, das wir noch nicht einmal erahnen, erscheinen wir vielleicht jemandem, der sich in einer besseren Lage als wir befindet, ähnlich dem Wilden, der bei der Armamputation zusah.

6. Stellungnahmen einiger moderner Mathematiker und Physiker zum Darwinismus

Die Darwinisten und Neodarwinisten irren sich, wenn sie — wie es oft geschieht — darauf bestehen, daß *alle* kompetenten und informierten Leute ihnen und ihren Theorien über den Ursprung und die Aufwärtsentwicklung des Lebens bis hin zum Menschen zustimmen. Es ist nämlich offensichtlich — wenn man so will, die Schrift an der Wand —, daß sich immer mehr Physiker, Mathematiker, sogar Biologen über die begriffliche Grundlage des Darwinismus und Neodarwinismus Gedanken machen, die fordert, daß Ordnung sich spontan aus Chaos heraus entwickelt und deren Methode aus der Zufallsmutation, gekoppelt mit der natürlichen Auslese, besteht. Tatsächlich erkennt man heute in naturwissenschaftlichen Kreisen immer mehr, daß die Biologen „äußerst empfindlich"[79] auf alle Hinweise reagieren, welche darauf hinauslaufen, daß es dem Darwinismus oder den modernen Evolutionstheorien an Logik oder geistiger Tiefe mangle. Empfindlichkeit in einem Punkt verrät aber oft eine Schwäche auf ebendiesem Gebiet.

Im Sommer des Jahres 1965 fand in der Schweiz eine Diskussion[80] zwischen vier Mathematikern (Murray Eden, Massachusetts Institute of Technology; S. M. Ulan, Los Alamos; V. Weisskopf, früher Direktor von CERN, Genf, jetzt Massachusetts Institute of Technology, und M. P. Schützenberger, Universität Paris) und zwei Biologen (einer davon war Martin Kaplan) über das obige Thema statt. Die Mathematiker betonten, daß eine mathematische Analyse der gängigen Evolutionstheorien zeige, daß dort logische Mängel beständen und daß „einige ihrer Aussagen inhaltlich leer seien".

Darwin glaubte an das „Überleben des Tauglichsten", wohingegen die Neodarwinisten heute an das „Überleben jener, die die meiste Nachkommenschaft hinterlassen" glauben. Dr. Eden, Professor für Elektronik am Massachusetts Institut of Technology, ist der Ansicht, daß diese beiden Überlebungskonzepte tautologisch seien, mit anderen Worten, sie besagen, daß nur die Eigenschaften jener Organismen, die so lange leben, bis sie Nachkommen zeugen, auch tatsächlich fortbestehen. Das ist echt tautologisch oder nichtssagend. Das Schlimmste an einer solchen tautologischen Theorie ist vielleicht, daß sie nicht widerlegt werden kann. Auf der anderen Seite kann man sie dazu verwenden, fast alles zu beweisen, und so verfährt man heute auch. So untersuchte Dr. J. C. Fentress vom Brain Research Center der Universität Rochester zwei Arten britischer Wühlmäuse, von denen die eine Art beim Anblick eines sich bewegenden Testobjekts bewegungslos erstarrt, während die zweite unter den gleichen Versuchsbedingungen davonlief. Die eine Art lebt in waldigen Gebieten, die zweite auf Feldern. Dr. Fentress unterbreitete seine Ergebnisse daraufhin einigen Zoologen und bat um eine evolutionsgeschichtliche Erklärung. Zunächst jedoch tauschte er die Arten, die zu jedem Satz von Daten gehörten, gegeneinander aus. Die Wühlmaus, welche erstarrte, wurde jenen Daten zugeteilt, die eigentlich zu der Wühlmaus, welche fortlief, gehörten. Sogar mit diesen verwechselten Daten waren die Zoologen auf der Grundlage der Deszendenztheorie in der Lage, das Verhalten der Wühlmäuse zu „erklären", obwohl man die Daten ohne ihr Wissen jeweils der falschen Wühlmaus zugeordnet hatte. Die Antworten, die er erhielt, waren vollkommen überzeugend und autoritativ, wenn auch hundertprozentig verkehrt.

Dr. Eden glaubt, es sei höchst unwahrscheinlich, daß das Leben in den verhältnismäßig wenigen Generationen, die es seit der Archebiopoese zur Verfügung hatte, seine heutige komplexe Biochemie erreichen konnte, es sei denn, daß es irgendwo zu einer „Beschränkung der Zufallsvariation" gekommen wäre. Die heutigen Evolutionstheorien erklären diese Einschränkung oder Beschränkung der Veränderungen nicht, welche die Mathematiker fordern. Deshalb, so folgert Dr. Eden, fehlt etwas an den Evolutionstheorien, wie sie uns heute präsentiert werden.

Bei einer Diskussion, wie Polypeptide zu Protein aufgebaut werden, führt Dr. Eden folgendes zur Erläuterung seines Standpunktes aus:

> „Jedes dieser Polypeptide kann man sich wie ein Wort mit 250 Buchstaben vorstellen, wobei jeder Buchstabe aus einem Alphabet mit 20 Buchstaben stammt, da es 20 verschiedene bekannte Peptideinheiten gibt, die man in den Proteinketten findet. Dementsprechend gibt es 20^{250} oder 10^{325} mögliche Proteinwörter, die das genetische System äußern kann. Anstatt daß man nun als nächstes diese Zahl mit der Anzahl der heute bekannten Proteine vergleicht, findet man eine obere Grenze für die Menge der verschiedenen Proteine, die tatsächlich existieren könnten, wenn man überschlägt, wie viele Proteinmoleküle jemals auf Erden für eine nominale Spanne des Lebens von 10^9 Jahren existiert haben. Wenn man eine zu 30 % aus Proteinen bestehende

Zellschicht annimmt, welche sich in einer Dicke von 1 cm über die Oberfläche der Erde verteilt, dann kommt man zu einer Zahl der Größenverordnung 10^{52}. Das besagt also, daß die Oberfläche der 10^{325} möglichen Proteinmoleküle kaum angekratzt worden ist.“ [81]

Dr. Eden möchte hier sagen, daß es eine gewaltige Anzahl möglicher Proteinmoleküle gibt, die aber niemals entstanden sind. Wir würden jedoch die Bildung dieser Moleküle *erwarten,* falls zufällige Veränderungen im Laufe der Lebensevolution für die Bildung verantwortlich waren. Die Evolutionstheorien machen nur geringe Anstrengungen, die in der Natur zu beobachtenden offensichtlich recht starken Einschränkungen bei der Proteinsynthese oder anderen Synthesen zu erklären. Tatsächlich beharren die Darwinisten und Neodarwinisten im allgemeinen bei der entgegengesetzten Auffassung, nämlich der, daß absoluter und uneingeschränkter Zufall jedes zu beobachtende Faktum erklärt. Nach ihrer Meinung bedarf der Zufall bei der Variation nur der nachfolgenden natürlichen Auslese, um Ordnung aus dem Chaos zu schaffen. Angesichts der Dinge ist dies höchst unwahrscheinlich, obwohl die Darwinisten in diesem Punkt anderer Meinung sind.

Eine Methode zur „Zufallsbeschränkung“ ist natürlich die Planung. Die Annahme einer „offenkundigen Planung“ bei der Archebiopoese oder Lebensevolution stellt jedoch ein Konzept dar, das im Geist oder in den Schriften keines biologischen Wissenschaftlers Zustimmung findet, dem Leib und Leben im wissenschaftlichen Sinn lieb und wert sind, denn dieses Konzept würde einen Plan beinhalten, welchen die Wissenschaft aus ihrer Literatur seit den Tagen Darwins verbannt hat, der die gesamte Vorstellung einer Planung, zumindest in biologischer Hinsicht, „zerstörte“. Aus diesem Grunde müssen Wendungen wie „Einschränkung des Zufalls“ für das Konzept der Planung ausreichen, obwohl ihre Bedeutungen sich nicht immer decken.

Dr. Eden neigt zu der „Auffassung, daß sich die Evolution von allen möglichen, kurzen oder langen Wegen, die sie zur Bildung nützlicher Proteine beschritten haben könnte, selektiv den kürzesten ausgewählt hat“. Auf der anderen Seite vergleicht er die Verwendung eines reinen Zufallssystems bei einer bis zum Menschen führenden evolutionären Veränderung mit der „Möglichkeit, eine sinnvolle Bibliothek von eintausend Bänden zufällig und aufs Geratewohl aufgrund folgenden Verfahrens zu tippen:

Man beginne mit einer sinnvollen Wendung, schreibe sie noch einmal mit etlichen Fehlern, verlängere sie durch Hinzufügen von willkürlichen Buchstaben und gruppiere Teilfolgen der Buchstabenkette um. Dann prüfe man das Ergebnis, um zu sehen, ob die neue Wendung sinnvoll ist. Man wiederhole den Vorgang, bis die Bücherei komplett ist." [82] Vielleicht könnte man mit Sir Gavin de Beer die Aussage wagen, daß eine solche Methode ein bißchen schwerfällig und verschwenderisch in ihren Bemühungen erscheint. Man fragt sich, wer sich jemals vorstellen konnte, daß ein Gott diese Methode zur Schaffung von Leben verwandte, und welch eine Vorstellung von Gottes IQ[a] (mit aller gebührenden Ehrfurcht) dahinter stehen muß.

Dr. Eden fährt dann mit der Bemerkung fort, daß die „Hauptaufgabe der Evolutionsforscher darin bestehe, Mechanismen zu entdecken und zu untersuchen, welche die Variation der Phänotypen auf eine sehr kleine Klasse beschränken und *dem Begriff des Zufalls eine geringe und nicht so entscheidende Rolle zuweisen.*" [83] So haben die Mathematiker also zwei Grundpfeiler des Darwinismus stark geschwächt. Natürliche Auslese, Überleben des Tauglichsten, Überleben jener, die die meisten Nachkommen haben, sind als tautologische, inhaltlich leere Aussagen entlarvt worden, und Zufall ist stark eingeschränkt worden.

Die Mathematiker sind also heute überzeugt, daß man den Zufall als Evolutionsursache in seiner Bedeutung reduzieren und auf eine geringe, nicht entscheidende Rolle zurückweisen muß. Zu beiden Schlußfolgerungen ist man aus rein wissenschaftlichen, mathematischen Motiven gekommen, welche die Begründung für die Annahme umkehren, mit denen der Darwinismus und Neodarwinismus das Argument der Planung ablehnen. Dies soll keine Behauptung sein, daß die Mathematiker dies Argument wieder in Kraft gesetzt haben, sondern, *daß die Hauptgründe, mit denen die Darwinisten dieses Argument zurückweisen, sich in Nichts aufgelöst haben.*

Wir dürfen sicherlich hoffen, daß im Verlaufe der detaillierten Erforschung der Vererbungsvorgänge auch die Mechanismen klarer werden, aufgrund derer sich das Leben tatsächlich aus der unbelebten Materie entwickelt hat. Es ist offenkundig, daß die ungeordnete, tote Materie in lebender Materie einen hohen Organisationsgrad erreicht hat. Ebenso klar ist es, zumindest für einige Mathematiker und Physiker, daß Zufallsprozesse nicht ausreichen, um diesen Prozeß der Höherorganisation in jedem

a IQ = Intelligenzquotient

lebenden Organismus zu erklären. Die einzige noch offenstehende Frage lautet: „*Wie kam die beobachtete Beschränkung des Zufalls zustande?*“ *Wir haben zwei Möglichkeiten: Entweder geschah sie als Ergebnis innerer Eigenschaften der Materie, oder die Beschränkung wurde der Materie von außen, d. h. supramateriell, auferlegt.* Die Mehrzahl der materialistisch eingestellten Wissenschaftler glaubt an die erste Erklärung, einfach deshalb, weil sie als Materialisten nicht bereit sind, Phänomene hinzunehmen, die einem übermateriellen oder übernatürlichen Bereich zugeschrieben werden. *Es gibt jedoch keinen Beweis dafür, daß die sich selbst überlassene Materie diese Beschränkung des Zufalls bewirken kann.* Deshalb ist es ganz unwissenschaftlich, den Wissenschaftler zu verachten, der die Möglichkeit einräumt, daß das Übernatürliche in jenen Prozessen der Zufallsbeschränkung mitgewirkt habe.

Man glaubt heute, daß das genetische System nicht bloß eine Schablone oder Blaupause ist, welche alle Einzelheiten der Rezepte in sich trägt, wie man einen Organismus in Beantwortung der Reaktion seiner Gene auf die Umwelt herstellt. Heute meint man, daß es mehr einem Algorithmus gleiche, d. h. einem genetischen Minimalverfahren, das den kleinsten zur Erreichung seines Zieles notwendigen Satz an Instruktionen gibt. Um z. B. eine Zahlentabelle für jede gegebene Information zu bilden, berechnet man weitere Informationen aus dem gegebenen Informationsgerippe, so daß man fehlende Informationen aus jenen berechnet, die bereits zur Verfügung stehen. Eine Blaupause gibt im Gegensatz zu einem Algorithmus die Instruktionen für die komplette Zahlentabelle. *Dies bedeutet, daß der genetische Algorithmus in sich noch unwahrscheinlicher als Zufallsphänomen ist als ein direktes Blaupause- oder Schablonensystem.*

Wenn das genetische System als Algorithmus gebaut ist, dann ist seine „Sprache“ noch immer unerforscht, wenn auch die Molekularbiologie ihr Alphabet erhellt hat. Man kann diese Lage der Dinge damit vergleichen, daß man wohl das Alphabet einer Schreibmaschine kennt, nicht aber die Sprache, in welcher der Schreiber auf dieser Maschine schreibt. An dieser Stelle mag der Hinweis genügen, daß solche genetischen Alphabete und Sprachen allen modernen neodarwinistischen Zufallstheorien entgegenlaufen, und zwar deswegen, weil keine Sprache jemals Zufallsveränderungen der Symbolsequenzen hinnehmen kann, die ihre Sätze ausdrücken.[84] Kein Computer mit algorithmischem Verfahren kann mit Hilfe des Zufalls Sinn aus Unsinn machen.

Robert Bernhard faßt die Situation mit der Bemerkung zusammen, daß die Biologen „äußerst empfindlich“ hinsichtlich der darwinistischen Theorien und jedes Menschen sind, der sie angreift, daß jedoch Dr. Edens Herausforderung „zu nachdrücklich“ sei, als daß sie leichthin abgetan werden könnte.[85]

7. Etwas Mythologie

Im Anschluß an diese Zusammenfassung der Ansichten einiger moderner Physiker über den Darwinismus und Neodarwinismus sei ein kleines Märchen erzählt.

In einigen tausend Jahren führen unsere Nachfahren eine archäologische und geologische Untersuchung unserer heutigen Kultur durch, in deren Verlauf sie die Reste von Automobilen aus den Jahren 1890, 1910, 1920, 1940, 1970 und 1990 entdecken. Die Linie der Aufwärtsentwicklung des Automobils auf immer größere Komplexität hin, die sich während dieser Jahre vollzogen hat, liegt offen vor ihnen. Die Frage lautet, wie diese Aufwärtsentwicklung auf die Komplexität hin zu erklären ist. Warum hatte sich das Auto so langsam über die Jahre hin entwickelt und war nicht sofort als vollkommenes Gefährt erfunden worden? Die Automobilkonstrukteure können sie nicht fragen, denn sie leben nicht mehr, und keiner hat je eine Automobilfabrik gesehen. Sie wissen jedoch, daß unsere Generation eine Generation des Reisens und der Mobilität war. Sie kennen den Konkurrenzkampf, der sich zu unserer Zeit zwischen den verschiedenen Arten des Reisens und Transportes abgespielt hat. Sie können sogar einige Marktforschungsstudien auf diesem Gebiet erstellen.

Nach umfangreichen Studien versuchen der brillante Dr. Voorsite und sein ebenso gelehrter Assistent Dr. Heindsyt, eine umfassende theoretische Zusammenschau über die Menge an bis jetzt unzusammenhängenden Fakten zu geben, die über Automobile existieren. Unsere Wissenschaftler finden heraus, daß alle Autos und sogar die anhand eines Schablonen- oder Blaupausensystems produzierten Wagen trotz allem noch leichte Zufallsveränderungen aufweisen. Zwar waren dies nur kleine Variationen, aber nichtsdestoweniger doch Variationen, die bei dem Reisedruck unserer Zeit offensichtlich eine bedeutende Rolle spielten. Bestimmte Automobilvariationen erfreuten sich eines besseren Verkaufs als andere. Die Öffentlichkeit verlangte bestimmte Variationen in stärkerem Maße als die bisherigen

„Standard"-Ausführungen; dies hatte zur Folge, daß immer mehr von den Varianten hergestellt wurden und deshalb ihre „fossilen" Überreste für künftige Generationen erhalten blieben. Am Ende konnten sich nur jene Autos durchsetzen, welche solche Abänderungen wie automatisches Getriebe, Servolenkung, Scheibenbremsen und vier Vorderscheinwerfer besaßen. Die autofahrende Öffentlichkeit pflegte kein Auto ohne diese Variationen mehr zu berücksichtigen, so daß die weniger erwünschten Automobile rasch ausstarben. So kam es, daß die den Jahren 1960 bis 1970 entsprechenden geologischen Formationen von Exemplaren wimmelten, welche Servolenkung und automatisches Getriebe besaßen; Übergangsexemplare fand man sehr vereinzelt. Aus der Zeit vor dem Jahre 1920 förderte man keine Autos mit diesen Verfeinerungen zutage. Jene Autos jedoch, die keine Scheibenbremsen, automatische Fenster und Hinterscheibenwischer und -heizer aufwiesen, waren bis zum Jahre 1980 vollständig ausgestorben, und zwar allein deshalb, weil die Kraft der Selektion durch den Käufer ihre weitere Produktion verhinderte. So erweist sich also die *Selektion* durch den Käufer in einer Wettbewerbsgesellschaft und Zufallsvariationen als vollkommen zufriedenstellende Erklärung der Evolution der Autos. *Diese unbestreitbare Tatsache der Variation und Selektion bei der Evolution des Autos wurde von der gesamten Automobilgeologie bewiesen, und jede sachverständige Person konnte sich selbst davon überzeugen, indem sie dem nächstgelegenen geologischen Museum einen Besuch abstattete.*

Es gab noch einen weiteren Beweis für intellektuelle Brillanz. Die Fixierung kleiner Veränderungen der Autos durch die selektive Art des Autokäufergeschmacks ließ alle anderen Theorien über die Evolution des Autos als überflüssig erscheinen. Vorstellungen wie die von Autokonstrukteuren und Spezialgebäuden, in denen die Entropiegesetze offensichtlich umgekehrt und Autos konstruiert und gebaut wurden, sind bei der Automobil-Evolutions-Theorie überflüssige Postulate. Altmodische Ideen, wie z. B. die von Autokonstrukteuren und Fabriken, in denen eine Autosynthese anstelle von Autoverfall stattfand und spezielle Konstruktionsgesetze herrschen, welche man bei vollendeten (und deshalb verfallenden) Autos normalerweise nicht beobachten kann, sind die Produkte einer speziellen Sicht und müssen nach dem Prinzip von Occams Rasiermesser als unnötig komplizierende Annahme verworfen werden. Ausreichend ist die Erklärung, daß *die Autos entstanden sind.* Zufallsvariationen, gekoppelt mit selektiver Fixierung, bilden einen vollkommen zufriedenstellenden Totalbericht über die Automobil-Evolution. Unglücklicherweise stellten sich einige rückständige, uniforme Leute gegen die Vorstellung, daß Käuferselektion und Zufallsvariation die vollständige Erklärung sei für die evolutionäre Geschichte des Automobils. Diese inkompetenten Leute wiesen darauf hin, daß es schwierig sei, sich Übergangsstadien zwischen einem nicht-synchronisierten und einem synchronisierten Getriebe vorzustellen, das dann zum automatischen Getriebe führte. Wie konnten solch unbeholfene Übergangsstadien bei der Käuferselektion Vorteile bieten, so fragten sie.

Dr. Voorsite argumentierte, daß man im Gegenteil solche Übergangsformen des Automobils bereits kenne und daß sie in den intermediären Zeiträumen tatsächlich verbreitet waren, wenngleich sie auch niemals die Populationsdichte von späteren, vollkommeneren Autos erreichten. Er selbst hatte nämlich aus geologischen Formationen, welche den Zeitraum zwischen 1940 bis 1960 in der Wüste von Abingdon, England, entsprechen, einige kleine Automobile ausgegraben. Jedes trug die kryptischen Buchstaben MG auf dem Kühler. An diesen Modellen konnte er die wichtige Beobachtung machen, daß einige Exemplare den Gangschaltungshebel in der Mitte des Bodens trugen, während andere den entsprechenden Hebel an der Lenksäule befestigt hatten. Man weiß sehr wohl, daß alle automatischen Übersetzungen von der Lenksäule aus bedient werden, während praktisch alle Knüppelschaltungen, die man bis 1930 entdeckte, ihre Ganghebel in der Mitte des Fußbodens trugen. Die aufgefundenen MG-Modelle stellten also offensichtlich Übergangsstufen zwischen dem nicht-synchronisierten Getriebe, dem synchronisierten Getriebe und dem automatischen Getriebe dar, denn einige trugen ihre Schalthebel auf dem Boden, während andere sie an der Lenksäule befestigt hatten. Da man sehr wohl wußte, daß Materie und Metalle eine innere Tendenz zur Spontansynthese hinauf zu immer komplexeren und deshalb vollkommeneren Automobilen besitzen, war das Postulat der Planung zur Erklärung der Evolution des automatischen Getriebes von Automobilen überflüssig. Zufallsveränderungen, die durch Käuferselektion fixiert werden, riefen dem *Anschein* nach eine Planung hervor.

Im Gegensatz zu diesen Überlegungen glaubte ein gewisser Dr. Heilsam, daß zufällige Veränderungen und Selektion durch den Käufer vielleicht einige, aber nicht alle Aspekte der Automobilevolution erklären könne. Er brachte einige mathematische Beweise dafür bei, daß die Wahrscheinlichkeit der Rückkonstruktion eines nicht-synchronisierten Getriebes zu einem automatischen Getriebe aufgrund von Zufallsveränderungen, die durch Käuferselektion fixiert werden, und ohne äußeren Konstrukteur sehr gering sei. Dr. Heilsams Vorgesetzte waren sehr schockiert und informierten ihn, daß ein Studium der Befunde, besonders der geologischen Befunde, *jede sachverständige Person* von der uneingeschränkten Gültigkeit der neuen Theorie überzeugen würde. Käuferselektion und Zufallsvariationen *allein* gaben eine völlig zufriedenstellende Erklärung *aller* beobachteten Fakten der Automobilevolution. Niemand hatte jemals einen Automobilkonstrukteur zu Gesicht bekommen, und offensichtlich würde das auch nie der Fall sein. Es gab keine Autos mehr, und Konstrukteure gehörten ins Reich der Sage. Für den Informierten und Unvoreingenommenen war noch nicht einmal ein vollkommen ineinandergreifendes Getriebe Beweis für eine *Planung*, sondern lediglich Ausdruck des Universalgesetzes, daß ein Käufer ein solches Getriebe einem unvollkommen ineinandergreifenden, geräuschvollen Getriebe vorzieht. Anders ausgedrückt: Zufällige Getriebeveränderungen und Vervollkommnung der Kupplung wurden durch den Druck der Käuferauswahl fixiert, so daß die vollkommen ineinandergreifenden Getriebe, das Synchrongetriebe oder das automatische Getriebe in der Lage waren, mehr Nachkommen zu hinterlassen, da sie mehr Käufer als ihre weniger glücklichen Rivalen fanden, die folglich ausstarben. Es waren keine primitiven Vorstellungen von Planung oder Planer erforderlich, um die Tatsache der Autoevolution zu erklären.

Kein Bericht über den zur Diskussion stehenden Zeitraum wäre vollständig ohne Dr. Fortschritts gelehrte Studie über das instruktive und angeborene Verhalten fossiler Automobile im späten zwanzigsten Jahrhundert. Zusammen mit seinem brillanten jungen Assistenten Dr. Hindster rekonstruierte Dr. Fortschritt eine Anzahl fossiler Automobile aus dieser Periode getreu bis ins kleinste Detail. Sie waren so gut erhalten, daß sogar die Schrift auf den Radkappen in einigen Fällen noch leserlich war, denn sie waren in Tücher eines durchsichtigen Materials gehüllt, das offensichtlich von einer ausgestorbenen Pflanze ausgeschieden wurde und das man als $(C_2H_4)_x$ identifizierte. Diese rekonstruierten Automobile zeigen zur Überraschung aller Betroffenen sowohl „Intelligenz" als auch angeborene „Instinkte". Man sah z. B., daß jedes Auto von einem Computergehirn gesteuert wurde und Hindernisse umfahren konnte, ohne daß es jemals zu einer

Kollision kam. Die Wagen konnten auch durch Erfahrung lernen, denn nach einem Fehler, welcher zu einer Berührung oder einer Kollision führte, stießen sie nie wieder zusammen, denn sie besaßen einen gutentwickelten Gedächtniskern, der mit dem Hauptcomputergehirn gekoppelt war. Einige Automobile konnten sich aus der haarsträubendsten Situation herausmanövrieren, ohne Hilfe von außen zu erhalten, und zwar in besonders guter Weise dann, wenn sie zuvor in ein oder zwei kleinere Unfälle verwickelt worden waren.

Zusätzlich zu den Computergehirnen, die diesen wunderbaren Maschinen des späten zwanzigsten Jahrhunderts beinahe echte Intelligenz verliehen, besaßen die Autos — wie oben erwähnt — auch noch angeborene „Instinkte", die nicht direkt mit ihren Computergehirnen gekoppelt waren. Diese Instinkte waren Teil der Grundstruktur des Autos, ebenso wie auch die Türen Teil dieser Grundstruktur waren. Dr. Hindster, der außer seiner Eigenschaft als Dr. Fortschritts Assistent auch noch ein ausgebildeter Historiker war, konnte Wesen und Herkunft dieser Instinkte rasch erhellen. Er wies darauf hin, daß sie sehr den Merkmalen ähneln, die jener alte Weise des neunzehnten Jahrhunderts, Charles Darwin,[86] beschrieben hatte, der die Entwicklung ähnlicher Phänomene bei Insekten und anderen ausgestorbenen Tieren untersucht hatte. Dr. Hindsters Erklärung des Auftretens von Instinkten bei dem Automobil des späten zwanzigsten Jahrhunderts wurde von jedem sachverständigen Menschen als zufriedenstellend und vollständig angesehen.

Der Schlüssel zu der brillanten Instinkterklärung durch Dr. Hindster liegt in dem Postulat, daß elementare Instinkte ebenfalls durch Zufallsvariationen entstanden[87] und daß diese Tatsache ihren Besitzer beim Selektionsdruck begünstigte. Nicht alle mit einfachen Instinkten ausgestatteten Nachkommen eines Tieres besaßen diese in absolut gleicher Stärke. Man beobachtete zweifellos leichte Abweichungen in der Ausprägung,[88] an denen die Selektion dann angriff, um die Instinkte zu einem höheren Ausmaß zu entwickeln.

Dr. Fortschritts und Dr. Hindsters großer Beitrag zur Wissenschaft liegt natürlich in der Anwendung der darwinistischen Prinzipien von Variation und Selektion auf die Automobilinstinkte des späten zwanzigsten Jahrhunderts. Wie diese beiden Wissenschaftler nämlich ausführen, entstand das Phänomen des „rpm-Instinkts" (Revolution per Minute = Umdrehungen pro

Minute) zufälligerweise in einem Modellauto, das seinen Motor-UpM geringfügig konstanter als andere Modelle hielt, ungeachtet der Geschwindigkeit seiner Hinterräder, so daß dieses Modell gegenüber seinen Konkurrenten bevorzugt wurde, da geringerer Benzinverbrauch und geringere Abnutzung auftraten. Dies verschaffte dem Modell offensichtlich einen Selektionsvorteil bei der Auswahl durch die Käufer. Nachdem sich diese elementare Zufallsvariation im automatischen Hinterräderverhalten in bezug auf Motorenumdrehungen einmal herausgebildet hatte, besorgte die Käuferselektion den Rest. Lediglich jene Automobile, die den angeborenen Instinkt (es handelt sich offensichtlich um einen Instinkt, denn er ist definitiv *automatisch und eingebaut*, sogar bei den jüngsten der untersuchten Modelle zu finden und nicht vom Computergehirn gesteuert) zur Aufrechterhaltung einer relativ konstanten Motorengeschwindigkeit (UpM) ungeachtet der Hinterrädergeschwindigkeit besaßen, nur solche Modelle also, die mit diesem wertvollen Instinkt ausgestattet waren, vermehrten sich unter dem Selektionsdruck der Käufer und hinterließen deshalb eine zahlreichere Nachkommenschaft als andere Modelle, die sich durch weniger fortschrittliche Fähigkeiten in dieser Richtung auszeichneten. So wurden die beobachteten Fakten über den Instinkt, die Motorenumdrehungen unabhängig von der Hinterrädergeschwindigkeit zu kontrollieren, umfassend und zufriedenstellend erklärt.

Ein untergeordneter Wissenschaftler protestierte gegen Dr. Fortschritts Theorie und machte geltend, daß sie nichts dazu beitrage, die Komplexität des automatischen Getriebes und ihr offensichtliches Geplantsein zu erklären. *Ihr relativ plötzliches Auftauchen in den die Automobile beherbergenden Schichten stelle ebenfalls ein Problem dar.* Dr. Fortschritt schrieb einen langen und etwas unklaren Artikel als Widerlegung der unwissenden Vorstellungen des untergeordneten Wissenschaftlers, in welchem er nachwies, daß dieser offenbar nicht das Geringste von der allumfassenden Kraft der Käuferselektion wisse, die sich auf die Zufallsänderungen des automatischen Getriebes auswirke und so für einen kompetenten und informierten Geist alles vollkommen zufriedenstellend erkläre. Das Phänomen demonstriere eine *automatische Methode, um Ordnung aus Chaos,*[89] *d. h. Planung aus Nichtplanung zu gewinnen, vorausgesetzt, daß gewaltige Zeitspannen zur Durchführung dieses Werkes zur Verfügung ständen.*

So ignorierte man alle Proteste gegen dieses allumfassende Schema. In der Tat wies man die Protestierer warnend darauf hin, daß ihre Beförderung vom Wohlwollen ihrer Kollegen abhänge und daß es vielleicht für sie unmöglich sein würde, einen Lehrstuhl an einer der berühmten Universitäten ihres Heimatlandes zu erhalten oder zu behalten, falls sie in respektloser und inkompetenter Weise die *gesicherten wissenschaftlichen Fakten* angriffen.

*

Postskriptum:

In Hinsicht auf die vermutete Wirksamkeit der natürlichen Auslese zur Sicherung der Aufwärtsentwicklung der Organismen sind die folgenden Ausführungen recht aufschlußreich, die Dr. William J. Tinkle machte:

> „Wir finden nicht jene Art von Mutationen, die benötigt würde, um ein neues Tier ins Leben zu rufen. Zusätzlich muß man eine unverbürgte Annahme machen, nämlich die, daß komplexere Tiere im Vorteil sind beim Kampf ums Dasein. Man hält Gänseblümchen für einen höheren Typ als z. B. Kiefern, weil ihre Fortpflanzung komplizierter ist. Auf verlassenen Farmen des Appalachen-Berglandes verdrängen die Kiefern jedoch die Gänseblümchen, weil die ersteren mehr Schatten verursachen. Unter den Wassertieren ist eine Daphnia viel komplexer als eine Hydra, weil sie ein Herz besitzt, Kiemen, einen Verdauungskanal und große, schwarze Augen, während die Hydra einen zweischichtigen Sack darstellt. Man setze beide zusammen in ein Becherglas und beobachte, wie die Hydra die Daphnia verschlingt.
>
> Wenn Tiere Spezialstrukturen entwickeln als Ergebnis des Vorteils, welchen jene Strukturen verleihen, was sollen wir dann zum Opossum, Didelphys marsupialis sagen, welche unspezialisierte Zähne und Beine und ein sehr kleines Gehirn besitzen, sich aber trotzdem in großer Zahl vermehren?
>
> ... Diese häufig anzutreffende Beuteltierart hat ihre Verbreitung von den Middle-Atlantic-States bis nach New-England ausgedehnt, und nach ihrer Einführung in Kalifornien vermehrte sie sich auch in reichem Maße an der Pazifischen Küste.
>
> Hier haben wir Hydra, Kiefer und Opossum, die strukturell nicht komplex oder spezialisiert sind und die auf die Ver-

nichtung zugedrängt werden müßten, falls Evolution durch natürliche Auslese zutrifft. Anstatt dieses Schicksal zu erleiden, gedeihen sie gut und vermehren sich in großer Zahl."[90]

1. „The World into which Darwin led us", *Science* (1. April 1960).
2. Harlow Shapley, *Science News Letter* (3. Juli 1965), S. 10.
3. Malcom, Dixon und E. Webb, *Enzymes*, 2. Aufl. (New York, 1964), S. 665.
4. z. B. Joh. 10, 34. 35.
5. Joh. 14, 9.
6. Kol. 1, 16.
7. Matth. 5, 3. 5. 7. 9.
8. Matth. 5, 44. 45. 48.
9. *„Non in tempore, sed cum tempore, finxit Deus mundum"*, Sir James Jeans, *The Mysterious Universe* (New York, 1930), S. 155.
10. 1. Sam. 24, 5.
11. 1. Sam. 26, 8.
12. 2. Sam. 9.
13. Offb. 21, 4.
14. Apg. 3, 21.
15. Vgl. C. S. Lewis, *The Abolition of Man* (London, 1962), S. 29.
16. C. H. Waddington, *Science and Ethics* (London, 1942), S. 14.
17. Adolf Hitler, *Mein Kampf* (München, 1933), S. 44.
18. *Ibid.*, S. 447—448.
19. *Ibid.*, S. 448.
20. *Ibid.*, S. 449.
21. *Ibid.*, S. 452—453.
22. *Ibid.*, S. 479.
23. R. E. D. Clarke, *Darwin before and after* (London, 1948), S. 115.
24. S. 454.
25. S. 455.
26. Eugen Kogon, *Der SS-Staat* (Frankurt/Main, 1964).
27. Hitler, *Mein Kampf*, S. 275.
28. Matth. 10, 29. 30.
29. Hitler, *Mein Kampf*, S. 505.
30. J. C. Pollock, *The Christians from Siberia* (London, 1964). (Gott hinter Gittern, CVA, Konstanz.)
31. *Ibid.*, S. 129.
32. *Ibid.*, S. 129.
33. *Ibid.*, S. 130.
34. Pollock gibt keine Hinweise zur Publikation dieses Werkes.
35. Pollock, *loc. cit.*
36. *Ibid.*, S. 131.
37. Pollock, S. 132.
38. *Ibid.*, S. 137—138.
39. Lewis, *The Screwtape Letters and Screwtape Proposes a Toast* (London, 1961), S. 101. (Dienstanweisungen an einen Unterteufel, Freiburg)
40. de Beer, *op. cit.*, S. 269—270.
41. *Ibid.*, S. 270.
42. *Ibid.*

43. *Ibid.*, S. 163.
44. *Ibid.*, S. 115.
45. *Ibid.*, S. 107.
46. *Ibid.*, S. 268.
47. *Ibid.*
48. *Ibid.*
49. *Ibid.*, S. 201.
50. *Ibid.*, S. 268.
51. *Ibid.*, S. 270.
52. *Ibid.*, S. 98, 175, 201, usw.
53. *Ibid.*, S. 107.
54. *Ibid.*, S. 106.
55. *Ibid.*, S. 225, 134.
56. Vgl. Hiob 12, 2.
57. Vgl. Hiob 12, 3.
58. de Beer, *op. cit.* S. 215, vgl. ebenso die Ansichten von Léwi-Strauß, die in Anhang VI diskutiert werden
59. *Ibid.*, S. 88. 100.
60. *Ibid.*
61. *Ibid.*, S. 186.
62. Cf. S. 91, 96—100.
63. *Ibid.*, S. 266—267.
64. *Ibid.*, S. 267.
65. Joh. 10, 32; Matth. 4, 23.
66. Joh. 11, 43.
67. Luk. 8, 54.
68. 1. Kor. 15, 26.
69. Luk. 13, 16.
70. Joh. 17, 5; Joh. 10, 30; 5, 23.
71. Joh. 5, 19.
72. Lewis, *op. cit. Screwtape Letters and Screwtape Proposes* . . ., S. 100.
73. Matth. 11, 16—19
74. de Beer, *op. cit.*, S. 154.
75. *Ibid.*, S. 267.
76. *Ibid.*
77. *Ibid.*
78. *Ibid.*, S. 268.
79. „Heresy in the Halls of Biology“, *Scientific Research* (New York, Nov. 1967), S. 59; Science 160, 1968, S. 408.
80. *Ibid.*, S. 59—66.
81. *Ibid.*, S. 60—63.
82. *Ibid.*, S. 63.
83. *Ibid.*, S. 65.
84. *Ibid.*, S. 66.
85. *Ibid.*
86. Charles Darwin, *The Origin of Species* (New York, 1909), S. 263.
87. *Ibid.*, S. 267.
88. *Ibid.*, S. 266.
89. Vgl. S. 56—59, 61—72, 82, 85, 215, 216, 220, 221 dieses Buches.
90. William J. Tinkle, *Heredity, a Study in Science and the Bible* (Houston, Tex. 1967), S. 96.

V
Die Zukunft des Menschen

1. Nihilismus des einzelnen im Darwinismus

Der Darwinismus sagt nicht viel über die Zukunft der einzelnen Individuen einer Rasse, sondern lediglich, daß ihr Hauptzweck darin besteht, den Fortschritt jener Rasse als Ganzes zu sichern. Die Vermutung über das, was geschieht, wenn die jedem Individuum zugeteilte Lebensspanne verstrichen ist, hängt davon ab, ob der Darwinist materialistisch oder theistisch eingestellt ist.

Die Mehrzahl der konsequenten Darwinisten ist natürlich als Materialist eingestellt, und sie glauben deshalb, daß mit dem Zerfall des Körpers auch das Individuum aufhöre zu bestehen. Wenn Leben einzig und allein eine Ansammlung von Materie ungeachtet ihrer Qualität ist, dann muß die Auflösung des Körpers das Ende des Individuums darstellen. Der reine Materialist kann weder eine Hoffnung auf Fortbestehen nach Zerfall des Körpers noch Grund für eine solche Hoffnung besitzen. Wenn es für ihn vielleicht irgendeine Hoffnung gibt, dann muß sie in der Entwicklung der Evolution der Materie bei zukünftigen Menschenrassen liegen. Die siebzig Jahre, die wir vielleicht als unsere Lebensspanne betrachten können, haben also für das Individuum keine über diese siebzig Jahre hinausgehende Bedeutung. Dies bedeutet, daß der Vertreter einer solchen Sicht dahin tendiert, im Laufe der Zeit zu einem praktischen Nihilisten zu werden.

Es gibt nur wenige wie Pater Teilhard de Chardin, die von der Aussicht, im Laufe der Entwicklung der Rasse den Punkt Omega zu erreichen, schwärmen und trotzdem ihre darwinistische Überzeugung beibehalten können. Wir müssen uns jedoch die Frage stellen, ob es irgendeinen Wissenschaftszweig gibt, der rein nihilistisch ist und sich dennoch als Ausdruck der Wahrheit erwiesen hat.

Auch in bezug auf die persönliche Zukunft des „kommenden Supermenschen" hat der Darwinismus nichts zu bieten. Denn die biologische Bestimmung (der Darwinismus kennt keine andere) des Supermenschen oder der Superrasse unterscheidet sich praktisch nur *quantitativ* vom materiellen Leben, das wir heute kennen. Die Superrasse und der Supermensch werden essen, trinken, heiraten, schlafen, sich fortpflanzen und sterben, genau wie wir es heute tun. Sicher wird man zu den Planeten fliegen können, sicher wird man in wunderbaren Häusern wohnen, sicher wird man nur zwei Tage in der Woche arbeiten müssen, dann wird man unternehmen können, was man will. Aber prinzipielle neue Gedanken zur Lebensart bietet uns der Darwinismus nicht. Alles ist bloß eine Extrapolierung dessen, was wir heute schon kennen. Gedanken in einer neuen „Dimension" habe ich im Darwinismus nicht entdeckt.

Und Teilhards Ansichten über die Entwicklung zum Punkt Omega als Ausdehnung biologischer Evolution und Cephalisation sind das Ergebnis eines Aufpfropfprozesses biblischer Prophetie auf den Darwinismus.

Der heutige Materialismus setzt sich bloß quantitativ fort; aber qualitativ ist nichts Neues vorhanden, auch wenn der heutige Mensch oder die kommende „Superrasse" nach uns den Mond kolonisiert. Man rechnet jetzt schon sogar mit Kriegen dort, wie jetzt hier auf der Erde. Der Mensch, der einzelne, bleibt sich gleich, auch wenn er ein Supermensch ist. Hier ist der Darwinismus steril, keine neuen Gedanken sind vorhanden. Alles bleibt auf dem heutigen biologischen Niveau, qualitativ gesehen; nur quantitativ ändert sich die darwinsche futuristische Vorstellung. Man schlägt also sozusagen vor, daß wir „größere und bessere Elefanten züchten". Nichts weiter! Die neue Rasse wird vielleicht, wie man meint, wiederum solange leben wie Adam (über neunhundert Jahre). Der Lebensstandard wird höher sein, sonst aber bleibt alles beim alten. Der individuelle Mensch (und das Tier) geht der totalen Auflösung, der totalen Vernichtung, entgegen. Und die modernen Darwinisten sind in diesem Punkt ganz logisch, sie legen wenig Wert auf den einzelnen, sie lieben eher die „Masse". Der einzelne kann ruhig „Kanonenfutter" werden, solange das „Volk" oder die „Rasse" davonkommen und siegen. Wie kann man sonst die Einstellung moderner Kommunisten erklären, bei denen es fast nichts Billigeres gibt als ein Menschenleben? Sie schicken ihre Soldaten massenweise an die Front und lassen sie hingeschlachtet werden, bis die Gegner keine Munition mehr haben. Die Nationalsozialisten haben ebenso gehandelt: Man ließ die Häftlinge hinrichten mit genausowenig Bedenken, wie wenn man das Fenster aufmachte.[1] Diese Einstellung ist eine Frucht ihres Glaubens. Nachdem der einzelne seinen biologischen Zweck erfüllt und Kinder gezeugt hat (wenn seine „Rasse" überlegen war), kann er ruhig für die „höheren" Zwecke der Siege der Superrasse benutzt werden. Man wirft ihn weg, wie man eine leere Sardinenbüchse wegwirft; sie hat ihre Pflicht getan, Schluß! Mit einer Zukunft des einzelnen muß man nicht mehr rechnen.

Doch spricht unsere biologische Welt, die um uns herum wächst und von der Darwin seine Weisheit gelernt haben will, eine ganz andere Sprache als die des bloßen Nihilismus für den einzelnen und der Heilsverheißung für die Rasse allein. Denn in der Natur finden wir ständige, wenn auch leise, Mahnungen und „Gerüchte", die uns zuflüstern, daß mit dem „Staub" des einzelnen alles gar nicht „aus" ist. Überall finden sich Hinweise, daß *nichts* umkommt und *nichts* verlorengeht. Große Umwandlungen und Verwandlungen finden statt, während plötzliche, bedeutungslose Fälle von Hiatus, wie der Darwinismus sie beim Sterben des einzelnen postuliert, eine große Ausnahme bedeuten. Das Samenkörnlein fällt in die Erde, um in dieser Form als Individuum zu sterben und nicht mehr als solches zu existieren. Aber nun findet eine erstaunliche Metamorphose statt, und aus dem kleinen, gelben Körnlein entsteht eine große, wehende, grüne Weizenpflanze. Wenn man nur das Weizenkörnlein allein gekannt hätte, wäre man nie auf die Idee gekommen, daß es eine so schöne, große Pflanze in sich trägt. Die Raupe erweckt kaum den Verdacht, daß sie eines Tages zum Schmetterling wird. Die Metamorphose ist „unwahrscheinlich", aber auch vollkommen.

Das Prinzip geht aber weiter. Das Ei wird vom Eierstock ausgestoßen und tritt den Weg an, der männlichen Zelle entgegenzugehen. Das Ei und Spermatozoen sind winzig kleine Zellen, die überhaupt keine Ähnlichkeit mit einem Menschen zeigen. Beide sind sehr kompliziert, denn sie enthalten fast unvorstellbar viel chemische Information, die sie für alle kommenden Generationen auf den Genen speichern. Aber weder die äußere Form der reproduktiven Zellen noch ihre gespeicherte chemische Information bergen in sich irgendeine Ähnlichkeit mit dem Organismus, der werden soll: mit einem erwachsenen Menschen. Die Metamorphose ist komplett.

2. Stoffwechsel und Individualität

Jetzt müssen wir aber noch einen Aspekt dieser Metamorphose anschauen. Ein Frosch liegt auf einem kühlen, nassen Stein. Mit Hilfe gewisser Zucker- und Eiweißmoleküle in seinem Hirn und seinen Muskeln erhält er die Energie für bestimmte elektrische Impulse (seine „Gedanken") und für Muskelkontraktionen (seine Bewegungen beim Fliegenfang). Nervenimpulse und Zungenbewegungen kosten Energie, die durch den Abbau der Zucker- und Eiweißmoleküle geliefert wird. Dabei wird Kohlenstoffdioxyd gebildet und ausgeatmet. Eine Metamorphose in der Welt der Kohlenstoffatome hat stattgefunden. Um „Gedanken" zu unterhalten und Bewegungen zu ermöglichen, wurde Kohlenstoff von Zucker- und Eiweißmolekülen in Kohlenstoff von Kohlendioxydmolekülen umgewandelt. Er ist nicht mehr Bestandteil komplizierter Moleküle, sondern einfacher Kohlendioxydmoleküle. Das Kohlenstoffatom blieb gleich, nur die äußere Form änderte sich. Denn Kohlenstoffdioxyd ist ein Gas mit ganz anderen Eigenschaften als die der ursprünglichen Zuckermoleküle. Eine große Metamorphose hat stattgefunden. Andere folgen.

Die vom Frosch ausgeatmeten Kohlendioxydmoleküle werden von einer Kartoffelpflanze aufgenommen und durch Photosynthese (mit Hilfe von Sonnenstrahlen) zu Zucker- und Stärkemolekülen reduziert, die dann in den Kartoffeln gespeichert werden. Eines schönen Tages esse ich diese Kartoffeln und verbrenne deren Stärke- und Zuckermoleküle, um die Energie zu gewinnen, die ich brauche, um diese Gedanken heute niederzuschreiben. Die gleichen Kohlenstoffatome waren die materiellen Träger der Energie für Frosch- und Menschengedanken; dabei werden aber weder die Individualität des Frosches noch meine Individualität angetastet. Daß unsere Persönlichkeiten beide die gleiche stoffliche Basis teilten, ändert an der Persönlichkeit *nichts;* denn die Persönlichkeit ist offenbar von der Stofflichkeit oder der stofflichen Basis unabhängig, obwohl sie auf dieser Basis „reitet".

Die Individualität des Frosches und seiner Gedanken liegt also nicht bei der Identität noch bei der Beständigkeit seines körperlichen materiellen Aufbaus, der ständig im Fluß ist und wechselt. Wenn dies nicht der Fall wäre, müßten meine Gedanken mit Froschgedanken „infiziert" werden, denn ich benutze doch als stoffliche Basis meiner Gedanken „Froschmoleküle". Als weiteres Beispiel sei das Wachstum des menschlichen Körpers angeführt. Sämtliche atomaren Bestandteile meines Körpers tauschen sich ungefähr alle sieben Jahre total aus, so daß ich, materiell gesehen, alle sieben Jahre materiell total erneuert werde. Wenn also Stoff *allein* die Basis und die Erklärung alles menschlichen und organischen lebendigen Wesens wäre, müßte Individualität längst aufgehört haben. Doch bleibe ich der „alte", obwohl ich, materiell gesehen, der „neue" bin. Das Leben und die Individualität „reiten" auf auswechselbaren materiellen Atomen und Molekülen, die aber nicht das Wesen des Lebens selber sind, genausowenig wie das Pferd, auf dem ich reite, mein Ego (= ich selbst) ist. Umgekehrt ist es doch klar, daß mein Ego sogar mancherlei bezüglich meiner physikalischen Beschaffenheit bedingt und bestimmt, wie z. B. meinen Gesichtsausdruck, oder ob ich Magengeschwüre bekomme usw. Aber mein Ego ist nicht das gleiche wie meine körperliche Beschaffenheit; sonst würde ich ja, wenn ich ein Glied in einem Unfall verlöre, zur gleichen Zeit auch einen Teil meines „Ichs" verlieren.

Das Wichtigste am Leben ist also nicht die Materie, aus der es besteht, sondern die der Materie irgendwie auferlegte Ordnung, die sie in die Lage versetzt, Leben zu ermöglichen. *Diese Ordnung* ist das entscheidende Thema, mit dem wir uns hier beschäftigen.

Das gleiche Problem der Ordnung tritt uns auf Schritt und Tritt bei unseren Fragen nach Anfang und Ende entgegen. Denn selbst jedes beliebige Atom besitzt eine vollkommene Ordnung mit seinen auf ihren Kreisbahnen herumwirbelnden Elektronen. Tatsächlich ist es gerade diese Art von Ordnung, welche die Materie zu dem macht, was sie ist. Materie ist im tiefsten Grunde nicht das, was der Laie für extrem „kleine Klümpchen solider Substanz" halten könnte, sondern man könnte sie eher als Wellenfunktionen ansehen, die dazu neigen, in bestimmten Umlaufwegen angetroffen zu werden. Grob ausgedrückt: Wir können Materie selbst als geordnete Wellenfunktionen im Raum oder im Nichts ansehen. Diese bei der Materie beobachtete Ordnung führt uns jedoch zu einer sehr wichtigen Schlußfolgerung, die für unser Thema von Bedeutung ist. Die Materie als Form von Ordnung (oder Energie) ist unzerstörbar. Man kann — gemäß der Relativitätstheorie — Materie in Energie verwandeln, aber man kann diese Ordnung nicht *zerstören*, man kann nicht einfach eine Lücke entstehen lassen. Wir können Materie umwandeln, sie aber nicht zerstören, obwohl sie — im Grunde genommen — aus Ordnung besteht.

Dies führt zu dem Hauptpunkt unseres Arguments. Wenn Leben

im grundlegenden Sinne *eine der Materie auferlegte Ordnung ist,* warum sollte es dann spurlos vernichtet werden können und somit eine Ausnahme von all den Gesetzen der Natur darstellen? Viele natürliche Phänomene zeigen eine Metamorphose. Warum sollte das Leben nicht unter die gleiche Kategorie fallen? Es besteht grundlegend aus einer auferlegten Form von Ordnung. Wenn eine Metamorphose Materieordnung in Energie verwandeln kann, warum sollte dann eine andere Metamorphose nicht in der Lage sein, die Ordnung, die wir Leben nennen, in eine andere Form von (Ordnung) Energie umzuwandeln? Warum sollte die Ordnung der Materie, die zumindest einen Teil des Lebens ausmacht, nicht aufgrund einer Metamorphose in eine Ordnung transponierbar sein, die sich auf ein nicht-materielles Substrat gründet? Dies könnte weitreichende Folgen haben, wenn man es auf alle Lebensformen anwenden würde.

Die Entgegnung, wir wüßten nichts von einem derartigen Prozeß, ist kein Beweis dafür, daß er nicht existiert oder unmöglich ist. [Außerdem kennen Wissenschaftler, die paranormale Phänomene studieren, solche Prozesse.] Falls Ordnung (Materie) und Energie (eine Form der Materie) nicht zerstört und nicht neugeschaffen werden können, warum sollten wir dann postulieren, daß der hohe Ordnungsgrad, der uns als Leben gegenübertritt, zerstörbar ist? Wäre die Annahme nicht weit vernünftiger, daß Leben eher umgewandelt als einfach zerstört wird?

Wir haben bereits darauf hingewiesen, daß die der Materie auferlegte Ordnung, welche wir Leben nennen, aus extramateriellen Quellen stammen könnte, denn wir kennen keinen anderen möglichen Ursprung. Wenn das der Fall ist, müssen wir fragen, wohin sich diese extramaterielle Ordnung zurückzieht, wenn der Tod sie von der Materie trennt, auf der sie „ritt“? Ist die Annahme vernünftig, daß sie zu ihrer extramateriellen Quelle zurückkehrt, um dort weiterzubestehen, wie es der Fall war, bevor sie sich mit der Materie verband und Leben entstehen ließ, wie wir es kennen? Und wenn es sich so verhält, bedeutet dies nicht eine andere Art der Aussage, daß Leben in einer extramateriellen Form nach dem Tode weiterbesteht? Das Wort „extramateriell“ könnten wir durch „geistig“ ersetzen und damit zum Ausdruck bringen, daß das Leben nach dem Tode nackter Geist wird. Wenn dieser Rückzug des Lebens in eine nichtmaterielle Form umgekehrt werden könnte, so daß die gleiche geistige Kraft der Materie erneut Ordnung auferlegen könnte, dann würden wir von einer Auferstehung von den Toten reden, ohne daß wir uns der Sprache Kanaans bedienen, an die wir uns so gewöhnt haben.

Mit anderen Worten: Wenn das Leben *einfach hohe Ordnung auf Materie und nichts anderes darstellt*, dann weiß man, daß die Ordnung dadurch total zerstört werden kann, indem man einfach die materielle Ordnung zerstört. Das eigentliche Problem liegt aber eine Stufe weiter zurück. Denn, wenn Materie die Ordnung des Lebens *nicht* in sich trägt, wenn das Leben nicht aus der Materie selbst herausgekommen ist (wenn das Leben in der Materie nicht endogen ist), dann entstammt es einer Quelle, die außerhalb der Materie liegt. Mit anderen Worten, die Ordnung des Lebens ist in dem Fall nicht eine bloße materielle natürliche, sondern eine übernatürliche Ordnung. Sollte man nur den materiellen Träger des Lebens in dem Fall zerstören, dann wird die Ordnung, die ursprünglich aus der Materie nicht stammte, in die Übermaterie, in die übernatürliche Sphäre, zurückkehren, der sie ursprünglich entstammte. Diese Quelle ist nicht materiell, sondern übermateriell und deshalb für unsere Begriffe ewig. *Deshalb sehe ich absolut keinen Grund, nicht an das ewige Leben nach dem Tod zu glauben.* Wenn man es einmal zugibt, daß Leben Ordnung ist, die auf Materie *oder* auf anderen Substraten — ewigen, supramateriellen Substraten — „reiten" kann, wird der biblische Bericht über das Wesen des Lebens einfacher zu verstehen sein. Denn die Bibel lehrt eindeutig, daß das Leben aus Materie und Gottes Geist gebaut ist, d. h. daß es aus einem vergänglichen Substrat und aus einer unvergänglichen Ordnung besteht. Das vergängliche ist das materielle, das unvergängliche ist u. a. die Ordnung des ewigen Geistes.

Uralte Bücher wie die Bibel haben uns jahrhundertelang konsequent gelehrt, daß das Leben nach dem Tode tatsächlich eine Metamorphose in eine auf nicht-materieller Basis begründete Ordnung erfährt. Was ist nämlich ein „unkörperlicher" Geist, wenn nicht Ordnung, die einem nicht-materiellen Substrat auferlegt wurde? Sogar die Materie ist eine dem leeren Raum auferlegte Wellenfunktion. Was kann es also für Einwände gegen die Auferstehung geben, die sich auf rein wissenschaftliche oder philosophische Gründe stützen?

Als Wissenschaftler weiß ich natürlich, daß die Ordnung der Moleküle in den Genen und Chromosomen den Gesetzen der Thermodynamik unterliegt und sich beim Zerfall auflöst. Das können wir chemisch beweisen. Die Entropie wird zunehmen.

Wenn jedoch bei der Biogenese äußere Intelligenz und Kunstfertigkeit benötigt werden, um Moleküle in einen höchst unwahrscheinlichen Zustand zu bringen, und wenn wir kein Mittel besitzen, diese Intelligenz wissenschaftlich zu definieren, die sich mit der Materie „verbunden" hat, um die Ordnung des Lebens hervorzubringen, wer will dann die Behauptung riskieren, daß dieser unermeßliche und übermaterielle, für die Lebensgenese entscheidend wichtige Kern der Intelligenz auch zerstört wird, wenn sich die materiellen Bestandteile des Lebens beim Sterben verflüchtigen? *Wenn der Materie Leben verliehen wird durch irgendeine Art immateriellen Modells oder immaterieller Schablone, die von der immateriellen Welt aus der materiellen Welt bei der Biogenese Ordnung auferlegte, wer könnte dann behaupten, daß die immaterielle Form und das „Negativ" jedes individuellen Lebens ebenfalls ausgelöscht wird, wenn der materielle Abdruck des Lebens beim Tode weggeschmolzen wird? Wenn das „Negativ" jedes individuellen Lebens als „Schablone" in einer immateriellen Form aufbewahrt wird, dann wird keine Zerstörung des materiellen Abdrucks die nicht-materielle Individualität vernichten können.*

Wir wissen noch nicht, was beim Tode geschieht. Er bewirkt mit Sicherheit keine Gewichtsveränderung, d. h. es kommt zu keinem Wandel bei der Masse der Materie als solcher. Und doch ist es offenkundig, daß ein enormer Wechsel stattfindet. Solange die Wissenschaftler überzeugt sind, daß das Leben und deshalb auch der Tod lediglich materieller Art sind, können wir sicher sein, daß sie bei beiden nichts Extramaterielles finden werden. Wenn man jedoch die Existenz irgendeines Phänomens allein deshalb leugnet, weil man nichts darüber versteht, so bedeutet dies wissenschaftlichen Selbstmord und Nihilismus.

3. Das Tao

Dieser ständige Wechsel in der Ordnung der Materie, die wir Metamorphose nennen, ist allgemein und ist das Phänomen, das uns noch ein wenig beschäftigen muß. In der biologischen Welt findet man gewisse Regeln, die diese Veränderungen von Ordnung (Metamorphosen) bedingen. Dies haben schon die Denker des Altertums erkannt. Ein gewisser „Lauf der Dinge", ein „Weg" in der Abwicklung der Dinge ist zu postulieren. Bestimmte Gesetze und Regeln werden immer eingehalten im Kosmos wie auch in der biologischen Welt. Die Chinesen besitzen sogar ein besonderes Wort, um diesen „Lauf der Dinge“, der nach bestimmten Gesetzen arbeitet, zu beschreiben: Sie sprechen von dem „Tao“. Menschen haben diese Regeln nicht erfunden, sie haben sie bloß beobachtet. Die Regeln walten, ob wir Menschen es wollen oder nicht, und wer mit diesem Weltlauf in Harmonie leben will, muß ihn respektieren. Wer aber das Tao außer acht läßt, der ist zur gleichen Zeit mit dem Lauf des ganzen Universums in Mißklang. Zwischen einem solchen Menschen und dem „Gang“ des Universums besteht eine „Dissonanz“. Um konkret zu werden: Da das Universum z. B. die Wahrheit darstellt, bleibt ein Lügner außerhalb des Tao und deshalb außerhalb der Weltharmonie. Da das Universum nach Gesetzen und Regeln arbeitet, ist der prinzipiell Gesetzlose außerhalb des Laufes dieser Welt, außerhalb des Tao. Die alten Inder besaßen einen ähnlichen Begriff, den sie Rta nennen.

Um den chinesischen Begriff zu benutzen, bleiben wir also innerhalb des Tao, wenn wir z. B. wahrhaftig sind. Wir sind innerhalb des Tao, wissenschaftlich gesehen (wir wollen unsere Terminologie hiermit ein wenig erweitern), wenn wir glauben, daß *nichts verlorengeht,* denn Energie und Materie bleiben nach thermodynamischen Hauptsätzen erhalten. Das Tao lehrt uns — wir haben diese Tatsache so oft beobachtet, daß wir die Erkenntnis gewonnen haben, daß sie zum Tao gehört —, daß ein Stoff in einen anderen verwandelt werden kann, eine Ordnung in eine andere übergeht. Wir wären aber außerhalb des Tao, wenn wir die Vernichtung von Stoff (= Ordnung) oder Energie postulieren würden. Metamorphosen und Verwandlungen sehen wir überall um uns herum, aber Neuschöpfungen von Materie oder Vernichtung derselben oder der Energie stellen wir nie fest. So grenzt sich das uns bekannte Tao ab. Wenn wir deshalb überall um uns herum Verwandlung über Verwandlung, Metamorphose über Metamorphose feststellen, kommen wir zu dem Schluß, daß wahrscheinlich der Tod selber eine verkappte Metamorphose sein muß. Auf alle Fälle blieben wir innerhalb des uns bekannten Tao, wenn wir dies annähmen. Der materialistische Darwinismus dagegen wird zur gleichen Zeit außerhalb des Tao sein, wenn er annimmt, daß für den einzelnen mit dem Tode alles aus ist. Das Tao lehrt uns eher, daß wir mit irgendeiner Verwandlung oder Metamorphose nach dem Tode rechnen sollen.

Wir wollen diesen Gedanken einer Metamorphose noch ein wenig weiterentwickeln. Das Ei wird vom Eierstock ausgestoßen und geht der reproduktiven männlichen Zelle entgegen. Wenn sie sich treffen, wird der Mechanismus in Gang gesetzt, der für die Verwirklichung der Metamorphose verantwortlich ist. Die beiden Zellen verschmelzen, und nach dieser Verschmelzung besteht eigentlich weder Ei noch Spermatozoon als einzelnes mehr. Aus dem gegenseitigen „Tod" der beiden entsteht der neue Mensch. Aber ehe der neue Mensch entstehen kann, muß wirklicher, *durchgreifender Tod* der einzelnen Zellen vorausgehen. Dieser Tod ist die absolute Basis der Metamorphose, „Tod" des Eis als Ei und „Tod" des Spermatozoons als Spermatozoon muß vorausgehen. Und doch leben alle beide auf neue und auch vollkommenere Weise, denn die Bestimmung des Eis liegt in der Begegnung mit dem Spermatozoon, und die Bestimmung des Spermatozoons liegt in der Begegnung mit dem Ei, das ist das „Tao" der biologischen Welt.

Aber die geistliche Welt kennt ein ganz ähnliches Tao. Wenn ein Mensch seinem Schöpfer in Jesus Christus begegnet, stirbt er sich selbst. Die ganze Heilige Schrift des Neuen Testaments spricht davon; der Mann, der zur Wiedergeburt in Jesus Christus kommt, „stirbt", indem er ihm begegnet, und hinfort lebt er „dem Herrn".[2] Diese Art „Verschmelzung" zwischen seinem Wesen und dem des Herrn findet statt; das „Ei" „stirbt" in dieser „Verschmelzung", dabei entsteht „eine neue Kreatur": „Das Alte ist vergangen, siehe, alles ist neu geworden"[3] Um mit uns „verschmelzen" zu können, mußte der Herr auch sterben. Deshalb mußte er Mensch werden wie wir, um unser Bruder zu werden. Aber aus diesem Tod entstand das Leben für alle Kinder Gottes. Das ist das Tao auch der geistlichen Welt. Ohne „Tod" auf beiden Seiten wird der „Mechanismus" nicht ausgelöst, um neue, vollkommenere Kreatur zu bilden, denn die Bestimmung der Kreatur liegt in der Begegnung mit ihrem Schöpfer, genau wie die Bestimmung des Eis in der Begegnung mit dem Spermatozoon liegt. Und wenn die Kreatur dem Schöpfer aus dem Weg geht, bleibt sie allein — und stirbt, wie das Ei oder das Spermatozoon sterben, wenn sie sich nicht begegnen.

Diese Erwägungen werfen Licht auf die Haltung von vielen sog. christlichen Philosophen zum Sinn des Lebens. Paul Tillich hat dicke Bände darüber geschrieben, wie er zu der Frage der Sinnlosigkeit des Lebens steht. Er lehrt, daß der einzige uns offenstehende Weg, der mit der schrecklichen Sinnlosigkeit des Lebens verbundenen Verzweiflung zu entgehen, darin besteht, diese Sinnlosigkeit zu akzeptieren.

„Man fürchtet sich davor, den Sinn der eigenen Existenz verloren zu haben oder verlieren zu müssen. Dieser Lage wird vom modernen Existentialismus Ausdruck verliehen.

... Die Verzweiflung zu bejahen, ist in sich Glaube und auf der Grenzlinie des Mutes zum Sein.

... Der Mut zum Sein, in dem Gott verwurzelt, der erscheint, wenn Gott in den Ängsten des Zweifels verschwunden ist.“ [4]

Speziell zur Sinnlosigkeit selbst schreibt Tillich:

„Der Mut der Verzweiflung, die Erfahrung von Sinnlosigkeit und die Selbstbehauptung trotzdem wird im Existentialismus des zwanzigsten Jahrhunderts sichtbar. Die Sinnlosigkeit ist das Problem aller ... Die Sinnfrage bekümmert die heutigen Existentialisten sogar dann, wenn sie von Endlichkeit und Schuld sprechen.

... Das entscheidende Ereignis, welches der Suche nach Sinn und der Verzweiflung daran im zwanzigsten Jahrhundert zugrunde liegt, ist der Verlust Gottes im neunzehnten Jahrhundert. Feuerbach beseitigte Gott durch die Erklärung mit dem unendlichen Verlangen des menschlichen Herzens; Marx erklärte ihn im Sinne eines theologischen Versuches, sich über die gegebene Realität zu erheben; Nietzsche als eine Schwächung des Lebenswillens. Das Ergebnis ist die Erklärung: „Gott ist tot“ — und mit ihm das ganze Sinn- und Wertsystem, in welchem man lebte.“ [5]

Wie Tillich sagt, folgt der Verlust des Lebenssinnes dem Verlust Gottes in unserem Leben, gerade wie ein Spermium keinen Sinn besitzt, wenn es nicht auf eine Eizelle trifft.

Chemisch und morphologisch gesehen, ist die Eizelle ein wunderbares Gebilde. Aber auch die Eizelle ist trotz all ihrer Komplexität zur Bedeutungslosigkeit verurteilt, zu Verfall und Tod, wenn sie nicht in der Verschmelzung mit ihrem Spermium stirbt, um die befruchtete Zygote hervorzubringen. Alle Erfahrung lehrt, und Philosophen wie Tillich bestätigen dies: Es stellt eine Tatsache dar, daß das menschliche Leben so sinnlos ist wie eine unbefruchtete Eizelle, wenn es nicht in grundlegender Weise mit Christus in Vergebung der Sünde und Erneuerung des Geistes zusammentrifft.

4. Die Wesensstruktur des Menschen

Aber was hat all das mit der Zukunft des Menschen zu tun? Sehr viel; aber zunächst müssen wir noch ein wenig die Wesensstruktur des Menschen erörtern. Obwohl das Tao uns hier die großen Richtlinien erkennen läßt, müssen wir die Details selber einfügen, was aber ohne die Hilfe der Heiligen Schrift und ihrer Offenbarung über unsere Wesensstruktur unmöglich wäre. Die Bibel lehrt uns, daß der Mensch aus einer Dreieinigkeit (Trinität) besteht, wie Gott auch aus einer Trinität besteht. Als Gott Adam in seinem eigenen Ebenbild erschuf, gab er ihm diesen Aufschluß über sein Wesen, den Adam von sich aus vielleicht nie geahnt hätte. Obwohl der Schöpfer der Unendliche ist und wir die unvergleichlich kleinen Kreaturen seiner Hand, sind wir „nach seinem Ebenbild" erschaffen worden und — ganz schwach — ihm ähnlich.

Es wird also jetzt notwendig sein, die „Struktur" des Menschen nach der Heiligen Schrift zu untersuchen, was natürlich für einen Nichttheologen recht schwierig ist. Wenn ein Nichttheologe theologische Probleme anfaßt, verärgert er oft die Theologen, genauso wie die Naturwissenschaftler sich ärgern, wenn Theologen Bücher über die naturwissenschaftlichen Aspekte des Darwinismus schreiben. Aber wie soll ich das Dilemma vermeiden? Die Herkunft des Menschen wird von der Bibel und der Naturwissenschaft behandelt; hier können Theologen und Naturwissenschaftler an die Arbeit gehen, ohne sich gegenseitig zu stören. Aber die Zukunft muß viel stärker von der religiösen, ja von der biblischen Seite her behandelt werden. Woher soll man sonst die Information über die Zukunft nehmen? Ich muß deshalb das Problem biblisch behandeln. Deshalb bitte ich die Theologen, recht geduldig mit dem Naturwissenschaftler zu sein, besonders wenn er theologisch „naiv" wird.

Wenn man in gewissen theologischen Kreisen von bestimmten Themen der Heiligen Schrift hört, wie Wiedergeburt, Bekehrung, Vergebung der Sünden, Wiederkunft Jesu, um sein Reich aufzurichten, die Wundenmale Jesu, die im Himmel erkennbar sind, wird man oft mit „Zynismus begrüßt". Alle diese Dinge sind, nach den Ansichten dieser Kreise, nicht mehr so zu verstehen, wie unsere Väter sie verstanden. Man muß sie „entmythologisieren", erst dann würden wir sie zu verstehen beginnen.

Als ich Student war, lernte ich sehr schnell, daß es ein Irrtum ist, kompliziertere Theorien einfacheren vorzuziehen; vielmehr soll man zuerst ganz einfach denken lernen. Es galt bei uns als Fehler, ein unnötig kompliziertes Postulat anzunehmen, wo etwas Einfacheres das Problem gelöst hätte. Es scheint mir zunächst nötig, dieses Prinzip bei unserem jetzigen Problem anzuwenden. Bis man mir das Gegenteilige beweist, nehme ich die Bibel einfach so, wie sie ist. Wenn sie mir sagt, ich müsse von neuem geboren werden, nehme ich das ernst und suche die Wiedergeburt. Wenn sie sagt, daß ich mit dem Geist und seiner Frucht (Liebe, Freude, Friede, Geduld, Freundlichkeit, Gütigkeit usw.) erfüllt werden muß, suche ich diese Frucht in meinem Leben. Was ich nicht verstehe, ist der Zynismus, mit dem einem seitens liberaler Theologen oft begegnet wird, wenn man so unkompliziert glauben möchte. Hat nicht ihr eigener Herr gesagt, daß auch sie so werden müssen wie die Kinder (auch in Glaubensangelegenheiten), wenn sie ins Reich Gottes, dessen Verkündiger sie sind, eingehen wollen? Zynismus findet man ja oft dort, wo eine Enttäuschung oder Desillusion erlebt worden ist, die die Seele traumatisiert hat. Ein froher, biblisch basierter Glaube, sowohl bei einem Naturwissenschaftler als auch bei einem liberalen Theologen, sollte Gegenstand der aufrichtigen Freude sein, nie aber zu Ärger und Zynismus reizen, sonst stelle ich die Diagnose einer traumatisierten Seele in religiösen Angelegenheiten!

Die „Bestandteile" des Menschen sind also nach der Heiligen Schrift Geist, Seele und Leib, so wie Gott der Allmächtige Gott-Vater, Gott-Sohn und Gott-Heiliger Geist ist. Da Gott der Unendliche ist, können wir nicht einmal anfangen, sein Wesen zu verstehen. Es ist schwierig genug, unser eigenes Wesen zu begreifen, selbst wenn die Heilige Schrift und die moderne Psychologie uns zur Seite stehen. Deshalb kann man und darf man auf diesem heiklen Gebiet nicht dogmatisch sein. Es ist geziemender, als Schüler sich die Daten, die uns zur Verfügung stehen, vor Augen zu halten und eine endgültige Schlußfolgerung zu vertagen. Aber anläßlich der Erschaffung Adams berichtete uns Gott der Heilige Geist durch sein Wort, wie der erste Mensch „zusammengestellt" wurde. Gott formte Adams *Leib* aus dem Staub der Erde, d. h. aus den Elementen und Chemikalien, die die Bestandteile unserer Erde sind. Der Körper ist heute noch aus den gleichen Bestandteilen zusammengestellt. Aber dieser Leib aus Staub war nicht sofort lebendig. Gott blies deshalb den *„Odem des Lebens"* in diesen toten Leib hinein, wobei *Adam eine lebendige Seele* wurde. Weder der Odem des Lebens noch der Leib aus Staub allein machten Adam zu einer lebendigen Seele. Es brauchte die Verbindung, die „Verschmelzung“, von Gottes Odem oder Geist des Lebens mit Adams Leib, um Adams Seele zu synthetisieren. Wiederum sind wir innerhalb des Tao, die Verbindung dieser beiden Einheiten löst den Mechanismus der Metamorphose aus, um etwas Neues zu bilden. Die neue Trinität war da und bestand aus Leib, Seele und Geist. In der Praxis ist es schwer, den Unterschied zwischen Seele und Geist zu definieren. Seele und Geist sind derart verwachsen, daß ein scharfes „Messer“ benutzt werden muß, um sie zu trennen. Das Wort Gottes ist dieses zweischneidige Schwert, das zwischen Seele und Geist unterscheiden kann.[6]

Die Bibel beschreibt nicht nur die „Synthese“ des Lebens aus Leib, Seele und Geist, sie beschreibt auch den „Abbau“, den Tod des Menschen, wobei Leib, Seele und Geist wiederum getrennt werden. Von der Synthese und von dem „Abbau“ können wir bezüglich der Zukunft des Menschen mancherlei lernen. Der Tod Jesu wird besonders genau beschrieben in der Heiligen Schrift, weil er so überaus wichtig ist, denn von diesem Tod ist das Heil der Welt abhängig. Es wäre aber ehrfurchtslos, einfach an seinen Tod heranzugehen, nur um Probleme zu lösen. Wir müssen sozusagen die Schuhe ausziehen, bevor wir ihm nahen. Als es zum Sterben ging, regelte Jesus Christus, der Herr, das, was noch zu regeln war, und versorgte seine Mutter, die am Kreuz ihres Sohnes stand. Dann neigte er das Haupt und befahl seinen Geist in des Vaters Hände: „Vater, in deine Hände befehle ich meinen Geist“.[7] Der Urheber und Erhalter des Lebens, Jesus Christus, der Herr, verschied. Nach der englischen Übersetzung war dieser Akt des Sterbens aktiv: Er gab den Geist auf, er überlieferte seinen Geist. Als der erste Märtyrer Stephanus gesteinigt wurde, wiederholte sich (passiv) dieser Akt, als er ausrief: „Herr Jesus, nimm meinen Geist auf!“[8]

Nachdem der Geist verschieden war, trat Jesus Christus selber die Reise an, die unser Glaubensbekenntnis die Höllenfahrt nennt, was eine unglückliche Übersetzung ist. Denn der Herr Jesus ging nach seinem Tod zum Ort der Toten. Die Hebräer nannten diesen Ort „Scheol“, wo es zwei Gebiete gibt, nämlich den Ort der seligen Toten und den Ort der Verlorenen. Das griechische Wort heißt Hades und bedeutet „Ort der Toten“. Wahrscheinlich ging nun der Herr Jesus, d. h. sein Ego, sein Ich, sein entkleidetes Wesen (denn sein Geist war in des Vaters Händen und sein Leib noch am Kreuz oder im Grab), in beide Gebiete des Hades, denn er ist „hingegangen . . . und hat gepredigt den

Geistern im Gefängnis, die vorzeiten nicht glaubten, da Gott harrte zu den Zeiten Noahs, da man die Arche zurüstete ...".[9] Hier sagt der Apostel Petrus, daß der Herr „im Geist" — im Gegensatz zu „im Fleisch" — hinging, um zu predigen. Das gibt uns etwas Aufschluß auf einem Gebiet, wo wir ihn dringend benötigen, nämlich auf dem Gebiet der Tätigkeit und des Zustands eines Menschen nach dem Tod. Der Herr war „entkleidet", er ging hin „im Geist". Dies will aber nicht besagen, daß er seine Persönlichkeit verloren hatte, im Gegenteil, alle Merkmale einer Persönlichkeit sind da, sonst hätte er nicht predigen können. Irgendwie hat er „gepredigt", d. h. Gedanken übermittelt. Er hat sich sicher an Stellen aus der Heiligen Schrift erinnern können, denn wo finden wir sonst eine Predigt Jesu Christi ohne Zitate aus dem Wort? Seine Persönlichkeit war also intakt, auch wenn er „entkleidet", also ohne Leiblichkeit, war. Das gleiche gilt für seine Zuhörer, die Geister im Gefängnis. Ihre Individualität ist auch geblieben, denn sie waren eben die Geister, die vormals ungehorsam waren zur Zeit Noahs, also die *gleichen*. Sie sind auch „entkleidet", behalten aber ihre volle Identität und ihr Bewußtsein in diesem Zustand. Ohne Intelligenz hätten sie nicht zuhören können. So bestätigt die Heilige Schrift die Kontinuität des Lebens nach der Metamorphose des Todes.

In dem Zustand der Metamorphose des Todes gibt es aber mindestens zwei Möglichkeiten des Aufenthalts im Scheol. Entweder kann man am Ort der seligen Toten sein, wie es bei Lazarus der Fall war, oder man kann bei den Unseligen sein, wo der reiche Mann war, der seine Identität auch nicht verloren hatte. Der Herr ging nicht in den Ort des ewigen Feuers, wohin der Teufel und seine Engel am Ende dieses Zeitalters verbannt sein werden. Er ging nicht in den „Tartarus"[10], sondern in den Scheol. Dort wurde seine Persönlichkeit in keiner Weise beeinträchtigt, obwohl er „entkleidet" war.[11]

Die Toten (mit einigen Ausnahmen, z. B. Jesus Christus) befinden sich jetzt in dem „entkleideten" körperlosen Zustand im Hades, und zwar entweder in der Verfassung der Verlorenen oder der Seligen. Dort warten sie auf das Urteil Christi über sie am Auferstehungsmorgen, wenn sie mit ihrem Körper und Geist „rückbekleidet" werden, um so die Belohnung für ihre Taten zu erhalten, welche sie im Fleisch getan haben. „Denn wir müssen alle offenbar werden vor dem Richterstuhl Christi, auf daß ein jeglicher empfange, nach dem er gehandelt hat bei Leibesleben, es sei gut oder böse."[12] Der Trost, den die Christen in Hinsicht auf die Toten besitzen, liegt darin, daß Christus nun selbst die Schlüssel des Todes und des Hades besitzt, und so zu allen Zeiten eingehen kann, um bei seinen seligen Toten zu sein, welche sich ihm zu ihren Lebzeiten anvertraut hatten. Jetzt ruhen sie von ihren Mühen und finden Trost in der Gegenwart des Heilandes. In solch einem Zustand bewußter Seligkeit erwarten sie den Auferstehungsmorgen, an dem der Todesprozeß rückläufig gemacht werden wird und sie einen übermateriellen Auferstehungsleib von ihm empfangen.

Während der Herr die drei Tage im Hades war, lag sein Leib (ohne Verwesung) im Grab. Ehe der Herr starb, hatte ihm sein Vater die Macht gegeben, sein Leben zu lassen und es wieder zu nehmen, so daß der Herr am dritten Tage den Geist des Lebens wieder zu sich nahm, was zur Folge hatte, daß sein schwerverletzter Leib, jetzt verherrlicht, wiederum seine „Behausung“ wurde. Leib, Seele und Geist fanden sich am Auferstehungsmorgen wieder, und der verherrlichte Herr kam aus dem Grabe hervor.

Soweit wir beurteilen können, blieben während dieser ganzen Metamorphose Geist und Seele wesensmäßig unverändert. Damit möchte ich in keiner Weise meinen, daß die Leiden des Todes ihn nicht verklärt und verherrlicht hätten. Sicher haben sie das getan, denn um seiner Leiden willen ist er verherrlicht worden und sitzt zur Rechten der Majestät in der Höhe. [13] Von diesem Standpunkt aus ist er nebst Geist und Seele herrlicher geworden durch die Metamorphose des Todes. Ich möchte aber unsere Aufmerksamkeit auf die Metamorphose des Leibes lenken, denn gerade hier finden wir Stoff, der die Zukunft des Menschen beleuchtet.

5. Metamorphose des Leibes anläßlich der Auferstehung Jesu

Zunächst müssen wir die Punkte [14] aufzählen, bei denen wir keine Metamorphose des Leibes erblicken können:

a) Maria scheint nach seiner Auferstehung seine Stimme wiedererkannt zu haben, als sie „Rabbuni“ ausrief. [15] Die Stimme blieb also nach dem Tode und der Auferstehung gleich.

b) Die Wundenmale waren an seinem Auferstehungsleib noch zu erkennen. Wahrscheinlich waren sie noch ziemlich offen, denn Thomas wurde aufgefordert, seine Hand in die Wunden hineinzulegen. [16] Also bezüglich der Wundenmale hatte der Tod keine große Metamorphose durchgemacht, sie blieben für alle Zeit die Identifizierungsmerkmale des Herrn, selbst im Himmel.[17]

c) Nach seiner Auferstehung konnte der Herr laufen, trinken, Fisch und Honig essen[18] und wahrscheinlich Feuer machen.[19] Bei diesen Begebenheiten war sein Leib nicht durchsichtig. Er selber sagte, als die Jünger ängstlich waren, daß ein *Geist* nicht *Fleisch und Blut habe wie er.*[20] Körperlich gesehen war er also durchaus „normal" nach der Auferstehung, so „normal", daß die Emmaus-Jünger ihn erkannten, als er das Brot am Tische brach.

Was uns nun zeigt, daß dennoch eine tiefgreifende körperliche Metamorphose stattgefunden hat, ist folgendes:

a) Er konnte durch verschlossene Türen gehen.[21]

b) Vor ihren erstaunten Augen konnte er verschwinden oder erscheinen.[22]

Vor ihren Augen wurde er gen Himmel aufgenommen.[23]

c) Obwohl er äußerlich gesehen nicht anwesend war, als Thomas zweifelte, war er dennoch imstande, alles Gesagte genauso zu hören, als ob er leiblich anwesend gewesen wäre, d. h. er war gewissermaßen wie allgegenwärtig und doch zur gleichen Zeit eine determinierte Person, die wie wir eine ortsgebundene Leiblichkeit besitzt.

d) Der auferstandene Herr konnte auf diese neuen zusätzlichen leiblichen Eigenschaften je nach Wunsch verzichten oder nicht. Nach dem Gang nach Emmaus verschwand er vor den Augen der Jünger, obwohl er einige Augenblicke vorher leiblich mit ihnen gegangen war und die Schriften ausgelegt hatte. In einem Augenblick wurde er immateriell und wahrscheinlich allgegenwärtig, allwissend und als Gott allmächtig.

Man mag an dieser Stelle einwenden, daß der Mann, der an all das glaubt, an eine Art Magie glaubt. Ob diese Beschuldigung wahr ist oder nicht, wird davon abhängig sein, was man unter „Magie" versteht. In der deutschen Welt versteht man unter „Magie" Angelegenheiten, die mit Okkultismus, Dämonen u. dgl. zusammenhängen, während man in der angelsächsischen Welt Magie eher mit Kindermärchen zusammenbringt, obwohl Okkultismus auch dazu gehört. Wir wollen „Magie" mit Professor Dr. C. S. Lewis viel allgemeiner definieren als *„objektive Wirksamkeit, die nicht weiter analysiert werden kann"*, ohne an Okkultismus irgendwelcher Art besonders zu denken. Unter dieser strikten Definition kann man sich kaum etwas „Magischeres" vorstellen als Gottes Wesen selber, das *causa sui* existiert. So glaubt jeder Theologe oder Naturwissenschaftler, der an Gott glaubt, an *diese* Art „Magie", denn Gottes Wesen *causa sui* können wir nie analysieren. Jesu Verklärung ist sicher auch eine Wirksamkeit, die wir nicht weiter analysieren können, und somit gewissermaßen „magisch" in *diesem* Sinn. Der Leser kann sich selber weitere Beispiele aussuchen und wird dabei erstaunt sein, wenn er entdeckt, daß auch er dazu gezwungen wird, in vielen Dingen an „Magie" dieser Art zu glauben. Ich frage mich oft, ob das Atommodell nach Bohr nicht auch an etwas Ähnliches grenzt.

Also der Schwerpunkt der Metamorphose des Herrn nach seiner Auferstehung scheint bei dem *Leib* zu liegen. Soweit wir feststellen können, geschah im Bereich der Seele und des Geistes weniger, was wirklich als Metamorphose bezeichnet werden kann, als beim Leib. Seele und Geist scheinen recht kontinuierlich zu sein. Und gerade diese Konstatierung verleiht uns viel Aufschluß über die Zukunft des Menschen schlechthin.

6. Die Metamorphose des Menschen

Die Heilige Schrift hat dem gläubigen Mann und der gläubigen Frau zwei große Verheißungen gegeben. Die erste Verheißung bezieht sich auf die Erneuerung der Persönlichkeit anläßlich unserer Begegnung mit dem Herrn in der Wiedergeburt und betrifft die innere Erneuerung durch die Vergebung der Sünden. Sie ist also eine Metamorphose der Seele: „Ist jemand in Christo, so ist er eine *neue* Kreatur". [24]

Diese Metamorphose des Ichs beginnt also während unseres irdischen Lebens und entwickelt sich während unserer siebzig Jahre durch Gemeinschaft mit dem Herrn und mit anderen Christen. Das Ziel dieser Metamorphose besteht darin, daß die menschliche Seele Jesu Seele ähnlich wird. Um mich biblisch auszudrücken: Man wächst in der Gnade und Erkenntnis des Herrn. [25] Dies ist der Anfang der ersten Verheißung, die wir nannten und die darin besteht, daß ein Mensch in seinem Innenleben Jesus Christus ähnlich wird.

Aber dieses Verfahren in der Seele kann nicht isoliert bleiben, es greift rapid um sich, es greift auf den Leib über. Die Augen beginnen anders zu leuchten, der Gesichtsausdruck wird anders. Nur derjenige, der die Vergebung der Sünden im biblischen Sinne nie erfahren hat, wird bezweifeln, daß auch äußerlich gesehen das „Leben" ganz anders wird: „Nun aber *spiegelt sich in uns allen* des Herrn Klarheit mit aufgedecktem Angesicht, und *wir werden verklärt in dasselbe Bild* von einer Klarheit zu der anderen, als vom Herrn, der der Geist ist".[26] Die Zunge bekommt ein „neues Lied";[27] die verbrauchten Kräfte werden erneuert.[28]

Vorsichtigerweise schrieben wir aber, daß die Metamorphose um sich greift. Ja, sie greift auf den Körper über, kann aber leider nicht sehr weit gehen, denn der Körper erlebt seine eigentliche Metamorphose erst nach dem Tod. Die Metamorphose der Seele in der Wiedergeburt leitet die Metamorphose des Leibes ein, doch kann diese nicht eher vervollkommnet werden, bis wir einen verklärten Leib erhalten, was entweder nach der Auferstehung oder anläßlich der Entrückung zum wiederkommenden Herrn stattfinden kann. Die erste Metamorphose legt das Fundament für die zweite, die Verklärung des Leibes, die dann zu ihrer Zeit vervollkommnet werden wird.

Der Apostel Paulus beschreibt diese Art Metamorphose des Leibes, die dem Christen bevorsteht, womit wir uns ein wenig beschäftigen wollen, weil sie so wichtig ist — und so vernachlässigt wird.

Er schreibt: „Wir wissen aber, so unser irdisch Haus dieser Hütte zerbrochen wird, daß wir einen Bau haben, von Gott erbaut, ein Haus, das nicht mit Händen gemacht, das ewig ist, im Himmel. Und darüber sehnen wir uns auch nach unserer Behausung, die vom Himmel ist, und uns verlangt, daß wir damit überkleidet werden; so doch, wo wir bekleidet und nicht bloß erfunden werden. Denn dieweil wir in der Hütte sind, sehnen wir uns und sind beschwert; *sintemal wir wollten lieber nicht entkleidet, sondern überkleidet werden, auf daß das Sterbliche würde verschlungen von dem Leben.*"[29]

Der Apostel sagt uns, in moderner Sprache ausgedrückt, also, daß dieser Leib, in dem wir jetzt wohnen, zerbrochen wird, daß wir aber getrost sein können, denn unser Schöpfer hält für uns einen anderen, ewigen Leib, in dem wir wohnen können, bereit. Es ist schwer, diesen alten Leib abzulegen, d. h. zu sterben, „entkleidet" zu werden. Es wäre dem Apostel viel lieber, wenn er nicht sterben müßte, wenn der Herr ihn plötzlich verwandeln könnte, ihn „verschlingen" lassen könnte vom Leben, ohne daß er den „entkleideten Zustand" erfahren müßte. Er denkt wahrscheinlich an die Stelle, die er selber schrieb: „Danach wir, die wir leben und übrigbleiben, werden zugleich mit ihnen hingerückt werden in den Wolken, dem Herrn entgegen in der Luft, und werden also bei dem Herrn sein allezeit".[30] Die Wiedergeborenen, die zur Zeit des wiederkommenden Herrn noch leben, werden nicht mehr sterben müssen, sie brauchen nicht „entkleidet" zu werden. Sie werden plötzlich vom Leben „verschlungen", „überkleidet" werden, ohne sterben zu müssen. Der Apostel sehnt sich nach diesem großen Tag der Offenbarung der Herrlichkeit Jesu bei seiner Wiederkunft. Die Metamorphose des Leibes wird an diesem Tage ohne Hadesfahrt stattfinden können. Fleisch und Blut, wie sie jetzt sind, können das Reich Gottes nicht ererben, die große Verwandlung muß zuerst stattfinden, in diesem Fall bei der Entrückung.

Der Apostel behandelt das gleiche Thema, wenn er schreibt: „Unser Wandel aber ist im Himmel, von dannen wir auch warten des Heilands Jesu Christi, des Herrn, welcher unseren nichtigen Leib (gemeint ist die Verweslichkeit des Leibes) verklären wird (verwandeln, eine Metamorphose durchführen), daß er ähnlich werde seinem verklärten Leibe, nach der Wirkung, mit der er kann auch alle Dinge sich untertänig machen".[31]

Da haben wir die ganze zweite Verheißung. Da haben wir die ganze, gottgewollte Zukunft der Menschen, da haben wir unsere wahre Bestimmung. Zuerst fängt der Herr eine Metamorphose des Ichs, der Seele, in der Wiedergeburt an. Ein Mann fängt an, in sich zu gehen, sich selbst zu erkennen. Er bekommt einen Hunger nach Gerechtigkeit, Klarheit, Vergebung seiner Vergehungen und Wiederherstellung vor Gott und Menschen. Dies findet er auf der Basis, die der Apostel Johannes niederlegte: „So wir sagen, wir haben keine Sünde, so verführen wir uns selbst, und die Wahrheit ist nicht in uns. So wir aber unsere Sünden bekennen, so ist er treu und gerecht, daß er uns die Sünden vergibt und reinigt uns von aller Untugend. So wir sagen, wir haben nicht gesündigt, so machen wir ihn zum Lügner, und sein Wort ist nicht in uns."[32]

Wenn einmal *die Basis einer wiederhergestellten Persönlichkeit da ist,* die dann weiter wachsen kann, lenkt der Herr unsere Aufmerksamkeit auf unsere Leiblichkeit. Die Seele wird auf den Himmel vorbereitet (der Erlöste lebt, geistlich gesehen, schon jetzt da).[33] Da muß unsere Leiblichkeit ebenfalls eine Metamorphose durchmachen. Und weil der Leib, unsere jetzige Leiblichkeit, die *Basis des verklärten Leibes* liefert, mahnt uns die Heilige

Schrift wiederholt, daß dieser jetzige Leib „dem Herrn gehört" und daß er „heilig" ist.[34] Wir dürfen nie in die Falle des Feindes geraten, der uns zuflüstert, daß, weil unser Leib „nichtig" ist und „aufgelöst" wird, er deshalb in jeder Hinsicht vergänglich ist. Dies ist nicht der Fall. Unser Leib wird so verklärt werden wie Jesu Leib. Wer an einer Hure hängt, sündigt an seinem eigenen Leib, mahnt uns die Heilige Schrift.[35] Der Leib ist heilig, deshalb soll es keine Ausschweifung außerhalb und innerhalb der Ehe geben. Und gerade weil diese Wahrheit der *Heiligkeit des Leibes* im Zeitalter des Darwinismus vergessen worden ist, meint man, daß man ungestraft und unbehelligt mit jedem beliebigen Menschen geschlechtlichen Verkehr haben darf. Die „Pille" verhütet die gewöhnlichen leiblichen Folgen, daß Kinder geboren werden, verhütet aber nicht, daß Seele, Geist und Leib daran zugrunde gehen. Ich spreche vom außerehelichen Verkehr zwischen Jugendlichen. Jeder, der ein Auge dafür hat, erkennt die seelischen Folgen innerhalb kurzer Frist. Der Leib soll heiliggehalten werden, *denn er ist die Basis des verklärten Leibes des erlösten Menschen.*

Jetzt müssen wir uns unsere letzte Frage stellen: Warum will der Herr uns samt Leib, Seele und Geist unsträflich darstellen?[36] Was ist der Zweck der Erlösung und der Verklärung des Menschen? Was soll diese Metamorphose? Die Heilige Schrift lehrt uns zunächst, daß der Herr uns aus Liebe erlöste, so daß wir dort sein können, wo er ist. Er will uns bei sich haben, er legt Wert auf unser Nahesein.[37] Warum dies der Fall ist, ist mir ein Geheimnis. Wenn es aber nicht so wäre, dann wäre der Herr wohl nie Mensch geworden, um für uns Menschen zu leben und dann zu sterben.

Die Antwort auf unsere Frage ist seit Äonen ein Geheimnis geblieben. Erst nach der Menschwerdung des Herrn ist sie klargeworden. Gott der Vater hat beschlossen, daß der Herr Jesus, weil er die geeignetste Person ist, die Regierung des Weltalls zu übernehmen, oberster Regent, König werden soll. (Er hat seine Fähigkeit dadurch bewiesen, daß er für die Erlösung der ganzen Welt starb.) Heutige Regenten auf Erden lassen ihre Untertanen für sich sterben, unser Herr handelte umgekehrt: Er starb für seine Untertanen. Die Worte der Heiligen Schrift machen diese Gedanken noch klarer, als ich es tun kann: „Er hat uns wissen lassen *das Geheimnis seines Willens* nach seinem Wohlgefallen, so er sich vorgesetzt hatte in ihm, daß es ausgeführt würde, da die Zeit erfüllet war, *auf daß alle Dinge zusammengefaßt würden in Christo,* beides, das im Himmel und auf Erden ist, durch ihn ..."[38]

Eine andere Übersetzung teilt uns mit, daß Christus das Oberhaupt aller Dinge wird, alles wird in ihm zusammengefaßt, alle Autorität endet und beginnt in seinen Händen. Christus ist der Herr.

Das ist die eine Seite der Frage. Die andere ist die: Durch seinen Tod für mich und durch mein Vertrauen zu ihm ist er mein Erlöser geworden. Aber nicht nur mein Erlöser, ich bin sein *Eigentum*, und zur gleichen Zeit ist er mein „Erbteil" geworden.[39] Hinfort gehören wir zusammen, so daß ich dort sein kann, wo er ist.[40] Wenn ich als Christ einmal „entkleidet" werde, trete ich mein „Erbe" an, das Jesus Christus selber ist.

Und damit haben wir den Schlüssel der Zukunft des Menschen in die Hände bekommen: *Wo er ist, da werden wir als seine Kinder auch sein.* Gott erschuf den ersten Menschen, so daß dieser sein Gegenüber, sein Du brauchte. Es war nicht gut, daß der Mensch allein sei.[41] Wenn der Herr Jesus als König offenbar geworden ist und sein erneuertes Reich aufgerichtet hat, will er, daß die Seinen bei ihm sind, dort, wo er ist. Wenn er ein Urteil ausspricht, werden die Seinen mit ihm das Urteil aussprechen. Wenn er lobt, werden sie mitloben. „Wisset ihr nicht, daß die Heiligen die Welt richten werden? . . . Wisset ihr nicht, daß wir über die Engel richten werden?"[42] „Selig ist der und heilig, der teilhat an der ersten Auferstehung; über solche hat der andere Tod keine Macht, sondern sie werden Priester Gottes und Christi sein und *mit ihm regieren tausend Jahre*".[43] Deshalb müssen wir einen verklärten Leib erhalten, der Christi verklärtem Leib ähnlich ist. Wir müssen, sozusagen, Christi „Du" werden!

Gott, in seiner großen Weisheit und Liebe, hat beschlossen, *Menschen* in seine Pläne einzubeziehen. Es warten auf uns Menschen die vielen „Wohnungen" (verklärte Leiber), die der Herr Jesus für uns vorbereitet.[44] Aber nicht nur die vielen „Wohnungen" warten, es warten auch viele „Ämter", mit denen er uns bekleiden will, wenn wir durch die Leiden dieser Erdenzeit dazu reif geworden sind. Selbst der Sohn lernte durch das, was er litt, Gehorsam[45] und wurde auf sein hohes Amt vorbereitet, denn er ist mit seinem „Amt" gekrönt worden, weil er die Leiden des Todes auf sich nahm. Warum soll es uns, den Jüngern, anders oder „besser" ergehen? Der Apostel Paulus lehrt uns das gleiche, wenn er uns mitteilt, daß wir durch viele Trübsale ins Reich Gottes eingehen müssen.[46] Alles dient als Vorbereitung auf das Amt, das Gott für uns bereithält. Aber ein hohes Amt setzt strenge Vorbereitung und Erziehung voraus. Unsere Zukunft, insoweit wir Erlöste des Herrn sind, ist davon abhängig, wieweit wir uns auf „das Amt" vorbereiten lassen. Der Herr hat für eine vollkommene Metamorphose des Ichs und des Leibes gesorgt, er will uns samt Leib, Seele und Geist unsträflich darstellen.[47] Doch sucht er unsere aktive Mitarbeit bei dieser wichtigen Umformung unseres ganzen Wesens.

So dienen also alle Versuchungen und Trübsale, Konflikte und Enttäuschungen dazu, den erneuerten Menschen für hohe und ewige Ämter in seinem Reich vorzubereiten, das er sich mit seinem begrenzten, chemisch gesteuerten Denkapparat schlecht und dürftig vorstellen kann. Die Bestimmung des Menschen, soweit er durch Gott losgekauft ist, berührt eine supramaterielle Welt, *die sich auf die materielle Welt gründet, aber aus ihr hervor- und emporwächst, ähnlich wie ein Wolkenkratzer, der sich aus den Chicagoer Niederungen auftürmt, nur in viel stärkerem Maße.* In der Tat steht unsere Zukunft als die der Erlösten Gottes so außerhalb unseres heutigen begrenzten Denkvermögens, daß kein menschliches Auge gesehen noch Ohr gehört, noch in irgendein menschliches Herz gekommen ist, was Gott bereitet hat für jene, die ihn lieben.[48] Sogar Menschen, die sich nicht zum Christentum bekennen, haben diese Möglichkeit vage gesehen.

> Wir, die einzigen denkenden Wesen im Universum, soweit wir wissen, sind allem Anschein nach so zufällig, so weit vom Grundplan des Alls entfernt, daß es *a priori* nur zu wahrscheinlich ist, daß irgendeine Bedeutung, die das Universum als Ganzes besitzen mag, unsere irdische Erfahrung völlig übersteigt und so für uns vollkommen unfaßbar ist. Schließlich hätten wir keinen Stützpunkt gehabt, von dem aus wir unsere Erforschung des wahren Sinnes des Universums hätten beginnen können.[49]

Um diesen Abschnitt zum Abschluß zu bringen, wollen wir einige der letzten Worte von C. S. Lewis zitieren, die er kurz vor seinem Tode schrieb:

> „Ich sage nicht, daß die Auferstehung des Körpers sofort geschieht. Es kann gut sein, daß dieser Teil von uns im Tode schläft und die intellektuelle Seele ins Fastenland geschickt wird, in dem sie in nackter Geistigkeit fastet . . . Doch meine Hoffnung besteht darin, daß wir daraus zurückkehren und den Besitz wieder an uns nehmen, den wir abgelegt hatten. Dann werden die neue Erde und der neue Himmel, jedoch nicht dieselben wie diese, in uns erstehen, wie wir in Christus

erstanden sind. Und wieder, nach wer weiß wie vielen Äonen des Schweigens und der Dunkelheit, werden die Vögel singen und die Wasser fließen, Licht und Schatten werden sich über die Hügel bewegen, und die Gesichter unserer Freunde werden uns mit verwundertem Wiedererkennen anlachen. Vermutungen, natürlich, lauter Vermutungen. Falls sie nicht zutreffen, wird es etwas Besseres sein. Wir wissen nämlich, daß wir ihm nachgebildet werden, denn wir werden ihn sehen, wie er ist."[50]

1. Vgl. Kogon, *Der SS-Staat.*
2. Röm. 6, 5—8.
3. 2. Kor. 5, 17.
4. Paul Tillich, *The Courage to Be* (New Haven, 1952), S. 173, 175, 190. (Der Mut zum Sein, *Hamburg, 1968.)*
5. *Ibid.*, S. 142.
6. Hebr. 4, 12.
7. Luk. 23, 46.
8. Apg. 7, 58.
9. 1. Petr. 3, 19. 20; Luk. 16, 22.
10. 2. Petr. 2, 4.
11. 2. Kor. 5, 3.
12. 2. Kor. 5, 10.
13. Hebr. 2, 10.
14. theologisch naiv, siehe Gal. 5, 22.
15. Joh. 20, 16.
16. Joh. 20, 27.
17. Offb. 5; 6.
18. Luk. 24, 43.
19. Joh. 21, 9.
20. Luk. 24, 39.
21. Joh. 20, 19. 26.
22. Joh. 21, 4; Luk. 24, 15. 31.
23. Apg. 1, 9.
24. 2. Kor. 5, 12.
25. 2. Petr. 3, 18.
26. 2. Kor. 3, 18.
27. Ps. 96, 1—4; 98, 1—3.
28. Jes. 40, 31.
29. 2. Kor. 5, 1—4.
30. 1. Thess. 4, 17.
31. Phil. 5, 20. 21.
32. 1. Joh. 1, 8—10.
33. Eph. 2, 6; Hebr. 12, 22 ff.
34. 1. Kor. 6, 13—19.
35. 1. Kor. 6, 15—17.
36. 1. Thess. 5, 23.
37. Joh. 17, 24.
38. Eph. 1, 9. 10.
39. Kol. 1, 12; Eph. 1, 11.

40. Joh. 12, 26.
41. 1. Mose 2, 18.
42. 1. Kor. 6, 2. 3.
43. Offb. 20, 6.
44. Joh. 14, 2.
45. Hebr. 5, 8.
46. Apg. 14, 22.
47. 1. Thess. 5, 23.
48. Vgl. 1. Kor. 2, 9.
49. Sir James Jeans, *The Mysterious Universe*, S. 136.
50. Lewis, *op. cit. Letters to . . .*, S. 158.

Epilog

Vor einigen Jahren hatte ich die Ehre, an der Universität Tübingen innerhalb der Studentengemeinde und der Studentenmission eine Evangelisation durchzuführen. Prof. D. Karl Heim verfolgte trotz seines hohen Alters die Veranstaltungen und lud mich ein, mit ihm an seinem Geburtstagstisch eine Tasse Tee zu trinken. Es war für mich eine große Ehre, als junger Naturwissenschaftler am Tisch des ehrwürdigen, alten Theologieprofessors zu sitzen und seinen Gesprächen zuzuhören.

Ehe die wenigen Freunde, die eingeladen waren, sich verabschiedeten, bat ich ihn, ob ich ihm zwei Fragen stellen dürfte, bevor ich zu meinem Abendvortrag ging. Er willigte sofort ein. Meine erste Frage war die: „Glauben Sie, Herr Professor, daß der Mensch von Tieren abstammt oder nicht?" Und die zweite Frage war: „Welche Mittel können wir benutzen, um den modernen, philosophisch und naturwissenschaftlich gebildeten Menschen überzeugend und positiv zu evangelisieren, so daß er im Sinne des Neuen Testaments wiedergeboren wird?"

Über die erste Frage diskutierten wir eine Zeitlang. Der Professor meinte, daß sein guter Freund, Professor Dr. Freiherr von Huene, besser antworten könne als er. Es war die typische Antwort eines demütigen, gütigen alten Mannes. Bezüglich meiner zweiten Frage sagte mir Professor Heim, die Antwort sei einfach, die Erfahrung seines ganzen Lebens stecke dahinter und habe ihn darin voll bestätigt als Wissenschaftler und Theologen. Hier ist der Inhalt seiner wichtigen Antwort: *„Das Zeugnis des lebendigen Christus in einem Menschen ist das stärkste und überzeugendste Mittel, das wir beim Evangelisieren Gebildeter und Ungebildeter benutzen können.* Ohne dieses Zeugnis können und sollen wir nicht evangelisieren. Tragen wir aber dieses Zeugnis im Herzen, so können wir es nicht unterlassen, zu evangelisieren. Und wenn Gebildete und Ungebildete diesem wahren Zeugnis keinen Glauben schenken, stehen uns keine anderen Mittel zur Verfügung, womit wir ihnen helfen können."

Wie sehr erinnert uns dies an ähnliche Worte, die Jesus Christus sprach, als er vor Zeiten mit den Pharisäern redete. Er sagte, daß ein Mensch nicht überzeugt werden könne, wenn er das Zeugnis zurückweise, das Mose von ihm selber (Christus) gab.[1] Ein solcher Mensch *könnte* nicht glauben, selbst wenn jemand von den

Toten auferstünde und einen Bericht aus erster Hand über die Zustände dort gäbe. Der Nachdruck liegt darauf, daß das Zeugnis Moses über Christus so stark und der innere Beweis für die Richtigkeit seiner Schriften so zwingend ist, daß jeder, der an Mose zweifelt, an jeder Wahrheit zweifeln wird, gleichgültig, woher sie stammt oder wie evident ihre Gültigkeit ist. Sogar ein Zeuge ersten Grades, der starb und wieder zurückkehrte, um einen Augenzeugenbericht von den Dingen nach dem Sterben zu geben, würde den Menschen nicht überzeugen können, der das Zeugnis Moses in der Heiligen Schrift anzweifelt. *Eine solche Person ist keiner Überzeugung fähig,* oder, anders ausgedrückt, *überzeugungsunfähig.*

Wenn wir die Zukunft des Menschen verstehen wollen, müssen wir fähig sein, dem in der Heiligen Schrift niedergelegten Zeugnis Gottes (erhärtet durch das Zeugnis der gefallenen Natur) zu glauben. Wir können jedoch nicht Gottes Aussagen über irgend etwas glauben, wenn wir nicht zunächst seiner Aussage über uns selbst Glauben schenken, mit anderen Worten, wir sind ihm natürlicherweise entfremdet. Wenn die Frage dieser Entfremdung einmal geregelt und gelöst ist, dann folgt der Rest so sicher wie der Tag auf die Nacht folgt. Wie Tillich sagt: Der moderne Mensch hat Gott verloren und mit ihm Ziel und Sinn des Lebens. Wir verloren Gott, als wir das unverbrüchliche Zeugnis über ihn in der Schrift verloren. Wenn wir die Bibel als verläßliches Zeugnis der unsichtbaren Dinge (und sie bezeugt, daß sie es ist) wieder annehmen, dann werden wir Gott und zugleich den Sinn des Lebens wiederfinden. Dies ist der Grund für die Veröffentlichung dieses Buches. Die (sogenannte) Wissenschaft ist seit hundert Jahren dazu mißbraucht worden, das Zeugnis Gottes in der Heiligen Schrift (besonders das Argument der Planung) zu widerlegen. Man hat den biblischen Schöpfungsbericht mit Hohngelächter bedacht und Zufall und natürliche Auslese an seine Stelle gesetzt. Huxley und andere haben *ad nauseam* immer wieder betont, daß Gott jetzt eine unnötige Vorstellung sei. Die Wissenschaft jedoch, die echte Wissenschaft, weiß, daß heute ein Urgrund (oder eine treibende Kraft) genau so nötig ist wie in den Tagen vor der „modernen“ Wissenschaft. Das Zeugnis der Bibel ist heute so gültig wie das Zeugnis des lebenden Christus in einem lebenden Menschen.

Wenn man es jedoch vorzieht, die Bibel nicht zur Ordnung seines persönlichen Lebens ernst zu nehmen, dann bedeutet sie uns auch nichts vom Standpunkt der letzten Bestimmung des Menschen.

Wir können nicht biblisch denken, wenn wir nicht biblisch handeln. Wenn wir alle, so gut wir es eben verstehen, mit unserem Schöpfer dadurch in Ordnung kommen, daß wir Buße tun und seine Vergebung empfangen, dann wird mit Sicherheit mehr Erleuchtung folgen, denn die Substanz des Glaubens nimmt zu. Mittlerweile bleiben die festen Zusagen Gottes bestehen:

> Denn siehe, ich will einen neuen Himmel und eine neue Erde schaffen, daß man der vorigen nicht mehr gedenken wird, noch sie zu Herzen nehmen; sondern sie werden sich ewiglich freuen und fröhlich sein über das, was ich schaffe. Denn siehe, ich will Jerusalem schaffen zur Wonne und ihr Volk zur Freude, und ich will fröhlich sein über Jerusalem und mich freuen über mein Volk; und soll nicht mehr darin gehört werden die Stimme des Weinens und die Stimme des Klagens. Es sollen nicht mehr da sein Kinder, die nur etliche Tage leben, oder Alte, die ihre Jahre nicht erfüllen, sondern die Knaben sollen hundert Jahre alt sterben . . . Und es soll geschehen, noch ehe sie rufen, will ich antworten; wenn sie noch reden, will ich hören. Wolf und Lamm sollen weiden zugleich, und der Löwe wird Stroh essen wie ein Rind . . . Sie werden nicht schaden noch verderben auf meinem ganzen heiligen Berge, spricht der Herr.[2]

Nur siebzig Jahre sind uns zugeteilt, um uns auf das vorzubereiten, was kein Auge gesehen, kein Ohr gehört und nie in das Herz des Menschen gekommen ist . . ., die bleibenden Freuden einer erfüllten Zukunft.

1. Vgl. Luk. 16, 31.
2. Jes. 65, 17—25.

Anhang

I. Kritische Übersicht über weitere Versuche zur Harmonisierung des Darwinismus mit 1. Mose 1—3

a) Die Theorien von Dr. Hans Rohrbach, ehemaliger Professor der Mathematik und Rektor an der Universität Mainz

Unter den wenigen Professoren, die heute noch an deutschen Universitäten lesen und die die Bibel ernst nehmen, befindet sich Dr. Hans Rohrbach, ehemaliger Professor der Mathematik an der Universität Mainz. In der folgenden Stellungnahme zu seinen Ansichten über die Genesis berufe ich mich auf die hiermit zitierten Veröffentlichungen, die mir hier in den USA zur Verfügung stehen:

1. Naturwissenschaft und Gotteserkenntnis; Evangelische Akademie, Mannheim, 6. Auflage, 1965.

2. Naturwissenschaft und Glaubensbekenntnis; Evangelische Akademie, Mannheim, 2. erweiterte Auflage, 1965.

3. Die biblischen Wunder, biblischer Schöpfungsbericht, Weltbild der Bibel und die moderne Naturwissenschaft; Evangelische Akademie, Mannheim, 1956.

Professor Rohrbach beginnt seinen Aufsatz über „Biblischer Schöpfungsbericht und moderne Naturwissenschaft“ [1] mit der Feststellung, daß man die naturkundlichen Aussagen der Bibel weder über- noch unterbewerten darf. Er zeigt, wie falsch es ist zu behaupten, daß man das Problem mit der Aussage löst, die Bibel sei kein naturwissenschaftliches Lehrbuch. Damit *unter*bewertet man die biblischen Aussagen, wovor wir uns hüten sollen. Professor Rohrbach vertritt eher die Einstellung, daß wir lieber Gott um seine Vollmacht bitten sollen, uns in die volle Wahrheit zu führen.

Ferner bekennt sich Professor Rohrbach dazu, daß der biblische Schöpfungsbericht göttliche Wahrheit auch hinsichtlich der Naturwissenschaft offenbart. Die Bibel berichtet uns, daß Gott die Welt erschuf, und sagt uns auch, wie er sie geschaffen hat — also seine Methodik wird uns in der Bibel genau angegeben. Diese Einstellung können wir nur begrüßen.

Nach diesem verheißungsvollen Anfang lehnt sich dann Professor

Rohrbach an eine Methodik der modernen Theologie an, um seine Bibelauslegungen zu begründen, indem er behauptet, daß es nicht *einen* Schöpfungsbericht gibt, sondern *zwei,*[2] die beide *verschieden* sind. Er bezieht sich auf die verschiedenen Quellen, die später zu den fünf Büchern Mose vereinigt wurden. Er spricht von der Priesterschrift, dem Jahvisten, dem Elohisten usw. Ferner ist Professor Rohrbach der Meinung, daß der Gegenstand aller Berichte erst nach Generationen mündlicher Weitergabe niedergeschrieben wurde.[a] Der erste Schöpfungsbericht spricht nach Professor Rohrbach am ersten Tag vom Licht, aber erst am vierten Tag von der Sonne, obwohl jeder Biologe weiß, daß Pflanzen, die am dritten Tag entstanden, nicht ohne Sonnenlicht existieren können. Dann spricht, nach Professor Rohrbach, dieser „erste" Schöpfungsbericht von einem Firmament, „an dem die Sterne angeheftet sind, ein längst überholtes Weltbild". All das paßt nicht zum kopernikanischen Weltbild, in dem die Erde sich um die Sonne dreht und die Sterne selber große Sonnen oder große Sternhaufen sind. (Wir haben bereits gesehen, daß diese Vorstellung des Wissens der Alten falsch ist.)

Bezüglich der Erschaffung des Menschen nach diesem „ersten" Schöpfungsbericht fragt sich Professor Rohrbach, wo die Entwicklungslehre bleibt: „Die Wissenschaft weiß es doch viel besser, daß es Jahrhunderttausende gedauert hat, bis der Mensch sich zu dem Wesen *entwickelte,* das er heute ist."[3] Er läßt also die Prinzipien der Abstammungslehre gelten.

Weiter heißt es: „Und dann der zweite Schöpfungsbericht. Darin steht vieles anders, z. T. umgekehrt. Hier wird der Mann erst aus dem Erdenkloß erschaffen, dann wird er ins Paradies gesetzt, dann werden Bäume gepflanzt, dann die Tiere geschaffen ... dann erst wird Eva aus der Rippe Adams gebildet." Professor Rohrbach sieht aber in diesem zweiten Bericht keine *biologische* „Erschaffung" Adams, sondern eine *geistliche „Erwählung"* oder „Berufung" eines biologisch schon existierenden Adams.

Er zählt dann verschiedene biologische „Unmöglichkeiten" des Berichts auf: a) „Kain schlug Abel und hatte nachher Angst, daß jeder, der ihn fand, ihn totschlagen würde. Es gab also demnach andere Menschen außer Adam und Eva und Kain, vor denen Kain Angst hatte und die Adams Familie nicht angehörten. Vor wem sollte sich Kain sonst fürchten? b) Dann baute Kain eine

a Wie ich gehört habe, soll Professor Rohrbach diese Quellentheorien heute ablehnen, doch hat er, soviel ich weiß, die hier vertretenen Ansichten bisher noch nicht schriftlich widerrufen.

Stadt, heiratet und bekommt einen Sohn (Lamech). Warum hat Kain vor anderen Menschen solche Angst, wenn es außer Adam, Eva und ihm selbst keine anderen Menschen gab? c) Warum soll er für sich allein eine Stadt bauen? Er muß sehr anspruchsvoll gewesen sein! d) Woher nahm er seine Frau?“ Angesichts dieser Überlegungen fühlt sich Professor Rohrbach zu dem Schluß gezwungen, daß zur Zeit der „Berufung“ (Erschaffung) Adams „andere Menschen bereits da waren“ [4] Er sieht also im „zweiten“ Schöpfungsbericht lediglich einen souveränen Akt Gottes, in dem dieser durch das Einhauchen seines Odems aus einem biologisch schon existierenden „para-adamitischen“ Adam (Rohrbach benutzt, soviel ich weiß, das Wort „para-adamitisch“ nicht) einen berufenen, „erwählten“ Adam machte. Die prä- und para-adamitischen Menschen wurden nach dem „ersten“ Schöpfungsbericht gemäß den Prinzipien des Darwinismus durch lange Zeitalter hindurch „erschaffen“. [5]

Dazu wäre vom orthodoxen Standpunkt aus folgendes zu sagen: Zur Zeit des Berichts waren tatsächlich bereits andere Menschen da, sonst hätte Kain vor dem Totschlag seitens anderer Menschen keine Angst gehabt; sonst hätte keine Notwendigkeit bestanden, eine Stadt zu bauen. Woher nahm er sonst seine Frau? Wir dürfen also von der Bibel her mit Professor Rohrbach schließen, daß es zu der fraglichen Zeit tatsächlich andere Menschen gab außer Adam, Eva und Kain. Der Unterschied zwischen der biblischen Lehre und der Lehre Professor Rohrbachs (wie auch der Professor Freiherr von Huenes) besteht lediglich in der Frage der *Herkunft* solcher „anderen“ Menschen. Professor Rohrbach nimmt nämlich an, daß diese „anderen“ Menschen *para-adamitischer Rasse* waren, die biologisch, aber nicht „erwählungsmäßig“, mit Adam verwandt waren, während unsere Auslegung davon ausgeht, daß *diese anderen Menschen Söhne und Töchter Adams und Evas waren. Eva war ja die Mutter aller Lebendigen.* [6] Professor Rohrbach lehrt also, daß Kains Weib ein para-adamitischer Mensch war und *keine* Tochter Adams und Evas. Wir glauben dagegen, daß sie eine Tochter Adams und Evas war. Mit diesen para-adamitischen Menschen lebten, nach Professor Rohrbach, dann Kain und sein Weib und bauten eine Stadt, in der sie zusammen lebten.

Professor Rohrbach lehrt uns damit klar und deutlich, daß *Adam, biologisch gesehen, nicht der erste Mensch war.* Zur Zeit seiner „Menschwerdung“, seiner „Berufung“ oder „Erwählung“ durch das Einhauchen des Odems Gottes in seinen para-adamitischen Leib, das nach Rohrbach im „zweiten" Schöpfungsbericht beschrieben wird, existieren schon *viele Menschen,* die während des „ersten" Schöpfungsberichts durch die „natürliche" Entwicklung nach den Gesetzen des Darwinismus, durch Mutation, natürliche Auslese und Kampf ums Dasein, sich von den Tieren emporentwickelt hatten. Ja, diese para-adamitischen Rassen waren eigentliche *„Tiere" wie heutige Menschen* [7], die aber vom göttlichen Standpunkt her nicht „erwählt" waren. *Biologisch waren sie also mit Adam und Eva identisch* (Adam entstammte ja dieser Rasse, biologich betrachtet), sie waren untereinander gegenseitig fruchtbar, stellen also *biologisch gesehen eine Spezies* dar, denn Kain verheiratete sich mit einem solchen Wesen und bekam einen Sohn von ihr, was die Speziesfrage endgültig und eindeutig löst.

Professor Rohrbach lehrt ferner, daß der „erste" Schöpfungsbericht von der langsamen Entstehung der Welt und des Lebens auf der Erde nach den Prinzipien der Entwicklungslehre berichtet, zuletzt von der Entstehung des Menschen, dem *homo sapiens.* Diese Menschen waren schon vor der Zeit Adams bereits zahlreich und hatten ihre eigene Kultur entwickelt, sie besaßen auch eine allgemeine Gotteserkenntnis und Offenbarung Gottes, hatten sich aber *„abgewandt, waren nicht erwählt."* [8] *Diese anderen Menschen konnten deshalb im eigentlichen Sinne nicht sündigen wie Adam, denn sie waren nicht „erwählt" wie Adam.* Professor Rohrbach behauptet wiederholt, daß diese Menschen sich von der allgemeinen göttlichen Offenbarung „abgewandt" hätten. [9] Dann schreibt er aber, daß die gleichen Menschen *nicht* sündigen konnten. [10] Ist denn nicht irgendeine „Abwendung" von einer göttlichen Offenbarung *Sünde?* Röm. 1, 19. 20 nennt gerade eine solche Abwendung selbst von einer *allgemeinen* göttlichen Offenbarung in der Natur eine schlimme Sünde.

Wenn Professor Rohrbach in obengenanntem Punkt konsequent wäre, müßte er doch einsehen, daß nach seinen Theorien der *Sündenfall* auch schon *vor* Adam stattgefunden haben muß (die para-adamitischen Menschen wandten sich von Gott ab). Somit schiebt Rohrbach *die Entstehung des Menschen* und *den Sündenfall* in voradamitische Zeiten zurück.

Diese „anderen" Menschen wurden, nach Professor Rohrbach, in der Sintflut bestraft, indem sie alle ohne Ausnahme von Gott vertilgt wurden. Nur Noahs Familie wurde erwählt und gerettet. Zu diesen „anderen" Menschen ging Jesus während seiner Hadesfahrt, als er den „Geistern im Gefängnis predigte" und ihnen das Evangelium brachte.[11] So ist es richtig (nach Professor Rohrbach), wenn Paulus sagt, die Sünde sei durch Adam in die Welt gekommen[12], und es ist ebenso richtig, daß Eva die Mutter aller Lebendigen ist[13]; denn die ganze übrige para-adamitische Menschheit, die damals vorhanden war (zur Zeit der „Berufung" Adams), ist durch die Sintflut hinweggenommen worden. Von Eva führt eine direkte Linie auf Noah und seine Söhne Sem, Ham und Japhet. So ist Eva tatsächlich die Mutter aller Lebendigen, die jetzt vorhanden sind. So einfach ist das m. E. nicht, denn wenn Seth eine para-adamitische Frau nahm (sic!), ist Eva allein nicht die Mutter aller Lebendigen, die Para-adamiten sind an allem Lebendigen mitbeteiligt. Nach Rohrbachs Theorie müßte es eigentlich heißen, daß Noahs Frau die Mutter aller Lebendigen *heute* ist.

Der „zweite" Schöpfungsbericht unterscheidet sich nach Rohrbach vom „ersten". Der „zweite" beschreibt einen ganz anderen Vorgang, nämlich die „Erwählung" Adams aus den „anderen" Menschen heraus (nicht seine „biologische" Erschaffung). Erst wird der Mann „erwählt", dann wird er ins Paradies gesetzt, dann werden Bäume gepflanzt, dann die Tiere „geschaffen", und dann erst wird Eva aus der Rippe Adams gebildet.

Professor Rohrbach beruft sich auf das doppelte Wirklichkeitsverständnis der Bibel, um seine Theorie der beiden Berichte zu begründen.[14] Gottes Schöpfungsakt ist demnach zugleich ein *Werden* und ein *Gesetztsein*, ist in der *gegenständlichen Welt ein Werden* und ein *Gesetztsein in der Wirklichkeit Gottes*. Demnach existierte Adam schon in der Wirklichkeit Gottes, ehe er zu werden anfing in der gegenständlichen Wirklichkeit, die wir kennen.

Es ist klar, daß Gott uns erkannt hat, ehe wir im Mutterleib geformt wurden. In Gottes Erkenntnis existierten wir, ehe wir stofflich bestanden. Daß es ein doppeltes Wirklichkeitsverständnis gibt, verstehen doch alle Christen, die über die Allwissenheit Gottes nachdenken. Aber in dieser Lehre des doppelten Wirklichkeitsverständnisses eine Begründung der Idee finden zu wollen, daß es zwei Schöpfungsberichte gibt, wovon der eine von der Entstehung der Welt und des Lebens aus dem Nichts durch die Prinzipien der Darwinschen Entwicklungslehre berichtet, während der zweite von der Berufung des schon existierenden Adam aus der Mitte einer para-adamitischen Rasse erzählt, die dann ohne Ausnahme in der Sintflut Tausende von Jahren später umkam, das sind zwei ganz verschiedene Angelegenheiten. Diese

Verkoppelung der Idee des doppelten Wirklichkeitsverständnisses mit zwei Schöpfungsberichten kann der biblischen Wirklichkeit kaum entsprechen, und zwar aus den folgenden Gründen:

Seth, Adams und Evas dritter Sohn, wird nach Professor Rohrbachs Theorien wahrscheinlich auch einen „anderen" para-adamitischen Menschen zur Frau genommen haben, wie Kain es getan haben soll, so daß es nach der Generation von Adam und Eva keine „reinrassigen" (berufungsmäßig) Menschen mehr gegeben haben kann. Alle Menschen waren von da an „Mischvolk", auch Noahs Familie und die Kinder Sem, Ham und Japhet. Die biblische Lehre, daß Eva die Mutter aller Lebendigen war, kann nur dann wahr gewesen sein, wenn Seth eine Tochter Adams und Evas zur Frau nahm. Und wenn Seth das getan hat, warum soll Kain keine Tochter Adams zur Frau genommen haben? Denn Adam lebte 130 Jahre und zeugte Seth. Und die Tage Adams, nachdem er Seth gezeugt hatte, waren 800 Jahre, und er zeugte *Söhne und Töchter.* Und alle Tage Adams, die er lebte, waren 930 Jahre, und er starb.[15] Wenn nun Seth und Kain beide eine Tochter Adams und Evas zur Frau nahmen, dann wird die ganze Hypothese einer para-adamitischen Rasse überflüssig.

Whitcomb und Morris[16] nehmen zu diesem Problem Stellung: „Der Bericht von Genesis 5 erweckt den Eindruck, daß Menschen zu dieser Frühzeit große Familien hatten. Obwohl in den meisten Fällen nur ein Sohn genannt wird (wahrscheinlich um die Abstammung von Adam bis zu Noah festzulegen), berichtet dieses Kapitel, daß jeder Söhne und Töchter zeugte, so daß jede Familie mindestens vier Kinder gehabt haben muß, wahrscheinlich aber viel mehr. Weiterhin wird das Alter des Vaters bei der Geburt eines jeden *genannten* Sohnes angegeben und variiert zwischen fünfundsechzig (bei Mahalel und Enoch) und fünfhundert Jahren (im Falle von Noah). Deshalb lehrt die Bibel, daß 1. Menschen in dieser Frühzeit gewöhnlich sehr lange lebten, 2. ihr Zeugungsvermögen sich über mehrere Hunderte von Jahren erstreckte und 3. durch die kombinierte Wirkung ihrer langen Lebenszeit und großen Familien die Erde schnell bevölkert wurde."[17]

„Wenn man all das bedenkt, kann man, konservativ geschätzt, annehmen, daß jede Familie sechs Kinder hatte und daß jede neue Generation ungefähr neunzig Jahre benötigte. Nehmen wir also an, daß die erste Familie (Adam und Eva) sechs Kinder hatte; die drei Familien (außer Abel!), die aus dieser einen Familie entstanden, hatten auch je sechs Kinder. Die neun Familien, die daraus entstanden, hatten auch je sechs Kinder. Wahrscheinlich hatte jede Familie bedeutend mehr Kinder, aber mit dieser Rechnungsweise kompensieren wir die gestorbenen Kinder, die, die nicht heirateten, usw. Wenn eine Generation neunzig Jahre dauerte, was wohl länger sein wird, als es in Wirklichkeit der Fall war, kommt man zu dem Schluß, daß es in den 1656 Jahren (?) zwischen Adam und der Sintflut achtzehn Generationen gegeben haben muß."

„Die totale Anzahl der Menschen auf Erden in der Generation wird aus der Formel $2\,(3)_n$ ersichtlich. Nach der ersten Generation ($n = 1$) waren $2\,(3) = 6$ Menschen anwesend. Nach zwei Generationen $2\,(3)^2 = 18$. Nach siebzehn Generationen erreicht die Bevölkerungsziffer 258 Millionen und nach achtzehn Generationen 774 Millionen." Da wird das Postulat einer prä- oder paraadamitischen Rasse, um die Gegenwart anderer Menschen zur Zeit Adams zu erklären, überflüssig.

Weitere Konsequenzen der Theorie von Professor Rohrbach:

1. Persönlich glaube ich nicht, daß es zwei Schöpfungsberichte gibt, die uns von verschiedenen „Schöpfungen" Gottes mitteilen. Ich persönlich glaube, daß ein Bericht den anderen ergänzt, und zwar auf ganz natürliche Weise.[a] Es gibt wohlfundierte Gründe zu glauben, daß die ganze Methodik der Quellentheorien selber wissenschaftlich unsauber und deshalb unzuverlässig ist.[18]

2. Es ist meine persönliche Überzeugung, daß die Offenbarungen Gottes an die ersten Menschen sehr früh schriftlich niedergelegt wurden, so daß eine viele Generationen hindurch währende mündliche Weitergabe nicht nötig war.[19] Vor dem Sündenfall lebten und verkehrten Adam und Eva mit ihrem Schöpfer. Die „leibliche" Gegenwart Gottes war ihnen natürlich und selbstverständlich auf eine Art und Weise, die wir schlecht begreifen können. Es scheint, daß diese Erfahrungen von Adam und Eva früh niedergeschrieben wurden.[a]

3. Soweit ich die ersten Kapitel der Bibel verstehe, legt der sogenannte „erste" Schöpfungsbericht kein überholtes Weltbild an den Tag. Professor Rohrbach glaubt, daß die Propheten des Alten Testaments die Fähigkeit besaßen, in die Vergangenheit

a Den gleichen Standpunkt vertritt auch Dr. Samuel Külling: Zur Datierung der „Genesis-P-Stücke", Dissertation 1964.

so zurückzublicken, wie sie auch in die Zukunft schauen konnten, was natürliche orthodoxe Lehre ist. Jedoch meint er, wenigstens nach obiger Schrift, daß die gleichen Propheten ihre Schau in die Vergangenheit durch ihr eigenes (überholtes) Weltbild färben ließen. So schrieb der Prophet, daß, obwohl das Licht am ersten Tag entstand, die Sonne erst am vierten Tag erschaffen wurde.[b]

4. Professor Rohrbach fragt sich bezüglich des sogenannten „ersten" Schöpfungsberichts: „Wo bleibt da die Entwicklungslehre? Die Wissenschaft weiß es doch besser, daß es Jahrhunderttausende gedauert hat, bis sich der Mensch zu dem Wesen entwickelte, das er heute ist." [20] Damit weist er auf die Ansicht der Vertreter der Entwicklungstheorie hin.

5. Ist es nicht ein wenig übertrieben zu behaupten, daß der Entwicklungsgedanke (nach Darwin) der Bibel keineswegs fremd ist, da sie uns mitteilt, daß alle Menschenrassen von einem Elternpaar (Noah und seiner Frau) abstammen. [21]

Die Entwicklungslehre postuliert als Hauptthese, daß eine Spezies in eine andere (höhere) übergeht, daß es also eine Emporentwicklung durch Umwandlung einer Spezies in eine andere gibt. Ein Angelpunkt der ganzen Doktrin des Darwinismus besteht also in der Wandelbarkeit der Spezies. Wenn aber die Bibel berichtet, daß alle menschlichen Rassen von einem menschlichen Elternpaar abstammen, so hat das wirklich mit der Entwicklungslehre absolut nichts zu tun; denn bei dieser biblischen Abstammung von dem einen Elternpaar entstand *keine neue Spezies.* Bekanntlich sind alle menschlichen Stämme gegenseitig fruchtbar, gehören also zur gleichen Spezies, *so daß im Sinne der Entwicklungslehre von Noah an keine Emporentwicklung stattgefunden hat.*

6. Professor Rohrbach meint allem Anschein nach, daß die *materielle* und die *biologische* Umwelt durch die „Erwählung" und den Sündenfall Adams nicht bedeutend geändert wurde. Offenbar nimmt er an, daß die biologischen Gesetze, die die Entwicklungslehre bedingen, vor und nach dem Sündenfall einfach unverändert weiter walteten. Durch lange Zeitalter hindurch blieb also alles vor und nach dem Sündenfall prinzipiell, biologisch gesehen, gleich. Adam wurde aus dieser biologischen Umwelt

b Neuerdings versucht Professor Rohrbach dieses Problem so zu lösen, daß er sagt, die Sonne sei am vierten Tag sichtbar geworden, also nicht zu dieser Zeit erschaffen.

herausgenommen, erhielt den Odem Gottes, woraufhin er in den Garten Eden versetzt wurde. Nach dem Sündenfall wurden dann Adam und Eva aus diesem geschützten Garten Gottes ausgestoßen, und zwar in eine Welt, in der das biologische Leben einfach wie vor dem Sündenfall weiterging. Auslese und Kampf ums Dasein setzten sich vor und nach dem Sündenfall unberührt fort.

Soweit ich die Ansichten von Professor Rohrbach verstehe, vertritt er nicht die Meinung, daß im Garten ganz andere biologische und physikalische Gesetze herrschten im Vergleich zu denen außerhalb des Gartens. Er meint also nicht, daß es *im Garten* kein Altern und keine Verwesung gab, während *außerhalb des Gartens* beide zu finden waren. Dieser wichtige Aspekt des Problems wird, soviel ich weiß, in den Veröffentlichungen von Professor Rohrbach nicht erwähnt. Weil aber nach der Bibel Sünde und Tod *erst durch Adams Fall* in die Welt schlechthin eingeführt wurden, muß vor dem Sündenfall die ganze materielle und biologische Schöpfung innerhalb und außerhalb Edens quasi „paradiesisch" gewesen sein. Weil also vor Adams Fall noch keine Sünde in der Schöpfung dieser Erde vorhanden war, muß der Garten *und* die um den Garten liegende Umwelt praktisch gesehen ohne Tod, Altern und Verwesung gewesen sein.

Vor dem Sündenfall Adams gab es also nach der Bibel kein „Gesetz der Sünde" (Verwesung) in unserer ganzen Schöpfung. Röm. 8, 20 lehrt uns auch, daß die Unterwerfung unserer Schöpfung unter das Gesetz der „Nichtigkeit" (=Verwesung) nur vorübergehend ist. Eines Tages wird diese Unterwerfung aufgehoben werden, wobei der frühere paradiesische Zustand zurückkehren wird: „Die Schöpfung ist der Nichtigkeit (Hinfälligkeit) unterworfen worden ... auf Hoffnung, daß auch selbst die Schöpfung frei gemacht werden wird von der Knechtschaft des Verderbnisses (= der Vergänglichkeit) zu der Freiheit der Kinder Gottes." [22] Gott hat also damit versprochen, in der „Wiederherstellung aller Dinge" [23] *alles wiedergutzumachen (und noch mehr), was die Menschheit und die ganze Schöpfung durch den Sündenfall Adams verloren hatten.* Dies bedeutet natürlich, daß ein paradiesischer Zustand auf Erden *zurückkehren wird.*

Die oben zitierte Prophetie der Wiederherstellung aller Dinge steht nicht als Einzelverheißung der Heiligen Schrift da. Andere Schriften versprechen uns diese gleiche allgemeine Wiederherstellung, nachdem das Problem der Sünde (wodurch die „unparadiesischen" Zustände verursacht worden waren) erledigt worden ist. Indem eine allgemeine *Rückkehr* eines früheren allgemeinen paradiesischen Zustandes versprochen wird, beweist die Bibel, daß *vor dem Sündenfall tatsächlich paradiesische Zustände auf Erden vorherrschten. Diesen Aspekt der Verhältnisse in der Schöpfung auf Erden vor dem Sündenfall Adams würdigt Professor Rohrbach nicht.* Er nimmt sogar dagegen an, daß die biologische Welt vor und nach diesem Sündenfall sich einfach nach den Gesetzen der Natur, *die wir heute kennen,* emporentwickelte. Nach der biblischen Offenbarung aber ist diese Natur, die wir heute kennen, *gefallen, und zwar mit Adam zur Zeit seines Falls, wobei das damals neue biologische Gesetz des Todes, des Alterns und der Verwesung eingeführt wurde, das unsere jetzige Schöpfung so drastisch beherrscht. Dies bringt aber mit sich, daß es nach der Bibel vor dem Sündenfall keine gefallene Natur gegeben haben kann, in der die Prinzipien der Darwinschen Auslese, z. B. des Kampfes ums Dasein und des Todes, walteten. Gerade diese Gesetze sind es, die für die Emporentwicklung der biologischen Welt vor Adams Sündenfall, nach Professor Rohrbach, verantwortlich sein sollen. Nach der Bibel existieren solche nicht-paradiesischen Zustände auf der Erde vor dem Sündenfall nicht. Wenn wir deshalb einen logischen biblischen Schluß ziehen wollen, konnte keine Emporentwicklung nach Darwinschen Prinzipien vor dem Sündenfall stattgefunden haben.*

Damit wir über die Tragweite dieser verheißenen paradiesischen Zustände, zu denen unsere Schöpfung zurückkehren wird, orientiert sind, zitieren wir einige Stellen aus dem Alten und Neuen Testament, die von dieser teilweisen Wiederholung der „Prä-Sündenfall-Zustände" auf Erden am Ende der Zeit berichten. So werden wir die Zustände auf Erden vor Adams Sündenfall besser beurteilen können; *denn am Ende wird es so sein wie am Anfang:* „Und er wird jede Träne von ihren Augen abwischen, und der *Tod* wird nicht mehr sein, noch *Trauer,* noch *Geschrei,* noch *Schmerz* wird mehr sein; denn das Erste ist vergangen. Siehe, ich mache alles neu!" [24] Zu dieser Zeit der Wiederherstellung dürfen alle Dürstenden frei und umsonst von der Quelle des Wassers des Lebens trinken [25], so daß während dieser paradiesischen Zustände in der Wiederherstellung der Tod nicht mehr herrschen wird, *was die Zeit vor dem Sündenfall widerspiegelt.*

Aber auch das Alte Testament jubelt über diese künftige Befreiung der Schöpfung von der Knechtschaft und den Folgen des Sündenfalls Adams: „Denn siehe, ich schaffe einen neuen Himmel und eine neue Erde ... freut euch und frohlockt über das, was ich schaffe ... und die Stimme des *Weinens* und die Stimme des *Wehgeschreis* wird nicht mehr darin gehört werden. Und dort wird kein Säugling von einigen Tagen und kein Greis mehr sein, der seine Tage nicht erfüllte ... und es wird geschehen, ehe sie rufen, werde ich antworten; während sie noch reden, werde ich hören. Wolf und Lamm werden beisammen weiden ... man wird nicht übeltun noch verderbt handeln auf meinem ganzen heiligen Gebirge, spricht Jehova." [26]

All dies wird in der Bibel als eine „Wiederbringung" oder „Wiederherstellung" dessen, *was beim Sündenfall Adams verlorenging,* bezeichnet. Gemessen an den Folgen dieser „Wiederbringung" stellt man die Größe der Folgen in der biologischen Welt des Falles Adams fest. Es kann also nie richtig sein, wenn man annimmt, daß die Schöpfung, auch die biologische Schöpfung, vor dem Sündenfall ungefähr so aussah wie nachher. Der ganze biologische Zustand auf Erden, nicht nur im Garten Eden, muß vor dem Sündenfall „paradiesisch" gewesen sein. Bei der Aufstellung von Theorien über die Herkunft der Menschheit muß man diesen biblischen Berichten über die Vergangenheit und auch über die Zukunft Rechnung tragen, wenn man in der Tat die Bibel ernst nehmen will.

Das Zeugnis des biblischen Genesis-Berichts bestätigt die obige Denkweise, wonach auch die *biologischen Zustände* vor dem Sündenfall Adams paradiesisch waren. Es wird uns nämlich mitgeteilt, daß vor dem Sündenfall Adam und Eva und alle Tiere auf besondere ausdrückliche Verfügung Gottes hin *Vegetarier* waren: „Und Gott sprach (zu den Menschen): ‚Siehe, ich habe euch gegeben alles samenbringende Kraut, das auf der Fläche der ganzen Erde ist, und jeden Baum, an welchem samenbringende Baumfrucht ist; es soll euch zur Speise sein. Und allem *Getier* der Erde und allem *Gevögel* des Himmels und *allem, was sich auf der Erde regt,* in welchem eine lebendige Seele ist, habe ich *alles grüne Kraut zur Speise gegeben.* Und es ward also.'" [27] Vor dem Sündenfall war der Mensch also neben allen Tieren, einschließlich Vögeln, Vegetarier, denn 1. Mose 1, 29 bezieht sich spezifisch auf Menschen, während 1. Mose 1, 30 sich spezifisch auf „Getier" und „Gevögel" bezieht. Dies bringt mit sich, daß der Stoffwechsel der Menschen, Tiere und Vögel, die jetzt Fleischfresser sind, sich seit dem Sündenfall gründlich geändert haben muß.[28] [29]

Dr. Bernhard Ramm (The Christian View of Science and Scripture)

Bernhard Ramm scheint die eigentliche Bedeutung der messianischen Verheißungen, die aus dem ursprünglichen Paradies Eden stammen, vollkommen mißverstanden zu haben, wenn er schreibt: „Wenn man darauf besteht, alle Karnivoren seien ursprünglich Vegetarier gewesen, dann ist dies eine weitere absurde Behauptung. Warum dann so gewaltige Zähne und scharfe Krallen?“ [30] Mit Sicherheit behauptet niemand, daß die Zähne (oder Klauen) des Löwen die gleichen sind wie zu der Zeit, als er „Stroh fraß wie ein Ochse“ oder daß dies auch für das Jahrtausend so bleiben wird, wenn er — nach der biblischen Prophetie — zu dieser Lebensweise zurückkehren wird. Die eigentliche Aussage, welche die Heilige Schrift zu machen scheint (und welche Uniformitarianer wie Dr. Ramm im Grunde ihres Herzens leugnen) lautet, daß das Wesen des Menschen und der Tiere ursprünglich bei der Schöpfung und schließlich bei der Wiederherstellung so verschieden von dem heutigen war und sein wird, daß auch die äußere Biologie bei der Schöpfung und Wiederherstellung mit dieser inneren Natur übereinstimmte und übereinstimmen wird. Wenn man leugnet, daß es sich bei der Schöpfung so verhielt, bedeutet dies, die Historizität der Genesisberichte in Abrede zu stellen (dies vermeidet Dr. Ramm dadurch, daß er die letzteren „vorwissenschaftlich“ nennt), und zu leugnen, daß uns eine Wiederherstellung in Aussicht gestellt ist, bedeutet, den Wert der Prophetie hinsichtlich der Historizität zu bestreiten. (Dies versuchen einige dadurch zu umgehen, indem sie in Abrede stellen, daß es ein wirkliches Tausendjähriges Reich oder eine wirkliche Wiederherstellung geben wird).

Die Bibel zeigt an, daß der Sündenfall der Auslöser für beispiellose biologische Veränderungen sowohl des Menschen als auch des gesamten Lebendigen war. Die Behauptung, daß es diese Veränderung nicht gegeben habe, offenbart, daß jemand im Grunde genommen ein Uniformitarianer ist. Die Behauptung, es werde keine Wiederherstellung geben, beweist, daß jemand die prophetischen Verheißungen Gottes für ungültig hält. Wenn man glaubt und lehrt (wie Dr. Ramm es tut) [31], daß nur der Mensch den Tod als Folge und Lohn der Sünde erntete, bedeutet dies, die Aussage des Römerbriefes und anderer Teile des Neuen Testamentes nicht anzuerkennen, welche dahingehend lautet, daß die ganze Schöpfung als Ergebnis des adamitischen Sündenfalles fiel: „Denn wir wissen, daß *alle* Kreatur sehnt sich mit uns und ängstet sich noch immerdar. Nicht allein aber sie, sondern auch wir selbst, die wir haben des Geistes Erstlingsgabe, sehnen *uns auch bei uns selbst nach der Kindschaft und warten auf unseres Leibes Erlösung.*[32]

Diese Veränderung in Stoffwechsel und Anatomie muß von radikalen Veränderungen in Erscheinungsbild und Verhalten begleitet gewesen sein. Erst nach der Sintflut nämlich begannen die Tiere den Menschen zu fürchten.[33] Bevor die Menschen zur Fleischnahrung übergingen, fürchteten sich die Tiere offensichtlich nicht davor, daß der Mensch sich seine nächste Mahlzeit aus ihnen zubereitete. Aus dem gleichen Grunde fürchteten die Tiere sich auch nicht vor anderen Tieren. Es scheint, als ob sich auch der Fortpflanzungsprozeß bei oder nach dem Fall geändert hätte. Jedenfalls wird die Geburt nach dem Sündenfall „von Schmerzen begleitet". Vielleicht verliefe der ganze Vorgang heute anders, wenn das Paradies nicht verloren gegangen wäre.[34]

In seinem Buche „The Problem of Pain"[a] weist C. S. Lewis auf diese Veränderungen hin in dem Kapitel: „The Fall of Man",[35] wo er ausführt, daß dieser Fall vielleicht eine „Veränderung der Art" mit sich gebracht habe. Lewis schreibt:

> Der Vorgang war nicht, so glaube ich, vergleichbar mit einem bloßen *Verfall,* wie er sich heute in einem menschlichen Individuum ereignen mag; es war der Verlust des Status einer *Art.* Was der Mensch durch den Sündenfall verlor, war seine ursprüngliche Artnatur ... Dieser Zustand wurde durch die Vererbung an alle späteren Generationen weitergegeben, denn es war nicht einfach das, was die Biologen eine erworbene Veränderung nennen; es bedeutete das *Auftauchen einer neuen Form des Menschen.* Der Sündenfall bedeutete eine radikale Änderung seiner Konstitution.

Wir bemühen uns herauszustellen, daß diese radikale Artveränderung beim Sündenfall geschah und nicht nur bei Adam und Eva, sondern auch bei der Schlange zu beobachten war. Obwohl wir nämlich die genaue historische und metaphysische Bedeutung der Veränderungen nicht wissen, die nach der Versuchung in der Schlangenspezies geschahen, so scheint doch klar zu sein, daß sie sogar äußerlich von weittragender Bedeutung waren.

a Titel der deutschen Ausgabe „*Über den Schmerz*", (Köln 1954).

Nach der Versuchung und dem Fall Adams wird die Schlange dazu verurteilt, auf dem Bauche zu kriechen und Erde zu essen — was immer dies auch metaphorisch aussagen mag, praktisch bedeutet es, daß der Schlange der Gebrauch von Gliedern fortan versagt blieb, so daß wir es offensichtlich auch bei der Schlange mit dem Verlust der Art zu tun haben.

Welche Formen die parallelen Artverluste bei der übrigen Schöpfung nach Adams und der Schlange Artverlust angenommen haben mögen, wird uns nicht über die Details hinaus berichtet, die sich auf Zähne, Vegetarismus und die gesamte Raubtiernatur beziehen, welche nach Eden entstand. Es scheint von größter Wichtigkeit, die gewaltigen Veränderungen zu betonen, welche die ganze biologische Welt als eine direkte Folge des Sündenfalls durchziehen und darauf hinweisen, daß diese Veränderungen einen katastrophalen Artverlust mit sich brachten.

Es würde jedoch nicht genügen, diesen Verlust der Art beim Sündenfall zu erwähnen, ohne zugleich auf den Wiedergewinn der Art bei der Wiederherstellung aller Dinge nach Apostelgeschichte 3, 21 hinzuweisen. Zu dieser Zeit werden die von Adam verlorenen Wesenszüge zusammen mit dem Auferstehungsleib wiedergewonnen werden, den Christus jetzt für die Seinen bereitet. Vor dem Sündenfall hatte Adam vollkommenen und spontanen Zugang zu Gott und dem geistlichen Reich in offenbar der gleichen Weise, wie die Jünger Christi sie erfahren werden, wenn sie den verlorenen Status Adams bei der Veränderung wiedergewinnen, die sich bei der Wiederkunft Christi auf der Erde zutragen wird. Der letzte Adam, der ein lebendigmachender Geist ist, gehört sicherlich zu einer neuen Rasse des Menschen, und so verhält es sich mit jenen, die seine wiedergeborenen Leute sind.

Die obigen Überlegungen führen uns noch einen Schritt weiter. Wenn die gewaltigen Artveränderungen bei Adam, der Schlange und den übrigen Tieren beim Fall Adams stattfanden, dann muß diese Tatsache die Folge mit sich bringen, daß keine dieser Arten vor dem Sündenfall Adams die Folgen des Falles zeigte. Dies bedeutet, daß der Sündenfall universale Konsequenzen gehabt haben muß. Wenn dies nämlich der Fall gewesen ist, dann muß die gesamte Schöpfung (auch der Teil außerhalb Edens) in paradiesischem Zustand gewesen sein. Hätte sich das Paradies Gottes nur auf Eden allein bezogen, dann konnte der Rest der Welt außerhalb Edens kein Paradies sein, sondern ein Dschungel, in welchem der tödliche Kampf ums Dasein schon immer — auch vor dem Fall — vorausgegangen war. Dies würde bedeuten, daß die Konsequenzen des Sündenfalles (Dschungel) schon immer in der Welt außerhalb Edens existiert hätten, und daß Eden eine Ausnahme, eine Insel inmitten des tobenden Ozeans, gewesen wäre.

Wenn aber die Welt außerhalb Edens schon ein Dschungel war, bevor das Paradies geschaffen wurde, wie konnte sie dann mit Adam fallen? Sie wäre dann ja schon vor Adam gefallen, und zwar dadurch, daß sie ein Dschungel wurde. Wenn sie bereits vor Adams Fall mit Zähnen und Krallen bewehrt war, dann hätte sich beim Sündenfall selbst keine Veränderung mehr zutragen können. Wir hören jedoch, daß die gesamte Schöpfung eine Veränderung erfuhr. So folgern wir, daß das Paradies vor dem Sündenfall universal und nicht auf Eden beschränkt war. *Dies verbietet effektiv jede Evolution im darwinistischen Sinne vor Eden.*

Vielleicht hat die Mehrzahl der orthodoxen Christen eine andere Ansicht über diese doch etwas spekulativen Dinge, besonders angesichts der modernen Geologie. C. S. Lewis z. B. glaubt, daß Satan den Fall des Tierreichs bewirkte, lange bevor Adam auf der Szene erschien.[36] Lewis meint, daß Adam als „Erlöser" der bereits gefallenen Natur gedacht war. Seiner Ansicht nach gab es die fleischfressende Lebensweise also schon lange vor Adam.

Um diese Meinung angesichts der Bibelstellen, die wir bereits besprochen haben (daß der Fall via Adam in die Natur und nicht nur in die menschliche Rasse einzog), rechtfertigen zu können, bedient sich Lewis eines Mittels, das von modernen Theologen oft verwendet wird. Er macht geltend, daß Christus sich selbst erniedrigte, um als Mensch den gängigen Aberglauben seiner Zeit zu teilen: „Wenn unser Herr sich zu irgendeiner wissenschaftlichen oder historischen Äußerung veranlaßt sah, von der wir wüßten, daß sie unwahr ist, dann würde dies meinen Glauben an seine Gottheit nicht erschüttern."[37] Dieser Methode, den Folgen der historischen Aussagen der Schrift zu entgehen, möchte sich der Autor dieses Buches *nicht* gern bedienen. Er ist auch davon überzeugt, daß wenigstens ein Teil der orthodox eingestellten Christen dazu neigt, ihm an diesem Punkt zuzustimmen.

Um auf das Problem der Ernährung zurückzukommen, mußten die Zustände vor dem Sündenfall so gewesen sein, wenn die Bibel sie einheitlich beschreibt. Denn wenn der Tod erst durch den Sündenfall Adams in die biologische Welt eindrang, konnte es keine Fleischfresser vor dem Fall auf Erden gegeben haben. Mit dem Fleischfressen hätte man den Tiertod in den paradiesischen Zustand eingeführt, was nach der Bibel erst nach dem Verschwinden dieses Zustands nach dem Sündenfall in Wirklichkeit eintraf. So fing man erst nach dem Sündenfall an, *Tieropfer* als Sühnung für Sünde einzuführen. *Es wurde den Menschen kein Fleischessen gestattet bis nach der Sintflut:* „Und Gott segnete Noah und seine Söhne und sprach zu ihnen: ‚Seid fruchtbar und mehret euch und füllet die Erde; und die *Furcht* und der *Schrekken* vor euch sei auf allem Getier der Erde und auf allem Gevögel des Himmels!' Alles, was sich auf dem Erdboden regt, und alle Fische des Meeres, in eure Hände sind sie gegeben; alles, was sich regt, was da lebt, soll euch zur Speise sein; *wie das grüne Kraut gebe ich euch alles.* Nur das Fleisch mit seiner Seele, seinem Blut, sollt ihr nicht essen." [38]

Man hat sich oft gefragt, wie Noah es fertigbrachte, alle Tiere in die Arche hineinzulocken. Hier haben wir vielleicht die Antwort: Vor dem Sündenfall und auch vor der Sintflut dienten die Tiere nicht als Nahrung für die Menschen, so daß die Tiere ursprünglich keine Furcht vor Menschen hatten. Da war sicher eine ganz andere Gemeinschaft zwischen Menschen und Tieren damals, verglichen mit heute. Noah wird keine Mühe gehabt haben, die Tiere in die Arche hineinzulocken, die Bibel erwähnt sogar, daß die Tiere von sich aus freiwillig in die Arche gingen. [39] Bis zur Zeit der Sintflut herrschten also ganz andere biologische Verhältnisse zwischen Menschen und Tieren, verglichen mit den Verhältnissen, die wir heute kennen.

Das Problem des Pflanzenopfers Kains, das Gott nicht angenehm war, wird von diesen Berichten aus beleuchtet. Nach dem Sündenfall galt nur der Tod eines Tieres als Sühneopfer und nicht der Tod oder das „Opfer" einer Pflanze, wie Kain sein Pflanzenopfer darbrachte. Dieser Unterschied zwischen Tier- und Pflanzenleben wird durch die Tatsache unterstrichen, *daß Pflanzen auch im paradiesischen Zustand als Nahrung für Tiere und Menschen dienten.* So war offenbar der Pflanzentod auch im Paradies am Platz und gehörte, biblisch gesehen, also nicht zum Tod, der durch die Sünde Adams und Evas in die Welt eingeführt wurde. Denn vor dem Sündenfall aßen Adam, die Tiere und die Vögel, wie wir schon gesehen haben, Pflanzen, die also auch im Paradies starben. Auf die oft recht verwischte Trennungslinie zwischen Pflanzen und Tieren, die die moderne Naturwissenschaft vornehmlich bei den einfacheren Lebewesen entdeckt hat, geht die Bibel natürlich nicht ein. Sie macht aber das, was sie will, recht deutlich, indem sie die Tiere, die gemeint sind, klar beschreibt: „Und allem Getier der Erde und allem Gevögel des Himmels und *allem, was sich auf der Erde regt, in welchem eine lebendige Seele ist ...*"[40] „Alles, was sich *auf dem Erdboden regt und alle Fische des Meeres ... alles, was sich regt, was da lebt, soll eure Speise sein ...*"[41] Aber die Beschreibung der neuen Speise wird noch genauer: *„Nur das Fleisch mit seiner Seele, seinem Blut, sollt ihr nicht essen."*[42]

Die heutigen Christen vergessen oft, daß dieses in Genesis 9 errichtete anfängliche Verbot, Blut zu verzehren, bis heute noch nicht aufgehoben ist. Im Gegenteil, das Neue Testament wiederholt das gleiche Verbot: „Denn beschlossen haben der Heilige Geist und wir, euch keine Last weiter aufzulegen als nur diese *nötigen Stücke:* daß ihr euch enthaltet vom Götzenopfer und vom Blut und vom Erstickten und von Unzucht. Wenn ihr euch vor diesem bewahrt, tut ihr recht."[43]

Vom praktischen Standpunkt aus hatte die neue, nach der Sintflut erlaubte Tiernahrung mit dem Fleisch höherer Tiere zu tun, welches Blut besitzt, das beim Töten vergossen wird. Diese Todesart wurde nach dem Fall eingeführt, und zwar zunächst als Opfer für Sünde schon vor der Flut und danach als neue Nahrungsquelle. Sie war jedoch nie Bestandteil der paradiesischen Welt.

Wir können also zusammenfassend folgern, daß die theistisch-evolutionären Ideen und die Versuche, sie mit den Evolutionsprinzipien der Darwinisten zu verbinden, keine angemessene Notiz von den fundamentalen Veränderungen in der Biologie und im Stoffwechselhaushalt der Natur nehmen, die sich nach der Heiligen Schrift im Gefolge des Sündenfalls bei Mensch und Tier einstellten, und daß die Natur vor dem Fall ein Paradies war, wo es weder Schmerz noch Tod, Verfall, Altern, weder Karnivoren noch Omnivoren gab. Vor dem Sündenfall war die Beziehung zwischen Mensch und Tier völlig verschieden von ihrem heutigen Zustand, der zum größten Teil auf Furcht gegründet ist.

Obwohl wir uns heute keine paradiesische Natur vorstellen noch uns ihre Schönheit und Vollkommenheit ausmalen können (da wir sogar in unserem Denken vom zweiten Hauptsatz der Wärmelehre beherrscht werden), haben wir keinen stichhaltigen Grund, das Bild, das uns die Bibel von der vergangenen Natur gibt, abzulehnen — ebenso wie ihre Verheißung, für die Zukunft, die Wiederherstellung. Es würde intellektuellen Selbstmord bedeuten, einfach alles, was wir nicht fassen können, mit der Begründung abzulehnen, daß wir es uns eben nicht vorstellen können. Eine solche paradiesische Natur schließt jedoch die Mechanismen aus, die Darwin seinen Evolutionsvorstellungen zugrunde legte. Im Paradies gäbe es keinen Kampf ums Dasein noch natürliche Auslese. Deshalb würden die paradiesischen Bedingungen vor dem Sündenfall die Möglichkeit ausschließen, daß dem Auftauchen Adams eine Evolution höherer Organismen vorausging. Wie konnte Adam denn dann von einem Bestand höherer Tiere abstammen, die sich auf Grund vorheriger Evolutionsprozesse herausgebildet hätten, falls es die Evolutionsmechanismen zur Entstehung eines solchen Formenkreises (Tod, natürliche Auslese, Kampf usw.) in den paradiesischen Bedingungen, die überall in der Welt vor Adam und seinem Fall herrschten, nicht gab und nicht geben konnte?

Wie läßt sich also theistische Evolution und darwinistische Evolution vereinbaren, wenn der Grundmechanismus der letzteren vor dem Fall Adams ausgeschlossen war? Genau in diesem Zeitraum vor dem Fall soll sich nämlich *der größere Teil dieser theistischen Evolution ereignet haben.*

Es gibt noch eine weitere Konsequenz der theistisch-evolutionären Vorstellungen, die man — soweit ich weiß — jedoch selten erkennt. Sie betrifft das Verhältnis zwischen theistischer Evolution und der Lehre vom Tausendjährigen Reich.

Es ist wohl bekannt, daß sich konservative Christen in den letzten Jahren besonders in Großbritannien und im Britischen Commonwealth immer mehr von der Tausendjahr-Interpretation der biblischen Prophetie abgewandt haben. Zu einem gewissen Ausmaß ist dies zweifellos auf den direkten persönlichen Einfluß bestimmter populärer Prediger zurückzuführen, die selbst diese Auffassung vertreten. Man macht sich jedoch oft nicht die Tatsache klar, daß eine theistische Evolution in sich — ganz abgesehen von dem persönlichen Einfluß der Prediger — schon tatsächlich die Saat der Verleugnung der Tausendjähriges-

Reich-Auffassung enthält. Wenn jemand theistisch evolutionäre Ansichten hat, führt eine logische Ausweitung dieser Sicht der Vergangenheit, biologisch gesprochen, zu einer Verleugnung der Tausendjahr-Sicht der zukünftigen Geschichte.

Der Grund liegt natürlich darin, daß das biblische Tausendjährige Reich eine „Wiederherstellung aller Dinge" ist, eine Rückkehr jener Bedingungen auf die Erde, wie sie vor dem Sündenfall der Schöpfung durch Adam aussahen.[44] Wenn man nun die Lehre vertritt, daß Sünde und Tod wirklich durch Adam in die Schöpfung kamen, dann kann es vor seinem Fall weder Sünde noch Tod auf Erden gegeben haben. (Nebenbei bedeutet dies auch, daß wir keine Fossilbeweise des paradiesischen Zustandes, weil es keinen Tod in diesem „ewigen" Stand gab und damit keine wissenschaftlichen Belege dafür erwarten können.) Daraus folgt, daß, wenn eine Beseitigung der Sünde und der anderen Folgen des Sündenfalls ermöglicht werden, wieder ein Paradies auf die Erde kommt. Die theistische Evolution kennt jedoch kein weltweites Paradies vor Adam, weil sich ein solches Paradies nicht auf dem Kampf ums Dasein, der natürlichen Auslese und/oder Mutation aufgebaut haben könnte. (Mutationen sind in den meisten Fällen in Wirklichkeit Auflösung oder Zerfall der chromosomalen Ordnung). Dies hat zur Folge, daß eine theistische Evolutionslehre leugnen muß, daß es ein universales Paradies vor Adam gegeben hat. Und wenn sie dies leugnet, dann muß sie logischerweise auch die Wiederherstellung des Paradieses am Ende der Zeiten leugnen. So führt eine Verneinung der ersten Kapitel der Bibel, welche ein Paradies auf Erden beschreiben, natürlicherweise zu einer Verneinung der letzten Kapitel, welche dies Paradies wieder verheißen. All dies läßt uns erkennen, wie wichtig es ist, keinen Teil der Heiligen Schrift zu leugnen oder zu verdrehen, denn wenn man so vorgeht, verdreht man auch andere Teile der Bibel. Die gesamte Heilige Schrift besitzt eine Einheit, welche man nicht stören darf.

Ewiges Leben

Es ist eigentlich nicht so „naiv", wie viele meinen, wenn ein Naturwissenschaftler es für möglich hält, daß es vor dem Sündenfall keinen Tod gab. Denn selbst jetzt (nach dem Sündenfall) ist eine Amöbenzelle potenziell ewig und braucht nicht zu sterben. Sie verjüngt sich u. a. durch die Zellteilung. So kann sie unbeschränkt weiterleben. Wenn also biologisches Leben jetzt noch ohne Tod (theoretisch gesehen) auskommen kann, warum soll das früher vor dem Sündenfall unmöglich gewesen sein? Denn wir, Tiere und Pflanzen, bestehen aus einzelnen Zellen, die der Amöba ähnlich sind.

b) Ausführungen über die Genesis von Erich Sauer

In seinem letzten Buch „Der König der Erde"[a] bringt Erich Sauer (verstorbener Direktor der Bibelschule in Wiedenest bei Köln) eine ausführliche Bibliographie der wichtigsten Literatur auf dem Gebiet der Auslegungsweisen des biblischen Schöpfungsberichts und der neueren naturwissenschaftlichen Erkenntnisse bezüglich der Herkunft des Kosmos und des Lebens. Da dieses Buch vergriffen ist, zitieren wir hiermit einige der wichtigsten Quellen und Ideen.

Erich Sauer selber will keine besondere Stellung hinsichtlich der Auslegung der Genesis beziehen; er möchte neutral sein und ohne irgendwelche Tendenz die Meinungen anderer zu diesen Problemen zitieren. Aber es schimmert ziemlich klar durch, daß Erich Sauer selber die älteren Auslegungen (die sieben Tage sind sieben Vierundzwanzig-Stunden-Tage; die universelle Sintflut als Erklärung einiger geologischer Formationen; die totale Ungültigkeit der Abstammungslehre als Erklärung heutiger Biologie usw.) ablehnt. Er versucht eher die heutige Schulgeologie mit der Bibel zu harmonisieren und glaubt, daß das Leben ungefähr so alt sein wird, wie die heutige Geologie es uns lehrt. Erich Sauer selber scheint zu glauben, daß Gott im Laufe der Zeitalter (nach der Periodenauffassung, d. h. daß die sieben Tage der Schöpfung sieben Zeitalter darstellen) eine Anzahl von schöpfungsmäßigen „Neuanfängen" gemacht hat: „Vielmehr erscheinen in diesen geologischen Schichten die eigentlichen Hauptarten und Hauptstämme in ihren Grundformen ganz plötzlich, ohne jede erkennbare, direkte, allmähliche, vollständige Überbrückung zu bereits vorher bestehenden Lebensformen, ohne den geringsten Hinweis auf ihren Ursprung und ihre Herkunft. Der fossile Tatbestand der Geologie weist also auf eine *Anzahl von Neuanfängen hin*, nämlich jedesmal dann, wenn eine neue Ordnung oder Familie, die mit neuen Organen ausgestattet ist, plötzlich auftritt." „Darum ist nach der Periodenauffassung für den, der an den lebendigen Gott glaubt, die andere Erklärung zum mindesten ebenbürtig, ja, wohl noch vorzuziehen, daß Gott

a Brockhaus, Wuppertal 1959.

an solchen Wendepunkten der Naturgeschichte in wiederholtem Maße neue Starts vollzogen habe, das heißt, *Neuanfänge von noch nicht dagewesenen Lebeformen durch spezielle einzelne göttliche Schöpferhandlungen.*" [45]

Der Darwinismus erklärt die Neuerscheinungen neuer Spezies durch zufällige Mutationen und darauffolgende Isolierung und natürliche Auslese. Erich Sauer meint, daß Gott *im Lauf der Zeitalter* direkt eingegriffen habe, um die neuen Spezies zu erschaffen, von denen man keine Zwischenstufen in den geologischen Formationen findet. Er erlaubt also der Abstammungslehre die Millionen von Jahren der Entwicklung nach oben, behauptet aber, daß Gott die ganze Emporentwicklung durch wiederholte Erschaffung neuer Arten geleitet habe. („Progressive Creationism")

Dann schreibt Erich Sauer weiter: „In jedem Fall aber offenbart sich die Sinnlosigkeit des Darwinismus in seiner Behauptung, daß alles vom Zufall beherrscht gewesen wäre und auch heute noch sei. Als ob je eine Uhr ohne die planende Intelligenz des Uhrmachers, ein Dom durch zielloses Durcheinanderwürfeln von Steinbrocken, eine Symphonie, wie die Neunte Symphonie Beethovens, durch zufälliges Zusammenfassen von Tintenklecksen entstanden sei! Nein:

> Wo rohe Kräfte sinnlos walten,
> da kann sich kein Gebild' gestalten. (Schiller)

Sir Arthur Keith . . . hat sogar einmal erklärt: ‚Ich würde ebenso leicht die Lehre der Dreieinigkeit (!) glauben wie die Behauptung, daß lebendes, sich entwickelndes Protoplasma durch bloße Würfe des Zufalls jemals das menschliche Auge hätte ins Dasein bringen können.'" [46]

Die Ansichten von Erich Sauer unterscheiden sich also von denen von Professor Rohrbach. Erich Sauer glaubt an den *Mechanismus* des Darwinismus nicht; Professor Rohrbach läßt den Darwinismus in seiner Methodik stehen, was einen großen Unterschied darstellt.

Einige der nützlichen bibliographischen Quellen, die Erich Sauer bringt, sind folgende:

1. Daß die Tage des mosaischen Schöpfungsberichts buchstäbliche Vierundzwanzig-Stunden-Tage gewesen sind, war die Überzeugung fast aller Kirchenväter. Siehe: Dr. B. Ramm: The Chri-

stian View of Science and Scripture. London 1955. G. H. Pember: Earth's Earliest Ages. London 1876, reprinted G. H. Lang, etwa 1946, jetzt vergriffen. Scofield Reference Bible von Dr. Scofield, Dr. Pearson und Dr. Gaebelein. Dr. H. Rimmer, der eine Reihe von Büchern auf diesem Gebiet herausbrachte.

2. Viele positive Bibelausleger haben nach Erich Sauer die Periodenauffassung der sechs Tage vertreten:

Dr. C. F. H. Henry: The Protestant Dilemma. Grand Rapids 1949, S. 66.

Cuvier: Reden über die Umwälzungen der Erde. Paris 1812, S. 98.

James Dana: Manual of Geology.

J. W. Dawson: The Origin of the World according to Revelation and Science. 1877.

Prof. F. Bettex: Naturstudium und Christentum. Striegau 1919.
Prof. Dr. Edmund Hoppe: Glaube und Wissen. Gütersloh 1915.
Prof. Dr. E. Dennert: Bibel und Naturwissenschaft. Halle 1911.
Prof. Dr. A. Rendle Short: Modern Discovery and the Bible. London 1952.

3. Wiederum andere Bibelausleger haben einen intermediären Standpunkt bezüglich der sechs Tage der Genese vertreten. Erich Sauer zitiert die folgenden: J. H. Kurtz, Dr. B. Ramm und Dr. P. J. Wiseman, die der Überzeugung sind (nach Erich Sauer), daß die sechs Tage buchstäblich Vierundzwanzig-Stunden-Tage sind, die aber nicht Handlungstage selbst sind, sondern Tage, während derer Gott den Menschen sein Werk offenbarte. Die sechs Tage sind also in Wirklichkeit sechs Offenbarungstage. Als Quellen zitiert Erich Sauer: Dr. P. J. Wiseman: Creation revealed in Six Days. London 1949, und Dr. B. Ramm: The Christian View of Science and Scripture. London 1955. Auch der Kirchenvater Augustinus (354 bis 430) meinte, daß die sechs Tage sechs Bilder seien, in denen Gott den Engeln seine Werke zeigte.

4. Dr. Hermann Strack, Professor der Theologie in Berlin, vertrat die Ansicht, daß die sechs Tage Tage Gottes seien, die mit Erdentagen nichts Gemeinsames hatten. Diese Tage waren also weder Vierundzwanzig-Stunden-Tage noch irdische Zeitperioden. Als Quelle zitiert Erich Sauer: Professor Dr. H. Strack und Professor Dr. J. P. Lange: Theologisch-homiletisches Bibelwerk.

Nach Strack bedeuten die Tage: „Sechs bei der Schöpfung zu unterscheidende Hauptmomente, sechs Phasen oder Seiten der schöpferischen Tätigkeit Gottes, sechs Hauptgesichtspunkte, unter welchen die schöpferischen und weltbildenden Akte Gottes geordnet werden können."

Diese Auslegung sollte man gut bedenken. Ehe Materie erschaffen wurde und ehe Entropie zuzunehmen anfing (woran wir Zeit messen), ist es doch fraglich, ob und wie Zeit, wie wir den Begriff heute verstehen, „fließen" konnte. Die sechs Tage als Tage der Schöpfungstätigkeit Gottes gehören natürlich in diese „Periode" hinein, während derer der „Zeit" eine ganz andere Bedeutung zugeschrieben werden könnte im Vergleich zu heute, weil während dieser „Periode" Entropie abnahm. In diesem Fall wäre es fraglich, inwieweit die Vierundzwanzig-Stunden-Tage der Schöpfungstätigkeit vierundzwanzig Stunden unserer Zeit gleichkämen.

Zu diesem Gedanken schreibt Professor Rohrbach: „Materie ist der Träger von Raum und Zeit. Nur weil und soweit es Materie gibt, gibt es Raum, gibt es Zeit. Raum und Zeit gibt es nicht unabhängig von Materie, sondern nur in Abhängigkeit von ihr. Sie sind Eigenschaften der Materie, wie Farbe und Temperatur Eigenschaften von ihr sind." [47] Ehe Gott also die Materie erschuf, konnte es keine Zeit gegeben haben (auch keine Vierundzwanzig-Stunden-Tage), wie wir den Begriff verstehen.

5. Die Restitutionsauffassung, wonach ein Zustand des Tohuwabohu (= wüst und leer) über den ursprünglichen schönen Zustand der Erde durch den Sündenfall Satans kam und wonach dieser Zustand in sechs Vierundzwanzig-Stunden-Tagen wiedergutgemacht wurde, ist eine alte Hypothese. Nach Erich Sauer kannte Augustinus um 400 n. Chr. diese Auffassung. Um 1000 n. Chr. bekannte sich König Edgar von England dazu und im 17. Jahrhundert der Mystiker Jakob Böhme.

Als Literaturquellen zitiert Erich Sauer folgende Autoritäten: Dr. Th. Chalmers (1814) und Dr. William Buckland (1833): Geology and Mineralogy considered with Reference to Natural Theology. Geologieprofessor Dr. K. V. Raumer (1865) und Professor G. H. v. Schubert (1860) sollen ebenfalls diese Auffassung vertreten haben. Erich Sauer behauptet auch, daß Professor Freiherr von Huene diese Auffassung vertrat. [48] Soweit ich die heute noch käuflichen Schriften von Freiherrn von Huene kenne, kann dies aber kaum der Fall sein, denn hier schreibt er fast ausschließlich über seine prä- und paraadamitischen Theorien, die er mit der Schulgeologie und dem Darwinismus harmonisiert.

Weiterhin zitiert Erich Sauer folgende Quellen: Professor Bettex: Das Lied der Schöpfung. Striegau 1919, S. 57 ff.; Himmlische Realitäten. Striegau 1921, S. 6 ff.; Natur und Gesetz. Striegau 1923, S. 265. Jakob Kroeker soll ähnliche Ansichten vertreten haben.[49] Erich Sauer meint auch, daß der deutsche Evangelist General von Viebahn den gleichen Standpunkt bezüglich der Genese bezog. D. Theodor Haarbeck vertritt, nach Erich Sauer, ähnliche Lehren.[50]

Obwohl diese Literaturquellen nützlich sind, ist es doch zu bedauern, daß sie etwas unkritisch zitiert werden. Professor Dr. E. Dennert (Botaniker) wird z. B. angeführt, um den Beweis dafür zu erbringen, daß die Pflanzen am dritten „Tag" ohne das Sonnenlicht, das nach dieser Auslegung erst während des vierten Zeitalters erschaffen (sichtbar) wurde, existieren konnten.[51] Professor Dennert berichtet mit Recht, daß das Blattgrün Kohlensäure zu Zucker und Stärke nur dann reduzieren kann, wenn ihm Licht zur Verfügung steht (Photosynthese). Dann wird (wiederum mit Recht) behauptet, daß das Blattgrün nur die roten, die orangeroten und die gelben Wellenlängen des Lichts benötigt, um diese lebenswichtige Reduktion vorzunehmen, ohne die kein Leben auf Erden existieren könnte. Dann erklärt der Botaniker: „Es würde für ihn (den Assimilationsprozeß) also schon ein Licht genügen, das nur diese Strahlen, die roten, die orangeroten und die gelben Wellenlängen enthielte. Daraus ergibt sich, daß es töricht und kurzsichtig ist, *die Sonne als solche* für die Pflanzen für unerläßlich zu halten . . . Es wäre vielmehr möglich gewesen, daß auch ein allgemeiner, lichtspendender, glühender Weltenstoff die Rolle der Sonne den Pflanzen gegenüber im Anfang übernommen hätte." Jeder Biologe weiß doch heutzutage, daß jegliche Lichtquelle, solange sie die passenden Lichtwellenlängen *und die nötige Intensität* bietet, die Sonne bei der Photosynthese ersetzen kann. Man züchtet Pflanzen schon seit vielen Jahren bei künstlichem Licht. Was Professor Dennert vergaß, war, daß Wellenlänge *und* Intensität des Lichts beide notwendig sind, wenn die Photosynthese vor sich gehen soll. Wellenlänge allein spielt keine Rolle, wenn die *Intensität* des Lichts zu schwach ist. Die Tatsache besteht, daß den Astronomen keine Lichtquelle außer der Sonne bekannt ist, die imstande wäre, die richtigen Wellenlängen *und die nötige Intensität* für die Photosynthese zu liefern. Man kennt keinen allgemeinen lichtspendenden, glühenden Weltenstoff *in der Nähe unserer Erde,* der imstande wäre, die Rolle der Sonne als Lichtspender für die Photosynthese zu übernehmen. Dem Laien gegenüber ist es aber ungerecht, so zu schreiben, als ob man auf die oben beschriebene Weise die Schöpfung der Sonne am vierten Tage und die der Pflanzen am dritten Tage mit der Periodenauffassung harmonisieren darf.

Zu der Frage der Erschaffung der Wassertiere am fünften Tage, also vor den Landtieren am sechsten Tage, schreibt Erich Sauer wie folgt: „Dies wird für die Periodenauffassung von der Versteinerungskunde ebenfalls bestätigt. In den alleräItesten Schichten des geologischen Altertums (Paläozoikum), d. h. im Kambrium, Silur und Devon, finden sich fast nur Wassertiere. Das Silur bietet höchst wenige, das Devon fast gar keine Reste von Landtieren." [52] Diese Tatsachen (denn hier handelt es sich um wirkliche Tatsachen!) sind aber nicht schwer zu interpretieren (aber nicht so, wie es allgemein getan wird). Die Devonformationen wären von den Geologen nicht zu dem Devon gerechnet worden, wenn sie Reste von entwickelten Landtieren enthalten hätten. Kein Wunder also, wenn Devonformationen keine solchen enthalten! Die „späteren" Formationen werden nur „später" datiert, wenn sie entwickelte Landtierreste usw. enthalten!

Man ist so felsenfest davon überzeugt, daß das Leben mit amöbenartigen, „einfachen" Tieren und Pflanzen vor Millionen von Jahren anfing und kompliziertere Lebewesen Millionen von Jahren später erschienen, daß, wenn man eine Formation findet, die ausschließlich solche einfachen Tiere oder Pflanzen enthält, sie automatisch für „alt" erklärt wird. Was man in Wirklichkeit tut, ist natürlich sehr einfach: Man nimmt die Evolutionstheorie als wahr an, um die Wahrheit der Evolutionstheorie unter Beweis zu stellen. Demnach findet man in den ältesten Formationen nur einfache Lebensformen, was man anhand der Abstammungslehre gerade erwarten würde. Also muß die Theorie richtig sein! Man vergißt aber den einen kleinen Denkfehler: Man hat Formationen, die ausschließlich einfache Lebensformen enthalten, *vorher* für alt erklärt. Und bis man aufhört, Formationen lediglich auf Grund ihres Fossilgehalts zu datieren, wird man aus diesem circulus vitiosus nicht mehr herauskommen können. *Denn die Datierung der Felsenformationen auf Grund ihrer Leitfossilien setzt die Wissenschaftlichkeit der Entwicklungstheorie voraus.* Die Leitfossilien-Methode hat nämlich einen riesigen Vorsprung vor anderen Theorien: Wie sie jetzt steht, kann man nie beweisen, daß sie falsch ist. Wenn man dagegen die Formationen, die wirklich am tiefsten liegen (etwa auf dem kristallinen Grundgranit), und alle Formationen, die durch Erdbeben usw. in der Reihenfolge ihrer Ordnung gestört worden sind, vorläufig ausschalten würde, könnte man bezüglich des wirklichen Alters einer Formation wahrscheinlich sicherer sein. Aber gerade dies tut man nicht. Oft datiert man Formationen, die direkt auf dem kristallinen Grundgranit liegen, als „jung" — nur weil sie „entwickelte" Fossilien enthalten — und Formationen, die viel höher oben in der geologischen „Kolonne" liegen, als „älter", nur weil sie „primitivere" Fossilien aufweisen. Um diese „umgekehrte Ordnung" zu erklären, postuliert man, daß ganze Gebiete der Oberfläche der Erde durch Erdbeben usw. „auf den Kopf" gestellt wurden, wofür aber oft wenig Beweismaterial vorliegt. Solange aber Leitfossilien alles bestimmen, setzt man die Wahrheit der Entwicklungslehre voraus, um deren Wahrheit zu beweisen.

Bezüglich des Fehlens der Zwischenstufen in den geologischen Formationen, deren Vorhandensein man nach der Abstammungslehre erwarten würde, sieht Erich Sauer klar: „Es besteht ein höchst auffälliges Fehlen an fossilem Beweismaterial zur Erklärung der Hervorbringung neuer Klassen und Ordnungen. Trotz größter Bemühungen und sorgfältigster Untersuchungen seitens Darwinscher Naturforscher ist es einfach bis auf den heutigen Tag nicht gelungen, die fehlenden Zwischenglieder (Darwin: Missing links) nachzuweisen. Vielmehr erscheinen in diesen geologischen Schichten die eigentlichen Hauptarten und Hauptstämme in ihren Grundformen ganz plötzlich, *ohne* jede erkennbare direkte, allmähliche, vollständige Überbrückung zu bereits vorher bestehenden Lebensformen, also ohne auch nur den geringsten Hinweis auf ihren Ursprung und ihre Herkunft. Der fossile Tatbestand der Geologie weist also auf eine Anzahl von Neuanfängen hin . . .[53] So glaubt Erich Sauer, wie wir schon erwähnt haben, an eine Reihe von schöpferischen *Neuanfängen* durch die geologischen Zeitalter hindurch. Demnach wurde jede neue „Art" von Gott getrennt erschaffen, und zwar in Abständen von Millionen von Jahren. Persönlich finde ich hier wenig Bedeutsames. Denn ob Gott alles in einem Augenblick oder im Laufe von Millionen Jahren erschafft, spielt eine geringe Rolle. Er ist ja zeitlos; aber auf diese Weise wirft man den ganzen Mechanismus der natürlichen Auslese und Mutationen, den ganzen Darwinismus, über Bord — ohne sich, wie man meint, an der Naturwissenschaft zu ärgern.

Aber die Details der biblischen sechs Tage machen diesen Ausweg, wie wir schon gezeigt haben, unhaltbar. Doch die Theorie, daß Gott alle paar hunderttausend Jahre eingriff, um eine neue Spezies zu erschaffen, statt daß zufällige Mutationen, darauffolgende natürliche Auslese und Isolierung der Spezies nach Darwin für die heutige Vielfalt an Leben verantwortlich sind, hat einen großen Vorteil: Heute kann man wohl nicht mehr beweisen, daß Gott nicht so handelte. Theorien, die man nicht widerlegen kann, leben oft recht lange. Persönlich verstehe ich nicht, warum man glauben will, daß Gott alle paar hunderttausend Jahre handelte, statt daß er alles auf einmal erschuf. Er ist doch zeitlos, da spielt von seiner Seite aus Zeit keine Rolle!

c) Dr. Rudolf Frey: Die Ordnung des Lebendigen. Abstammungslehre und Schöpferglaube[a]

Dieses Heft stellt Nummer 2 einer neuen Studienreihe dar und bringt einen Harmonisierungsversuch zwischen Darwinismus und Schöpferglauben. Dr. Frey ist als Biologe Darwinist und glaubt deshalb, daß der Homo sapiens von niederen Tieren abstammt: „Der heutige Mensch kann biologisch als Abkömmling tierischer Vorfahren betrachtet werden.“[54] „Dieses große Beobachtungsmaterial macht es dem Wissenschaftler möglich, die stammesgeschichtliche Entfaltung der Lebewesen als Tatsache anzuerkennen.“[55] Doch sieht Dr. Frey die Schwierigkeiten, die der Darwinismus in sich birgt. Das totale Fehlen der vom Darwinismus verlangten Zwischenformen (Missing links) in der Paläontologie hat er natürlich schon festgestellt. Er versucht dieses Problem durch eine Formel zu erledigen, indem er sich auf „populationsgenetische Überlegungen und Berechnungen“[56] verläßt, auf die er aber nicht näher eingeht. „Im Gegensatz zur allgemeinen Annahme der Abstammung als eines tatsächlichen Geschehens bleibt die Erklärung der Ursachen und Wege dieses Geschehens umstritten.“[57] „Das Leben und alles Lebendige ist für den Biologen ebenso unerklärbar wie Materie und Energie für den Physiker.“[58] Mit feiner intellektueller Redlichkeit geht dann Dr. Frey auf die Schwierigkeiten der Abstammungslehre und des Ursprungs des Lebens ein. Auch wenn der Mensch Leben künstlich herstellen soll, sieht Dr. Frey die folgende Schlußfolgerung klar: „Selbst wenn die künstliche Erzeugung eines Homunculus gelingen sollte, würde dahinter immer noch der von keinem Menschen geschaffene Geist stehen ...“[59]

a R. Brockhaus Verlag, Wuppertal 1964.

Der Übergang zum Thema „Neues Leben“ [60] scheint mir etwas sprunghaft zu sein, obwohl man sich darüber freut, daß ein Biologe an der Gottheit Jesu Christi festhält. Das Buch bringt eine wertvolle Bibliographie von siebenundvierzig Quellen.

d) J. H. Jauncey: Naturwissenschaft auf den Spuren Gottes[a]

Dieses konservative Buch bringt eine wertvolle Beschreibung des Verhältnisses zwischen den modernen Naturwissenschaften und dem Bibelglauben. Dr. Jauncey zeigt, wie die fortschrittlichen Naturwissenschaften von heute sich auf dem Weg zu Gott, dem Schöpfer, befinden. Die Bibliographie enthält etwa neunundzwanzig moderne Werke zu diesem Thema.

e) Prof. Dr. Adolf Portmann: Vom Ursprung des Menschen. Ein Querschnitt durch die Forschungsergebnisse[b]

Dieses Buch vertritt die allgemein anerkannten Überzeugungen der Darwinisten, obwohl alles sehr gemäßigt, konservativ und durchdacht gebracht wird. Die in dem Buch enthaltenen Abbildungen der Tiere sind hervorragend. Wer sich über die in den Universitäten Europas allgemein gelehrten Ansichten der Professoren orientieren möchte, der möge Portmann lesen. Das Buch enthält leider keine formelle Bibliographie.

f) Dr. Philip Edgcombe Hughes: Christianity and the Problems of Origins (Christentum und die Herkunftsprobleme)[c]

Dieses Heft wurde von einem konservativen Theologen über die theologische Bewertung moderner Fortschritte in der Physik, Astronomie und Biologie geschrieben. Dr. Hughes zeigt eine feine, gesunde Denkart, die durchaus originell ist. Er stellt den Darwinismus vom rein philosophischen Standpunkt aus in Frage. Die Bibliographie ist wertvoll.

g) Dr. K. A. Kitchen: Alter Orient und Altes Testament. Probleme und ihre Lösungen, Aufklärung und Erläuterung[d]

Dr. Kitchen, Dozent für Ägyptisch und Koptisch an der Universität Liverpool, zeigt in diesem wertvollen Buch, wie manches Problem der Auslegung des Alten Testaments durch moderne

a Oncken-Verlag, Kassel 1964.
b Verlag Friedrich Reinhardt, Basel.
c Presbyterian and Reformed Publishing Company, Philadelphia/USA 1964.
d R. Brockhaus Verlag, Wuppertal 1965.

Ägyptologie gelöst werden kann. Seine Ausführungen über die Bedeutung der Chronologie der Stammtafeln (besonders die von 1. Mose 11) sind besonders interessant und bestätigen die Ansicht (die in diesem Buch vertreten wird), daß die Tafeln chronologisch lückenhaft sind. Deshalb müssen Datierungsversuche anhand dieser Tafeln von vornherein zum Scheitern verurteilt sein.

Dr. Kitchen schreibt konservativ und bringt auch eine umfangreiche nützliche Bibliographie.

II. Dinosaurier und menschliche Fußspuren in der Kreide (Paluxy River, Texas, USA)

Wir haben schon erwähnt (Kapitel III, S. 121—128), daß menschenähnliche Fußspuren in Kreideformationen entdeckt worden sind. Dr. R. T. Bird berichtet über solche Spuren in seinem Artikel „Thunder in his Footsteps" („Donner in seinen Fußspuren") (Natural History, Mai 1939, S. 255) und bringt Photographien davon.

Wenn es nun einwandfrei bewiesen werden könnte, daß moderne Menschen zur gleichen Zeit mit den Riesensauriern lebten, würde man die ganze Doktrin der Entwicklungslehre nach Darwin verwerfen müssen. Denn *eine* solche Tatsache würde die großen Zeiträume, die angeblich für die langsame Emporentwicklung des Tierreichs nötig sein sollen, vorwegnehmen. Es wird nämlich allgemein angenommen, daß der moderne Mensch erst vor ein bis zehn Millionen Jahren (je nach Naturwissenschaftler) entstand. Vor dieser Zeit sollen Hominide verschiedener Arten gelebt haben, die aber keineswegs Homo sapiens waren. Es ist also, nach der Entwicklungslehre, unmöglich anzunehmen, daß Homo sapiens selbst vor fünfzig Millionen Jahren, geschweige denn vor hundertzwanzig Millionen Jahren (Zeitalter der Riesensaurier) lebte. Nach der Entwicklungslehre war das ganze Tierreich zu der Epoche des Brontosaurus noch nicht genügend emporentwickelt, um Menschen oder auch nur Hominide hervorzubringen. Dieser Tatsache sind sich die meisten Naturwissenschaftler und Biologen vollkommen bewußt. Die Entwicklungslehre erlaubt es nicht, daß ein moderner Mensch kontemporan mit einem Brontosaurus lebte. Es wird sogar berichtet, daß ein bekannter Londoner Biologe, als er vor einiger Zeit davon hörte, daß menschliche Fußtritte in der gleichen Formation mit Brontosaurusspuren gefunden worden seien, bemerkte, daß, wenn dies wahr sein sollte, man *aufgrund dieser einen Tatsache* die ganze Entwicklungslehre aufgeben müßte.

Dr. R. T. Bird berichtet in seinem Artikel in „Natural History", daß er in einem kleinen Geschäft im Süden der USA in Felsenstücken, die zu verkaufen waren, menschenähnliche Fußspuren gesehen hätte. Die Felsenstücke, die man aus dem Paluxy-Fluß bei Glen Rose, Texas, genommen hatte, enthielten große, klare Fußabdrücke, die etwa 38 cm lang (= 15 Zoll) und etwa 15 cm breit waren. Sie zeigten klar und eindeutig fünf Zehen und normale Spannen und Absätze. Sie konnten unmöglich die Spuren eines Riesenhöhlenbären sein; die Zehen paßten nicht. Für einen normalen Menschen (Homo sapiens) waren sie viel zu groß. Dr. Bird war ursprünglich der Meinung, daß die Spuren gefälscht waren, denn sie waren vollkommen in jedem Detail. Man berichtete ihm aber, daß es in der gleichen Formation in Glen Rose weitere solche Spuren gäbe. Dazu gäbe es noch viele Saurierspuren. Dr. Bird begab sich sofort nach Glen Rose, um diese Angaben, die für ihn ganz und gar unglaublich waren, selber zu prüfen.

Zunächst besuchte er James Ryals, dessen Farm an den Paluxy-Fluß grenzt und der die Spuren aller Arten dort in der Nähe gut kannte. Dr. Bird konnte anfänglich Ryals nicht dazu bewegen, ihm die Spuren zu zeigen; die Preise, die er für das Herausnehmen der Spuren aus dem Flußbett bekam, seien zu gering gewesen. Aber er bestätigte Dr. Bird, daß es eine ganze Reihe solcher menschlicher Spuren gegeben hatte, die aber bei einer Überschwemmung des Flusses im Winter weggespült worden seien. Einige vom Wasser etwas erodierte Fußtritte seien jedoch noch zu sehen, sie lägen unter dem Wasserspiegel. Mr. Ryals zeigte ihm dann diese Fußtritte, die etwa die gleiche Größe aufwiesen, wie die, die Dr. Bird im Laden gesehen hatte und die auch von Glen Rose stammten. Dr. Bird bestätigte in seinem Artikel, daß er mit mindestens einem Dutzend Menschen in Glen Rose gesprochen hatte, die die früher existierenden, klaren, menschenähnlichen Fußtritte vor der Wegschwemmung gesehen hatten. Leider waren einige vom Flußbett entfernt und verkauft worden. Die Fußtritte, die Dr. Bird photographierte, stammten aus dieser Stelle des Paluxy-Flusses.

Im Herbst 1965 schrieb mir ein mir bekannter Geologe, daß er nach Glen Rose zu reisen beabsichtige, um die Ryals und anderen Personen bekannten Spuren, die weggeschwemmt wurden, zu suchen. Man kenne die Stelle des Flusses, wo die in Frage kommenden Felsen an einer Kurve des Paluxy-Flusses von der Wucht der Überschwemmung aufgestapelt seien. Der Geologe hoffte, daß man einige der ursprünglichen, klaren Fußtritte unter diesen Felsen wiederfinden würde, und er lud mich ein, an dieser Expedition teilzunehmen. Gern willigte ich ein.

Glen Rose ist eine kleine Ortschaft etwa hundert Kilometer südlich von Fort Worth und Dallas in Texas, USA. In dem halb ausgetrockneten Flußbett des Paluxy River und an beiden Seiten der Ufer findet man in der Kreide wunderbare, klare Spuren von Sauriern der verschiedensten Arten. Innerhalb der ersten halben Stunde dort sah ich Spuren von fleischfressenden, dreizehigen Sauriern (Tyrannosaurus?) (Bild 6, 7, 11 und 12). Auch sah ich eine Reihe von riesigen Brontosaurus-Fußtritten, die fast einen halben Meter Durchmesser aufwiesen (Bild 13—16) und die aussahen, als ob sie erst vor ganz kurzer Zeit getreten worden wären.

In einem Nebenflußbett, das ausgetrocknet war, sah ich eine Unmenge von Spuren kleinerer Saurier aller Arten, wovon die meisten sehr klar erhalten waren. Sie sahen aus, als ob sie erst gestern getreten worden wären. An dieser Stelle hat es offenbar eine Ansammlung von fleischfressenden Sauriern gegeben, denn die Tiere traten förmlich aufeinander, als ob sie sich über ein Aas zankten. Die Menge der Spuren läuft dann in das Ufer hinein, und wir haben sie nicht mehr untersuchen können, weil man viel Erde hätte wegschaffen müssen und wir keine Maschinen zur Verfügung hatten. Alle diese Spuren bestätigen die Glen-Rose-Formationen als der Kreide zugehörig (etwa hundertzwanzig Millionen Jahre alt).

Nicht weit von der oben beschriebenen Stelle sahen wir eine Spur von etwa 38 cm Länge und etwa 15 cm Breite, die durch die ganze Kreideschicht bis zur blauen Tonschicht durchsank. Der Körper, dem diese Spur gehörte, war offenbar sehr schwer gewesen. Aus diesem Grund gab es leider keine Abdrücke von Zehen. Sonst aber gleichen die Form und die Dimensionen dieses Fußtritts denen, die Dr. Bird beschrieb (Bild 17 und 18). Bild 19 zeigt die Länge des Schritts des Wesens, das diese Spuren hinterließ. Wie aus der Abbildung hervorgeht, betrug sie etwa drei Meter. Offenbar war das Wesen ein Biped, das aufrecht ging. Nach der allgemeinen Lage der Spuren zu urteilen, könnte man meinen, daß das Wesen im Begriff war, zu rennen. Persönlich kann ich mir kein anderes Wesen vorstellen als einen Menschen, allerdings einen Riesenmenschen. Denn welches Tier geht normalerweise aufrecht, ist ein Biped und besitzt solche Zehen, Fußspanne und Absatz (die Dr. Bird und andere photographierten) außer einem Menschen? Nach der Größe der Spuren und der Länge des Schritts zu urteilen, müßte es sich um einen Riesen gehandelt haben.

Für die, die die Bibel ernst nehmen, ist die Frage der Dimensionen der Spuren nicht schwer zu lösen. Denn die Bibel spricht wiederholt von Riesen auf Erden vor und auch nach der Sintflut. 1. Mose 6, 4 und 4. Mose 13, 33 sprechen von den „Nephilim, den Söhnen Enaks", den „Gefallenen". 5. Mose 2, 11. 20; 3, 11. 13; Jos. 12, 4; 13, 12; 15, 8; 17, 16 und 1. Chron. 20, 4. 6. 8 berichten von den „Rapha", den Riesen, den „Fürchterlichen", die zu diesen Zeiten lebten. 2. Sam. 21, 16. 18. 20. 22 sprechen von den „Rapha", den „Schrecklichen". Wir wissen auch, daß Goliath ein Riese war (1. Sam. 17). Wenn die Fußspuren die eines Riesen sind, bestätigen sie bloß die Zuverlässigkeit, auch die geschichtliche Zuverlässigkeit der Bibel. Für die Geologen besteht aber immer noch das Problem des Zeitalters, in dem man die Spuren gefunden hat.

Hier können wir die Funde bei Glen Rose so zusammenfassen:

1. In Kreideformation (hundertzwanzig Millionen Jahre alt), die Brontosaurus- und Dinosaurusspuren aufweisen, finden sich Spuren (Fußtritte) eines Bipeds, die etwa 38 cm lang und etwa 15 cm breit sind, und dessen Schritt etwa drei Meter betrug. Die Fußspuren, die der Verfasser persönlich im *Flußbett* sah, zeigen keine klaren Zehenabdrücke. Andere Naturwissenschaftler haben aber Fußtritte aus Glen Rose gesehen, die die gleichen Dimensionen aufweisen und klare Zehenabdrücke zeigen. Der Verfasser hat selber auch diese Fußtritte mit den klaren Zehen- und Absatzabdrücken gesehen. Sie wurden aber dem Flußbett entnommen und in Beton vor einem kleinen Hotel in Glen Rose eingesetzt, wo sie heute noch zu sehen sind. Aber im Flußbett selbst haben nur Stanley Taylor und andere klare normale menschliche Fußtritte mit Zehenabdrücken gesehen und photographiert (Bild 22 bis 29). Viele solche Fußtritte sind dem Flußbett entnommen und verkauft worden. Heute noch sieht man die großen Löcher, aus denen man sie herausgegraben hatte. Diese vollkommenen Spuren sind von Dr. Bird und anderen Naturwissenschaftlern photographiert und auch veröffentlicht worden. Dr. Bird hat mit mindestens einem Dutzend Personen in Glen Rose gesprochen, die die klaren Fußtritte mit schönen Zehen-

abdrücken *noch im Flußbett*, also in der Kreideformation, persönlich gesehen hatten.

2. Die Fußtritte, die der Verfasser persönlich gesehen hat, besitzen die gleichen Dimensionen wie die, die Dr. Bird auch gesehen und photographiert hatte. In der Nähe dieser Fußtritte, die der Verfasser gesehen und photographiert hat, finden sich heute noch guterhaltene Spuren von Brontosaurus und Dinosaurus.

3. Obwohl die Formationen, die die schönen, klar erhaltenen Fußspuren (mit Zehenabdrücken) aufwiesen, von einer Flut des Paluxy-Flusses teilweise weggeschwemmt worden sind, besteht die Möglichkeit, daß einige davon durch die Flut nicht vernichtet worden sind, sondern noch unter den aufgestapelten Felsen, die an einer Kurve des Flusses liegen, zu finden sein werden. (Siehe die Spuren, die von Stanley Taylor aufgefunden wurden.)[a]

4. Dr. Bird und andere, die die Riesenfußspuren untersuchten, wären bereit gewesen, diese als menschlich anzuerkennen, wenn nicht die Entwicklungslehre diese „Möglichkeit" „ausgeschlossen" hätte. Wegen dieser „Unmöglichkeit" fragte z. B. Bird Mr. Ryals sehr vorsichtig, ob er (Ryals) solche menschlichen Spuren in Glen Rose, Paluxy River, kannte: „Even the possibility of such an association (between Dinosaurus and Man) seemed incredible . . . but to my surprise he (Ryals) said: 'Oh, you mean the man tracks! Why sure, there used to be a whole trail of them up above the fourth crossing before the river washed them out!' . . . I smiled. No man had ever existed in the Age of Reptiles." („Selbst die Möglichkeit einer solchen Assoziierung [zwischen Dinosaurus und dem Menschen] schien unmöglich zu sein . . . aber zu meiner Überraschung sagt er [Ryals]: ‚O die Menschenfußtritte! Ja, sicher; früher gab es eine ganze Reihe davon oberhalb der vierten Flußüberquerung, bevor die Überschwemmung sie fortspülte . . .' Ich lächelte, denn kein Mensch existierte zur Zeit des Reptilienzeitalters."[61] Theoretische Voreingenommenheit gestattete es Dr. Bird nicht, mit eigenen Augen ein Zeugnis zu sehen, das gegen übliche Theorien sprach.

Augenblicklich setzen einige Geologen weitere Untersuchungen in Glen Rose fort, um vollkommenere menschliche und andere Fußspuren zu finden. Die Bilder 11—20 zeigen weitere Aufnahmen des Verfassers.

a Stanley Taylor hat einen dokumentarischen Farbfilm über diese Arbeit gedreht: Adresse: S. Taylor, Films for Christ, 1204 North Elmwood, Peoria, Illinois 61606, USA.

III. Konstantheit der Spezies?

Unter den wichtigen Grundkonzeptionen der Entwicklungslehre findet sich die Idee, daß die Lebensformen sich im Lauf der Zeitalter geändert haben. Eine Generation unterscheidet sich von der vorhergehenden durch kleine Veränderungen, die sich im Lauf von Jahrtausenden summieren, so daß mit der Zeit eine neue Spezies aus einer alten hervorgeht. Die neue Art soll den Bedingungen in der Umwelt besser angepaßt sein als die alte. Deshalb kann die neue Art sich im Kampf ums Dasein eher behaupten und sich fortpflanzen. Die alte Spezies kann demnach mit der neuen nicht mehr konkurrieren und stirbt deshalb im Lauf der Zeitalter aus, es sei denn, daß sie irgendwo besonders geschützte Lebensbedingungen findet. Alle Lebensformen einschließlich der Tiere wie auch Pflanzen sollen diesen ständigen Veränderungen ausgesetzt sein, so daß speziesmäßig nach der Theorie nichts konstant bleiben soll.

Die Idee entspricht aber vielen beobachteten Tatsachen nicht, denn Pflanzen und Tiere (einschließlich Insekten) sind nach heutiger geologischer Zeitrechnung Millionen von Jahren ohne die geringste Veränderung erhalten geblieben. Die folgende unvollständige Liste gibt eine Ahnung der großen Konstantheit der Spezies, die von Naturwissenschaftlern anerkannt ist:

Pflanzen:

1. Die Gattung Equisetum (Schachtelhalme), die nach der Ansicht heutiger Botaniker Hunderte von Millionen Jahre alt ist. Heute wachsen sie noch wie vor Millionen von Jahren.

2. Psiotale gilt als eine „primitive" Pflanze, die während Millionen von Jahren ihren primitiven Zustand unverändert beibehalten hat. Heute findet man sie, wie sie vor Zeitaltern existierte.

3. Die Zykadee (Farnpalme) ist ein wahres „lebendes Fossil". Sie stammt aus dem „Zeitalter der Farne", existiert aber heute noch unverändert, was die Konstantheit dieser Spezies während Millionen von Jahren nach heutiger Zeitrechnung unter Beweis stellt.

4. Der Ginkgo (Fächerblattbaum) ist auch ein „lebendes Fossil", das schon viele Zeitalter unverändert weiterlebt.

Man könnte diese Liste fast beliebig fortsetzen.

Tiere:

Die Konstantheit der Spezies wurde aufs eindrücklichste durch die Entdeckung des Coelacanth, die wir schon erwähnt haben, unterstrichen. Diese Fischart war als Fossil, das Millionen von Jahren alt sein sollte, bekannt.[62] Aber andere Beispiele sind ebenso eindrucksvoll.

1. Die Schabe existierte in der gleichen Form wie heute vor 250 000 000 Jahren nach heutiger geologischer Zeitrechnung.[63]

2. Die schwarze Ameise (Formica fusca) hat man in Formationen gefunden, die 70 000 000 Jahre alt sind.[64]

3. Libellen hat man in Gesteinsschichten gefunden, die als 170 000 000 Jahre alt gelten.[65]

4. Im Jahre 1950 wurde eine Tiefsee-Molluske (Neopilina galathea) vor der Küste Mittelamerikas in einer Tiefe von etwa drei Kilometern gefunden, die mit den Trilobiten — also 350 Millionen Jahre alt — verwandt ist.[66] Die Trilobiten gelten als die frühesten Erdbewohner und sollen vor 280 Millionen Jahren ausgestorben sein. Ihre Verwandten leben aber immer noch.[67]

5. Der Tuatara (Sphenodon) ist heute ausschließlich auf einer kleinen Insel in der Nähe Neuseelands zu finden. Seine nahen Verwandten fand man in den Jura-Gesteinsschichten (vor 150 Millionen Jahren) Europas. Heute sieht er fast genauso aus wie vor diesen Millionen von Jahren.[68]

Auch diese Liste könnte man beliebig erweitern.

IV. Menschliche Fußtritte in Karbonformationen

Wir haben bereits erwähnt, daß menschliche Fußtritte in Karbonformationen entdeckt worden sind. W. G. Burroughs, Professor of Geology, Berea College, Kentucky, USA, hat den Namen Phenanthropos mirabilis als Bezeichnung für die Kreaturen gewählt, die diese Fußspuren hinterließen.[69] Diese Fußspuren gelten als obere Karbonformation (250 Millionen Jahre), besaßen fünf Zehen und eine Spanne, die unbedingt menschlich ist, waren 9,5 Zoll (= 23,75 cm) lang und 4,1 Zoll (= 10,25 cm) breit (beim Absatz). Die Breite am Vorderende der Spur bei den Zehen war 6 Zoll (= 15 cm). Das Wesen, das die Spuren hinterließ, war ein Biped, das genau wie ein Mensch aufrecht ging (vgl. Antiquities, 10. 6. 1938). Bekannte Paläontologen wie Professor

Dr. C. W. Gilmore der Smithsonian Institution haben an der Ausarbeitung dieses Problems der Spuren mitgewirkt, eine Tatsache, die die Zuverlässigkeit der Arbeit gewährleistet. „Antiquities“[70] bringt Photographien der Spuren und berichtet über ähnliche Fußtritte, die man in Karbonformationen in Pennsylvanien und Missouri entdeckt hat. Die Missouri-Spuren sehen besonders menschlich aus. Sie gleichen den Spuren der Aborigenes aus Südostasien.

Berichte über weitere menschliche Spuren sind in American Journal of Science, 5. Jg. S. 223 (1822) erschienen. Diese Spuren wurden in der Kreide des Mississippitales entdeckt.

V. The Implications of Evolution von G. A. Kerkut, Professor der Physiologie und Biochemie an der Universität von Southampton, England.

Dr. G. A. Kerkut ist Professor an der Southampton Universität in England, wo er vergleichende Biochemie und Physiologie lehrt. Er ist der geschäftsführende Herausgeber der unter dem Namen *Comparative Biochemistry and Physiology* bekannten wissenschaftlichen Zeitschrift, die von der Pergamon-Press in Oxford, New York und Paris veröffentlicht wird.

Im Jahre 1960 ließ Dr. Kerkut durch die Veröffentlichung des oben angeführten Werks in der wissenschaftlichen Welt so etwas Ähnliches wie eine Bombe platzen, denn dieses Werk stellt die allgemein anerkannten Grundlagen der darwinistischen Evolution in Frage.

Dr. Kerkut erwähnt die religiösen Konsequenzen der Evolutionstheorie nicht besonders, und er scheint selbst ein gemäßigter Anhänger dieser Theorie zu sein. Er bringt eine wissenschaftliche Untersuchung der Evolutionslehre vom Standpunkt der vergleichenden Physiologie und Biochemie und kommt dann zu dem Schluß, daß die wissenschaftlichen Beweise für eine Evolution des Lebens an gemeinsamen primitiven Formen oft völlig nebulös sind. Im zweiten Kapitel seines Buches faßt Dr. Kerkut die sieben Grundannahmen der Evolutionstheorie wie folgt zusammen:

1. Die erste Annahme lautet, daß sich die belebten Dinge aus unbelebten Dingen entwickelt haben. Mit anderen Worten glaubt man an eine spontane Entstehung des Lebens.

2. Die zweite Annahme lautet, daß sich diese Spontanzeugung nur einmal ereignet hat. Alle anderen Annahmen leiten sich von dieser zweiten Annahme ab.
3. Die dritte Annahme lautet, daß die Viren, Bakterien, Pflanzen und Tiere alle miteinander verwandt sind.
4. Die vierte Annahme lautet, daß die Metazoen aus den Protozoen entstanden sind.
5. Die fünfte Annahme lautet, daß die verschiedenen Vertebratenstämme miteinander verwandt sind.
6. Die sechste Annahme lautet, daß die Wirbellosen die Ausgangsformen der Wirbeltiere waren.
7. Die siebte Annahme lautet, daß sich innerhalb der Vertebraten die Amphibien von den Fischen, die Reptilien von den Amphibien und die Vögel und Säuger von den Reptilien ableiten. Manchmal drückt man dies auch so aus, indem man sagt, daß die heutigen Amphibien und Reptilien gemeinsame Ausgangsformen besäßen.

Dr. Kerkut zeigt zunächst, daß diese sieben Grundannahmen in keinem einzigen Fall verifiziert werden können. Im Wesentlichen stellt Dr. Kerkuts Buch eine Analyse der Beweise für oder gegen diese Annahmen dar, und wenn man die Lektüre des Werks abgeschlossen hat, fragt man sich, wie jemand irgendwann die Tollkühnheit besitzen konnte, derartige Annahmen zu formulieren. Dr. Kerkut weist darauf hin, daß die Beweise für die Vermutung, das Leben sei nur einmal entstanden, in der Tat unsicher sind. Und doch scheint die Evolutionstheorie die Annahme nicht aufgeben zu wollen, daß dies wirklich der Fall ist. Wenn es sich nicht so verhielte und das Leben zu verschiedenen Zeitpunkten getrennt entstand, dann würden die Lebensformen nicht unbedingt genetisch miteinander verwandt sein. Die Vertreter der Deszendenzlehre verwenden viel Zeit für ihre Behauptung, daß alles Leben genetisch verwandt sei; das würde nicht mehr zutreffen, falls es mehr als einmal getrennt entstand.

Es wird ferner darauf hingewiesen, daß Biochemiker und vergleichende Physiologen gewöhnlich davon ausgehen, daß alles Protoplasma die gleichen fundamentalen biochemischen Eigenschaften besitzt. Tatsächlich jedoch variiert diese in sehr starkem Maße, und es gibt viele verschiedene biochemische Mechanismen für die Durchführung einer speziellen Reaktion. Der gemeinsame Besitz eines spezifischen Farbstoffes zeigt nicht eine enge phylogenetische Verwandtschaft an. Falls dies zuträfe, müßte man die *Daphnia* aus den Crustaceen entfernen, denn sie besitzt Hämoglobin. Auch müßte man die Wurzelknöllchen der Leguminosen zu den Vertebraten stellen, da sie ebenfalls Hämoglobin enthalten. Weil die Brennhärchen der Brennesseln Acetylcholin, 5-Hydroxytryptamin und Histamin in sich speichern, müßte die Brennessel anhand des obigen Prinzips mit den Säugern verwandt sein! [71]

Nachdem er weitere Beispiele dieser Art angeführt hat, weist Kerkut darauf hin, daß es voreilig sei, das „universale" Vorkommen von Glykolyse und Zitronensäurezyklus als Beweis für die gemeinsame Herkunft des Lebens aus einer Quelle anzuführen. Dieser Beweis schließt nicht die Möglichkeit aus, daß die heutigen Lebewesen von sehr verschiedener Herkunft sein können. [72]

Dr. Kerkut folgert, daß man eine große Anzahl getrennter Tier- und Pflanzengruppen, deren Beziehungen und Affinitäten schwer zu bestimmen sein würden, erwarten sollte, falls das Leben getrennt und bei verschiedenen Anlässen entstand. Das, so führt Kerkut aus, entspricht so ungefähr dem, was wir tatsächlich beobachten. Es soll darauf hingewiesen werden, daß sich diese Ansicht mit bestimmten Erweiterungen und Vorbehalten auf die biblischen Berichte über die Mechanismen der Lebensentstehung anwenden läßt.

Kerkut zitiert A. Lwoff [73], um zu zeigen, daß sich die Evolution vom physiologischen Standpunkt aus nicht einmal progressiv, sondern eher rückschreitend verhalten könnte. Lwoff bemerkt, daß die primitiven Protozoen unabhängige (autotrophe) Organismen gewesen sein müssen, die nur wenig oder keine Nahrung brauchten. Im Laufe der Evolution verloren die Zellen ihre Synthesefähigkeiten und wurden abhängiger von anderen Zellen; mit anderen Worten, physiologisch verhielten sie sich rückschrittlich. Kerkut weist auf die Trugschlüsse in Lwoffs Argumentation hin. [74]

Kerkuts Analyse der sogenannten Pferdeevolution [75] ist aufschlußreich. Ziemlich spöttisch nennt er sie die Evolution der Geschichte der Evolution des Pferdes. Der Leser sollte sich wirklich die Zeit nehmen, diesen Abschnitt zu lesen. „Zum gegenwärtigen Zeitpunkt ist es jedoch eine Glaubenssache, daß die Bilder in den Lehrbüchern der Wirklichkeit entsprechen oder sogar, daß sie die besten Darstellungen der Wirklichkeit sind, welche uns zur Verfügung stehen." [76]

Als Ergebnis all dieser Überlegungen, so folgert Kerkut, gibt es wenige Beweise für die erste Annahme der Evolutionslehre (spontane Biogenese), und gegenwärtig lassen sich keine Anzeichen erkennen, daß eine Autobiogenese stattfindet.

Die zweite Annahme wird mehr eine Glaubenssache als ein Beleg genannt, der sich auf Beweise gründet.

Was die dritte Annahme anbelangt, so haben wir keine definitiven Beweise über die Art, in der die Viren, Bakterien und Protozoen miteinander verwandt sind.

Die vierte Annahme, daß die Metazoen von den Protozoen abstammen, ist zwar ganz interessant, aber es gibt auch andere mögliche Schemata. Bei der fünften Annahme sind die Belege für die Verwandtschaft der Mehrzahl der Vertebraten in Dr. Kerkuts Sicht spärlich und beruhen auf Indizienmaterial.

Hinsichtlich der sechsten Annahme, die Dr. Kerkut selbst nicht behandelt, verweist er den Leser auf die Arbeit von Neal und Rand.[77] Dr. Kerkut führt aus, daß die Vertebraten in den verschiedenen Spekulationen einmal von den Anneliden, dann von den Nemertini, dann von den Hemichordaten oder auch Urochordaten abgeleitet werden. Die Theorien über die Herkunft der Vertebraten sind also höchst heterogen. Kerkut glaubt, daß man ebenso viele Gründe für die Herleitung der Vertebraten von den Urochordaten, bei denen man *sessile Ascidien* für die Stammform hält, wie für die Herleitung von der Kaulquappenform als Grundlage habe.

Die sechste Annahme wird mit den Worten von Berrill zusammengefaßt: „In gewissem Sinne ist dieser Bericht (über Evolution und Ableitungen) der Vertebraten ein Science Fiction-Stück." [78]
Was die siebte Annahme betrifft, so ist es diese, worauf sich die meisten Untersuchungen der frühen Vertreter der Evolutionslehre gründen. Kerkut schreibt:

> „Wir befinden uns auf etwas unsichererem Boden bei der siebten Annahme, daß nämlich Fische, Amphibien, Reptilien, Vögel und Säuger alle miteinander verwandt sind. Hier helfen uns fossile Belege weiter, obwohl viele der Übergangsformen nicht gut dokumentiert sind und wir noch immer eine befriedigende Methode zur Datierung der Fossilien

suchen. *Die zeitliche Bestimmung ist von größter Wichtigkeit, denn wenn wir keine verläßliche Methode zur Datierung der Fossilien finden, werden wir nicht in der Lage sein zu bestimmen, ob die ersten Amphibien nach den ersten Choanichthyes auftraten oder ob das erste Reptil aus dem ersten Amphibium entstand.* Die Belege, die wir zum gegenwärtigen Zeitpunkt besitzen, reichen nicht aus, um eine Antwort auf diese Probleme zu geben." [79]

Die Beobachtung ist recht interessant, daß ein so unabhängiger und wohlbekannter Beobachter wie Dr. Kerkut die Leitfossilienmethode der Datierung nicht sehr ernst nimmt. Er möchte etwas viel Präziseres — und das mit Recht.

Dr. Kerkut glaubt, daß die Amphibien, Reptilien und Säugetiere polyphyletisch erscheinen, d. h. daß sie aus vielen verstreuten Formen und nicht einfach von einem Vorfahrenpaar oder einer Vorfahrengruppe abstammen. Nach Kerkut müssen wir auch entscheiden, ob die verschiedenen Unterschiede zwischen den Arten, die wir beobachten, angesichts der obigen Ausführungen davon herrühren, daß sich eine Art in zwei Arten aufspaltet oder etwa davon, daß sich zwei Arten gerade in einem Verschmelzungsprozeß zu einer Art befinden. [80]

Die sieben Annahmen, auf die sich der Darwinismus gründet, werden von Dr. Kerkut mit den folgenden Worten zusammengefaßt: „Tatsächlich muß man vieles von der Evolution der größeren Tiergruppen in gutem Glauben hinnehmen." [81] Das klingt anders als die Erklärungen, die wir so oft hören, daß die Evolution ein „Faktum" ist.

Eine oder zwei von Kerkuts allgemeinen Bemerkungen mögen an dieser Stelle wiedergegeben sein, da sein Buch nicht für jedermann leicht erreichbar ist:

> „Zuweilen scheint es, als ob viele unserer modernen Evolutionsforscher durch eine Art Offenbarung zu ihren Ansichten gekommen wären. Sie gründen ihre Ansicht über die Entwicklung des Lebens von der einfachsten bis zur komplexesten Form vollständig auf die Natur der spezifischen und intraspezifischen Evolution . . .
>
> Wir handeln voreilig, um nicht zu sagen arrogant, wenn wir irgendeine dogmatische Aussage über die Art und Weise der Entwicklung der größeren Zweige des Tierreiches machen. Einige Leser mögen durch die Entdeckung schockiert

sein, daß so vieles in der Zoologie dem Zweifel offensteht, aber dies zeigt nur die ungeheure Arbeitsmenge an, welche noch zu tun ist. *Vieles von dem, was wir leider heute lernen, sind nur Halbwahrheiten oder noch nicht einmal das, und die Studenten von morgen werden sich nicht mit den vielen Phlogistons zu befassen haben, über die wir uns heute den* Kopf zerbrechen."[82] [Betonung A. E. W. S.]

Es ist wichtig, sich klarzumachen, daß der Fortschritt besonders dann gefordert wird, wenn man Halbwahrheiten zurückweist. Kerkut behauptet in der Tat, daß einer der Hauptfaktoren, welcher die Entwicklung der Zoologie heute hindert, in der Tatsache zu suchen ist, daß frisch akzeptierte Halbwahrheiten Denkblockaden bewirken, welche verhindern, daß wir ein echtes und klares Bild in uns aufnehmen:

> „Alles erscheint einfach und gerade, wenn es einmal erklärt worden ist. Warum können wir nicht einige dieser Lösungen jetzt sehen? Ein Grund dafür besteht oft darin, daß eine unrichtige Idee oder „Tatsache" aufgenommen wird und den Platz der richtigen besetzt . . . Die meisten Studenten wurden mit vielen der heute gängigen biologischen Konzepte zu einer Zeit bekannt gemacht, als sie noch die Schule besuchten, und in einem Alter, wenn die meisten Leute unkritischer Natur sind. Wenn sie das Gebiet dann detailliert untersuchen, haben sie verschiedene Halbwahrheiten und Teilvorstellungen in ihren Köpfen, welche dahin tendieren, sie von einer neuen und unvoreingenommenen Bewertung der Dinge abzuhalten. Hinzu kommt, daß die Studenten wegen des einheitlichen Bildungsmusters meist den gleichen Bildungshintergrund besitzen; so akzeptieren sie in Gespräch und Diskussion die allgemeinen Trugschlüsse und stimmen in Dingen überein, welche sich auf diese Trugschlüsse gründen." [83]

Dr. Kerkut, der selbst ein Vertreter der Evolutionstheorie ist, schließt seine wertvolle Kritik der sieben Grundannahmen der allgemeinen Theorie der organischen Evolution mit der Erklärung an, daß es gut wäre, die Studenten zur Beschäftigung mit „wissenschaftlichen Häresien" zu ermuntern, um so zu vermeiden, daß wir „Naturwissenschaftler haben, welche in einer Art geistiger Zwangsjacke aufgewachsen sind." [84] Er bezieht sich dabei offensichtlich nicht nur auf die heutige Evolutionsdarstellung in Schulen und Universitäten, sondern auch auf die ganze

Bildungsentwicklung in streng konformistischer Weise, wie man sie heute in England, Deutschland und besonders in den Vereinigten Staaten beobachten kann.

Schließlich:

> „Diese Theorie ... kann man die Allgemeine Theorie der Evolution nennen, und das sie unterstützende Beweismaterial ist nicht stark genug, um es uns zu erlauben, in ihr mehr als eine Arbeitshypothese zu sehen ... Die Antwort (auf das Evolutionsproblem) wird man in der Zukunft durch experimentelle Arbeiten und nicht durch dogmatische Behauptungen finden, daß die allgemeine Entwicklungstheorie richtig sein muß, weil es nichts anderes gibt, das ihren Platz in zufriedenstellender Weise ausfüllen könnte."[85]

Angesichts dieser Ausführungen kann man sich nur fragen, warum Bibelchristen und andere sich abmühen, eine Harmonisierung ihres eigenen Glaubens mit einer bloßen Arbeitshypothese zu versuchen, für die es so wenige wirkliche wissenschaftliche Beweise experimenteller Art gibt. Es stellt eine Tatsache dar, so hat einmal jemand mit Bezug auf die Kosmologie gesagt, daß ein Mensch, der sich mit der wissenschaftlichen Kosmologie der einen Generation verheiratet, sich in der nächsten Generation verwitwet wiederfindet. Das gleiche gilt mit Sicherheit für jede Verheiratung mit irgendeiner Art von Arbeitshypothese. Ständig „verwitwet" zu sein, läßt die armen „Witwen" jedoch lächerlich erscheinen. Es beweist nämlich einen großen Mangel an Kenntnissen in der Geschichte der Wissenschaften wie auch einen Mangel an Verständnis für die großartigen Fundamente und Grundprinzipien der christlichen Lehre, die den Test der Jahrhunderte bestanden haben.

Dazu aber kommt die Tatsache, daß die experimentellen Belege für die evolutionäre Arbeitshypothese so schwach sind. Man fragt sich, ob die experimentellen Beweise für die Unrichtigkeit in Kürze erscheinen werden, da sie sich nicht in erster Linie auf Experimente gründen! Der Leser sei auf Dr. Kerkuts Buch selbst verwiesen, wo er eine aufschlußreiche Bibliographie zum Thema der allgemeinen Evolutionstheorie und der Herkunft des Lebens findet.

VI. Bemerkung zu den Ansichten von Claude-Lévi-Strauss

Dr. Claude Lévi-Strauss, Professor für Soziale Anthropologie am Collège de France in Paris, ist einer der bekannten Intellektuellen im heutigen Frankreich[86], der seine Karriere und etwa sieben Bücher der These gewidmet hat, daß alle Menschen einschließlich der sogenannten Primitiven und Ureinwohner intellektuell gleich sind und keine Stufenfolge in der Evolution des Geistes aufweisen. Er behauptet auch hinsichtlich dieser Entwicklung des Geistes, daß die heutigen Philosophen keinen „Fortschritt" zeigen, sondern daß sich der menschliche Geist seit einigen Millionen Jahren auf der gleichen Entwicklungsstufe befinde. Er glaubt auch nicht, daß die heutigen Philosophien, wie z. B. jene, die sich in Fernsehen und Wasserstoffbomben widerspiegeln, eine höhere intellektuelle Kapazität zeigen als die frühesten geistigen Verwirrungen der Menschheit.

Zumindest in Frankreich haben die Ideen von Dr. Lévi-Strauss jene des Existentialisten Jean-Paul Sartre teilweise verdrängt. Man lehrt seine anthropologischen Ansichten bereits an der Cambridge Universität in England, eine Ehrung, die einem Autor gewöhnlich erst nach seinem Tode widerfährt. Drei seiner Bücher sind bereits ins Englische übersetzt worden[87], zwei weitere werden in Kürze folgen: *Kinship Systems* und *The Raw and the Cooked.*

Man hat bis heute in biologischen Kreisen die Auffassung vertreten, daß sich der menschliche Geist in ungefähr der gleichen Weise auf der evolutionären Stufenleiter nach oben entwickelt habe wie der menschliche Körper. So unterscheidet man in der populären Wissenschaft folgende Stufen der Entwicklung des Geistes: Die Ältere Steinzeit, die Jüngere Steinzeit und die Kupfer-, Bronze- und Eisenzeit. Lévi-Strauss verwirft dieses gesamte Geistesentwicklungssystem als Unsinn und Wunschdenken und zeigt, daß der menschliche Intellekt seit Schaffung der menschlichen Gesellschaft voll wirksam war.

Während seines Aufenthalts an der Universität von Sao Paulo in Brasilien untersuchte Lévi-Strauss primitive Indianerstämme mit der Erwartung, Unwissenheit und Primitivität in den erstarrten Formen der Vergangenheit zu finden. Statt dessen mußte er erkennen, daß die sogenannten primitiven Leute in ihrer eigenen Umgebung ihm intellektuell ebenbürtig waren. Die großen kulturellen Errungenschaften wie Töpferei, Webkunst, Ackerbau und Haustierhaltung waren schon während der Steinzeit entwickelt. Seit dieser Zeit hat man sie lediglich verbessert.

Lévi-Strauss glaubt nicht, daß der Mensch vervollkommnungsfähig ist. Der Mensch ist, was er schon immer war. In der Geschichte des menschlichen Geistes ist es zu keiner Evolution gekommen, eine derartige Vorstellung ist ein Irrlicht. Verständigung ist die Grundlage der Gesellschaft, und sogar die Kunst des Schreibens hat noch eine Funktion neben ihrer tatsächlichen Botschaft. Auf dieser von Lévi-Strauss errichteten Grundlage ist in Frankreich eine neue Erzählrichtung entstanden, die die unterbewußte Infrastruktur des menschlichen Intellekts mehr zu Rate zieht als die Regeln literarischer Stilübungen.

Roland Barthes ist einer der Sprecher dieser neuen französischen Bewegung. Er glaubt, daß auch die Kritik, welche ein Kritiker schreibt, in sich selbst eine Kritik jenes Kritikers darstellt, eine Tatsache, die sich, beiläufig gesagt, alle Buchrezensenten gründlich zu Herzen nehmen könnten!

Um damit zu schließen: Lévi-Strauss sagt, er glaube nicht an Gott, noch glaube er an den Menschen.

VII. Der Mensch als Geschöpf und kybernetische Maschine

von Günter Ewald, erschienen 1972 im R. Brockhaus Verlag, Wuppertal

Günter Ewald versucht in seinem neu erschienenen Buch „Der Mensch als Geschöpf und kybernetische Maschine“ das Christentum und den Menschen vom Standpunkt der neuen mathematischen Wissenschaften aus zu beleuchten. Leider wiederholt er mancherlei, was heute gang und gäbe und doch unzutreffend ist. Der antiken Welt war es z. B. wohl bekannt, daß die Erde eine Kugel ist, die im Raum schwebt. Hiob wußte dies (Hiob 26, 7). C. S. Lewis, der ehemalige Oxforder Professor und Sachverständige auf dem Gebiet antiker Literatur, bewies, daß Menschen diese Erkenntnis sehr früh besaßen und sie dann wahrscheinlich später verloren. Ewalds Behauptung also, daß erst die Apollo-Aufnahmen von der Erde den Hohlweltfanatikern einen endgültigen, anschaulichen Beweis dafür lieferten, daß die Erde ein Planet ist, hat mit den historischen Fakten wenig gemeinsam.

Der „Umbruch im Weltbild“ vor einigen hundert Jahren hat,

wie Ewald mit Recht schreibt, das damalige Christentum zutiefst erschüttert. Was Ewald vergißt, ist, daß dieser Umbruch das damalige bibelapostate „Christentum“ erschütterte und nicht das bibelgläubige Christentum. Das gleiche gilt für heute auch. Das apostate Christentum auch von heute wird von „moderner Wissenschaft“ immer wieder erschüttert. Es muß immer wieder neue Kompromisse schließen, um mit den neuen Tatsachen fertigzuwerden. Die bibelgläubigen Christen freuen sich dagegen immer mehr, denn sie sehen, wie wahres Wissen die Wahrheit des biblischen Weltbildes immer wieder voll bestätigt.

Es ist also nicht eine Tatsache, daß das Weltbild der Bibel wissenschaftlich überholt ist. Die Tatsache bleibt, daß die bibelkritische Interpretierung der Bibel ihr ein falsches Weltbild in die Schuhe schiebt.

Nehmen wir ein konkretes Beispiel der unexakten Denkweise Ewalds bezüglich der Grundprinzipien der Naturwissenschaften, die als „Beweis“ der „überholten“ Aussagen der Bibel angeführt werden. Auf Seite 91 des genannten Buches erklärt Ewald: „Die Materie trägt einen Drang zum Leben in sich. Sie ist von vornherein so angelegt, daß unter geeigneten äußeren Umständen ein Lebensprozeß in Gang kommt. Materie ist schlafender Organismus.“

Diese Aussage steht in krassem Gegensatz zum wissenschaftlichen Experiment sowie zur wissenschaftlichen Theorie — auch wenn Ewalds Gedanke ursprünglich von Teilhard de Chardin stammt. Die Materie des Mondes z. B. ist angeblich einige Milliarden Jahre alt, doch zeigt sie keine Spur von chemischer Evolution hinauf zum Leben. Nach Teilhard müßte solche Evolution vorliegen. Materie im Labor zeigt unter allen versuchten experimentellen Bedingungen, die Wissenschaftler ausprobiert haben, gar keine Spur eines Trends oder Dranges zum Leben. Dieser Drang existiert nicht als Faktum, sondern als Wunschtraum im Hirn gewisser Naturwissenschaftler, die an spontane Evolution ohne den Eingriff einer übernatürlichen Intelligenz glauben. Pasteur hat vor vielen Jahren zur Zufriedenheit aller wirklichen Wissenschaftler bewiesen, daß sterile Materie nie spontanes Leben hervorbringt. Mit anderen Worten, es gibt gar keinen naturwissenschaftlichen Grund zu glauben, daß Materie allein „schlafender Organismus“ ist. Ewald hätte übrigens erwähnen müssen, daß seine diesbezügliche Idee von Teilhard de Chardin stammt. Weder im Text noch im Literaturverzeichnis habe ich diese in wissenschaftlichen Kreisen übliche Anerkennung gefunden.

Teilhard de Chardin war Jesuit und Anthropologe. Seine Bücher fanden nach seinem Tode weite Verbreitung in Europa. Seine Therorie (= daß Materie einen Drang zum Leben hinauf besitze) vom Standpunkt der Thermodynamik aus zu rechtfertigen, hat keinen allgemeinen Anklang gefunden. Dies ist auch sehr gut verständlich, denn der zweite thermodynamische Hauptsatz legt fest, daß die Materie einen spontanen Drang zu erhöhter Entropie (= Unordnung) besitzt, wogegen Teilhard und Ewald behaupten, daß Materie die entgegengesetzte Tendenz zur Ordnung des Lebens in sich trage. Beide Behauptungen nebeneinander können nicht stimmen, denn sie sind glatte Gegensätze. Experimentell spricht die ganze naturwissenschaftliche Forschung bis zum heutigen Datum für die Richtigkeit des 2. thermodynamischen Hauptsatzes — Materie besitzt die eingebaute Tendenz zur Unordnung und nicht zur Ordnung. Wogegen die Behauptungen Ewalds die experimentelle Erfahrung der Naturwissenschaftler, die auf diesem Gebiet arbeiten, leugnen.

Ewald behauptet, daß die äußeren Bedingungen zur spontanen Entwicklung des Lebens günstig sein müssen. Er erwähnt natürlich nicht, welche Bedingungen für die spontane Entwicklung geeignet wären, diesen „Drang zum Leben“ zur Entfaltung zu bringen. In Wirklichkeit kennen wir diese Bedingungen sehr gut. Die biologischen Wissenschaften wenden sie heute fast täglich an. Sie bestehen in der *Ausschaltung* von Zufall unter den Molekülen der Materie, die das Leben tragen sollen.

Wie meinen wir das? Der Biochemiker *plant* seine Synthesen. Er überlegt, welche Sequenzen von Aminosäuren er zusammenkoppeln möchte und bindet sie dann unter möglichst großem Ausschluß des Zufalls zusammen nach den bekannten synthetischen Prinzipien der organischen Chemie. *Zufall* ordnet die Moleküle nie zu den erwünschten Sequenzen. *Der Zufall muß durch Intelligenz, biochemische Intelligenz, ausgeschaltet werden, so daß die erwünschte Ordnung und der erwünschte Code an den Platz von zufälliger Sequenz treten, d. h. daß Zufall und Plan (oder Code) Antipode oder Gegensätze sind.* Der eine schaltet den anderen aus.

Das biblische Weltbild bezüglich der Synthese des Lebens scheint also recht sauber zu sein, wissenschaftlich gesehen. Denn sie lehrt, daß Gottes Geist oder Intelligenz die Materie formte, ordnete oder synthetisierte. Die Materie selber besitzt diesen Drang zur Ordnung des Lebens nicht. Erst wenn Geist oder Intelligenz Materie formt und *Zufall ausschaltet,* ordnet sie sich zum Leben hinauf — genauso wie der moderne Biochemiker es tut. Er „brütet“ über seine Synthesen, läßt seine Intelligenz die Moleküle ordnen — nicht Zufall, wie Ewald und der Darwinist es behaupten.

Informationstheorie und Ewalds Ansichten

Ewald ist sich offenbar der informationstheoretischen Folgen seiner Ansichten nicht bewußt. Als Kybernetiker wäre diese Tatsache bei ihm kaum zu erwarten. Denn Informationstheoretiker wissen, daß Information aus Nichtinformation durch Zufall oder spontan nicht entstehen kann. Wir wissen, z. B., daß kein Code (Information) aus einem Nichtcode spontan hervorgehen kann, wenn beides, die Bildung eines Codes sowie seine Zersetzung reversibel stattfindet. Wenn man 1000mal 26 Buchstaben des Alphabets in einem Gefäß so zusammenschütteln würde, daß Verbindungen der Buchstaben zu einfachen Worten *reversibel* stattfinden könnten, würden *keine* sinnvollen Sätze entstehen. Anders wäre es, wenn man auf einer Schreibmaschine durch Billionen von Jahren tippen würde. Denn Tippen ist nicht reversibel. Dies ist die Basis von Huxley's berühmter Illustration, um Wilberforce und andere zu überzeugen, daß die Prinzipien vom Darwinismus, wonach Ordnung spontan aus Chaos entstehen kann, richtig seien. Durch wahlloses Tippen könnte man, theoretisch gesehen, zu der Ordnung vernünftiger Sätze kommen, weil die dadurch gebildeten Sätze sich nicht zersetzen würden. Auf der anderen Seite ist die Bildung von den Sequenzen der Proteinaminosäuren reversibel, so daß durch Zufall und zufällige synthetische Reaktionen theoretisch *keine* sinnvolle Sequenzen entstehen können. Auf diese Weise kann also Information, auch die Information des Lebens, die auf DNS-Molekülen gespeichert ist, durch Zufall *nicht* entstehen.

Entropie und Information sind theoretisch miteinander verbunden. Dies bringt mit sich, daß weder Senkung der Entropie noch Information durch zufällige *reversible* Reaktionen entstehen können. Die Basis der Hauptannahme des Darwinismus (welche die Basis der Denkweise von Ewald darstellt) ist also theoretisch und praktisch unhaltbar.

Auf diese Weise stellen wir also fest, daß ein Teil der „Naturwissenschaft", womit Ewald das Weltbild der Bibel unmöglich machen will, unwissenschaftlich ist. Dagegen erweist sich das Weltbild der Bibel bezüglich Entstehung des Lebens durch Einwirkung von Geist oder Intelligenz auf Materie als wissenschaftlich durchaus sauber.

Illustration der Karten

Ewald geht auf meine Kartenillustration ein, wodurch ich versucht hatte, klarzumachen, daß Zufall keine Ordnung unter Karten, die man von der Luft fallen läßt, erzeugen kann. Er behauptet, daß die Karten in Wirklichkeit keinem Zufall überlassen sind, während sie durch die Luft fallen. Ein großer Magnetismus wirke auf die Karten ein, so daß sie doch geordnet auf die Erde fallen.

Die Erläuterung Ewalds ist nicht stichhaltig. Denn der zweite thermodynamische Hauptsatz leugnet glatt die Existenz eines solchen magnetischen Feldes, das die Karten ordnen könnte.

Nach Gesprächen mit vielen Darwinisten innerhalb von mehr als 35 Jahren komme ich zu dem Schluß, daß sie oft der Meinung sind — wenn sie an Gott schlechthin glauben, — Gott habe über den Zufall gewacht oder ihn sogar gelenkt, um Leben zu produzieren. Gott hat, meinen sie, die Gesetze des Zufalls in die Materie hineingelegt, die dann unter seiner Führung so gelenkt wurden, daß Leben entstand.

Was bedeutet das? Ganz einfach, daß Gott Zufall „lenkt". Es muß aber jedem einleuchten, daß gelenkter Zufall gar kein Zufall ist, — wie kein Zufall tätig ist, wenn man einen Spielwürfel beim Auslosen durch versteckte Gewichte lenkt. Lenkung irgendwelcher Art zersetzt Zufall. Wenn Gott also die Welt und das Leben durch *gelenkten* Zufall erschuf, dann arbeitete er in Wirklichkeit mit *Gedanken, Geist* oder *Intelligenz* und gar nicht mit *Zufall.* So vernichtet der *theistische* Darwinist die totale Basis des Darwinismus. Kein Wunder also, daß die wirklichen, atheistischen Darwinisten über die mangelnde Intelligenz der theistischen Darwinisten wie Teilhard de Chardin lächeln. Der Zufall und der Darwinismus hängen zusammen und schließen Gott und Geist aus. Man kann die beiden nicht koppeln, denn Darwinismus ist im Grunde genommen total atheistisch. Da kann man Glauben an Gott mit Nichtglauben an Gott nicht harmonisieren.

Die Bibel lehrt ganz klar und eindeutig, daß die Welt und das Leben durch Geist und nicht durch Zufall erschaffen wurden. Sie nennt Geist oft Logos, das mit „These", „Gedanken" oder „Denkprozesse" übersetzt werden kann. Nun, wenn Gott *so* arbeitete — *mit Denkprozessen,* — besteht seine Schöpfungsmethodik eigentlich darin, daß *er Zufall ausschaltet.* Denn Denkprozesse sorgen dafür, daß Zufall ausgeschaltet wird. Das ist das Wesen von Denken und Schöpfung durch Denkprozesse.

Mit anderen Worten lehrt die Bibel, daß die Welt und das Leben durch Logos, Denkprozesse, Geist oder Thesen erschaffen wurden. Darwinismus und die ganze Biologie plus Ewald behaupten, daß die Welt und das Leben durch Nichtdenken, Zufall, Nichtgeist, Nichtlogos erschaffen wurden. Die Situation könnte nicht klarer sein. Jeder Biochemiker geht heutzutage an die Synthese des Lebens ausschließlich nach der *biblischen* Methode. Der Biochemiker arbeitet nach dem Prinzip des Logos, der Denkprozesse, um Moleküle zu erschaffen, die den Code des Lebens tragen können. Ist nicht diese Art Schöpfung der Eckstein unseres Denkens und Schaffens, wissenschaftlich gesehen? Wie kommt es also, daß die fundamentale, synthetische Wissenschaft gerade die Methoden des biblischen Weltbildes benutzt, um ihre wichtige Aufgabe — die der Erschaffung des Lebens zu erfüllen? Dabei läßt sie die Darwinsche Methode — Zufall plus lange Zeitperioden — beiseite, weil sie nicht funktioniert.

Psalm 33, 6 bietet uns ein gutes, anschauliches Bild der Schöpfungsmethodik Gottes an: „Durch das Wort des Herrn wurden die Himmel gemacht". Das hebräische Wort „Dabar" wird hier mit „Wort" übersetzt und bedeutet „Rat", „Botschaft" oder „Vorsatz". Wenn nun das „Wort des Herrn dem „Zufall" gleichzusetzen ist, dann bedeuten Worte nichts mehr. Denn „Vorsatz", „Rat" und „Botschaft" oder „Wort" (Code) schließen gerade Zufall aus.

Man sollte wirklich nicht versuchen, die Bibel durch „Wissenschaft" außer Kraft zu setzen. Denn die Bibel entstammt dem Wissen, Denkprozessen oder Rat Gottes. Sie stellt *Gottes Wissen* dar. Das hat man so oft experimentell (Archäologie, Weltbild etc.) unter Beweis gestellt. So kommen wir zu dem Schluß, daß manches, was uns angeboten wird, um die Bibel außer Kraft zu setzen, eine Pseudowissenschaft darstellt. Und die Pseudowissenschaft führt zu einem Pseudochristentum.

VIII. Postskriptum

Einige in der Jugend- und Studentenarbeit tätige Freunde haben dem Autor den Vorschlag gemacht, einen vor vielen Jahren verfaßten Artikel mit dem Titel „Die Problematik der Deszendenztheorie“[88] erneut zu veröffentlichen und zu ergänzen.

In dem Zeitraum, der seit der Publizierung dieses Artikels verstrichen ist, hat dieses Gebiet einen sehr großen Fortschritt erfahren. Es verschafft dem Autor Genugtuung, wenn er bemerkt, daß die Hypothese des damaligen Artikels noch immer stichhaltig, wenn nicht — als Ergebnis des inzwischen erzielten Fortschritts — sogar noch überzeugender, erscheint. Eine Anzahl neuer Gebiete, die in dem Original-Artikel nicht erfaßt wurden, mußten in dieser Veröffentlichung berücksichtigt werden.

Der Text des vorliegenden Buches basiert auf dem revidierten Inhalt eines Buches des Autors, das im Jahre 1966 in Deutschland und in der Schweiz erschien und auf dem Text von „Man's Origin, Man's Destiny“, das in den USA erschien.[89] Der Autor hofft, daß seine Argumentation dazu beitragen möge, die Streitfragen der wissenschaftlichen Kontroverse, die immer noch über die Evolution geführt wird, zu klären und eine solide Basis dafür zu errichten, der modernen Einstellung zu Gott und zum Glauben an Christus im besonderen gegenüberzutreten.

Man macht sich oft vielleicht nicht klar, daß Professor Bultmanns Theologie auf einem völlig antiquierten Wissenschaftsbild basiert. Bultmann stößt sich an Problemen, die schon die Wissenschaft des 19. Jahrhunderts in Opposition zu dem orthodoxen Christentum brachte. Vieles von seiner Theologie, besonders soweit es die Wissenschaft betrifft, ist heute völlig passé. Darauf sollte man die Theologen und gläubigen Christen hinweisen.

Der Autor ist sich natürlich vollkommen darüber im klaren, daß wissenschaftliche Kenntnisse an sich nicht Glauben hervorrufen können, geschweige denn Glauben an göttliche Offenbarung. Die Beseitigung einiger wissenschaftlicher Mißverständnisse, besonders hinsichtlich der biologischen Evolution und ihrer Konsequenzen für den Glauben an die Historizität von Teilen des Alten und Neuen Testaments, kann uns dazu verhelfen, die Nebel und Dunstschleier einiger Erklärungen klarer zu durchblicken, die besonders von jenen gemacht werden, welche sich mit den Evolutionstheorien über die Herkunft des Lebens und mit dem Genesisbericht beschäftigen. Eine Einschätzung des echten wissenschaftlichen Gehalts einiger dieser oft vorlauten Erklärungen kann uns helfen, hinsichtlich der biblischen Lehre und des Glaubens zu einer klaren Position zu gelangen.

In Zeitungs- und Zeitschriftenberichten wird der biblische Glaube oft so hingestellt, als ob er für einen aufgeklärten, wissenschaftlich gebildeten Intellektuellen absolut untragbar sei. Viele Studenten werden auch nur von einer Auseinandersetzung mit dem Leben Christi durch die Drohung abgehalten, als mittelalterlich rückständig und nicht intellektuell angesehen zu werden, falls sie es doch tun. Der Vortragende einer Reihe von wertvollen Vorträgen über diese Themen an der Universität Oxford, ein Hofgeistlicher der Königin Elisabeth von England, wurde vor einiger Zeit derartig in Wort und Schrift angegriffen, daß seine Vorlesungen gestrichen wurden. Man nannte seine Ansichten mittelalterlich. Die gleiche Drohung wurde gegen Studenten ausgesprochen, die diesen Theologen zu hören wünschten. Die Genesisberichte über die Schöpfung, Adam und Eva, die Sintflut, der Turmbau zu Babel, Jona usw. wurden den Studenten im Namen der sogenannten Wissenschaft lächerlich gemacht (oder entmythologisiert), und zwar mit der Begründung, daß kein intelligenter, gebildeter Mensch heute noch ihre historische Glaubwürdigkeit ernst nehmen könne. Der Schöpfungsbericht wird entweder entmythologisiert und mit evolutionären Vorstellungen in Übereinstimmung gebracht oder als Beispiel für ein veraltetes und überholtes religiöses Denken hingestellt.

Natürlich kann kein Wissenschaftler an Unsinn glauben. Ich könnte nicht glauben, daß Jona den Wal verschluckte. Das würde ganz einfach Unsinn sein. Der Glaube jedoch, daß der Wal (oder Fisch) Jona verschlang, gehört in eine völlig andere Kategorie. Das ist nicht notwendigerweise unsinnig.

Auf den vorliegenden Seiten hat der Autor versucht, die heutige Evolutionslehre über den Ursprung des Lebens und die biblische Lehre der Genesis zu prüfen und zu vergleichen, um festzustellen, wieweit sie gegenseitig übereinstimmen und ob es Schwierigkeiten geben oder Unsinn bedeuten würde, jedem dieser beiden Berichte zu glauben. Der Leser darf nun urteilen, welcher der Berichte mehr Glauben an Märchen oder Unsinn verlangt.

Es gibt jedoch noch einen anderen, höchst interessanten Aspekt dieser Untersuchung: Wenn Christus selbst glaubte, daß Adam und Eva in physischem und wörtlichem Sinne das erste Menschenpaar im Garten Eden darstellte und es danach zur Versuchung durch die Schlange und zum Sündenfall kam, dann werden wir, wenn wir Christen sind, in dem Augenblick in Schwierigkeiten geraten, wenn wir diese Berichte, vom wissenschaftlichen Standpunkt aus gesehen, unsinnig oder, vom theologischen Standpunkt aus, mythologisch nennen.

Unsere eigentlichen Schwierigkeiten werden aus dem Bekenntnis und Anspruch Jesu Christi erwachsen, er sei eins mit dem Vater und, in der Tat, mit Gott, der deshalb selbst diese Berichte für wahr hielt. Für moderne Theologen liegt die Grundschwierigkeit selbstverständlich darin, daß Jesus beanspruchte, Gott zu sein (so z. B. in Johannes 17) und dennoch offensichtlich an den biblischen Schöpfungsbericht, an Noah, den Turm zu Babel usw. gerade so, wie es dort erzählt wird, glaubte. Tatsächlich nannte er sein eigenes Wort ewig (und deshalb auch seine eigenen Überzeugungen) und bezieht sich darauf als auf die Basis, auf der sich das letzte Gericht entscheidet.[90] Wenn Christus unrecht hatte, wenn er eine falsche Weltanschauung vertrat, dann muß sein Anspruch als Messias und Gott, der Eingeborene vom Vater, mit seinen verkehrten Ansichten auch fallen.

Offensichtlich aus diesem Grunde hat uns die moderne Theologie in den letzten fünfzig Jahren mit dem Eifer der Verzweiflung gelehrt, daß die Christen das Weltbild der Bibel verlassen oder ihren Glauben aufgeben müßten. In ihrer Meinung ist das biblische Weltbild hoffnungslos veraltet und verkehrt. Wir hören, daß die Ansichten Jesu über die Welt nur eine Konzession an die Zuhörer seiner Zeit darstellten. Wie kommt es denn dann, daß Jesus keine Zugeständnisse auf anderen populären Gebieten wie Heuchelei, Habgier und sexuellen Sünden machte?

Die moderne Theologie wurde in eine Lage hineinmanövriert, in der sie feststellte, daß die Wissenschaftler die Weltanschauung der Bibel als falsch erkannt haben und Christus deshalb unrecht hatte und nicht ein Gott-Mensch war. Sie hat ohne Erfolg versucht, Christus von seinen eigenen Aussagen zu trennen, indem sie die Ansichten der Wissenschaft des 19. Jahrhunderts seinen eigenen vorzog. Heute, da sie erkennt, daß ihrer Meinung nach nicht viel übrigbleibt, um Christi Lehre zu retten, wirft sie ihn ganz und gar über Bord. Das Ergebnis ist ein Christentum ohne Christus und sogar eine Theologie ohne Gott. Es ist bekannt, daß Deutschland heute eine Reihe von Kirchenmännern besitzt, die erklärte Atheisten sind. Und es gibt viele „Gott-ist-tot"-Theologen überall in der modernen Welt. All dies stellt nur die Folge dessen dar, daß wir eine Torpedierung unseres Glaubensschiffes mit einer „Wissenschaft" zuließen, die auf ihrem Marsch zur Wahrheit immer mehr in Rückstand gerät. Die Wissenschaft des 19. Jahrhunderts hat viele von Bultmann geprägte Theologen zu ihrer Studentenzeit schon jedes Zutrauens an die Botschaft Christi beraubt, die in der Heiligen Schrift offenbart ist.

Dieses Buch stellt einen Versuch dar, unsere jüngeren (und vielleicht auch älteren) Studenten von der Furcht vor einer Beschäftigung mit der Offenbarung Gottes in der Heiligen Schrift abzuhalten, weil sie veraltet sei. Viele Christen haben die Erfahrung gemacht, daß ernsthaftes Bemühen und tägliche Anwendung die Verheißung mit sich bringen, welche in Psalm 119, 97—99 ausgesprochen wird: „Wie habe ich dein Gesetz so lieb! Täglich rede ich davon. Du machst mich mit deinem Gebot weiser, als meine Feinde sind; denn es ist ewiglich mein Schatz. Ich bin gelehrter als alle meine Lehrer, denn deine Zeugnisse sind meine Rede."

1. *Naturwissenschaft und Gotteserkenntnis*, S. 10 ff.
2. *Ibid.*, S. 14.
3. *Ibid.*, S. 14.
4. *Ibid.*, S. 14.
5. *Ibid.*, S. 19.
6. 1. Mose 3, 20.
7. *Ibid.*, S. 19.
8. *Ibid.*, S. 20.
9. *Ibid.*, S. 20.
10. *Ibid.*, S. 21.
11. 1. Petr. 3, 19. 20.
12. Röm. 5, 12.
13. 1. Mose 3, 20.
14. Vgl. Karl Heim, *Weltschöpfung und Weltende* (1953).
15. 1. Mose 5, 3—5.
16. S. 25—26. Whitcomb und Morris.
17. 1. Mose 1, 28; 6, 1. 11.
18. Vgl. neben anderen Kenneth A. Kitchen, *Alter Orient und Altes Testament* (Wuppertal, 1965), S. 48—56.
19. Vgl. Whitcomb und Morris, S. 395.
20. S. 14.
21. 1. Mose 9, 19; 10, 32.
22. Röm. 8, 20.
23. Apg. 3, 21.
24. Offb. 21, 4. 5.
25. Offb. 21, 6.

26. Jes. 65, 17—25.
27. 1. Mose 1, 29. 30.
28. 1. Mose 9, 1—5.
29. 1. Mose 3, 16.
30. Bernard Ramm, *The Christian View of Science and Scripture* (Grand Rapids, 1954), S. 209.
31. *Ibid.*, S. 206 (indem er Darwin zitiert).
32. Röm. 8, 22.
33. 1. Mose 9, 1—5.
34. 1. Mose 3, 16.
35. C. S. Lewis, *The Problem of Pain* (New York, 1948), S. 70—71. (*Über den Schmerz*', Köln 1954)
36. *Ibid.*, S. 101—124.
37. *Ibid.*, S. 122.
38. 1. Mose 9, 1—5.
39. 1. Mose 7, 9.
40. 1. Mose 1, 30.
41. 1. Mose 9, 3.
42. 1. Mose 9, 5.
43. Apg. 15, 28. 29.
44. Apg. 3, 21.
45. Erich Sauer, *Der König der Erde*, S. 296—297.
46. *Ibid.*, S. 46.
47. Hans Rohrbach: *Die Wandlungen im naturwissenschaftlichen Weltbild* (1966), S. 20—30.
48. Huene, Freiherr von, *Weg und Werk Gottes in der Natur* (Leipzig, O. D.), S. 249.
49. Jakob Kroeker, *Die erste Schöpfung, ihr Fall und ihre Wiederherstellung* (Gießen, 1958).
50. Vgl. D. Theodor Haarbeck, *Biblische Glaubenslehre* (Gießen, 1956), S. 39 ff.
51. Vgl. E. Dennert, *Bibel und Naturwissenschaft* (Halle, 1911), S. 133, und E. Sauer, *König der Erde*, S. 277.
52. S. 279.
53. S. 296.
54. S. 22. R. Frey, *Die Ordnung des Lebendigen* (Wuppertal, 1964).
55. S. 12.
56. S. 15.
57. S. 15.
58. S. 16.
59. S. 19.
60. S. 34.
61. „Thunder in his Footsteps", S. 255—257.
62. Vgl. Jaques Millot, *Scientific American* (Dez. 1955), S. 37.
63. Vgl. „Insects in Amber", *Scientific American* (Nov. 1951), S. 57.
64. *Scientific American* (Nov. 1951), S. 58.
65. *Science Digest* (Mai 1961), S. 6.
66. *Essentials of Earth History*, S. 431.
67. Vgl. Bently Glass, *Science* (26. 7. 1957), S. 148.
68. Vgl. Charles M. Bogert, *Scientific Monthly* (März 1953), S. 167.
69. Vgl. *Berea Alumnus Magazine* (Nov. 1938), S. 46.
70. Vgl. *Antiquities*, 10. 6. 1938.

71. C. G. Kerkut, *The Implications of Evolution* (London, 1960), S. 8—9.
72. *Ibid.*, S. 13.
73. A. Lwoff, *L'Evolution Physiologique* (Paris, 1944).
74. Kerkut, *op. cit.*, S. 30.
75. *Ibdi.*, S. 144.
76. *Ibid.*, S. 148.
77. H. V. Neal und H. W. Rand, *Comparative Anatomy* (London, 1943).
78. *Ibid.*, S. 153.
79. *Ibid.*
80. *Ibid.*, S. 154.
81. *Ibid.*
82. *Ibid.*, S. 155.
83. *Ibid.*, S. 155—156.
84. *Ibid.*, S. 157.
85. *Ibid.*
86. Siehe Bericht in *Time* (30. Juni 1967), S. 34.
87. *Structural Anthropology* (New York, 1963), *Totemism* (Boston, 1963), *A World on the Wane* (New York, 1961).
88. A. E. Wilder-Smith, *Die Problematik der Deszendenztheorie* (Wuppertal-Vohwinkel, 1949).
89. A. E. Wilder-Smith, *Herkunft und Zukunft des Menschen* (Gießen, 1966).
90. Joh. 12, 48.

Bibelstellenverzeichnis

Glossar

Abiogenese	Entstehung belebter Organismen aus unbelebter Materie; spontane Erzeugung.
Archebiopoese	Die ursprüngliche oder erstmalige Bildung eines lebenden Organismus aus toter Materie.
abiogenetisch	auf die Abiogenese bezogen.
Algorithmus	a) Rechensystem, das sich auf neun Ziffern und die Null gründet. b) Rechensystem, das mit jeder Art von Bezeichnung, wie z. B. Brüchen, irrationalen Zahlen, Proportionen, operiert. c) Eine deterministische Regelsammlung zur Berechnung der Lösung einer Reihe von Problemen.
Biogenese	Die Entwicklung lebender Organismen oder eine diesbezügliche Theorie.
Biopoese	Die Schöpfung oder Erzeugung von Leben aus unbelebtem Material.
Carnivoren	Fleischfressende Tiere (oder Pflanzen).
Cephalisation	Tendenz tierischer und menschlicher Organismen, nervöse Funktionen und einen Kopf zu entwickeln und ihnen eine dominierende Rolle zuzuweisen; Lokalisierung wichtiger Funktionen im Kopf.
endergonisch	Bezeichnung für etwas, das Energie erfordert oder verbraucht.
Entropie	In einem thermodynamischen System das Maß für die nicht zur Verfügung stehende Energie.
Enzym	Eine Substanz, die bestimmte chemische Umwandlungen in Pflanzen und Tieren katalysiert.
Eobiont	Primitiver lebendiger Organismus (hypothetisch).
Esterasen	Enzyme, die Ester bilden oder aufspalten.
eugenisch	Betrifft die Verbesserung angeborener Erbeigenschaften.
Eugenik	Verbesserung der Rasse.
exogen	Von außen hervorgerufen.
Gen	Ein Zellbestandteil, dessen Aufgabe die Weitergabe, Entwicklung oder Bestimmung von Erbmustern ist.
genetischer Code	Informationscode, welcher die Vererbung bestimmt.
Hiatus	Lücke, Spalte oder Pause in einem Manuskript.
hominid	Bezeichnung für etwas, das den *Hominidae* ähnelt; menschenähnlich.
Hormon	Ein chemischer Bote innerhalb des Körpers, der eine spezifische Wirkung hervorruft; interne Sekretion.
Hydrosphäre	Die Wasserhülle der Erde; Meere, Seen, Ströme, Flüsse, Grundwasser und der Wasserlauf der Atmosphäre.
Katalyse	Beschleunigung einer Reaktion durch eine Substanz, die nach Ablauf der Reaktion unverändert wieder auftauchen kann.

kinetische Energie	Energie der Bewegung.
Koazervat	Ansammlung von Substanzen (Proteinen usw.), die nach Ansicht einiger Forscher (Bungenberg de Jong) ein Vorläufer der lebenden Materie bei ihrer Entwicklung aus der toten Materie gewesen ist.
Leitfossilien	Abdruck oder Ablagerung von Tieren und Pflanzen aus vergangener geologischer Zeit, die das Alter der Formation anzeigen sollen, in welchen sie vorkommen.
Lithosphäre	Der feste Teil der Erde.
Logos	Wort; schöpferischer, offenbarender Gedanke; wird oft im Hinblick auf die zweite Person der Trinität verwandt.
Makromolekül	Großes, komplexes Molekül.
Makromutation	Große Mutation oder Veränderung.
Marsupialia	Tiere, welche ihre Jungen in einem Beutel tragen (= Beuteltiere).
Mikromutation	Kleine Mutation oder Veränderung.
Mutation	Veränderung; plötzliche Variation des Vererbungscodes.
Metamorphose	Verwandlung einer Form, Struktur oder Substanz; auffällige Veränderung der Erscheinung.
Nihilismus	Lehre, daß keine Wirklichkeit existiert (nihil — nichts).
Occam's razor	System, mit welchem alle unnötigen Hypothesen eliminiert werden.
Omnivoren	Pflanzen oder Tiere, welche alle ihnen zur Verfügung stehende Nahrung fressen.
Ontogenese	Die Lebensgeschichte oder Entwicklung des einzelnen Organismus.
Ottozyklus	Ein Viertaktzyklus bei Verbrennungsmotoren.
Oxydase	Enzym, welches chemische Substanzen oxydiert.
Paläontologie	Wissenschaft, die sich mit den Lebensformen vergangener Erdzeitalter beschäftigt und auf das Studium der Fossilien gegründet ist.
Pantheismus	Lehre, daß das gesamte Universum Gott sei.
Peptide, Polypeptide	Verbindungen von zwei oder mehr Aminosäuren, wobei die Aminogruppe der einen Säure mit der Carboxylgruppe der anderen reagiert.
Phlogiston	Das hypothetische Prinzip des Feuers, welches man als eine materielle Substanz ansah.
Photosynthese	Synthese chemischer Bestandteile unter der Verwendung von Strahlenenergie (Licht) als Energiequelle.
Phylogenese	Die Stammesgeschichte eines Tieres oder einer Pflanze.
polyphyletisch	Bezeichnung für etwas, das aus mehr als einem ursprünglichen Typ oder einer ursprünglichen Rasse herstammt.
psychosomatisch	Bezeichnet das Wechselspiel psychischer Phänomene (von der Seele) und somatischer Phänomene (vom Körper).

Quantum	Quantität; Menge; nach der Quantentheorie Elementareinheit der Energie.
Razemat	Eine Mischung der rechts- und linksdrehenden Formen optischer Isomere.
Rta	Indisches Lehrsystem.
Rudimentäre Organe	Kleine, degenerierte oder unvollständig entwickelte Organe, die in einem früheren Stadium des Individuums oder in einer früheren Generation vollständiger ausgebildet waren.
Stereoisomere	Isomere, welche sich nur in der räumlichen Anordnung bestimmter Atome oder Gruppen unterscheiden.
Stereospezifität	Chemische Wirkungsspezifität, welche auf Stereoisomerie beruht.
Symbiose	Zusammenleben zweier Organismen in einer Verbindung, welche für beide Organismen zum Nutzen ist.
Tao	Figürlich: der Lauf der Natur, die absolute, kosmische Ordnung; von daher Wahrheit oder richtige Lebensführung (chinesische Philosophie).
Thermodynamik	Wissenschaft, welche sich mit der mechanischen Wirkung oder Relation von Wärme beschäftigt.
Trilobiten	Gruppe (ausgestorbener) mariner Arthropoden, welche die Gruppe der *Trilobita* bildeten.
Uniformitarianismus	Lehre, daß die heute existierenden Vorgänge zur Erklärung aller Veränderungen der vergangenen Erdgeschichte ausreichen.
Universalismus	Lehre, daß alle Menschen gerettet oder in den Zustand der Heiligkeit oder des Glücks versetzt werden.
Zygote	Befruchtete Eizelle.

Bibliographie

a) Bücher

de Beer, Gavin, *Charles Darwin* (New York, 1964).

Bernal, J. D., *The Origin of Life* (London, 1967).

Bettex, F., *Das Lied der Schöpfung* (Striegau, 1919).

Bettex, F., *Himmlische Realitäten* (Striegau, 1921).

Bettex, F., *Naturstudium und Christentum* (Striegau, 1919).

Bettex, F., *Natur und Gesetz* (Striegau, 1923).

Blum, Harold F., *Time's Arrow and Evolution* (Princeton, New York, 1955).

Chalmers, Th., und Buckland, Wm., *Geology and Mineralogy considered with reference to Natural Theology.*

Clarke, R. E. D.: *Darwin Before and After* (London, 1948).

Cuvier, *Reden über die Umwälzungen der Erde* (Paris, 1812).

Dana, James, *Manual of Geology.*

Darwin, Francis, *Life and Letters of Charles Darwin* (New York, 1898).

Davies, *The Present State of Teleology* (London, 1947).

Dawson, J. W., *The Origin of the World according to Revelation and Science* (1877).

Dennert, E., *Bibel und Naturwissenschaft* (Halle, 1911).

Dixon, Malcolm und Webb, E. C., *Enzymes* (New York, 1964).

Engelen, O. D. von, und Kaster, Kenneth E., *Geology* (New York, 1952).

Enoch, H., *Evolution or Creation* (Madras, 1966).

Ewald, Günter, *Der Mensch als Geschöpf und kybernetische Maschine* (Wuppertal 1972).

Frair, Wayne, und Davies, P. William, *The Case for Creation* (Chicago, 1967).

Frey, Rudolf, *Die Ordnung des Lebendigen* (Wuppertal, 1964).

Gosse, Philip Henry, Omphalos, *An Attempt to Untie the Geological Knot* (1857).

Haarbeck, Th., *Biblische Glaubenslehre* (Gießen, 1956).

Hamilton, Floyd E., *The Basis of Evolutionary Faith* (London, 1931).

Heidel, Alexander, *The Gilgamesh Epic and old Testament Parallels* (Chicago, 1946).

Heim, Karl, *Weltschöpfung und Weltende* (Hamburg, 1953).

Henry, C. F. H., *The Protestant Dilemma* (Grand Rapids, 1949).

Hitler, A., *Mein Kampf* (München, 1933).

Hoppe, Edmund, *Glauben und Wissen* (Gütersloh, 1915).

Howells, William, *Mankind in the Making* (New York, 1959).

Hoyle, Fred, *Galaxies, Nuclei and Quasars* (New York, 1965).

Huene, Frhr. von, *Die Erschaffung des Menschen* (Frankfurt/Main).

Huene, Frhr. von, *Schöpfung und Naturwissenschaft* (Stuttgart).

Huene, Frhr. von, *Weg und Werk Gottes in der Natur* (Siegen-Leipzig)

Hughes, Philip Edgcombe, *Christianity and the Problems of Origins* (Philadelphia, 1964).

Huxley, J., *Rationalist Annual* (1946).

Huxley, Julian, *Evolution after Darwin* (Chicago, 1960).

Huxley, Julian, *Evolution: The Modern Synthesis* (London, 1942).

Jauncey, J. H., *Naturwissenschaft auf den Spuren Gottes* (Kassel, 1964).

Jeans, Sir James, *The Mysterious Universe* (London, 1930).

Kerkut, G. A., *The Implications of Evolution* (London, 1960).
Kitchen, Kenneth A., *Alter Orient und Altes Testament* (Wuppertal, 1965).
Kogon, E., *Der SS-Staat* (Frankfurt/Main, 1946).
Külling, S., *Zur Datierung der „Genesis-P-Stücke"* (1964).
Lewis, C. S., *Letters to Malcolm* (London, 1964).
Lewis, C. S., *The Abolition of Man* (London).
Lewis, C. S., *Über den Schmerz* (Köln, 1954).
Lewis, C. S., *Dienstanweisungen an einen Unterteufel* (Freiburg 1968).
Lyell, Charles, *Principles of Geology.*
Mixter, Russell L., *Evolution and Christian Thought Today* (Grand Rapids, 1959).
Morris, Henry M., *The Twilight of Evolution* (Nutley, 1964).
Morris und Whitcomb, *The Genesis Flood* (Philadelphia, 1961).
Oparin, A. J., *Origin of Life* (New York, 1938).
Overman, Richard, *Evolution and the Christian Doctrine of Creation* (Philadelphia, 1967).
Pember, G. H., *Earth's Earliest Ages* (London, 1876).
Pollock, J. C., *The Christians from Sibiria* (London).
Portmann, Adolf, *Vom Ursprung des Menschen* (Basel).
Ramm, B., *The Christian View of Science and Scripture* (London, 1955).
Rastall, R. H., *Geology.*
Rehwinkel, A., *The Flood in the Light of the Bible* (Saint Louis, 1957).
Rohrbach, Hans, *Die biblischen Wunder, biblischer Schöpfungsbericht, Weltbild der Bibel und die moderne Naturwissenschaft* (Mannheim, 1956).
Rohrbach, Hans, *Naturwissenschaft und Glaubensbekenntnis* (Mannheim, 1965).
Rohrbach, Hans, *Naturwissenschaft und Gotteserkenntnis* (Mannheim, 1965).
Sauer, Erich, *Der König der Erde* (Wuppertal, 1959).
Scofield, *Reference Bible.*
Short, A. Rendle, *Modern Discovery and the Bible* (London, 1952).
Spieker, E. M., *Mountain Building Chronology and Nature of Geology Time-Scale.*
Strack, Hermann, und Lange, J. P., *Theologisch-Homiletisches Bibelwerk.*
Teilhard de Chardin, Pierre, *The Phenomenon of Man* (New York, 1964).
Tinkle, William J., *Heredity: A Study in Science and the Bible* (Houston, 1967).
Tillich, Paul, *The Courage to Be* (New Haven, 1952).
Waddington, C., *Science and Ethics.*
Wilder-Smith, A. E., *Die Problematik der Deszendenztheorie* (Wuppertal, 1949).
Wilder-Smith, A. E., *Naturwissenschaft und Kanzel* (Konstanz).
Wilder-Smith, A. E., *Warum läßt Gott es zu?* (Frankfurt/Main).
Wiseman, P. J., *Creation revealed in Six Days* (London, 1949).
Zimmerman, John, und Klotz, J. W. et al., *Darwin, Evolution and Creation* (St. Louis, 1959).

b) Zeitschriften
American Journal of Science.
Antiquities.
Berea Alumnus Magazine.
Essentials of Earth's History.
Lancet.

National Geographic.
Natural History.
Nature.
Science.
Science Digest.
Science News Letter.
Scientific American.
Scientific Monthly.

Lieferbare TELOS-Taschenbücher